KEY TECHNOLOGIES AND EQUIPMENT
FOR POST DISASTER EMERGENCY CONNECTIVITY
OF LAND TRANSPORTATION INFRASTRUCTURE

陆路交通基础设施灾后应急保通关键技术及装备

陈士通　卜建清　朱正国　司春棣　黄守刚　凡涛涛　著

人民交通出版社

北京

内 容 提 要

本书依托国家重点研发计划课题"设施柔性运行与灾后快速恢复关键技术及装备(2021YFB2600605)",针对陆路交通关键基础设施结构及典型灾损场景,研发灾后应急保通技术与装备。全书共分7章,主要内容包括绪论、陆路交通基础设施灾后通行能力评价、大跨径桥梁灾后应急保通技术、中小跨径桥梁灾后应急保通技术、隧道灾后应急保通技术、道路与轨道灾后应急保通技术、公-铁互通应急保障装备。

本书可为交通基础设施灾后应急保通提供决策、技术和装备支持,可作为交通运输工程、土木工程专业的教材,也可作为相关的工程类专业的教学参考书和培训教材。

图书在版编目(CIP)数据

陆路交通基础设施灾后应急保通关键技术及装备 /
陈士通等著 . — 北京: 人民交通出版社股份有限公司,
2025. 6. — ISBN 978-7-114-19848-9

Ⅰ . U492. 8

中国国家版本馆 CIP 数据核字第 202443L19U 号

Lulu Jiaotong Jichu Sheshi Zai Hou Yingji Bao Tong Guanjian Jishu ji Zhuangbei

书　　名	陆路交通基础设施灾后应急保通关键技术及装备
著 作 者	陈士通　卜建清　朱正国　司春棣　黄守刚　凡涛涛
责任编辑	王景景
责任校对	赵媛媛　魏佳宁
责任印制	张　凯
出版发行	人民交通出版社股份有限公司
地　　址	(100011)北京市朝阳区安定门外外馆斜街3号
网　　址	http://www.ccpcl.com.cn
销售电话	(010)85285580
总 经 销	人民交通出版社发行部
经　　销	各地新华书店
印　　刷	北京科印技术咨询服务有限公司数码印刷分部
开　　本	787×1092　1/16
印　　张	15.5
字　　数	374千
版　　次	2025年6月　第1版
印　　次	2025年6月　第1次印刷
书　　号	ISBN 978-7-114-19848-9
定　　价	89.00元

前　言

随着中共中央、国务院印发的《交通强国建设纲要》和《国家综合立体交通网规划纲要》的逐步落实，我国陆路交通基础设施网络规模总量已跃居世界前列，在经济社会发展过程中的战略性、基础性、先导性作用越来越突出。陆路交通基础设施作为国家运输网络的主干，具有显著的网络化协同运行特点，无论是超长线状的道路与轨道，还是重点区段点状的桥梁与隧道，其结构安全与应急保通能力不足均会显著影响陆路交通网乃至整个交通运输网的功能发挥。与此同时，陆路交通基础设施地域特征显著，服役环境复杂，致灾因素多变，灾后损失巨大，严重影响经济发展与国防安全，其灾后应急保通能力亟待提升。

我国一直高度重视交通基础设施应急能力建设，近年来通过技术攻关，形成了爆破清除、便道开挖、土石填筑、便桥跨越、结构损伤修复等实用的道路应急抢修保通技术，以及原桥抢修、便桥抢建、舟桥浮渡和迂回绕行等桥梁应急抢修保通技术。但是，随着新型结构在基础设施建设中的大量应用，既有应急保通技术与装备已不能满足新形势下应急保障需求。作者依托国家重点研发计划课题"设施柔性运行与灾后快速恢复关键技术及装备（2021YFB2600605）"，针对陆路交通关键基础设施结构及典型灾损场景，研发灾后应急保通技术与装备，在研究成果的基础上形成了本书。

本书主要内容包括绪论、陆路交通基础设施灾后通行能力评价、大跨径桥梁灾后应急保通技术、中小跨径桥梁灾后应急保通技术、隧道灾后应急保通技术、道路与轨道灾后应急保通技术、公-铁互通应急保障装备。其中，部分内容是关于解决当前的瓶颈问题而研发的新技术和新装备，可为交通基础设施灾后应急保通提供决策、技术和装备支持。受限于研究周期，部分成果仅进行了试验验证，尚未开展示范应用，后续将继续优化改进。

全书共分7章，第1章由陈士通撰写，第2章由卜建清、朱正国、司春棣、凡涛涛、黄守刚撰写，第3章由陈士通、赵曼撰写，第4章由陈士通、卜建清撰写，第5章由朱正国、韩伟歌、韩智铭撰写，第6章由陈士通、支墨墨、黄守刚撰写，第7章由陈士通、汪田撰写。全书由陈士通、黄守刚统稿。研究生刘子玉、张凯、孟祥宇、李林浩、杨宗霖、甘平平、陈泽等参与了部分资料的收集与整理工作。

本书是在国家重点研发计划课题（2021YFB2600605）资助下完成的，是课题部分研究成果的结晶，汇聚了研究团队的共同智慧和努力，在此表示诚挚的感谢！

由于作者学识水平有限，书中难免存在不足，恳请读者批评指正。

作　者
2025年1月

目　　录

第1章 绪 论

陆路交通基础设施包括桥梁、隧道、道路、轨道等典型结构,具有显著的网络化协同运行特点。线路通常长几百甚至上千千米,往往跨越多个地理分带、多种灾害分布区。在地震、洪水、泥石流、滑坡、台风等自然灾害及撞击、爆炸、火灾等结构致损性突发事件作用下,桥梁、隧道两类节点基础设施及道路、轨道两种线性基础设施可能出现不同的结构损伤,极大地影响了应急救援、国民经济、社会安全和军事运输投送。

1.1 陆路交通基础设施发展现状及灾损概况

1.1.1 陆路交通基础设施发展现状

"十四五"期间,我国基本形成了以"十纵十横"综合运输大通道为主骨架的陆路综合交通路网。据《2023年交通运输行业发展统计公报》,截至2023年底,我国公路运营总里程已达543.68万km,铁路运营总里程达15.9万km。图1-1所示为2014—2023年我国公路、铁路运营里程统计结果。总体而言,我国陆路交通网络建设整体呈现稳定上升的发展态势。

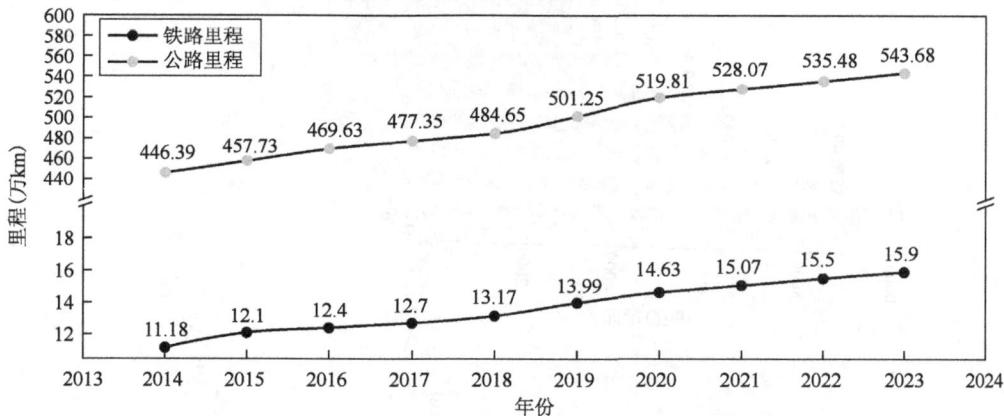

图1-1 2014—2023年我国公路、铁路运营里程统计结果

注:本表数据来源于中华人民共和国交通运输部。

近年来,桥梁与隧道建设有了突破性发展。据交通运输部统计数据,截至2023年,我国公路桥梁总数量(图1-2)已达107.93万座,共计95288.2km;公路隧道总数量(图1-3)已达到27297处,共计30231.8km;铁路桥梁总数量约9.2万座,累计里程3.1万km;铁路隧道18573座,累计长度23508km。自2019年起,桥梁和隧道建造数量呈现显著上升趋势。

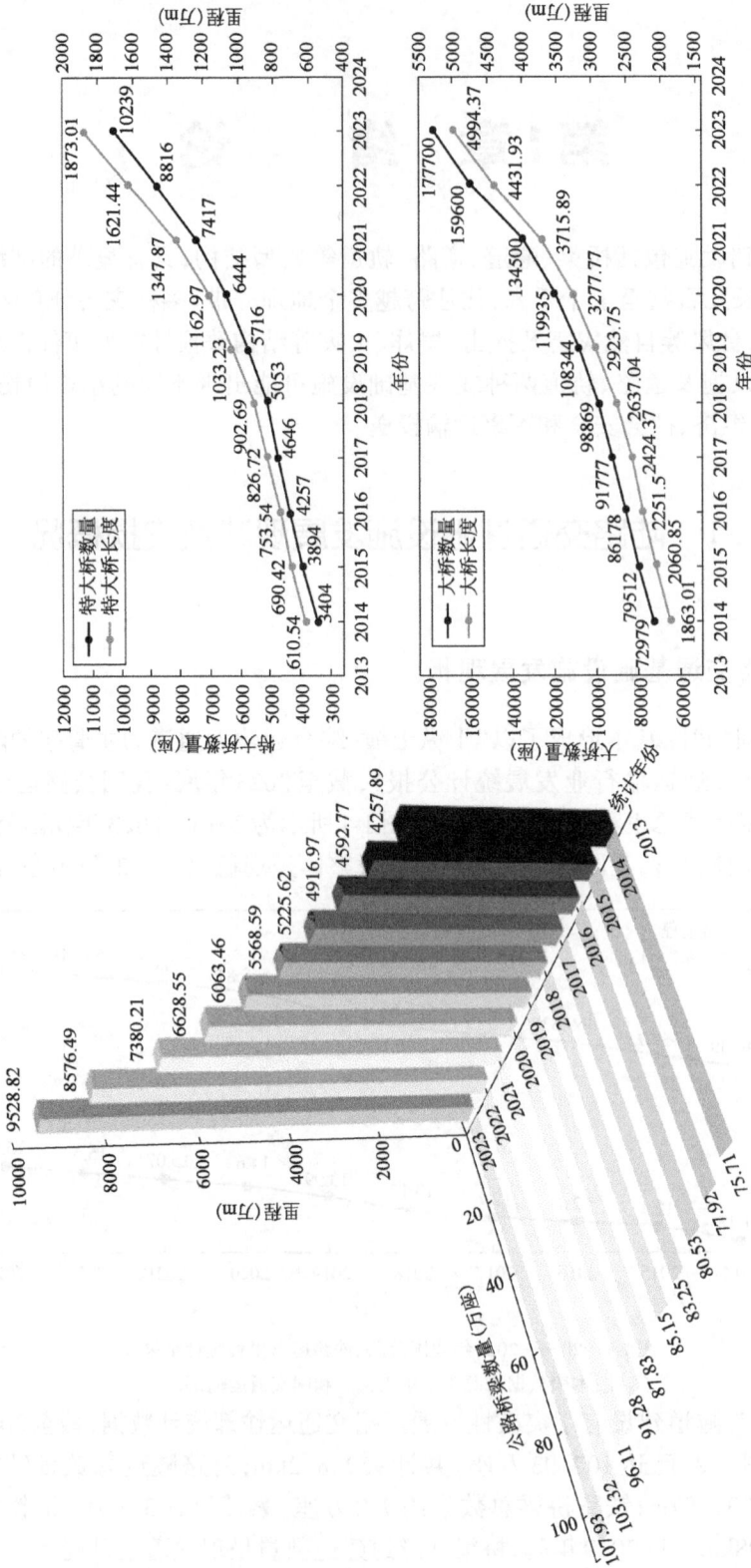

图 1-2 2014—2023年我国公路桥梁统计结果

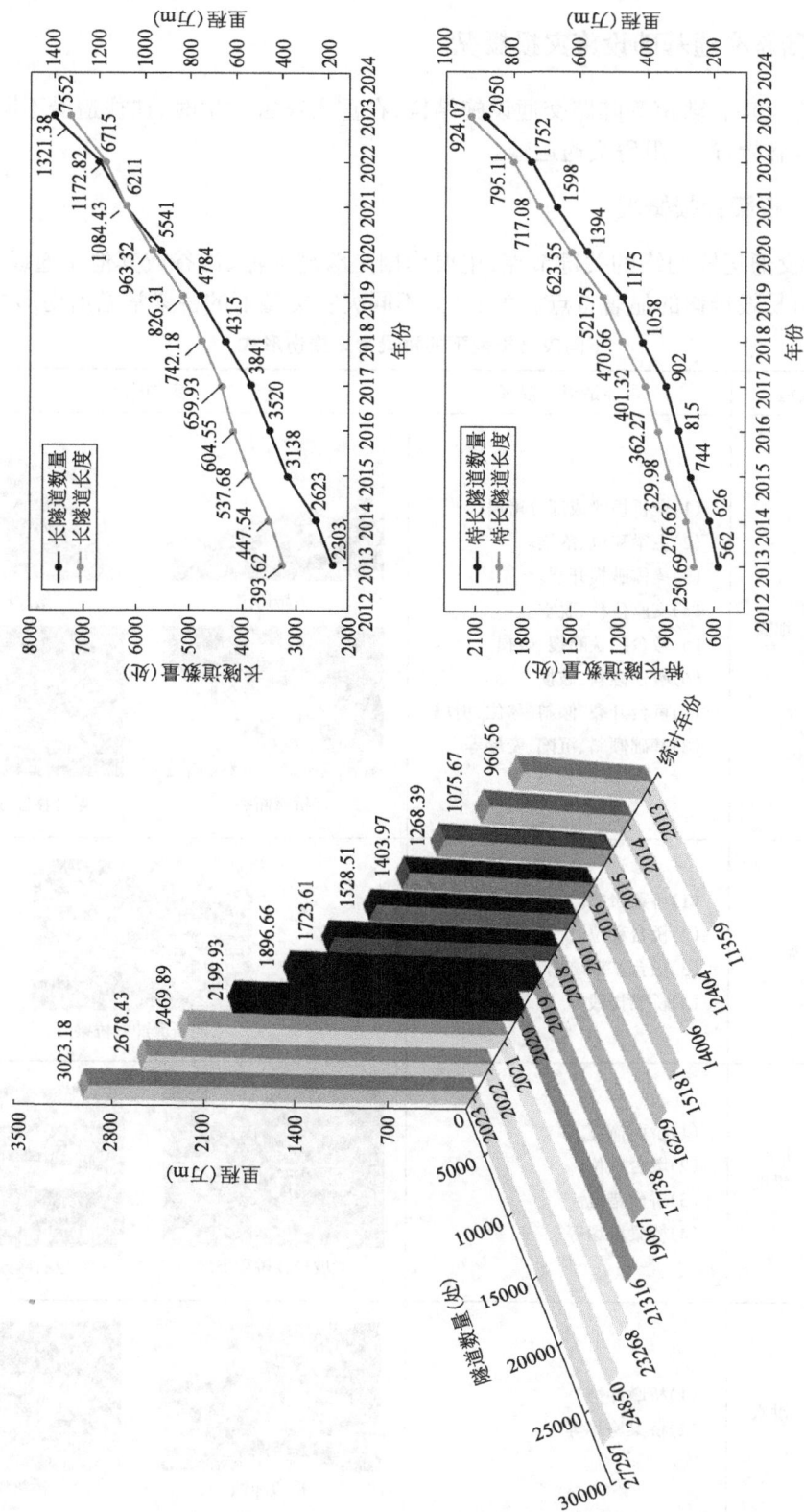

图 1-3　2014—2023年我国公路隧道统计结果

1.1.2 陆路交通基础设施灾损概况

桥梁、隧道、道路、轨道等陆路交通设施结构,在重大灾害发生时,往往遭受不同程度的损伤,且损伤特征各异,严重阻碍交通运输。

1.1.2.1 桥梁灾损概况

桥梁作为交通运输网络的关键节点,主要作用是跨越河流、沟谷或其他交通线,供车辆和行人通行,具有易毁难修的显著特点。表1-1为不同灾害类型下的桥梁常见损伤形式。

不同灾害类型下的桥梁常见损伤形式 　　　　　　　　　　　　　　　表1-1

序号	灾害类型		可能造成的损害	灾损图示
1	自然灾害	地震	(1)全桥损毁或部分垮塌。 (2)主梁移位、落梁。 (3)梁体破损开裂。 (4)支座位移、脱空。 (5)墩台挡块断裂、破损。 (6)墩柱倾斜、破损。 (7)桥台开裂、倾斜、移位、坍塌。 (8)基础倾斜、沉陷、变形等	全桥垮塌　墩底损伤　桥墩断裂　墩台移位导致落梁
2		泥石流	(1)桥梁淤塞。 (2)桥台移位。 (3)墩台基础垮塌。 (4)桥梁损毁等	泥石流冲毁桥梁
3		滑坡	(1)桥面掩埋。 (2)墩台移位。 (3)桥面错位。 (4)桥梁垮塌等	滑坡导致桥梁坍塌　巨石砸毁桥面
4		洪水	(1)桥墩冲蚀。 (2)桥梁垮塌等	桥墩冲蚀　桥梁垮塌

序号	灾害类型		可能造成的损害	灾损图示
5	自然灾害	台风	(1)桥梁坍塌。 (2)桥梁淹没等	 悬索桥坠毁 　台风汛流摧毁桥梁
6	突发事件	安全事故	(1)车辆撞击。 (2)船只撞击	 车撞桥梁坍塌 　船撞桥墩主梁坠落
7	战争、恐怖袭击		炸毁桥梁	 恐袭导致桥梁坍塌 　空投炸弹炸毁桥梁

1.1.2.2 隧道灾损概况

隧道作为埋置于地层内的工程建筑物,是穿山越岭或利用地下空间的一种典型形式,自然灾害作用下也往往出现不同程度的损伤。表1-2给出了不同灾害类型下的隧道损伤形式。

不同灾害类型下的隧道损伤形式　　　　表1-2

序号	灾害类型		可能造成的损害	灾损图示
1	自然灾害	地震	(1)洞口:边仰坡地表开裂、失稳、垮塌;支挡防护工程出现裂缝、倾斜、下沉,截排水沟开裂、沉降。 (2)洞门:洞门墙体开裂、下沉、倾斜、垮塌。 (3)洞身:衬砌开裂、剥落、错台、垮塌、脱空、渗水。 (4)路面:开裂、下沉或隆起、断裂、渗水等	 震后洞身损毁 　洞门开裂 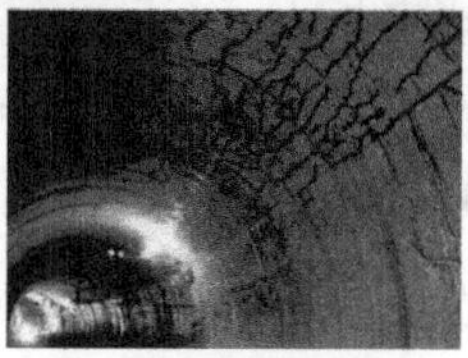 衬砌开裂

序号	灾害类型		可能造成的损害	灾损图示
2		泥石流	(1)洞口和墙身损毁。 (2)隧道阻塞等	 泥石流阻塞洞门
3	自然灾害	滑坡	(1)洞门冲毁。 (2)隧道阻塞等	 滑坡碎石阻塞隧道口
4		洪水	(1)洞口、洞门损毁。 (2)洞身墙体坍塌。 (3)突水、涌水等	 隧道内积水 　　　　隧道涌水
5	突发事件	安全事故	(1)隧道拥阻。 (2)隧道设施损毁等	 车辆爆炸导致隧道结构损伤
6	战争、恐怖袭击		(1)隧道交通暂时中断。 (2)隧道内设施损毁等	

1.1.2.3 道路灾损概况

在陆路交通网络中,公路是联系铁路、水路、航空等的重要手段,其他运输方式的运转很大程度上依赖公路交通来实现。道路作为公路的主体结构,其破坏具有受灾面积广、概率大、灾损场景复杂的显著特征。表1-3统计了部分灾害类型下的道路损伤形式。

部分灾害类型下的道路损伤形式   表1-3

序号	灾害类型		可能造成的损害	灾损图示
1	自然灾害	地震	(1)路基沉降。 (2)路基移位。 (3)路面开裂。 (4)路面扭曲、隆起。 (5)路基边坡坍塌等	 路面开裂 　　路基移位  路堑边坡受损
2		泥石流	(1)道路淤阻。 (2)路基损毁。 (3)防排水结构损毁等	 道路淤阻 　　路基损毁
3		滑坡	(1)路面掩埋。 (2)路面损毁。 (3)路基损毁。 (4)路基、路堑边坡损毁。 (5)防排水设施受损等	 路基、路面受损 　　路堑边坡受损
4		洪水	(1)路面淤塞。 (2)路面掩埋。 (3)路面下陷、开裂。 (4)路基土松动、沉降等	 路面淹没 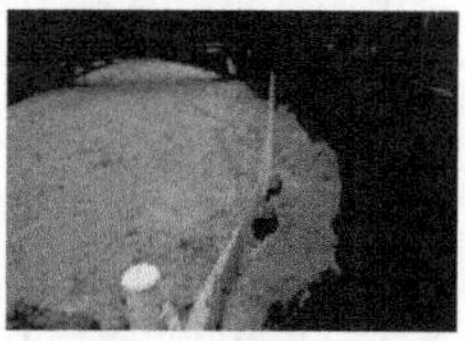　　路基损毁
5		冰雪	(1)路面冻胀。 (2)地基损毁。 (3)路面翻浆沉降。 (4)防排水结构设施冻损等	 水泥路面融雪后翻浆 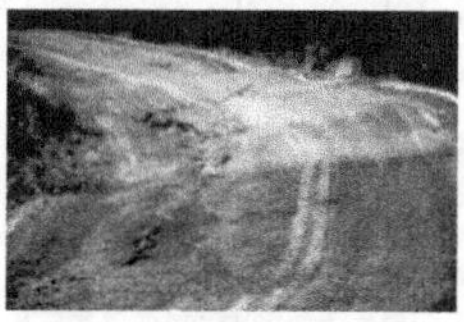　　冻土地基灾损

续上表

序号	灾害类型		可能造成的损害	灾损图示
6	自然灾害	车辆起火、爆炸	(1)阻碍交通。 (2)损毁公路基础设施、附属设施等	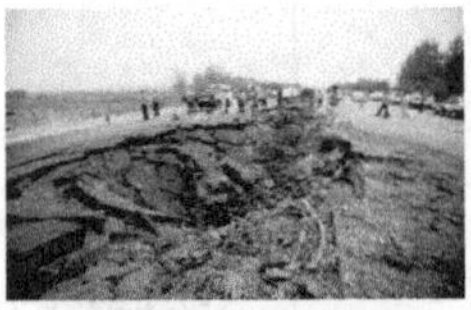 车辆爆炸炸毁公路
7	战争、恐怖袭击		(1)阻碍交通。 (2)路面损毁。 (3)公路附属设施损毁等	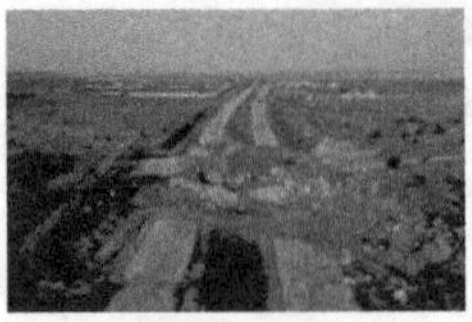 炸毁、中断 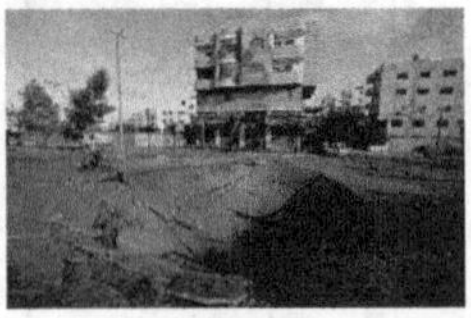 路面损毁

1.1.2.4 轨道灾损概况

铁路交通是陆路交通系统的重要组成部分，是我国国民经济发展的大动脉。据相关数据统计，我国每年灾害造成铁路运输中断100余次，最高曾达到年断道211次，严重威胁铁路正常运营，对国家经济造成巨大损失。表1-4为部分灾害作用下的轨道损伤形式。

部分灾害作用下的轨道损伤形式 表1-4

序号	灾害类型		可能造成的损害	灾损图示
1	自然灾害	地震	(1)铁路轨道受损。 (2)路基沉降、破坏。 (3)轨道受阻。 (4)铁路附属设施(电力、通信)受损等	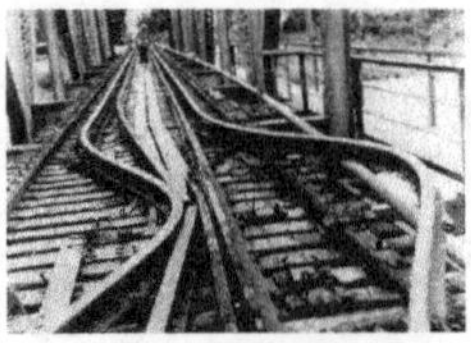 震后轨道扭曲 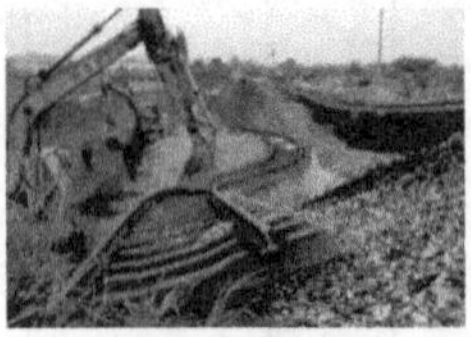 铁路路基受损
2	自然灾害	泥石流	(1)阻碍交通。 (2)钢轨、轨枕损坏等	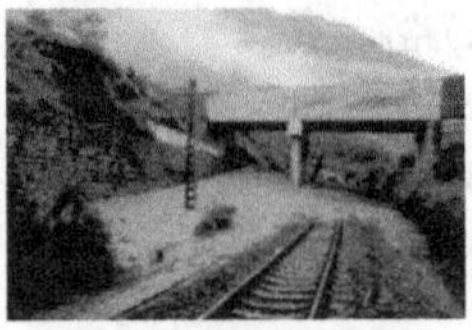 泥石流掩埋轨道 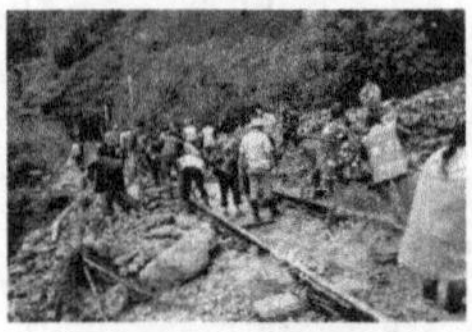 轨枕、钢轨损毁
3	自然灾害	滑坡	(1)路基受损。 (2)铁路受阻。 (3)钢轨、轨枕损坏等	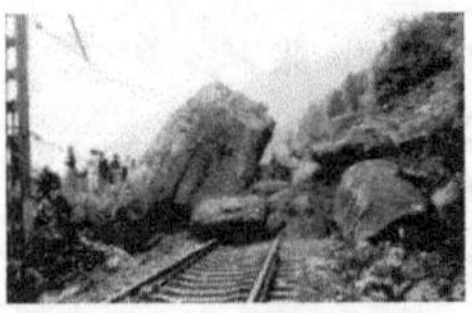 巨石损毁线路 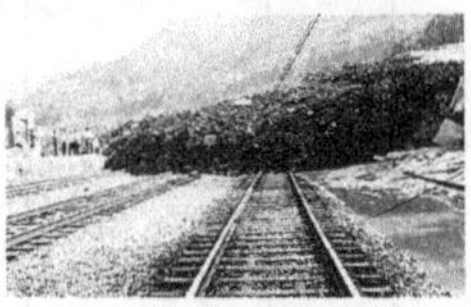 线路掩埋

序号	灾害类型		可能造成的损害	灾损图示
4	自然灾害	洪水	(1)铁路线路水毁。 (2)路基损毁	 线路水毁
5		冰雪	(1)路基冻胀。 (2)积雪覆盖铁路线路	 路基冻胀灾损
6	突发事件	列车脱轨	摧毁铁路线路设施	 列车脱轨导致轨道损毁
7	战争、恐怖袭击		铁路设施损毁	 炸毁

1.2 应急保通技术现状

为提升灾后应急保通能力,我国持续开展了桥梁、隧道、道路、轨道的灾后应急保通技术与装备研究,形成了一定的技术与装备储备,且经历过多次应急抢险救灾考验。

1.2.1 桥梁应急保通现状

桥梁作为路网的关键一环,具有易毁难修、易遭受自然灾害、战时攻击和人为破坏的特点,应急保通难度大、技术含量高。在我国的交通应急保障工作中,桥梁应急保通占据重要位置。

1.2.1.1 铁路桥梁应急保通

(1)铁路桥梁梁体应急保通

为实现铁路桥梁灾后的应急保通,我国逐步研制储备了拆装式桁梁、六四式铁路军用梁、八七型铁路应急抢修钢梁、铁路通用便梁等多种应急抢修器材(表1-5),并在以往铁路桥梁应急保障中发挥了重要作用。

梁部器材主要技术条件　　　　　　　　　　表1-5

名称	设计荷载	使用跨度	通车速度
拆装梁	前进型机车随挂70kN/m	12～80m	40～80km/h,取决于使用跨度与具体结构形式
六四梁	东风四型机车随挂70kN/m	16～40m(普通型、改进型)、16～40m(加强型)	列车限速40km/h,当单层梁跨度大于30m或双层梁速度大于40m时,限速10km/h
八七梁	前进型机车随挂70kN/m	16～64m,可扩大使用到96m	列车限速40km/h,当跨度为96m时,限速15km/h
B型梁	东风四型机车随挂70kN/m	16～32m	列车限速50km/h(施工便梁,跨度≤24m),列车限速30km/h(抢修钢梁,跨度≤32m)

①拆装式桁梁。拆装式桁梁,简称拆装梁,1953年由铁道部设计,后续几年通过现场试验和设计修改得以完善。该桁梁采用三角华伦式结构,可拼组为平行弦式和鱼腹式两种梁型,具有承载能力强、应急通行速度快等特点,但其零件种类繁多且拼组较为复杂。

②六四式铁路军用梁。六四式铁路军用梁,简称六四梁,是我国1964年研制定型的一种适用于中等跨度桥梁的铁路应急抢修器材,采用明桥面结构,基本构件采用钢销连接,可单层或双层拼装。1967年,为增强其承载能力,将标准三角和标准弦杆的材料更换为15锰钒氮高强度低合金钢材,命名为"加强型六四式铁路军用梁"。2004年对其部分结构细节再次进行优化改进,由铁道部批准命名为"改进型六四式铁路军用梁"。

③八七型铁路应急抢修钢梁。八七型铁路应急抢修钢梁,简称八七梁,自1977年起研制,于1987年经铁道部验收定型。研制期间,经过铁路战备舟桥处的装配和架设速度考核,以及在津浦线桑梓店车站进行的现场静、动载试验,试验结果表明,八七型铁路应急抢修钢梁30h内可完成64m跨度桥梁的架设,且试验行车速度能达到40km/h及以上,成为当时适用跨度最大的铁路应急抢修钢梁。

④铁路通用便梁。铁路通用便梁即B型梁,采用拆装式下承钢板梁结构,于2009年研制,可施工便梁和应急抢修使用。

架梁作业是桥梁抢修中技术含量最高、作业风险最大的一个关键环节,该环节使用机具设备较多,技术比较复杂,往往控制抢修进度。国内各种抢修钢梁在研制之初都设计了相应的架设方法,如钓鱼法、天线法、纵向拖拉法、浮架法、简易架桥机法等(表1-6),这些架设方法都经过了实践检验,切实可行。

既有应急抢修器材架设方法 表1-6

名称	主要机具设备	架设能力	使用条件
钓鱼法	扒杆、绞车、轻型台车	分片、分组或整孔架设,通常情况下可整孔架设20m以下的六四梁、钢板梁和拆装式桁梁	桥高水深,架梁孔数较少
天线法	塔架、缆索、起重小车、绞车	架设单片较小跨度临时梁	一般在高桥、深谷处采用
纵向拖拉法	导梁、滑道、牵引设备、落梁设备	分片、分组架设多孔跨度较大的六四梁和拆装梁	具备较大拼装场地,多孔连续架设
浮架法	浮船、移梁设备、锚碇设备、临时支架	整孔架设工字钢梁、六四梁、钢板梁和拆装梁	水位较深稳定、岸边可设置浮码头及器材拼装
简易架桥机法	平板车、垫墩支架、吊具、配重	分片架设32m跨六四梁,整孔架设20m钢板梁	受墩高、水深、坡道影响较小

(2)铁路桥梁墩台应急保通

桥墩是梁体的支撑结构,出现损伤将会导致整座桥梁通行中断,因此,桥墩快速抢通修复尤为重要。我国早期的桥墩抢修多以枕木墩、木排架为主,20世纪60年代起,桥墩抢修器材相继研发。目前,我国主要储备了六五式铁路军用桥墩(六五墩)、八三式铁路轻型军用桥墩(八三墩)两种墩部抢修器材。抢修墩主要技术条件见表1-7。

抢修墩主要技术条件 表1-7

名称	设计荷载	适用高度(m)	适用梁跨	水文条件
六五墩	中—20级	10~40	16~32m跨六四梁和拆装梁	流速≤3m/s、水深≤10m
八三墩	前进型机车随挂70kN/m	5~15	10m、12m跨工字钢梁、16~32m跨六四梁和拆装梁	流速≤3m/s、水深≤3m

1.2.1.2 公路桥梁应急保通

(1)公路桥梁梁体应急保通

为实现公路桥梁的应急保通,我国1964年鉴定定型了交通部交通工程设计院(现中交公路规划设计院)研制的装配式公路钢桥("321"钢桥),包括主体结构、连接系、桥面系、桥头系四大部分。使用时可采用单排单层(SS)、双排单层(DS)、三排单层(TS)以及上述三种组合,上、下弦杆上增设加强弦杆的加强型,以适应不同荷载和跨径变化需求。2002年总装备部工程兵科研一所开展了新一代装配式公路钢桥的研发,2003年10月由国家交通战备办公室鉴定命名为"ZB-200型装配式公路钢桥"(简称ZB-200型钢桥)。2008年"5·12汶川地震"后,我国认识到装配式公路钢桥对于道路抢通的重要性,但也发现"321"钢桥和ZB-200型钢桥对于50m以上大跨径桥梁抢修能力不足的问题。为此,我国开始研制大跨径装配式公路钢桥,2013年9月由国家交通战备办公室组织鉴定,命名为"ZB-450型大跨度装配式公路钢桥"(简称ZB-450型钢桥)。自此,"321"钢桥、ZB-200型钢桥和ZB-450型钢桥构成了适用于不同跨径、相对完整的装配式公路钢桥系列。表1-8给出了三种装配式公路钢桥的主要技术指标。

三种装配式公路钢桥的主要技术指标   表1-8

器材名称	适用荷载	适用跨径
"321"钢桥	汽—10、汽—15、汽—20级、履带—5级、挂车—80、公路—Ⅱ级	≤63m(单车道,汽—10)
ZB-200型钢桥	汽—10、汽—15、汽—20、履带—50、挂车—80、公路—Ⅱ级、HS—15、HS—20、HS—25	≤69m(单车道,汽—10、HS-15); ≤57m(双车道,汽—10、履带—50、HS—15)
ZB-450型钢桥	履带—60,轮式轴压13t以下	≤81m

（2）公路桥梁墩台应急保通

目前,用于我国公路桥墩抢修的制式器材为装配式公路钢桥桥墩,2004年由石家庄铁道学院研制,主要考虑与"321"型钢桥及ZB-200型钢桥配合使用,解决装配式公路钢桥跨越能力不足的问题。装配式公路钢桥墩主要指标见表1-9。

装配式公路钢桥墩主要技术指标   表1-9

技术指标	内容
主要构件	杆件、配件共七种,紧固件两种
设计荷载	公路Ⅱ级,风压不大于0.8kPa
适用高度	5～30m,墩身高度以1m为模数变化
适用梁跨	可与"321"钢桥和ZB-200型钢桥等桥型配合使用,适用于既有公路钢桥的各种跨径
环境参数	设计水深小于3m,适应流速小于3m/s

1.2.2 隧道应急保通现状

隧道多处于山岭地带,地形地貌复杂,结构安全影响因素众多,隧道受损影响重大。为保障灾损隧道的正常通行,在长期研究及历次隧道应急处治的基础上,形成了系列隧道应急保通技术,现结合不同致灾因素进行说明。

1.2.2.1 隧道塌方应急保通处治

隧道塌方处治技术主要有管棚法、小导管注浆法、台阶开挖法、锚杆法、明挖法等。其中,管棚法、小导管注浆法和台阶开挖法最为常用,表1-10为三种技术在不同类型塌方中的应用比例。

三种技术在不同类型塌方中的应用比例(单位:%)   表1-10

塌方类型	管棚法	小导管注浆法	台阶开挖法
V形塌方	18	45	9
塌穿塌方	27	33	40
拱形塌方	18	18	27

对于具体隧道塌方事件,处治措施应结合实际情况合理确定。

（1）V形塌方:若塌方高度小于4m,可采取管棚法结合填实法进行处理;当塌方高度大于4m时,可采取小导管注浆法结合空洞法进行处理。

（2）塌穿塌方:一般采用管棚法、小导管注浆法和台阶开挖法相结合的技术措施。

（3）拱形塌方：若塌方体高小于4m，可采取小导管注浆法结合填实法；当塌方高度大于4m时，需要分析现场实际情况确定相应的处理措施。

注：此处所提及的填实法与空洞法是两种隧道施工方法，两者依据地质条件与工程需求进行区分。填实法指在隧道开挖时一次性开挖整个隧道断面，并立即进行支护与回填工作，以保持地层稳定。该方法适用于地质条件良好、隧道断面较小的快速施工工程。空洞法指将隧道断面分成若干部分，逐步开展开挖与支护工程，以减少施工对地层稳定性的扰动，保障施工安全。该方法适用于地质条件差、隧道断面较大且不规则的隧道工程。

在塌方隧道的应急救援过程中，可借助表1-11中的相关机械装备，提升抢通速度。

隧道塌方应急救援机械装备 表1-11

装备名称	优点
破拆救援机器人	通过换装破碎锤、破碎钳、铲斗等作业机构，可完成不同的破拆任务，灵活性高；通过无线/有线遥控操作，可使作业人员远距离完成高危环境下的破拆作业，安全性强；全液压驱动，负载能力强；对环境与目标识别能力强，定位精确
高性能双臂挖掘机	作业安全可靠，机动、灵活、迅速
公路隧道抢通工程车	可大大减少作业时间，实现快速、连续作业
装配式拱形支护器材	可防护洞顶塌方、落石及洞口滚石等，为隧道抢通救援作业提供安全保障

1.2.2.2 隧道水害应急保通处治

（1）隧道渗漏水应急措施

隧道渗漏水可分为点渗漏、线渗漏和面渗漏三种形式，一般出水量不大，在应急保通情况下可暂不处理，但应密切观测渗漏水的发展情况。若渗漏水不断发展则需查明渗漏水来源，并采取可行措施，切断源头及路径。

（2）隧道塌方积水应急措施

隧道塌方积水常用处理技术见表1-12。

隧道塌方积水常用处理技术 表1-12

处理技术	优点
坍体正前方钻孔泄水法	简单易行，用时较少，对隧道破坏较小
挖低钻机位置钻孔泄水法	保障作业人员安全，能够改善隧道内积水状况

1.2.2.3 隧道火灾应急保通处治

隧道火灾往往产生大量的热量和燃烧气体，严重危及车辆和人员安全，甚至会破坏隧道结构。隧道火灾应急抢修也是当前隧道应急保通的重要问题之一。表1-13列举了当前用于隧道火灾抢修的部分产品。

当前用于隧道火灾抢修的部分产品 表1-13

种类	设备名称	特点
传统固定消防设备	气体灭火器	缺点：一次性喷出剂量有限，对人体有危害，对隧道内设备性能有一定影响；灭火后有关设备性能恢复慢；造价较高，维护费用高

种类	设备名称		特点
传统固定消防设备	消火栓		优点:威力大,水流扬程远。 缺点:水龙消火栓通常很难控制或扑灭燃油火
	水基灭火系统		优点:吸热能力提高上百倍,火焰温度能迅速下降,阻止蒸汽扩散;破坏底部烟气分层,有助于排散;可稀释火焰中的氧含量,降低可燃气体浓度,减少人员窒息风险;可降低烟尘浓度,提高能见度。 缺点:耗水量大,误操作后果严重
	水成膜泡沫(AFFF)装置		优点:使用方便,灭火速度快。 缺点:AFFF需专业泡沫发生器与储存设备,制造、使用与维护的成本较高;传统AFFF中含有全氟化合物(PFAS),该物质难以降解,对隧道后续绿色可持续建设有一定影响
移动式消防设备	无轨消防车		优点:可以在隧道复杂地况与狭窄空间内灵活机动。 缺点:难以处理复杂紧急情况,不一定完全适用于隧道灭火
	有轨消防车		优点:适用于铁路隧道及小型火灾。 缺点:应变能力差,不适用于公路隧道
	高科技脉冲设备		优点:灭火速度快、效率高。 缺点:必须由逃生人员操作,危急情况延误最佳灭火时间;火势较大时,逃生人员很难近距离灭火,达不到灭火效果
新兴灭火技术产品	灭火车类	两用灭火汽车	优点:能同时应用于公路和铁路。 缺点:在公路隧道火灾救援中不具有优越性
		双向行驶隧道灭火车	优点:避免隧道内不好掉头的麻烦,使用方便。 缺点:不能抵达有效灭火距离
		轻便消防车	优点:比较靠近火点。 缺点:很可能在救援过程中遭到破坏
		雪炮	优点:压住火势,降低火场温度,减少浓烟,整体性能较好。 缺点:不能立即扑灭大火,造价昂贵,保养费用高
		大功率消防装置	优点:灭火速度快,可以远距离正面扑灭大火,具有极强的扑灭大火、降温、通风和驱散有毒烟雾的功能。 缺点:依赖于大型车辆,灵活性和可达性可能受到限制,且需在较开阔的环境中操作
	灭火机器人		优点:能感知热、烟以及可疑人物等异常现象,或许可代替消防人员进入隧道进行灭火和搜救。 缺点:技术尚未成熟
	新型泡沫灭火器		优点:迅速扑灭火灾,阻止复燃,抑制有毒气体扩散,适用范围广,对生物无毒害。 缺点:需特定储存条件(温度、湿度控制),储存、使用成本高;技术成熟度有限,对某些特殊火灾(金属、化学品)阻燃效果不佳

1.2.3 道路应急保通现状

自然灾害作用下,路基损伤往往伴随着路面损伤。尽管路基损伤与路面损伤的主要因素基本一致,但应急保通过程中采用的技术方法区别较大,下面分别进行阐述。

1.2.3.1 路基保通技术

路基灾损位置一般为公路明线段,便于灵活采取扩宽、新建便道、临时支挡等措施,应急保通应把握"因地制宜、高效快捷、就地取材"的原则。表1-14为路基常用保通技术。

路基常用保通技术 表1-14

类型		保通处治技术
崩塌落石		管制限行、人工预警,坡面防护、铅丝石笼挡墙,钢结构、柔性网、钢筋混凝土板装配式棚洞,大直径钢波纹管、钢筋混凝土明洞
滑坡		管制限行、人工预警,铅丝石笼挡墙、钢管桩、机械成孔抗滑桩
泥石流		管制限行、人工预警,主动防护网装石块、六面体预制块、钢管桩、挡墙等结构护岸,丁坝等处治结构物
路基本体	开裂沉陷类	管制限行、人工预警,土石回填、束柴回填
	错台隆起类	管制限行、人工预警,换填、强夯
	坍滑类	管制限行、人工预警,坡面防护、铅丝石笼挡墙,钢管桩、机械成孔抗滑桩等
	水毁破坏类	管制限行、人工预警,铅丝石笼挡墙、钢管桩、机械成孔抗滑桩等
路堑边坡	变形开裂	管制限行、人工预警,填筑加固、开挖回填夯实、导流排水等
	滑移垮塌	管制限行、人工预警,坡面防护、铅丝石笼挡墙,钢管桩、机械成孔抗滑桩等
	坡面防护结构破坏	管制限行、人工预警,铅丝石笼挡墙、钢管桩,修复防护结构
支挡结构	挡墙、抗滑桩、钢管桩等变形破坏	管制限行、人工预警,铅丝石笼挡墙,修复结构物

1.2.3.2 路面保通技术

路面破坏一般与路基破坏同时出现,路面常用保通技术见表1-15。

路面常用保通技术 表1-15

种类	方式		适用条件
简易路面	路基上撒布碎石、碎砖瓦、炉渣等就便材料		土路改善
	束柴路面、圆木路面、木板车辙道路		松软、泥泞及水稻田等不良地段
	泥结碎石路面		改道绕行
	手摆片石路面		抗滑路面
	简易钢板路面	路面硬化钢板	一侧陡峭,开挖或爆破拓宽困难;另一侧石质路基,稳定性较好
		钢骨架路面	软基和泥泞路段,短时间内无法进行路基修复,又需要保证承载通行
	路基箱		铺设在松软、泥泞地面
	复合加强路面		路基特别松软,特别是泥石流浆掩埋道路

种类	方式	适用条件
机械化路面	GLM120型机械化路面	软土深0.5m以内,地基允许承载力不小于45kPa;纵坡不大于25%,横坡不大于6%
	GLM121型机械化路面	软土深0.5m以内,地基允许承载力不小于70kPa;纵坡不大于15%,横坡不大于5%
	GLM120A型机械化路面	软土深0.5m以内,地基允许承载力不小于70kPa;纵坡不大于15%,横坡不大于5%
	HZLM100硬质机动路面	江河暗滩、泥泞道路及松软地段,可用作构筑渡场的临时通道;涉水深度不大于0.5m,最大爬坡度60%;地基承载能力不小于0.07MPa
	软路面铺设车	涉水深度不大于0.5m,最大爬坡度60%;地基承载能力不小于0.08MPa

1.2.4 轨道应急保通现状

轨道是铁路线路设备的重要组成部分,其作用是引导机车车辆运行,直接承受机车车辆荷载,并把荷载分布传递给路基或桥隧构筑物。火灾、水害、地震、高温、撞击等突发灾害可能引起轨道结构伤损、轨道几何形位严重恶化,危及行车安全。其表现形式分为三种情况:一是异物侵入限界,二是轨道结构损伤,三是轨道几何形位超限。事实上,在处治这些灾害时一般需要综合运用各种方法。

1.2.4.1 异物侵入限界保通处治

当发生自然灾害,巨石、树木、泥石流、滑坡等异物侵入铁路限界时,一般采用立即报告、采取安全措施、做好列车运行调整等步骤达到应急保通的目的。

立即报告:行车值班员在接到关于异物侵入铁路限界且无法立即处理的报告后,应尽快了解异物的确切位置及影响程度,并向行车调度员、值班站长、站区领导及客运公司生产值班室报告。

采取安全措施:在得到行车调度员的调度命令或准许后,确认上下行接触轨停电并广播,由站区领导或值班站长安排助理值班员及车站其他工作人员到达现场,将异物清除或移至不侵界位置。

做好列车运行调整:有道岔车站值班员要根据行车调度员的指示,做好列车折返或改经侧线运行的准备。

1.2.4.2 轨道结构问题保通处治

(1)钢轨折断

封闭线路,及时处治折断的钢轨。对于标准轨有缝线路,更换折断的钢轨。对于无缝线路,锯掉折断部分,连入短轨。短轨与原线路采用短轨急救器连接,同时拧紧前后各100m范围内的扣件。

（2）无砟轨道板、轨枕、扣件、接头连接零件损坏

应急处治措施应遵循分级处置、协同应对的原则。根据轨道突发灾害伤损程度，不同灾害类型和等级下的轨道应急措施见表1-16。

不同灾害类型和等级下的轨道应急措施　　　　　　　　表1-16

灾害类型	灾害等级	应急措施
火灾	I	列车按照设计时速正常通行
	II	更换扣件，按要求时速调节轨道平顺性；每隔两根轨枕安装轨距拉杆，加固钢轨；列车限速取值不应高于要求限速
	III	应临时封闭线路，对伤损无砟轨道进行更换处治，直至无砟轨道的稳定性、平顺性满足列车放行要求
	IV	应临时封闭线路，对伤损无砟轨道进行更换处治，直至无砟轨道的稳定性、平顺性满足列车放行要求
水害	I	按要求时速调节轨道平顺性，列车限速取值不应高于要求限速
	II	在无砟轨道下部脱空处采用塑料垫板临时支撑，在有砟轨道轨枕空吊处补充道砟；按要求时速调整轨道平顺性；列车限速取值不应高于要求限速
	III	应采取临时支撑措施，可采用特殊扣件，按要求时速调节轨道平顺性，列车限速取值不应高于要求限速
	IV	采用钢垫板临时支撑或灌注修补材料填充，无砟轨道可采用特殊扣件进行调整，按要求时速调整轨道平顺性，列车限速取值不应高于要求限速
地震	I	列车可限速200km/h通行，根据天窗安排及时进行无砟轨道维修作业
	II	若存在连续轨枕挡肩缺损，需对挡肩缺损处进行修补，更换伤损扣件，采用快速锚固剂对失效预埋套管进行改锚；按要求时速调整轨道平顺性；列车限速取值不应高于要求限速
	III	应临时封闭线路，对伤损无砟轨道予以更换
	IV	应临时封闭线路，对伤损无砟轨道予以更换
高温	I	应及时按列车设计速度调整轨道平顺性，列车以正常速度通行
	II	应按要求时速调节轨道平顺性，在无砟轨道伤损处前后区域植筋锚固，列车限速取值不应高于要求限速
	III	轨道板或道床板下部采取临时支撑措施，按要求时速调整轨道平顺性，无砟轨道伤损处前后区域植筋锚固，列车限速取值不应高于要求限速
	IV	无砟轨道下部采取临时支撑，按要求时速调整轨道平顺性，在无砟轨道伤损处前后区域植筋锚固，列车限速取值不应高于要求限速
撞击	I	应及时更换伤损扣件，按需求时速调节轨道平顺性，列车限速取值不应高于要求限速
	II	应更换伤损扣件；在严重缺损区段安装轨距拉杆，对钢轨进行加固；按要求时速调节轨道平顺性；列车限速取值不应高于要求限速
	III	应间隔更换伤损扣件及修补轨枕挡肩；严重缺损区段安装轨距拉杆，对钢轨进行加固；按要求时速调节轨道平顺性；列车限速取值不应高于要求限速
	IV	应更换伤损扣件，间隔修补轨枕挡肩；预埋套管失效，则进行改锚，在受损区段安装轨距拉杆，对钢轨进行加固；按要求时速调节轨道平顺性；列车限速取值不应高于要求限速

1.3 重点问题和主要内容

1.3.1 重点问题

灾害或突发事件往往造成基础设施损伤,导致交通中断。当前,经过长期的陆路交通基础设施应急能力建设,我国已具备了一定规模的应急保通技术、器材和装备储备,如用于灾损道路应急保通的爆破清除、便道开挖、土石填筑、便桥跨越、结构损伤修复的技术及器材,用于中小跨径桥梁应急抢修的原桥抢修、便桥抢建、舟桥浮渡,以及迂回绕行技术和器材装备。本书重点解决当前陆路交通基础设施灾后通行能力评价方法等瓶颈问题;立足于大跨径桥梁灾损特征和地形地势特点,建立针对深谷、深水和大河急流等困难环境的应急保通技术;针对中小跨径桥梁占比高、灾损规模大的现状,提出基于常规型材和面向"临-永"转换的墩梁应急保通技术,适用于隧道不同灾损部位、基于新型材料和装配式拱架技术的隧道综合应急保通技术,以及用于公-铁互通临时路网构建的应急保障装备。

1.3.2 主要内容

本书针对桥梁、隧道、道路、轨道等典型基础设施,针对灾后应急保通需求,介绍了以下内容:

(1)构建了基于剩余承载能力及道面、轨道平顺性双重评判指标的应急通行能力评价方法和灾损分类分级体系,提出了用于不同灾损类型、分级的柔性运行技术。

(2)针对深谷、深水和大河急流的大跨径桥梁结构和地形地势特点,开展了适用于深谷、深水和大河急流大跨径桥梁的缆索输送快速恢复技术以及基于新型大跨径抢修钢梁的深谷、深水和大河急流大跨径桥梁的应急保通技术的研究。

(3)针对中小跨径桥梁快速恢复用梁部抢修器材储备不足、桥墩临时抢修与永久恢复不能兼顾的问题,开展了中小跨径应急钢梁快速生成及可"临-永"转换的抢修墩梁研究。

(4)结合隧道不同灾损部位,开展了新型注浆材料、早强高耐久性纤维喷射混凝土和装配式拱架研究,构建了"片状钢拱架+早强高性能喷射混凝土"联合支护新结构代替传统的模筑混凝土套拱修建技术。

(5)针对灾后公-铁互通应急路网构建技术和装备瓶颈,研发"桥上桥"应急保障装备和铁路应急拼装式站台,实现了非固定或破损站场位置的公-铁互联互通。

第2章　陆路交通基础设施灾后通行能力评价

陆路交通基础设施灾后通行能力如何评价决定着灾后应急救援决策的科学性和合理性。制约灾后设施通行能力的因素众多，本章基于桥梁、隧道、道路、轨道的结构特点，通过失效模式和仿真验证研究，揭示设施损伤对其通行能力的影响机理和规律，分别给出相应的设施通行能力评价方法。

2.1　桥　梁

在经历地震等自然灾害后，桥梁结构的力学性能会发生变化，导致其通行能力降低或丧失。因此，对经历地震等重大自然灾害的桥梁通行能力进行判定，可以为救援物资、救援设备等运输提供基础数据，争取灾后救援的宝贵时间，为构建灾区救援生命线提供技术支撑。

2.1.1　灾后桥梁损伤的调查

地震、水灾、滑坡、泥石流、风灾、爆炸、火灾和撞击等诸多灾害均会对桥梁结构造成严重损伤，威胁桥梁的安全运维。

2.1.1.1　地震

地震突发性强，破坏性大，并常伴随诸多次生灾害，其巨大的破坏力极易造成桥梁结构的损伤甚至垮塌。从下部结构来看，地震可能会导致墩身剪断[图2-1a)]、压溃、开裂，以及横系梁开裂[图2-1b)]、位移和倾斜。而桥台易出现向河心滑移倾斜，胸墙、翼墙、前墙及挡块混凝土开裂等现象[图2-1c)]，液化场地的桥台损伤现象更为显著。支座作为桥梁的重要传力装置，一直以来都是桥梁结构抗震中比较薄弱的构件。支座震害主要表现为位移、锚固螺栓拔出或剪断、活动支座脱落以及支座结构性损伤等。

上部结构则常出现碰撞震害和位移震害。碰撞震害主要表现为桥面伸缩缝位置混凝土压碎变形，T形梁横隔板开裂以及少数梁端损伤等；位移震害最为常见，主要表现为梁体的纵、横向位移及扭转（图2-2），严重时可导致落梁破坏。

2.1.1.2　水灾

水灾已成为桥梁结构损伤或失效的主要因素之一，其中冲刷和洪水是导致桥梁结构失效的主要原因（图2-3）。

a)墩身剪断　　　　　　　b)横系梁开裂　　　　　　　c)桥台开裂

图 2-1　桥梁下部结构震害

a)横向位移　　　　　　　b)纵向位移　　　　　　　c)落梁

图 2-2　桥梁上部结构震害

a)冲刷　　　　　　　　　　　　　　　b)洪水

图 2-3　水灾现场

按基础形式,冲刷一般分为浅基础冲刷和桩基础冲刷。浅基础遭冲刷时局部沉降可能导致整体结构的倒塌或倾斜;桩基础遭冲刷时对桥梁基础的竖向承载力和横向抗弯能力有显著影响,严重时导致桥梁基础的竖、横向失效。

洪水造成的损伤按损伤部位不同一般分为上部结构损伤和桥墩基础损伤。上部结构损伤主要表现为桥面板的脱空和位移。当梁体所受浮力大于重力时,在水流横向冲击作用下易发生偏移或脱落。桥墩基础损伤主要表现为水流动力冲击造成的偏移、倾斜和强度破坏等。

2.1.1.3　滑坡和泥石流

滑坡和泥石流往往在山区同时出现。滑坡体的侧向推动力可能使横桥向出现支座滑移错位、挤压开裂等损伤，纵桥向呈现"中间大，两端小"的不均匀变形(图2-4)。滑坡蠕变是桥梁结构产生位移或局部破坏的直接原因。

a)滑坡

b)泥石流

图2-4 滑坡和泥石流

泥石流对桥梁结构的冲击大致分为浆体冲击和大石块撞击，可能导致桥梁墩台磨蚀、护岸基础掏空，以及主梁、桥墩推挤破坏，严重时出现桥梁冲毁现象。若泥石流中掺杂大体积飘石，还可能对桥墩造成撞击，造成桥梁结构的整体破坏。

2.1.1.4 风灾

临海或跨江(河)桥梁最常见的风灾类型为风浪，其对桥梁结构的损伤一般可分为上部结构和下部结构的损伤。风浪对桥面板的上托力、侧压力和下压力是导致上部结构损伤的主要原因。跨海大桥主梁跨中横向位移受风荷载影响显著。风浪的水平作用力和对桥墩的黏滞效应、绕射效应和附加质量效应是导致下部结构损伤的主要原因。

强风则是内陆桥梁最常见的风灾类型，会导致桥梁结构发生扭曲或倾斜，影响其稳定性和安全性。强风易引起桥梁结构的振动，如果振幅过大，可能导致结构疲劳和损坏。风对悬索桥和斜拉桥的索线产生的侧向力可能导致结构振动或索线损坏。

2.1.1.5 爆炸和火灾

爆炸往往伴随着火灾的发生，如图2-5所示。桥梁爆炸致损根据部位的不同，大致可分为下部结构和上部结构的损伤。对下部结构而言，由爆炸引起的柱截面变形主要分为压缩和膨胀两个阶段，且破坏主要发生在膨胀阶段。对上部结构而言，梁体构件在小当量炸药爆炸时表现为受弯破坏；当炸药当量增大时，迎爆面梁体混凝土将发生压溃破坏，最终由塑性破坏转变为脆性破坏。当爆炸中心位于跨中时，桥面发生局部冲切破坏，腹板、T形梁底有混凝土崩落现象。此外，爆炸引起的火灾可能导致桥梁材料烧毁或熔化，降低桥梁结构强度和稳定性，影响桥梁的正常运行和安全性。

2.1.1.6 撞击

撞击一般分为船舶撞击和车辆撞击。船舶撞击是跨河、跨海桥梁面临的一大威胁，可造成桥梁上、下部结构的位移，甚至是桥梁的倒塌。同时，随着城市交通负担日益繁重，车辆撞击桥梁问题也逐渐突出。根据车辆高度划分，撞击一般可分为超高车辆撞击和非超高车辆撞击。超高车辆撞击一般造成桥跨结构局部破坏或垮塌，非超高车辆撞击易造成桥墩损伤。

a)油罐车火灾　　　　　　　　　　　　b)车辆爆炸火灾

图2-5　爆炸和火灾

2.1.2　灾损桥梁通行能力评价方法

评判灾损桥梁的通行能力，首先，要根据桥梁损伤等级量化评定方法确定桥梁的损伤程度，评判桥梁的损伤等级。其次，根据桥梁的损伤等级分析不同车辆过桥时的安全性，得到灾损桥梁行车适应性等级。最后，基于行车适应性结果反演得到灾损桥梁车辆限速建议策略，从而保障灾损桥梁的安全通行。

综上，灾损桥梁通行能力评价方法一般分为四步：①桥梁灾损程度判定；②灾损桥梁有限元模型建立；③灾损桥梁行车安全性评判；④灾损桥梁应急保通策略制定。技术路线如图2-6所示。

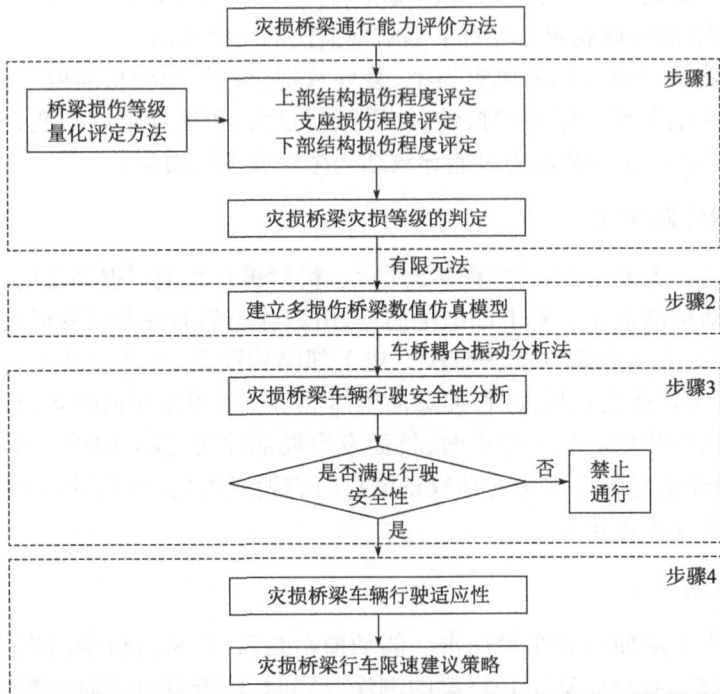

图2-6　技术路线

22

2.1.2.1　灾损桥梁评价指标及标准

受灾情况下,桥梁结构往往处于多损伤交织状态,影响桥梁结构安全的因素很多。合理选取灾损桥梁评价指标对于判别桥梁的灾损等级意义重大。在桥梁受损复杂的情况下,单一指标已不能对其进行科学评判。根据桥梁破坏形式,将桥梁分为桥面系、上部结构和下部结构三部分进行评价。根据震后桥梁的损害状态,选择6项安全评价内容,建立了一套适用于T形或工字形公路桥梁的灾损等级划分方法,评价指标见表2-1。

灾损公路桥梁评价指标体系

表2-1

评价等级	损伤程度	灾损特征定性描述	灾损特征定量描述
Ⅰ级	基本完好/轻度损伤	(1)主梁跨中有个别细短弯曲裂缝,梁端有个别细短斜向弯剪裂缝	$h_{(max)}<0.2H_0$, $D_{2(min)}\geqslant50$, $W_{2(max)}<0.05$, $L_{3(max)}<1/6H_0$, $D_{3(min)}\geqslant50$, $W_{3(max)}<0.05$
		(2)桥面板纵向和横向有个别短细裂缝	$L_{1(max)}<1/6B_0$, $D_{1(min)}\geqslant50$, $W_{1(max)}<0.05$, $L_{2(max)}<1/6L_0$, $D_{2(min)}\geqslant50$, $W_{2(max)}<0.05$
		(3)桥面出现轻微的纵、横向裂缝,轻微网裂(龟裂),局部出现坑槽,面层局部松散、露骨,车辙深度不明显,局部出现波浪拥包,局部泛油,桥面轻微沉陷	$L_1\leqslant1/2S$, $0.5<W_1<1.5$, $L_2\leqslant1/2M$, $0.5<W_2<1.5$, $T\leqslant1$, $Z\leqslant3\%$, $s\leqslant0.3$, $U(V)\leqslant10\%$, $W(X)\leqslant10\%$, $h\leqslant15$, $Y\leqslant10\%$
		(4)横隔板表面轻微网裂,或表面小范围混凝土剥落,焊接部位有少量裂纹,焊缝不存在裂缝	$\gamma<5\%$, $d<0.05$
		(5)桥墩局部混凝土剥落;钢筋锈蚀,混凝土表面有沿着钢筋的裂缝或混凝土表面有锈迹	$\alpha<3\%$, $s<0.5$
		(6)支座位置略有偏移	$L<0.05K$
Ⅱ级	中度损伤	(1)主梁跨中有轻微弯曲裂缝,梁端有轻微细短斜向弯剪裂缝	$0.2H_0<h_{(max)}<0.3H_0$, $30<D_{2(min)}<50$, $0.05<W_{2(max)}<0.15$, $1/6H_0<L_{3(max)}<1/3H_0$, $30<D_{3(min)}<50$, $0.05<W_{3(max)}<0.2$
		(2)桥面板纵向和横向有少量短细裂缝	$1/6B_0<L_{1(max)}<1/3B_0$, $30<D_{1(min)}<50$, $0.05<W_{1(max)}<0.15$, $1/6L_0<L_{2(max)}<1/4L_0$, $30<D_{2(min)}<50$, $W_{2(max)}<0.15$
		(3)桥面出现明显的纵、横向裂缝,多处网裂(龟裂);坑槽造成桥面膨胀或凹陷,多处松散、露骨;车辙深度较浅,多处波浪拥包,多处泛油,桥面沉陷深度较浅	$1/2S\leqslant L_1\leqslant2/3S$, $1.5<W_1<3.0$, $1/2M\leqslant L_2\leqslant2/3M$, $1.5<W_2<3.0$, $1\leqslant T\leqslant2$, $3\%\leqslant Z\leqslant10\%$, $0.3\leqslant s\leqslant0.8$, $10\%\leqslant U(V)\leqslant20\%$, $10\%\leqslant W(X)\leqslant20\%$, $15\leqslant h\leqslant25$, $10\%\leqslant Y\leqslant20\%$, $k\leqslant25$

评价等级	损伤程度	灾损特征定性描述	灾损特征定量描述
Ⅱ级	中度损伤	(4)横隔板表面较大范围混凝土剥落,部分钢筋断裂;焊接部位有大量裂纹,受拉翼缘边焊缝存在裂缝	$5\% < \gamma < 30\%, 0.05 < d < 0.2$
		(5)桥墩较大范围混凝土剥落;钢筋锈蚀,主筋锈蚀或混凝土表面保护层剥落,钢筋裸露	$3\% < \alpha < 10\%, 0.5 < s < 1.0$
		(6)支座位置轻微偏移、移动	$0.05K < L < 0.05K$
Ⅲ级	严重损伤	(1)主梁跨中有少量弯曲裂缝,缝宽小于限值;梁端有少量斜向弯剪裂缝,缝宽小于限值	$0.3H_0 < h_{(max)} < 0.5H_0, 20 < D_{2(min)} < 30,$ $0.15 < W_{2(max)} < 0.25, 1/3H_0 < L_{3(max)} < H_0,$ $20 < D_{3(min)} < 30, 0.2 < W_{3(max)} < 0.3$
		(2)桥面板纵向个别处有明显带宽度的裂缝或接合面显著开裂,横向裂缝宽度小于限值	$1/3B_0 < L_{1(max)} < B_0, 20 < D_{1(min)} < 30,$ $0.15 < W_{1(max)} < 0.25, 1/4L_0 < L_{2(max)} < 1/3L_0,$ $20 < D_{2(min)} < 30, 0.15 < W_{2(max)} < 0.25$
		(3)桥面出现严重纵、横向裂缝,大范围网裂(龟裂),大部分桥面有坑槽,桥面大部分松散、露骨,车辙深度较深,大面积波浪拥包,大面积泛油、磨光,沉陷深度较大	$L_1 > 2/3S, W_1 > 3.0, L_2 > 2/3M,$ $W_2 > 3.0, T > 2, Z > 10\%,$ $s > 0.8, U(V) > 20\%,$ $W(X) > 20\%, h > 25,$ $Y > 20\%, k > 25$
		(4)横隔板表面大范围的混凝土剥落,大量钢筋断裂,丧失部分连接功能;焊缝存在裂缝,钢板开裂,丧失部分连接功能	$\gamma > 30\%, d > 0.2$
		(5)桥墩大范围混凝土剥落;钢筋锈蚀,混凝土表面开裂,甚至部分主筋锈断	$10\% < \alpha < 20\%, 1.0 < s < 2.0$
		(6)支座移动较严重,出现脱空或变形现象	$0.15K < L < 0.25K$
Ⅳ级	极严重损伤	(1)主梁跨中与梁端多处出现结构性裂缝,部分裂缝发展迅速,重点部位裂缝缝宽大于限值	$0.5H_0 < h_{max} < 0.75H_0, 10 < D_{2(min)} < 20,$ $0.25 < W_{2(max)} < 0.5, L_{3(max)} > H_0,$ $10 < D_{3(min)} < 20, 0.3 < W_{3(max)} < 0.5$
		(2)桥面板横向、竖向多处存在结构性裂缝,部分裂缝发展迅速,重点部位裂缝缝宽大于限值,边板多数底板跨中裂缝延伸至中性轴以上;纵向有部分较宽裂缝或接合面多处明显开裂	$L_{1(max)} \geq B_0, 10 < D_{1(min)} < 20,$ $0.25 < W_{1(max)} < 0.5, 1/3L_0 < L_{2(max)} < 2/3L_0,$ $10 < D_{2(min)} < 20, 0.25 < W_{2(max)} < 0.5$
		(3)同Ⅲ级	同Ⅲ级
		(4)横隔板表面大范围混凝土剥落,大量钢筋断裂,丧失连接功能;焊缝裂缝,钢板开裂,丧失连接功能	—

续上表

评价等级	损伤程度	灾损特征定性描述	灾损特征定量描述
IV级	极严重损伤	(5)桥墩混凝土剥落严重,大量主筋锈断	$\alpha>20\%,s>2.0$
		(6)支座移动、脱空严重,其他构件出现严重损伤	$L>0.25K$
V级	损毁	梁体发生落梁、桥梁垮塌等	—

注:1. h代表T(I)形梁腹板的高度(cm),D_2代表T(I)形梁腹板竖向裂缝间距(cm),W_2代表T(I)形梁腹板竖向裂缝宽度(mm),L_3代表T(I)形梁腹板斜裂缝的高度(cm),D_3代表T(I)形梁腹板斜裂缝间距(cm),W_3代表T(I)形梁腹板斜裂缝宽度(mm),L_0代表T形梁长度(cm),B_0代表T形梁底板宽度(cm),H_0代表T形梁腹板高度(cm)。

2. L_1代表板底横向裂缝长度(cm),D_1代表板底横向裂缝间距(cm),W_1代表板底横向裂缝宽度(mm),L_2代表板底纵向裂缝长度(cm),D_2代表板底纵向裂缝间距(cm),W_2代表板底纵向裂缝宽度(mm),L_0代表现桥面板长度(cm),B_0代表桥面板宽度(cm)。

3. L_1代表纵向裂缝最大长度(m),S代表桥面跨径(m),W_1代表纵向裂缝最大宽度(mm),L_2代表横向裂缝最大长度(m),M代表行车道宽(m),W_2代表横向裂缝最大宽度(mm),T代表网裂(龟裂)累计面积(m^2),Z=(坑槽累计面积/铺装层面积)×100%,U=(松散,露骨累计面积/铺装层面积)×100%,V=(泛油累计面积/铺装层面积)×100%,W=(车辙累计面积/铺装层面积)×100%,X=(沉陷累计面积/铺装层面积)×100%。

4. h代表车辙、沉陷深度(mm),Y=(拥包累计面积/铺装层面积)×100%,k代表拥包波峰、波谷高差(mm),γ代表横隔板表面混凝土开裂脱落的面积/横隔板表面积,d代表横隔板钢板裂纹深度(mm)。

5. s代表桥墩混凝土剥落、露筋的单处最大面积(m^2),α=(混凝土剥落、露筋的总面积/构件表面积)×100%。

6. L代表支座位置移动的距离,K代表支座移动对应方向的边长。

通过表2-2可实现灾损公路桥梁损伤等级的定性划分,但要想对灾损桥梁的力学性能及安全保通开展进一步研究,还需要将不同损伤等级的桥梁进行科学的有限元表征。为此,基于灾损公路桥梁指标评价体系,本书提出了一种简化的桥梁损伤等级有限元模拟方法。

桥梁有限元模型的损伤等级评定标准 表2-2

BCI	≥90	81~89	71~80	61~70	≤60
损伤等级	I	II	III	IV	V

在有限元分析中,通过桥梁整体损伤状况指数(Bridge Condition Index,BCI)来定量划分灾后桥梁的损伤等级,如式(2-1)所示。桥梁整体损伤状况指数BCI综合考虑了上部结构、支座和下部结构的损伤。其中,上部结构可以考虑桥面破损、桥面板裂缝、横隔板损伤、主梁裂缝、剪力钉断裂(适用于钢-混凝土组合梁桥),下部结构一般考虑桥墩、桥台的混凝土材料剥落与裂缝等损伤。

$$BCI = BCI_m \cdot w_{m1} + BCI_s \cdot w_{s1} + BCI_x \cdot w_{x1} \tag{2-1}$$

式中:BCI_m、BCI_s、BCI_x——桥面系、上部结构与下部结构的损伤状况指数;

w_{m1}、w_{s1}、w_{x1}——桥面系、上部结构与下部结构占整体结构的权重,分别取值为0.2、0.4和0.4。

该公式暂将支座纳入上部结构考虑,均采用分项打分加权评定法确定,如式(2-2)~式(2-4)所示。

$$BCI_m = (100 - MDP_m) \cdot w_{m2} \tag{2-2}$$

$$BCI_s = \sum_{i=1}^{5} (100 - SDP_{si}) \cdot w_{s2i} \tag{2-3}$$

$$BCI_x = (100 - IDP_x) \cdot w_{x2} \tag{2-4}$$

式中:SDP_{si}——上部结构第i个二级指标扣分值;

MDP_m、IDP_x——桥面系与下部结构的扣分值;

w_{m2}、w_{s2i}、w_{x2}——桥面系、上部结构与下部结构各类损伤对应的二级指标权重值。

以钢-混凝土组合梁桥为例,桥梁结构损伤指标与权重值可参考表2-3,其中一级损伤指标与权重值取值可参考文献,二级损伤指标可根据具体桥型设定。增加二级损伤指标可以进一步精细化灾后桥梁的损伤等级评定,二级权重值的计算方法见下文。二级损伤指标的扣分值均综合考虑结构的损伤特征和工程经验确定,可参考表2-4。

桥梁结构损伤指标与权重值 表2-3

一级指标	一级权重	二级指标	二级权重
桥面系	0.2	桥面破损	1.00
上部结构	0.4	混凝土板裂缝	0.23
		横隔板损伤	0.10
		剪力钉断裂	0.01
		钢板梁微裂缝	0.62
		支座损伤	0.04
下部结构	0.4	混凝土剥落/混凝土裂缝	1.00

桥梁结构损伤指标的扣分标准 表2-4

扣分值	10	11~20	21~34	34~50	>50
桥面破损等级	A	B	C	D	E
混凝土板刚度退化(%)	<10	10~20	21~30	31~40	>40
横隔板刚度退化(%)	<10	10~20	21~30	31~40	>40
剪力钉断裂比例(%)	<10	10~20	21~30	31~40	>40
剪力钉刚度退化(%)	<10	10~20	21~30	31~40	>40
钢板梁刚度退化(%)	<10	10~20	21~30	31~40	>40
支座损伤比例(%)	<20	21~40	41~60	61~80	>80
支座刚度退化(%)	<20	21~40	41~60	61~80	>80
下部结构刚度退化(%)	<20	21~40	41~60	61~80	>80
下部结构混凝土剥落(m³)	<0.03	0.03~0.06	0.061~0.090	0.091~0.120	>0.12

由于不同桥型的构件存在差异,因此不同桥型对应的二级损伤指标权重值也存在差异,需采用桥梁损伤敏感性分析方法进一步确定其取值。该方法的技术路线如图2-7所示。

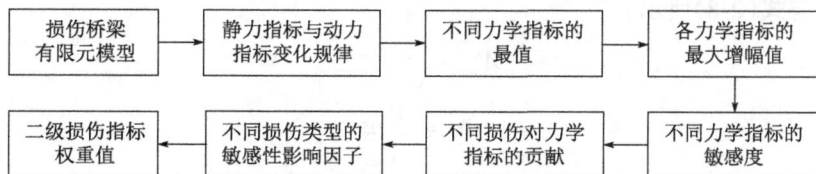

图2-7　基于损伤敏感性分析确定二级损伤指标权重的技术路线

为便于研究,将损伤线性累积作为基本假定,在计算过程中,认为各损伤类型对桥梁静、动力指标的影响为线性关系,即两种或多种损伤类型对桥梁结构的影响可直接叠加。同时为加深读者的理解,本书绘制了损伤-指标关系图(图2-8),并提出四个计算分析公式,以便对损伤敏感性分析方法展开进一步论述,如式(2-5)~式(2-9)所示。具体如下:

(1)分别建立不同损伤类型、不同损伤等级的桥梁有限元模型。

(2)逐次对每个损伤类型对应的各损伤等级有限元模型开展静、动力分析,损伤-指标关系如图2-8所示,图中 D 代表损伤类型,G 代表损伤等级,N 代表力学指标,i 代表损伤类型编号,j 代表损伤等级编号,k 代表力学指标编号。

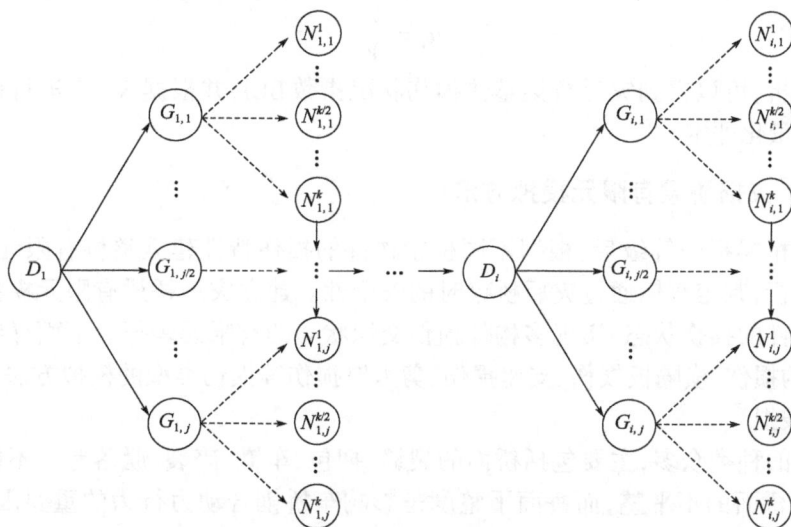

图2-8　损伤-学指标关系

(3)分别求解每种损伤类型的静、动力指标最大、最小值;

$$\begin{cases} X_{i,\max}^{k} = \max\{N_{i,1}^{k}, \cdots, N_{i,j}^{k}\} \\ X_{i,\min}^{k} = \min\{N_{i,1}^{k}, \cdots, N_{i,j}^{k}\} \end{cases} \tag{2-5}$$

式中:$X_{i,\max}^{k}$、$X_{i,\min}^{k}$——第 i 类损伤的 k 指标在不同损伤等级下的最大值与最小值。

(4)求解每种损伤类型各静、动力指标的最大增幅 $A_{i,\max}^{k}$:

$$A_{i,\max}^{k} = \frac{X_{i,\max}^{k} - X_{i,\min}^{k}}{X_{i,\min}^{k}} \tag{2-6}$$

式中：$A_{i,\max}^k$——i类损伤作用下力学指标k的最大增幅值。

（5）求解每种损伤类型的指标敏感度。指标敏感度代表该类损伤对某一指标影响的贡献，如式（2-7）与式（2-8）所示：

$$A_{\max}^k = \sum_{i=1}^{n} A_{i,\max}^k \tag{2-7}$$

$$V_i^k = \frac{A_{i,\max}^k}{A_{\max}^k} \tag{2-8}$$

式中：V_i^k——i类损伤的k指标敏感度；

　　　n——考虑损伤类型的数量；

　　　$A_{\max}^k$——n种损伤对力学指标k最大增幅的影响贡献的总和。

（6）从损伤类型出发，分别求解每种损伤类型对所有指标的影响贡献之和V_i：

$$V_i = V_i^1 + V_i^2 + \cdots + V_i^k \tag{2-9}$$

式中：V_i^k——i类损伤对所有静动力指标的影响贡献。

（7）归一化处理，得到各损伤类型敏感性影响因子μ_i，进而根据一级损伤指标进行二次归一化处理即可得到二级损伤指标权重值。

$$V = \sum_{i=1}^{n} V_i \tag{2-10}$$

$$\mu_i = \frac{V_i}{V} \tag{2-11}$$

经以上分析，可以得到灾后桥梁整体损伤状况指数BCI，并根据表2-2进行桥梁有限元模型的损伤等级量化评定。

2.1.2.2 灾损桥梁有限元模拟方法

确定灾后桥梁损伤等级后，根据不同桥梁构件的损伤特性建立整桥有限元模型，开展车桥耦合振动分析，判定车辆通过灾后桥梁时的安全性。建立灾后桥梁有限元模型需要精细化模拟各桥梁构件的损伤状态，实现多构件损伤交织状态的有限元表征。下面详细介绍桥面破损、混凝土结构损伤、横隔板损伤、支座损伤、剪力钉损伤等损伤类型的模拟方法。

（1）桥面破损

桥面破损的种类众多，主要包括桥面的裂缝、拥包、车辙、碎裂、脱落等。不同类型的桥面破损均会引起桥面的不平整，而桥面平整度是影响车桥耦合动力行为的重要因素之一，因此采用模拟桥面平整度的方法来表征桥面破损。

研究表明，桥面平整度可看作一个零均值的高斯随机过程，可通过桥面平整度功率谱密度函数进行模拟。国际上关于桥面平整度的规范主要有《1972年路面不平度表示方法草案》（ISO SC2/WG4）和《1984年路面不平度表示方法草案》（ISO TC108/SC2N67—1984），我国《机械振动道路路面谱测量数据报告》（GB/T 7031—2005）对桥面平整度表达式的规定与《1984年国际标准》中的规定相同，如式（2-12）所示。

$$G_d(n) = G_d(n_0) \cdot \left(\frac{n}{n_0}\right)^{-w} \tag{2-12}$$

式中：$G_d(n_0)$——桥面平度系数，不同桥面等级的取值见表2-5；

n_0——参考空间频率,m^{-1},取值0.1;

w——频率指数,一般取值为2;

n——空间频率,m^{-1}。

不同桥面破损等级的功率谱密度值　表2-5

桥面破损等级	桥面等级	桥面平度系数$G_d(n_0)$		
		下限	几何平均	上限
Ⅰ	A	8	16	32
Ⅱ	B	32	64	128
Ⅲ	C	128	256	512
Ⅳ	D	512	1024	2048
Ⅴ	E	2048	4096	8192

采用三角级数法生成桥面不平整度样本函数值,如式(2-13)所示。

$$r(x) = \sum_{k=1}^{N} \left[4G_d(n_0) \left(\frac{2\pi k}{L_c n_0} \right)^{-2} \frac{2\pi}{L_c} \right]^{0.5} \cos\left(\frac{2\pi k n_0}{L_c} + \theta_k \right) \tag{2-13}$$

式中:$r(x)$——桥面平整度值;

　　x——桥面某不平顺点距桥梁起点的距离,m;

　　N——采样点数;

　　L_c——考虑平整度的桥面长度,m;

　　θ_k——一组独立的服从$[0,2\pi]$的均匀分布随机变量;

其余参数含义同式(2-12)。

(2)混凝土结构损伤

混凝土的宏观损伤与裂缝均会造成结构刚度的退化,而结构的刚度主要由弹性模量和截面尺寸等因素决定。混凝土裂缝的模拟方法主要有局部刚度折减法、分离式裂缝模型、二维或三维裂缝模型(图2-9)。

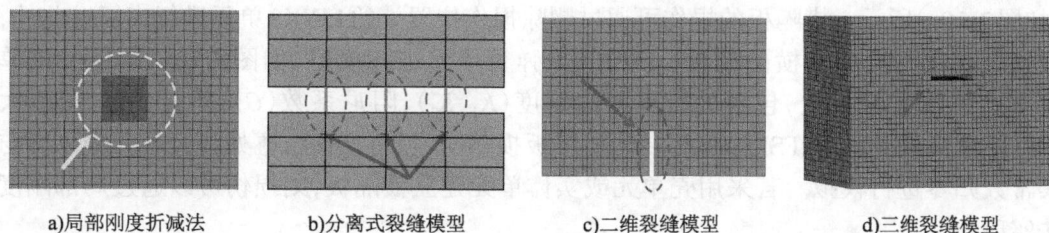

a)局部刚度折减法　　b)分离式裂缝模型　　c)二维裂缝模型　　d)三维裂缝模型

图2-9　裂缝模型

采用局部刚度折减法时,只对裂缝周围相匹配部分的有限元单元进行刚度折减,且折减大小需与裂缝对桥梁结构造成的实际损伤程度相符。采用裂缝位置和深度函数来表示折减刚度,该方法同样适用于钢结构的刚度折减,如式(2-14)、式(2-15)所示。

$$E'I' = EI(x) \left\{ 1 - \alpha \cos^2 \left[\frac{1}{2} \left(\frac{|x_c - l_c|}{\frac{\beta L'}{2}} \right)^m \right] \right\} \tag{2-14}$$

$$l_c - \frac{\beta L'}{2} < x_c < l_c + \frac{\beta L'}{2} \tag{2-15}$$

式中：$EI(x)$——折减前的刚度；

l_c——开裂区中心到单元左节点的距离，m；

L'——单元长度，m；

α、β、m——损伤参数，其取值方法可参考文献。

分离式裂缝模型是指在建模过程中根据裂缝大小预先在周边单元之间留出空隙，然后加入弯曲弹簧单元来模拟裂缝对结构刚度的影响。弯曲弹簧刚度的计算如式(2-16)~式(2-19)所示。

$$k = \frac{1}{c} \tag{2-16}$$

$$c = 6\pi\gamma^2 h f(\gamma) \tag{2-17}$$

$$\gamma = \frac{a}{h} \tag{2-18}$$

$$f(\gamma) = 0.6384 - 1.035 + 3.7201\gamma^2 - 5.1773\gamma^3 + 7.553\gamma^4 - 7.332\gamma^5 + 2.4909\gamma^6 \tag{2-19}$$

式中：c——桥梁结构柔度；

γ——裂缝的相对深度，m；

a——裂缝深度，m；

h——梁高，m。

二维或三维裂缝模型是根据裂缝的实际大小，对结构产生裂缝位置处的有限元单元网格进行细化并删除，建立与裂缝实际大小一致的有限元模型。该方法精度较高，但计算代价较大。针对混凝土破损与剥落，也可根据混凝土实际剥落或破损的体积，基于ANSYS进行网格细化，并通过布尔运算删除剥落或破损的三维实体混凝土单元实现。

（3）横隔板损伤

横隔板（横向联系）可采用3D杆单元LINK8模拟。该单元可承受轴向拉压，但不能承受弯矩，如图2-10a)所示。横隔板的损伤可通过删除损伤位置处的LINK8单元进行表征。此外，横隔板也可采用在竖向和横向设置COMBIN40弹簧单元进行模拟，如图2-10b)所示。该单元具有丰富的实常数设置，包括弹簧单元的刚度（K_1、K_2）、阻尼系数（C）、质量（M）、间隙大小（GAP）以及极限滑动力（FSLIDE）等。当横隔板损伤时，可将损伤位置处弹簧单元的刚度与质量实常数归零进行模拟。若采用壳单元或实体单元建立横隔板，则损伤可以通过局部刚度折减法实现。

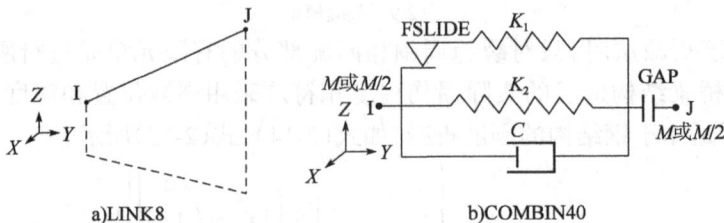

图2-10 单元几何

（4）支座损伤

相关研究表明,板式橡胶支座的滞回曲线一般呈狭长形,可以近似看作线性处理,因此,支座可被简化成具有可变刚度的弹簧单元来模拟。板式橡胶支座的竖向(k_z)、横向(k_y)和纵向(k_x)刚度如下:

$$k_z = \frac{EA}{t_1} \tag{2-20}$$

$$k_x = k_y = \frac{G_e A}{t_1} \tag{2-21}$$

式中:A——支座面积,m^2;

其余参数与上文一致。

ANSYS 提供了丰富的单元数据库,通过 COMBIN14 单元的关键项 3 设置弹簧为 3D 轴向弹簧,支座的竖向刚度损伤通过修改弹簧常数 K 进行模拟。横向与纵向作用采用两个 COMBIN40 单元进行模拟,通过单元关键项 3 来控制弹簧作用方向,支座横向与纵向的刚度损伤通过修改 COMBIN40 单元的弹簧常数 K_1、K_2 实现。支座的老化导致其变形能力下降,可通过增加弹簧单元刚度实现,支座脱空可通过将脱空位置处的弹簧单元删除实现。

（5）剪力钉损伤

钢-混凝土组合梁桥中的栓钉断裂破坏是较为常见的损伤形式,剪力钉断裂后不再参与结构受力,通过折减 COMBIN14 弹簧单元的刚度实常数 K 模拟栓钉断裂的影响,也可直接删除断裂的栓钉单元。在 ANSYS 中,栓钉可以采用弹簧单元 COMBIN14 模拟,通过单元 KEYOPT 3 设置弹簧为 3D 轴向弹簧,栓钉的轴向刚度与抗剪刚度通过单元实常数 K 赋予。《公路钢混组合梁桥设计与施工规范》(JTG/TD 64-01—2015)给出了栓钉抗剪刚度与轴向刚度的计算公式,如式(2-22)、式(2-23)所示。

$$k_{ss} = 13.0 d_{ss} \sqrt{E_c f_{ck}} \tag{2-22}$$

$$k_v = \frac{E_s A_s}{l} \tag{2-23}$$

式中:k_{ss}——栓钉连接件的抗剪刚度,N/mm;

d_{ss}——栓钉连接件杆部直径,mm;

E_c——混凝土弹性模量,MPa;

f_{ck}——混凝土抗压强度标准值,MPa;

k_v——栓钉连接件的轴向刚度;

E_s——栓钉连接件材料的弹性模量,MPa;

A_s——栓钉连接件杆截面面积,mm^2;

l——栓钉连接件长度,mm。

2.1.2.3　灾损桥梁通行安全评判方法

为了确保灾后公路桥梁的安全通行,本书提出了一种考虑车辆多方向动力特性的行驶安全性评价方法,评价指标见表2-6。

灾后桥梁通行安全评判指标

表2-6

通行建议	评判指标	指标值
禁止行车	(1)车辆侧倾安全系数RSF	RSF<1
	(2)车辆振动加速度限值A_{max}	$A>A_{max}$
	(3)车辆振动OVTV值	—
	(4)车辆振动L_{eq}值	—
不宜行车	(1)车辆侧倾安全系数RSF	RSF≥1
	(2)车辆振动加速度限值A_{max}	$A\leqslant A_{max}$
	(3)车辆振动OVTV值	OVTV≥0.5且L_{eq}≥114
	(4)车辆振动L_{eq}值	
适宜行车	(1)车辆侧倾安全系数RSF	RSF≥1
	(2)车辆振动加速度限值A_{max}	$A\leqslant A_{max}$
	(3)车辆振动OVTV值	OVTV≤0.63且L_{eq}≤116
	(4)车辆振动L_{eq}值	

灾后桥梁的车辆行驶安全性通过车辆侧倾安全系数和加速度最值来确定。车辆侧倾安全系数是车辆在自重作用下的反侧倾弯矩与侧倾振动惯性矩的比,如式(2-24)所示。当RSF<1时,车辆发生侧翻;当RSF=1时,车辆处于临界状态;当RSF>1时,车辆不会发生侧翻。

$$RSF = \frac{G_v \times d}{M_j} \tag{2-24a}$$

$$M_j = I_r\ddot{\varphi} = m\cdot\frac{b^2+h^2}{12}\cdot\ddot{\varphi} \tag{2-24b}$$

$$d = \sqrt{b^2+h^2}\cdot\sin\left[\arctan\left(\frac{b}{h}\right)-\varphi\right] \tag{2-24c}$$

式中:G_v——车重,N;

M_j——车辆侧倾振动惯性矩,m⁴;

m——车辆的质量,m;

$\ddot{\varphi}$——车辆侧倾振动加速度,m/s²;

φ——车辆侧倾角,(°);

b——车辆宽度,m;

h——车辆高度,m。

车辆侧倾计算模型如图2-11所示。

采用加速度最值包络法确定车辆竖向振动和俯仰振动的安全限值,步骤如下:①确定影响车辆振动加速度的自变量;②求解规定范围内的多个梯度自变量影响下的车辆振动加速度最值;③绘制以自变量为横轴,极值为纵轴的加速度包络图。若车辆振动加速度处于由最值曲线组成的包络面内,则认为满足车辆振动加速度的安全性要求。以车速 v 为自变量求解车辆竖向振动加速度安全区间的流程如图2-12所示。

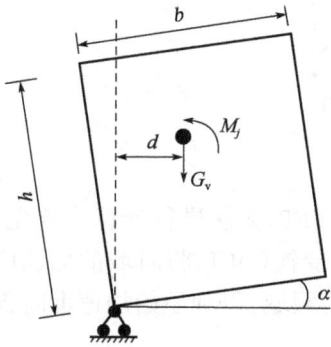

图2-11　车辆侧倾计算模型　　　　图2-12　车辆竖向振动加速度最值包络法

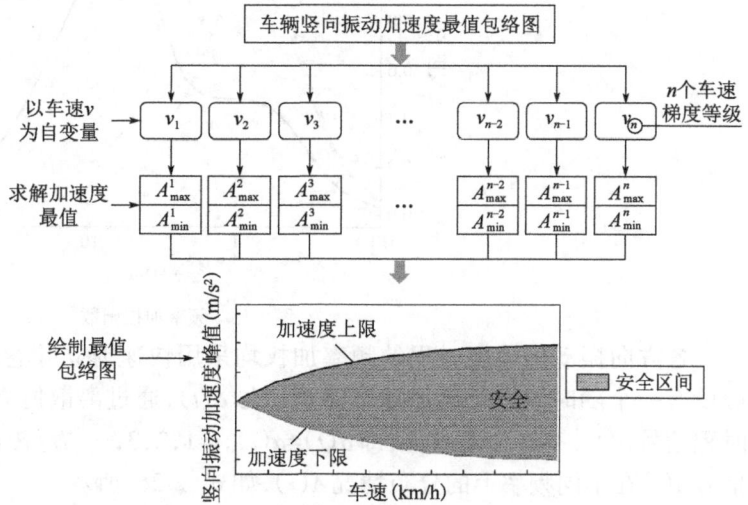

车辆驾驶员舒适度对灾后桥梁安全行车的影响不可忽视,《机械振动与冲击　人体暴露于全身振动的评价　第1部分:一般要求》[GB 13441.1—2017/ISO 2631-1:1997(E)]指出,12个振动分量可相当完备地表示驾驶员的受振程度。已有研究表明,驾驶员在行驶的车辆中,车辆行驶方向、垂直于行驶方向和横摆方向的振动对驾驶员振动承受能力的影响可以忽略不计。因此,传递至驾驶员身上的一般只考虑5个方向的振动,计算方法如式(2-25)所示。

$$a_{z_s} = a_{z_b} = a_{z_f} = \ddot{Z}_v \tag{2-25a}$$

$$a_{r_y} = \ddot{\theta}_v \cdot d_s \tag{2-25b}$$

$$a_{r_x} = \ddot{\varphi}_v y_s + 0.5\ddot{\varphi}_v h_s \tag{2-25c}$$

式中：　a_{ij}——驾驶员各个方向的加速度时程,m/s²;

$i、j$——加速度的方向,可取为 $z_f、z_b、z_s、r_y、r_x$,具体而言,z_f 为车内地板的竖向振动、z_b 为靠背的竖向振动、z_s 为座椅的竖向振动,r_y 为俯仰振动,r_x 为侧倾振动;

$\ddot{Z}_v、\ddot{\theta}_v、\ddot{\varphi}_v$——车辆质心的竖向、俯仰和侧倾振动加速度,m/s²;

$d_s、y_s、h_s$——车辆质心与座椅之间的纵向、横向和垂直距离,m。

驾驶员质心处的竖向振动 z_h 可采用人-车-桥空间耦合振动分析方法直接求解。

考虑到驾驶员对承受振动方向和频率的敏感性差异,ISO 2631标准规定了不同方向振动的频率加权函数,通过加权函数对不同方向的振动加速度时程进行调频,从而模拟不同频率振动对驾驶员振动承受能力的影响。频率加权函数如图2-13所示。图中,W_k 代表驾驶员质心竖向 z_h、座椅支撑面的竖向 z_s、地板支撑面的竖向 z_f、横向 y_f 和纵向 x_f 的振动频率加权函数。W_d 代表座椅支承面纵向 x_s 和横向 y_s、靠背支撑面横向 y_b 和竖向 z_b 的振动频率加权函数。W_c 代表靠背支撑面纵向 x_b 的频率加权函数。W_e 代表座椅支承面的侧倾振动 r_x、俯仰振动 r_y 和横摆振动 r_z

方向的振动频率加权函数。

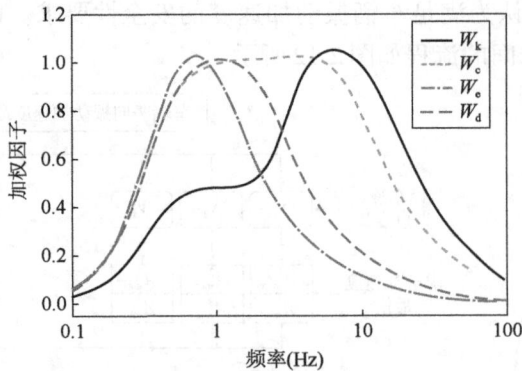

图 2-13 频率加权函数

各方向振动加速度时程的频率加权均采用快速傅立叶卷积(FFT)方法进行计算。首先,假设有一个随时间变化的加速度时程信号 $a(t)$,通过离散傅立叶变换(DFT)将时域的加速度时程信号 $a(t)$[有 N 个离散值,即 $a(t)=a(i)$, $i=1,2,3,\cdots,N$]转化为频域,得到原始加速度时程信号 $a(t)$ 在不同频率上的分布情况 $A(r)$,如式(2-26)所示。

$$A(r) = \sum_{k=0}^{N-1} a(k)(e^{\frac{-2\pi r}{N}})^{rk}, r = (0, 1, \cdots, N-1) \tag{2-26}$$

经 DFT 变换后得到的 $A(r)$ 为一组共轭复数,将 $A(r)$ 中 $N/2$ 个含有有用信息的数据进行频率加权处理。利用频率加权函数 $W(r)$ 同时与 $A(r)$ 数据的实部和虚部相乘,得到频率加权后的加速度频域数据 $A'(r)$,如式(2-27)所示。最后,通过逆离散傅立叶变换(IDFT)将 $A'(r)$ 转化为时域加速度信号 $a'(t)$,如式(2-28)所示。

$$A'(r) = A(r) \cdot W(r) \tag{2-27}$$

$$a'(t) = \frac{1}{N} \sum_{r=0}^{N-1} A'(r)(e^{\frac{-2\pi r}{N}})^{-jr}, j = (0, 1, \cdots, N-1) \tag{2-28}$$

基于 FFT 对每一个振动加速度时程 $a_{ij}(t)$ 进行频率加权,最终得到频率加权后的驾驶员质心、座椅、靠背和地板的时域振动加速度数据 $a'_{ij}(t)$。计算经过频率加权后各振动加速度时程的 2 次均方根值 RMS_{ij},如式(2-29)所示。

$$\text{RMS}_{ij} = \left\{ \frac{1}{T} \int_0^T \left[a'_{ij}(t) \right]^2 \mathrm{d}t \right\}^{\frac{1}{2}} \tag{2-29}$$

式中:T——振动加速度时程 $a'_{ij}(t)$ 的总时长,s。

ISO 2631 标准规定了各个方向振动的轴加权系数,见表 2-7。基于轴加权系数对各类型的振动加速度时程均方根值(RMS_{ij})进行加权求和,得到总的加权加速度均方根值 OVTV(又称为整体振动总值),如式(2-30)所示。加权振级由 OVTV 求得,如式(2-31)所示。

$$\text{OVTV} = \left[\sum (K_{ij} \text{RMS}_{ij})^2 \right]^{1/2} \tag{2-30}$$

$$L_{eq} = 20\lg\left(\frac{OVTV}{a_0}\right) \tag{2-31}$$

式中：下标 i 和 j 的含义同式（2-25）。

振动分量的轴加权系数　　　　表 2-7

轴加权系数	系数值	振动位置	振动方向
K_{zs}	1.00	座椅	竖向
K_{ry}	0.40	座椅	俯仰
K_{rx}	0.20	座椅	侧倾
K_{zb}	0.40	靠背	竖向
K_{zf}	0.40	地板	竖向
K_{zh}	1.00	驾驶员	竖向

基于整体振动总值 OVTV 和加权振级 L_{eq} 划分驾驶员振动承受能力等级，《机械振动与冲击　人体暴露于全身振动的评价　第 1 部分：一般要求》[GB 13441.1—2017/ISO 2631-1：1997（E）]标准规定了驾驶员主观感受和整体振动总值 OVTV、加权振级 L_{eq} 之间的关系，见表 2-8。该表中的相关参数取值来源于驾驶员振动舒适度试验结果。

基于 OVTV 与 L_{eq} 的驾驶员振动承受能力评价标准　　　　表 2-8

OVTV（m/s²）	加权振级 L_{eq}(dB)	舒适程度	振动承受能力等级
<0.315	<110	没有不舒适	Ⅰ
0.315~0.630	110~116	稍不舒适	Ⅱ
0.500~1.000	114~120	较不舒适	Ⅲ
0.800~1.600	118~124	不舒适	Ⅳ
1.250~2.500	122~128	很不舒适	Ⅴ
>2.000	>126	极不舒适	Ⅵ

2.1.2.4　灾损桥梁安全保通策略分析方法

行车适应性分析技术路线如图 2-14 所示，具体步骤如下：①确定要分析的自变量，如车速、车型、桥梁损伤等级等。基于人-车-桥空间耦合振动分析法得到自变量影响下的车辆侧倾振动角、车辆侧倾振动加速度、车辆竖向振动加速度、车辆俯仰振动加速度和驾驶员竖向振动加速度。②基于人-车-桥空间耦合振动分析所得的车辆动力响应，进一步分析桥梁不同灾损等级下车辆侧倾安全系数、车辆竖向振动和俯仰振动加速度限值、车辆 OVTV 值和 L_{eq} 值。③判断是否满足侧倾安全系数和振动加速度限值标准。若不满足，定义为禁止行车；若满足，则根据车辆 OVTV 值和 L_{eq} 值确定行车适应性等级。④根据行车适应性等级反演得到不同损伤等级的钢-混凝土组合梁桥行车限速策略。

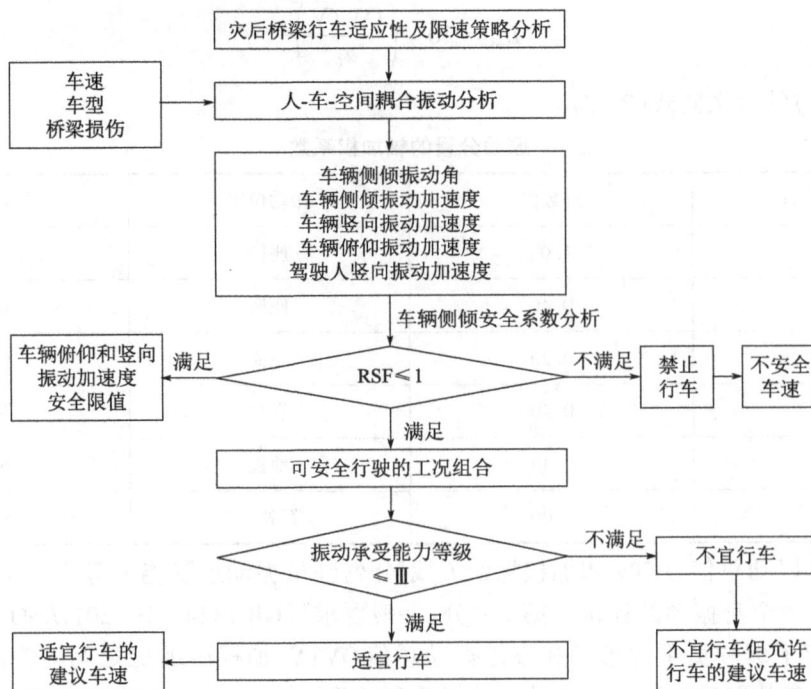

图2-14　行车适应性分析技术路线

2.1.3　灾损桥梁通行能力评价工程案例

由2.1.2节可知,为保证灾后桥梁的安全保通,需要完成以下几步工作:①对灾损桥梁进行损伤等级划分;②根据桥梁结构损伤有限元模拟方法建立灾损桥梁数值仿真模型;③基于有限元法,分析灾损桥梁的行车安全性;④基于灾损桥梁行车安全性分析结果,提出灾损桥梁车辆安全保通的建议策略。本节以一座三跨连续钢-混凝土组合梁桥为例开展分析,旨在进一步说明灾后桥梁通行能力评价方法。该案例桥型选自河北省《装配化工字组合梁钢桥通用图》(JTG/T 3911—2021)。桥梁跨径布置为3×40m,桥梁宽度为2×12.75m,汽车荷载等级为公路—Ⅰ级,单向两车道,设计速度100km/h。

2.1.3.1　桥梁灾损等级划分与有限元模型建立

在桥梁模型中,混凝土桥面板与桥墩采用三维实体单元SOLID45,钢梁采用壳单元SHELL63,栓钉采用三维弹簧单元COMBIN14,支座采用COMBIN14与COMBIN40单元联合模拟,如图2-15所示。该有限元模型共包含90920个节点,实体单元采用六面体网格划分,壳单元采用四边形网格划分,划分网格的边长均为0.3m。

充分考虑钢-混凝土组合梁桥运营期间可能的带损伤服役状态,共建立了6种钢-混凝土组合梁桥有限元模型,其中包括1个无损伤理想状态的桥梁模型和5个损伤等级的桥梁模型,带损伤桥梁模型的BCI值见表2-9。

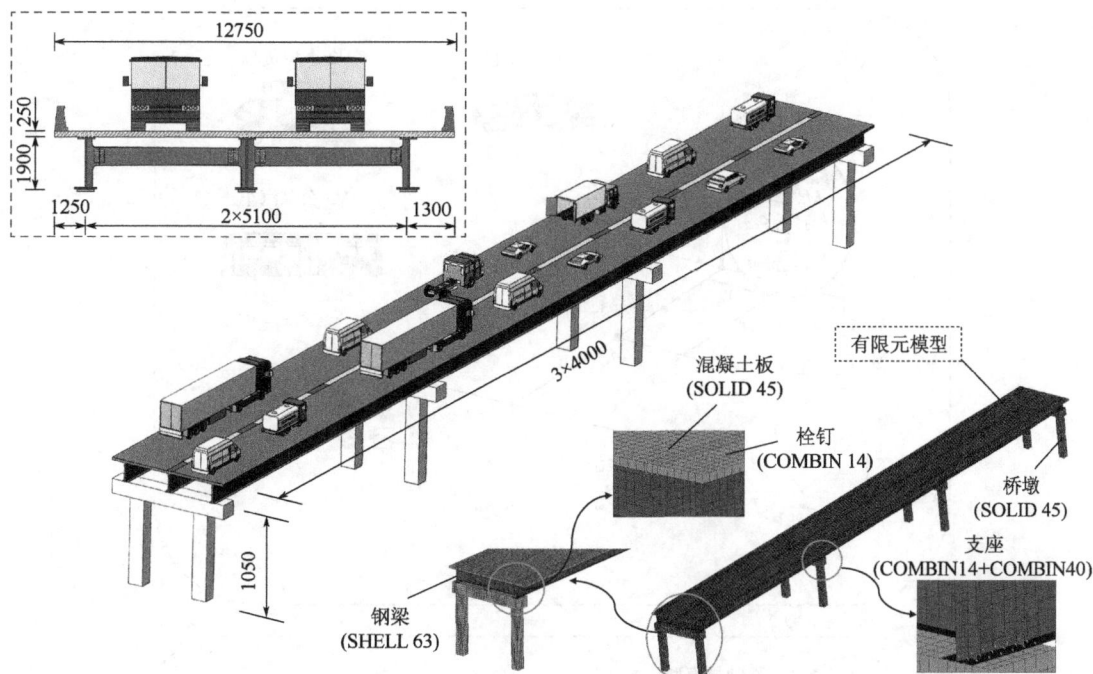

图 2-15 三跨钢-混凝土组合梁桥有限元模型(尺寸单位:mm)

钢-混凝土组合梁桥损伤等级划分   表 2-9

损伤等级	I	II	III	IV	V
BCI 参考值	>90	81~89	71~80	61~70	<60
带损伤桥梁模型 BCI 值	95	85	76	64	56

在该桥梁的多损伤有限元模型中,综合考虑混凝土板裂缝、下部结构混凝土剥落、横隔板损伤、支座损伤、桥面破损、剪力钉断裂以及钢梁微裂缝7种损伤类型。混凝土板裂缝、钢板梁微裂缝与横隔板损伤均通过局部刚度折减法模拟,以减少精细化网格划分带来的计算不收敛问题。下部结构混凝土剥落通过布尔运算删除相应的三维实体混凝土单元实现。若下部结构采用梁单元建立,则可采用刚度折减法对其损伤进行表征。支座损伤采取修改三维弹簧单元刚度或删除损伤位置处弹簧单元来处理。该方法与三维实体支座模型相比建模较为简单,计算成本大幅度降低。桥面破损通过模拟桥面平整度的方法实现。剪力钉断裂采用删除断裂位置处的弹簧单元或其刚度实常数归零进行处理。

2.1.3.2 灾损钢-混凝土组合梁桥行车安全性分析

综合考虑多种车型的行车适应性差异,本书选取了小轿车、公共汽车、小型货车及货车四种车型进行分析。车辆均采用空间杆系有限元模型,车身采用刚性连杆单元MPC184,车轮与悬架采用弹簧-阻尼单元COMBIN14,质量单元采用MASS21,弹簧-阻尼器驾驶员模型均位于车辆第一悬架正上方左侧中间位置,如图2-16所示。人车数值模型参数见表2-10,参数值见表2-11,分析工况如图2-17所示。

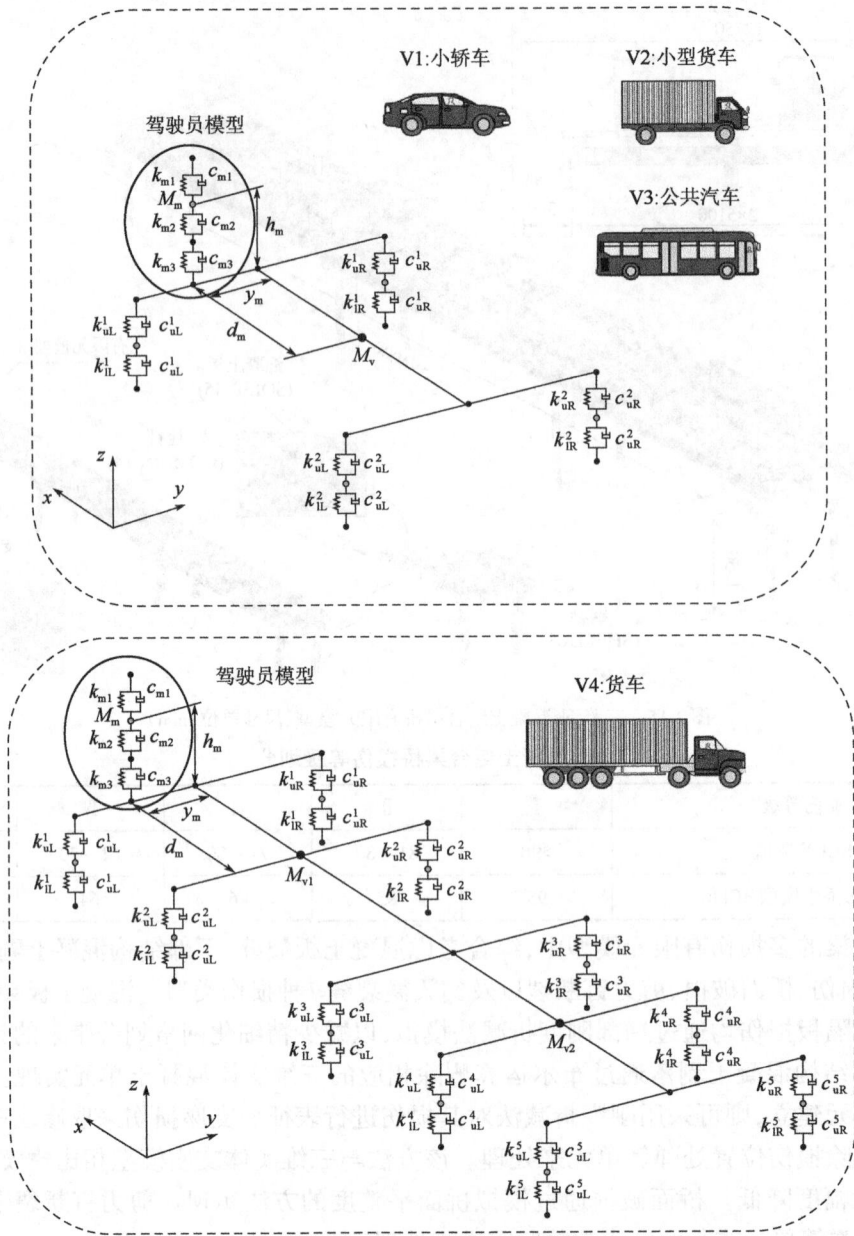

图 2-16 车辆有限元模型

人车数值模型参数定义   表 2-10

参数	参数含义	参数	参数含义
I_{yz}	车辆侧倾转动惯量	c_{uR}^j	车体右侧上部阻尼系数
I_{zx}	车辆俯仰转动惯量	c_{lL}^j	车体左侧下部阻尼系数
k_{mq}	驾驶员弹簧刚度	c_{lR}^j	车体右侧下部阻尼系数
k_{uL}^i	车体左侧上部弹簧刚度	M_m	驾驶员的质量

续上表

参数	参数含义	参数	参数含义
k_{uR}^{i}	车体右侧上部弹簧刚度	M_{vz}	车体的质量
k_{lL}^{i}	车体左侧下部弹簧刚度	M_{aa}	车轴的质量
k_{lR}^{i}	车体右侧下部弹簧刚度	y_m	人车质心横向距离
c_{mq}	驾驶员阻尼系数	d_m	人车质心纵向距离
c_{uL}^{j}	车体左侧上部阻尼系数	h_m	人车质心垂直距离

人车数值模型参数值 表2-11

参数	单位	车辆模型			
		小汽车	小型货车	公共汽车	货车
I_{yz}	kg·m²	560	2950	13000	2189.2/43512
I_{zx}	kg·m²	2000	34000	79000	20196/285990
k_{uL}^{i}	10³kN/m	0.31/0.31	0.20/0.23	0.13/0.26	0.3/1/1/1.25/1.25
k_{uR}^{i}	10³kN/m	0.31/0.31	0.20/0.23	0.13/0.26	0.3/1/1/1.25/1.25
k_{lL}^{i}	10³kN/m	0.31/0.31	0.36/0.42	0.75/1.5	1.5/3/3/3/3
k_{lR}^{i}	10³kN/m	0.31/0.31	0.36/0.42	0.75/1.5	1.5/3/3/3/3
c_{uL}^{j}	kN·s/m	6.23/2	3.85/2.72	9.15/18.3	10/53/53/53/53
c_{uR}^{j}	kN·s/m	6.23/2	3.85/2.72	9.15/18.3	10/53/53/53/53
c_{lL}^{j}	kN·s/m	0.6/0.6	3/3	2/2	3/3/3/3/3
c_{lR}^{j}	kN·s/m	0.6/0.6	3/3	2/2	3/3/3/3/3
M_{vz}	t	3.78	13	16.26	2.28/32.12
M_{aa}	t	0.2/0.16	0.8/0.7	0.34/0.53	0.7/1/1/0.8/0.8
参数	单位	驾驶员模型			
k_{mq}	N/m	52600/53477/39163			
c_{mq}	kN·s/m	3580/3580/2384			
M_m	kg	60			

6个损伤等级

损伤等级(无损伤、Ⅰ~Ⅴ级)每个损伤等级均考虑以下情况		
车辆类型	车重(t)	车速(km/h)
小轿车	4.5	5,20,40,60,80,100
小型货车	16	5,20,40,60,80,100
公共汽车	18	5,20,40,60,80,100
货车	43	5,20,40,60,80,100

4种车辆类型   6个车速梯度等级

图2-17 分析工况

由图2-18可知,当桥梁为无损伤理想状态时,小轿车、小型货车、公共汽车和货车的RSF值均远大于1,处于绝对安全状态。当桥梁出现损伤时,侧倾安全系数随损伤等级和车速的增大而减小。小轿车的RSF值均在18以下。但是,当小轿车以100km/h的速度行驶在Ⅲ、Ⅳ和Ⅴ级损伤的桥梁上和以80km/h的速度行驶在Ⅳ和Ⅴ级损伤的桥梁上时,RSF值均小于1,车辆有侧翻风险,建议禁止小轿车通行(表2-12)。小型货车和公共汽车RSF值均在16以下,它们可能发生车辆侧翻的工况见表2-12。与小轿车、小型货车和公共汽车相比,货车的RSF值一直保持较高的水平,仅当其以v=100km/h的速度行驶在Ⅳ和Ⅴ级损伤的桥梁上时有侧翻风险,其余工况下均满足侧倾安全性要求。

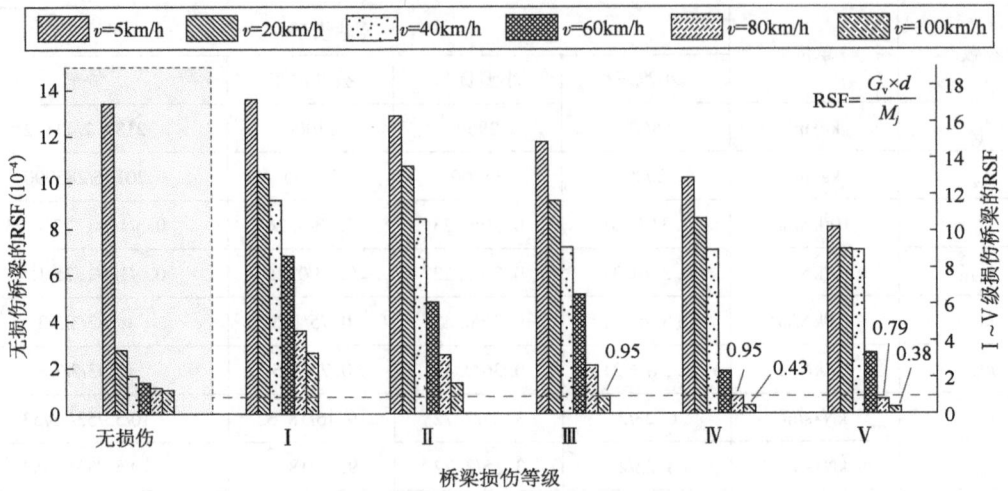

a)小轿车RSF随车速与损伤等级的变化

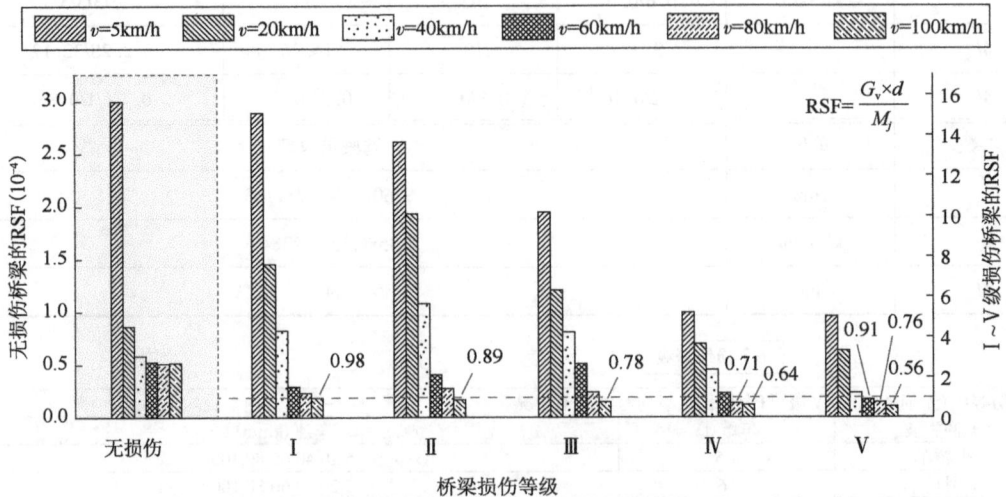

b)小型货车RSF随车速与损伤等级的变化

图　2-18

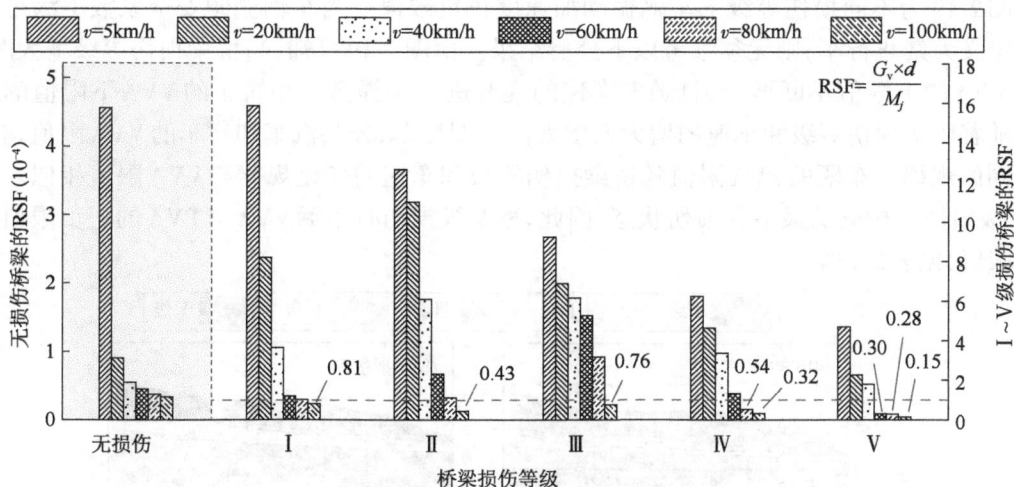

c)公共汽车RSF随车速与损伤等级的变化

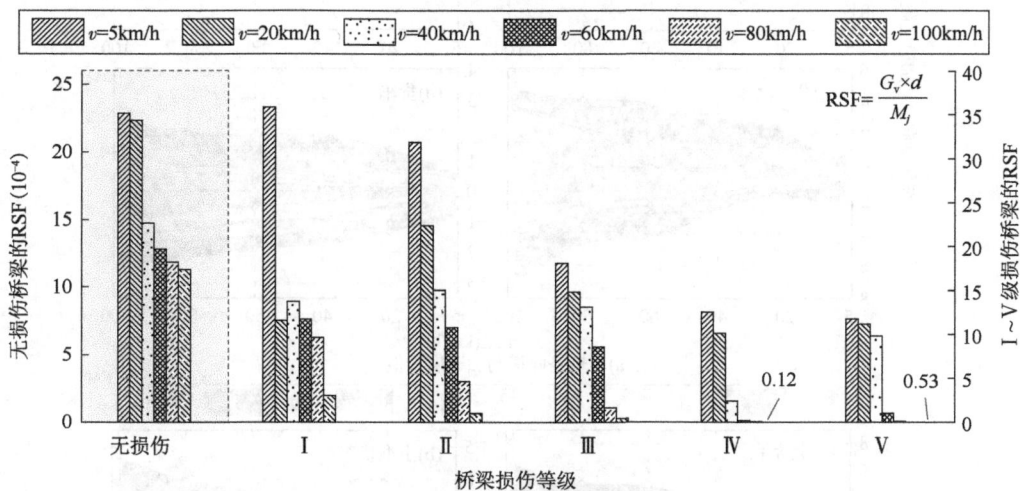

d)货车RSF随车速与损伤等级的变化

图2-18　车辆RSF随车速与损伤等级的变化

车辆侧倾安全系数评价(单位:km/h)　　　　　　　　　　　表2-12

损伤等级	车型			
	小轿车	小型货车	公共汽车	货车
无损伤	安全	安全	安全	安全
Ⅰ	安全	不安全(100)	不安全(100)	安全
Ⅱ	安全	不安全(100)	不安全(100)	安全
Ⅲ	不安全(100)	不安全(100)	不安全(100)	安全
Ⅳ	不安全(80, 100)	不安全(80,100)	不安全(80,100)	不安全(100)
Ⅴ	不安全(80, 100)	不安全(60,80,100)	不安全(60,80,100)	不安全(100)

　　图2-19为不同损伤等级下车辆振动加速度正负限值。当车辆侧倾安全系数不满足要求时已定义为禁止行车,则无须参考以下分析结果。由图2-19可知,当桥梁损伤等级增大时,小轿车VVA的上限值不断增大,且随着车速的提升进一步提高。小轿车的VVA下限值的绝对值也随着桥梁损伤等级和车速的增大而增大。小型货车、公共汽车和货车的VVA限值均表现出相同的规律。车辆的PVA限值随桥梁损伤等级和车速的变化规律与VVA限值相似。案例中,V级损伤是桥梁的最不利损伤状态,因此,取V级损伤时车辆VVA与PVA的正负限值作为最终限值,见表2-13。

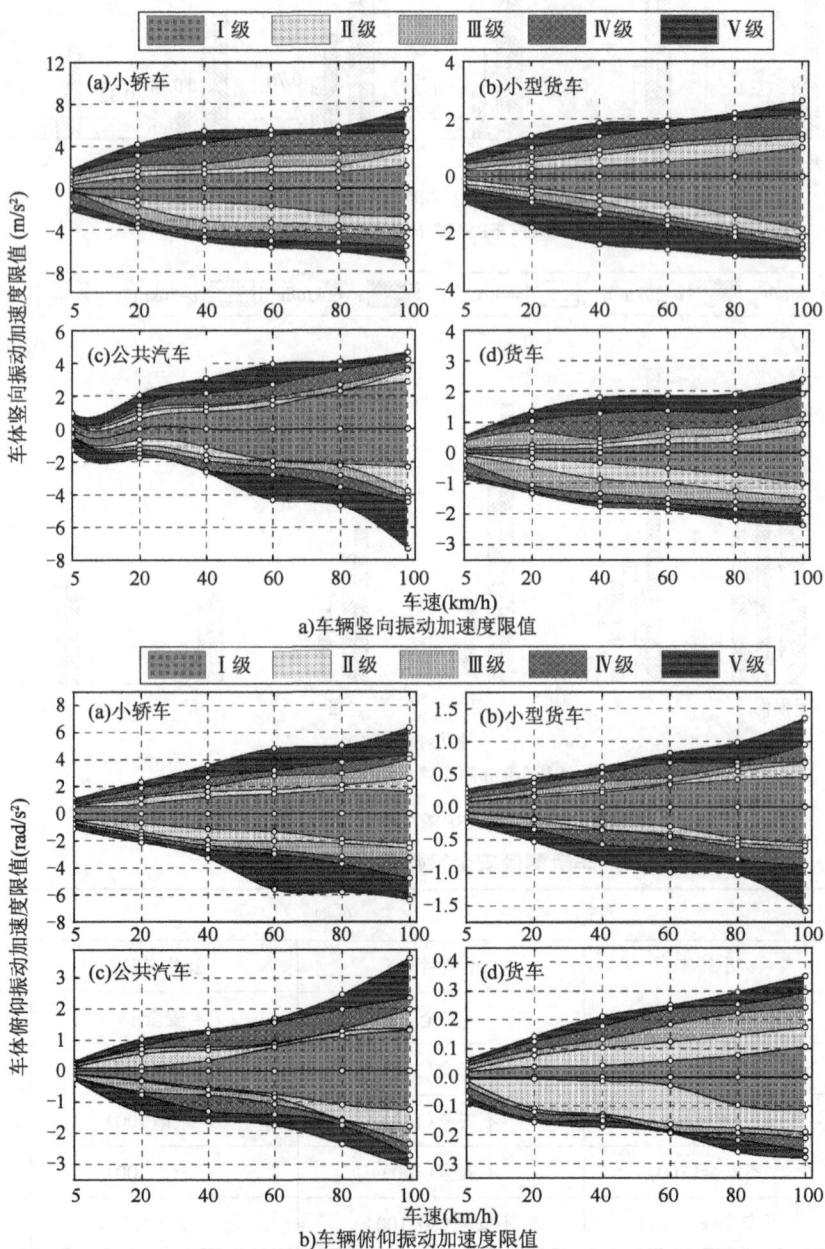

图2-19　不同损伤等级下车辆振动加速度正负限值

不同车速下车辆振动加速度限值　　　　　　表2-13

限值类型	车速 （km/h）	小轿车		小型货车		公共汽车		货车	
		PVA	VVA	PVA	VVA	PVA	VVA	PVA	VVA
上限	5	1.08	1.74	0.28	0.71	0.30	0.95	0.06	0.53
	20	2.35	4.18	0.44	1.41	1.03	2.03	0.14	1.35
	40	3.60	5.43	0.61	1.86	1.33	3.05	0.21	1.80
	60	4.84	5.55	0.82	1.94	1.69	3.96	0.25	1.85
	80	5.05	5.81	0.98	2.21	2.46	4.09	0.30	1.91
	100	6.35	7.46	1.35	2.64	3.63	4.652	0.35	2.39
下限	5	−1.11	−2.13	−0.23	−0.90	−0.26	−1.28	−0.09	−0.84
	20	−2.13	−3.81	−0.53	−1.77	−1.34	−1.77	−0.16	−1.32
	40	−3.28	−5.12	−0.85	−2.36	−1.61	−2.62	−0.17	−1.74
	60	−5.61	−5.69	−0.99	−2.56	−1.74	−4.31	−0.19	−1.86
	80	−5.81	−6.10	−1.03	−2.79	−2.36	−4.66	−0.26	−2.20
	100	−6.35	−6.89	−1.58	−2.87	−3.07	−7.31	−0.28	−2.37

根据ISO 2631标准求得不同工况下的车辆整体振动总值OVTV和加权振级L_{eq},分别见表2-14和表2-15,并求出驾驶员振动承受能力等级,如图2-20所示。

车辆整体振动总值OVTV随车速与损伤等级的变化（单位:m/s²）　　　　　表2-14

损伤等级	车型	车速（km/h）					
		5	20	40	60	80	100
无损伤（10⁻³）	V1	0.26	2.85	5.58	7.01	8.12	9.17
	V2	0.23	1.45	2.88	4.16	5.35	6.46
	V3	0.25	1.53	2.94	4.18	5.38	6.58
	V4	0.36	2.16	3.31	3.59	3.74	3.88
Ⅰ级	V1	0.07	0.28	0.39	0.37	0.55	0.63
	V2	0.05	0.18	0.14	0.21	0.23	2-10
	V3	0.04	0.21	0.12	0.41	0.48	0.60
	V4	0.01	0.04	0.13	0.02	0.02	0.02
Ⅱ级	V1	0.15	0.41	0.37	0.81	0.72	1.30
	V2	0.10	0.18	0.16	0.25	0.35	0.45
	V3	0.09	0.19	0.26	0.58	0.93	0.56
	V4	0.08	0.16	0.19	0.26	0.33	0.45
Ⅲ级	V1	0.12	0.42	0.71	0.58	1.02	1.31
	V2	0.06	0.15	0.24	0.39	0.48	0.35
	V3	0.05	0.46	0.33	0.33	0.69	1.01

续上表

损伤等级	车型	车速(km/h)					
		5	20	40	60	80	100
Ⅲ级	V4	0.10	0.22	0.24	0.39	0.48	0.51
Ⅳ级	V1	0.27	0.89	1.49	1.20	1.86	2.08
	V2	0.14	0.43	0.46	0.60	0.62	0.70
	V3	0.13	0.56	0.97	0.75	1.34	1.56
	V4	0.14	0.43	0.46	0.49	0.62	0.72
Ⅴ级	V1	0.43	1.36	1.46	2.00	2.26	2.32
	V2	0.26	0.56	0.65	0.81	0.83	0.83
	V3	0.23	0.88	0.90	1.51	1.62	1.72
	V4	0.19	0.48	0.56	0.83	0.85	0.89

车辆加权振级 L_{eq} 随车速与损伤等级的变化　　　　表2-15

损伤等级	车型	车速(km/h)					
		5	20	40	60	80	100
无损伤(10^{-3})	V1	48.4	69.1	74.9	76.9	78.2	79.2
	V2	47.4	63.2	69.2	72.4	74.6	76.2
	V3	47.8	63.7	69.4	72.4	74.6	76.4
	V4	51.2	66.7	70.4	71.1	71.5	71.8
Ⅰ级	V1	96.8	108.8	111.8	111.4	114.8	115.9
	V2	93.1	105.3	103.1	106.5	107.2	100.0
	V3	92.0	106.6	101.7	112.2	113.7	116.0
	V4	81.3	91.5	102.3	87.3	87.7	86.2
Ⅱ级	V1	103.7	112.2	111.4	118.1	117.1	122.3
	V2	99.7	104.9	103.8	108.0	110.8	113.0
	V3	98.6	105.7	108.4	115.3	119.3	115.0
	V4	95.0	105.0	106.0	108.6	111.0	113.0
Ⅲ级	V1	103.7	112.2	111.4	118.1	117.1	122.3
	V2	95.6	103.3	107.5	111.8	113.6	110.9
	V3	94.4	113.3	110.4	110.3	116.8	120.1
	V4	98.1	107.2	108.1	112.0	113.9	114.0
Ⅳ级	V1	108.6	119.0	123.5	121.6	125.4	126.4
	V2	102.9	112.6	113.2	115.6	115.8	116.9
	V3	102.3	115.0	119.8	117.5	122.5	123.9

损伤等级	车型	车速(km/h)					
		5	20	40	60	80	100
Ⅳ级	V4	103.0	112.6	113.2	114.1	116.2	117.0
V级	V1	112.7	122.7	123.3	126.0	127.1	127.3
	V2	108.2	116.6	115.0	118.3	118.4	118.1
	V3	107.1	118.8	119.1	123.6	124.7	124.2
	V4	107	114.5	115.0	118.3	119.2	119.9

由图2-20可知,当钢-混凝土组合梁桥处于无损伤的理想状态时,车辆以任意车速行驶时驾驶员振动承受能力等级均为Ⅰ级。当桥梁发生损伤后,驾驶员振动承受能力变差,驾驶员振动承受能力等级随着桥梁损伤等级的增大而增大。当桥梁损伤等级不变时,提升车速使驾驶员振动承受能力变差。在允许行车的前提下,对于小型货车和货车而言,其驾驶员振动承受能力等级均小于等于Ⅲ级,认为适宜行车。而小轿车和公共汽车的驾驶员振动承受能力等级多次大于Ⅲ级,如图2-20中虚线框选区域所示,此时不建议小轿车和公共汽车行驶。由此可见,小型货车和货车的驾驶员振动承受能力较好。

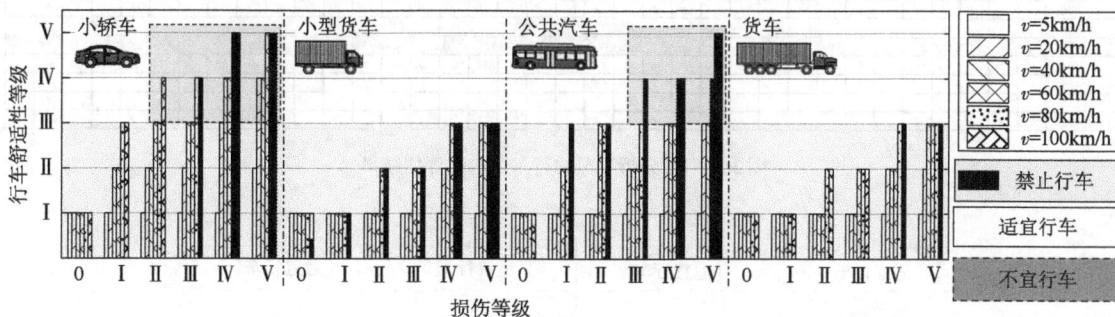

图2-20 不同灾损等级桥梁的行车适应性

2.1.3.3 灾损钢-混凝土组合梁桥安全保通分析

各分析工况的行车适应性评价结果如图2-21所示。基于行车适应性评价结果,从适宜行车、不宜行车、禁止行车和车辆允许振动加速度限值四个方面分析车辆限速策略如图2-22所示。钢-混凝土组合梁桥行车过程中,各车型的竖向振动和俯仰振动加速度建议不超过表2-16中的限值,车辆限速建议如下:

(1)当桥梁处于理想无损伤状态时,认为各车型均适宜行车。

(2)当桥梁为Ⅰ级损伤时,认为小轿车和货车适宜行车,小型货车和公共汽车建议限速80km/h以内,车速超过80km/h可能发生车辆侧翻危险。

(3)当桥梁为Ⅱ级损伤时,认为货车适宜行车,小轿车建议限速80km/h以下。车速超过80km/h可能影响驾驶员振动承受能力。小型货车和公共汽车建议限速为80km/h以内,车速超过80km/h可能发生车辆侧翻危险。

(4)当桥梁为Ⅲ级损伤时,认为货车适宜行车,小轿车建议限速60km/h以下,超过60km/h

可能影响驾驶员振动承受能力,超过80km/h可能发生车辆侧翻。小型货车与公共汽车建议限速为80km/h以内,车速超过80km/h可能发生车辆侧翻危险。

（5）当桥梁为Ⅳ级损伤时,小轿车建议限速20km/h以下,超过20km/h可能影响驾驶员振动承受能力,超过60km/h可能发生车辆侧翻。小型货车与公共汽车建议限速60km/h以下,超过60km/h可能发生车辆侧翻。货车建议限速80km/h以下,超过80km/h可能发生侧翻。

（6）当桥梁为Ⅴ级损伤时,小轿车建议限速5km/h以下,超过5km/h可能影响驾驶员振动承受能力,超过60km/h可能发生车辆侧翻。小型货车和公共汽车建议限速40km/h以内,超过40km/h可能发生车辆侧翻危险。货车建议限速80km/h以内,超过80km/h可能发生车辆侧翻危险。

小轿车

损伤等级	无损伤						Ⅰ级						Ⅱ级						Ⅲ级						Ⅳ级						Ⅴ级					
车速(km/h)	5	20	40	60	80	100	5	20	40	60	80	100	5	20	40	60	80	100	5	20	40	60	80	100	5	20	40	60	80	100	5	20	40	60	80	100
禁止行车																								✓					✓	✓					✓	✓
不宜行车																		✓					✓				✓	✓				✓	✓	✓		
适宜行车	✓	✓	✓	✓	✓	✓	✓	✓	✓	✓	✓	✓	✓	✓	✓	✓	✓		✓	✓	✓	✓			✓	✓					✓					

小型货车

损伤等级	无损伤						Ⅰ级						Ⅱ级						Ⅲ级						Ⅳ级						Ⅴ级					
车速(km/h)	5	20	40	60	80	100	5	20	40	60	80	100	5	20	40	60	80	100	5	20	40	60	80	100	5	20	40	60	80	100	5	20	40	60	80	100
禁止行车																								✓					✓	✓				✓	✓	✓
不宜行车																																				
适宜行车	✓	✓	✓	✓	✓	✓	✓	✓	✓	✓	✓	✓	✓	✓	✓	✓	✓	✓	✓	✓	✓	✓	✓		✓	✓	✓	✓			✓	✓	✓			

公共汽车

损伤等级	无损伤						Ⅰ级						Ⅱ级						Ⅲ级						Ⅳ级						Ⅴ级					
车速(km/h)	5	20	40	60	80	100	5	20	40	60	80	100	5	20	40	60	80	100	5	20	40	60	80	100	5	20	40	60	80	100	5	20	40	60	80	100
禁止行车																								✓					✓	✓				✓	✓	✓
不宜行车																																				
适宜行车	✓	✓	✓	✓	✓	✓	✓	✓	✓	✓	✓	✓	✓	✓	✓	✓	✓	✓	✓	✓	✓	✓	✓		✓	✓	✓	✓			✓	✓	✓			

货车

损伤等级	无损伤						Ⅰ级						Ⅱ级						Ⅲ级						Ⅳ级						Ⅴ级					
车速(km/h)	5	20	40	60	80	100	5	20	40	60	80	100	5	20	40	60	80	100	5	20	40	60	80	100	5	20	40	60	80	100	5	20	40	60	80	100
禁止行车																														✓						✓
不宜行车																																				
适宜行车	✓	✓	✓	✓	✓	✓	✓	✓	✓	✓	✓	✓	✓	✓	✓	✓	✓	✓	✓	✓	✓	✓	✓	✓	✓	✓	✓	✓	✓		✓	✓	✓	✓	✓	

图2-21　各分析工况的行车适应性评估结果

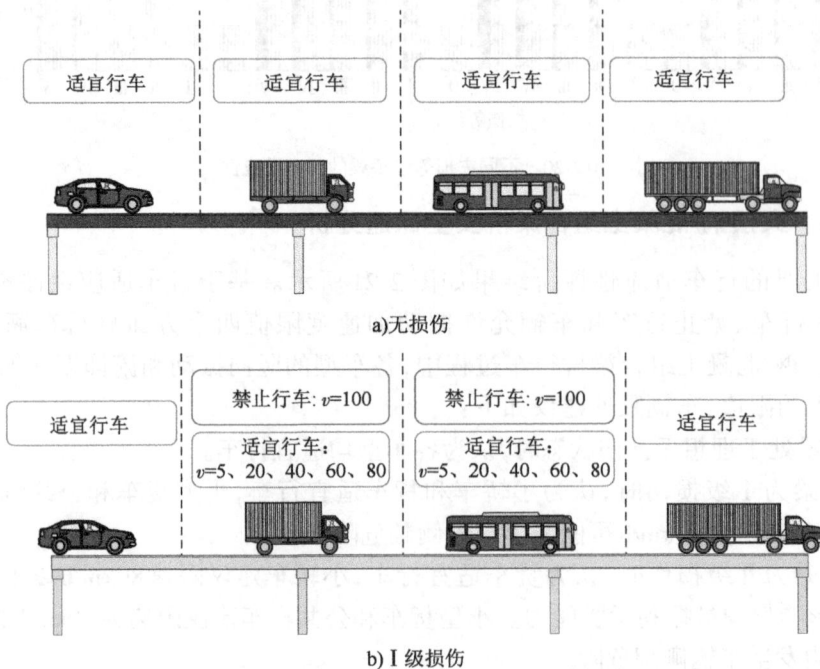

适宜行车　　适宜行车　　适宜行车　　适宜行车

a)无损伤

适宜行车　　禁止行车:v=100　　禁止行车:v=100　　适宜行车

适宜行车:v=5、20、40、60、80　　适宜行车:v=5、20、40、60、80

b)Ⅰ级损伤

图　2-22

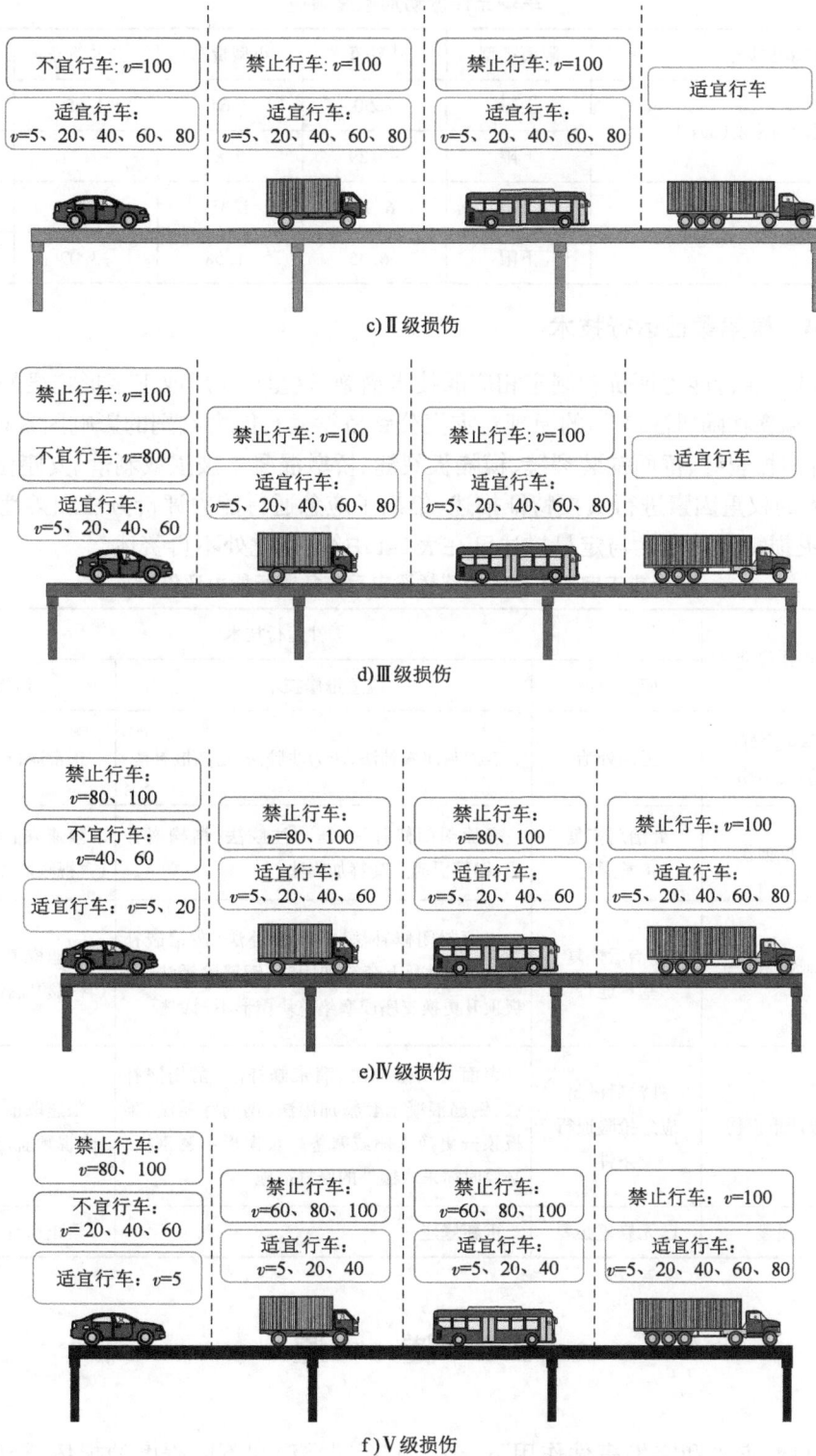

c) Ⅱ级损伤

d) Ⅲ级损伤

e) Ⅳ级损伤

f) Ⅴ级损伤

图 2-22　钢-混凝土组合梁桥不同损伤等级下的车辆限速策略(单位:km/h)

车辆允许振动加速度限值 表2-16

加速度类型	限值类型	小轿车	小型货车	公共汽车	货车
竖向振动加速度(m/s²)	上限	7.50	2.64	4.65	2.39
	下限	−6.89	−2.87	−7.31	−2.37
俯仰振动加速度(m/rad²)	上限	6.35	1.35	3.63	0.35
	下限	−6.35	−1.58	−3.07	−0.28

2.1.3.4 桥梁柔性运行技术

为便于进行通行能力评价和制定相应的技术措施,这里以T形或工字形主梁的公路桥梁为例,基于极端森林随机法(ET)的原理对灾损公路桥梁通行能力判别的影响因素权重,选取梁体裂缝、桥面板裂缝、桥面铺装裂缝、横隔板裂缝、桥墩混凝土破损或剥落、支座位移或脱空等6个影响大的权重因素进行灾损特征描述,给出了应急通行能力评价方法和柔性运行技术,见表2-17。灾损特征的定性与定量描述已在表2-1中给出,此处不再赘述。

T形或工字形主梁的公路桥梁灾后应急通行能力评价表 表2-17

评价等级	损伤程度	柔性运行技术		
		应急决策	应急抢修技术	运行策略
Ⅰ级	基本完好/轻度损伤	无须处治	表面封闭修补法、压力注胶法、凿槽嵌补法	正常通行
Ⅱ级	中度损伤	处治后恢复正常通行	表面封闭修补法、压力注胶法、凿槽嵌补法、钢筋混凝土套箍加固法	限速取值≤80km/h、监测(含视频监控)
Ⅲ级	严重损伤	处治后恢复基本通行	表面封闭修补法、灌浆修补法、凿槽嵌补法、钢筋混凝土套箍加固法、钢筋除锈法、梁板顶升更换支座或塞垫整块楔形不锈钢板	限速取值≤60km/h、监测(含视频监控)
Ⅳ级	极严重损伤	处治后满足应急抢险通行条件	表面封闭修补法、灌浆修补法、凿槽嵌补法、钢筋混凝土套箍加固法、钢筋除锈法、梁板顶升更换支座或塞垫整块楔形不锈钢板,必要时需采取额外的修复措施	限速取值≤40km/h、监测(含视频监控)
Ⅴ级	损毁	已无修复必要	重新修建	禁止通行

2.2 隧 道

隧道在自然灾害和突发事件作用下,会产生不同类型和不同程度的损坏,轻则隧道结构损伤,重则隧道损毁,这些都会影响隧道的通行能力。因此,准确、客观地评价隧道灾损后的通行能力已成为一个关键问题。对灾后隧道的通行能力进行评价:首先,隧道破坏形式分为洞口和洞身两部分,本书依此确定了10个评价指标,建立了通行能力评价指标体系。其次,本书确立了灾后隧道通行能力判别标准,通过层析分析法(AHP)模型确定了评价指标的权重。再次,本书结合具体案例进行评价方法验证。最后,本书提出隧道柔性运行技术。

2.2.1 灾损隧道分级标准

2.2.1.1 灾损隧道分级

隧道灾损等级划分如果过密,会使各层级之间连接太密,存在模糊区域,对结果造成影响;如果等级划分稀疏,会跨越多个范围区域,造成某些重要信息丢失。因此,需要准确划分隧道灾损等级。目前国内外对于隧道的受损情况判定分级情况从3级到10级不等。国内外隧道受损等级划分见表2-18。

国内外隧道受损等级划分　　　　　　　　　　　表2-18

国家	划分等级	划分标准	参考资料
美国	0~9级	隧道结构健康状态	《公路和铁路隧道检查手册》
日本	1~5级	水工隧道断水状态	《日本水工隧洞调查数据》
	A、B、C、S	隧道健全度	《公路隧道位置管理便览》
中国	3A、2A、1A、B、S	隧道健康状态	《汶川地震灾后公路恢复重建技术指南》
	3A、2A、1A、B		《公路隧道养护技术规范》(JTG H12—2015)
英国	1~5级	隧道运营风险	《隧道衬砌设计指南》
德国	1~3级	隧道健康状态	《公路隧道养护技术规范》

上述不同国家的分级标准不尽相同,其中10级标准过于密集,各层级之间会存在模糊区域,且层级之间界限难以确定;3级标准又过于稀疏,各层级之间跨度范围过大,且包含因素太多,其结果往往也存在偏差。4级和5级的分级标准相较其他两种较为合理,且在实际操作中存在一定的应用基础。

灾损隧道通行能力判别指标体系中,相关规范将部分指标分为5级,部分指标分为4级。鉴于上述等级划分情况不同,从隧道结构、运营安全、隧道健康状态角度和指标分级等统一性,本书提出灾损隧道受损判别5级标准,见表2-19。

灾损隧道等级划分　　　　　　　　　　　表2-19

受损等级	受损程度	定性结论
Ⅰ级	基本完好	灾后隧道结构保持良好状态,无明显的损伤,不会危及行车安全,但应进行监测
Ⅱ级	轻度损伤	灾后隧道结构轻度损伤,现阶段不会危及行车安全,但应采取相应维修措施并进行监测
Ⅲ级	中度损伤	灾后隧道结构中度损伤,可能危及行车安全,应尽早采取措施
Ⅳ级	严重损伤	灾后隧道结构损伤较严重,危及行车安全,应立即采取紧急措施
Ⅴ级	极严重损伤	灾后隧道结构重度损伤,隧道堵塞无法通行,需立即采取紧急措施

2.2.1.2 灾损评价指标

隧道结构安全影响因素很多,灾后隧道状态难以判别,合理选取能真实反映隧道受灾特征的评价指标,对于准确判别隧道的灾损等级具有决定性意义。由于隧道受损状态的复杂性,单一指标难以准确判别。为此,根据隧道破坏形式,将隧道分为洞口和洞身两部分进行评价。根据地震、火灾、泥石流等灾害时的隧道损伤状态,本书选择了10项安全评价内容,建立了一套适用于模糊层次分析法的因素集。灾损隧道评价指标体系见表2-20。

灾损隧道评价指标体系

表2-20

隧道部位	准则层	指标层
洞口部位	滑坡与坍塌(A)	定性指标(A_1)
		定量指标(A_2)
	裂缝(B)	定性指标(B_1)
		长度、宽度指标(B_2)
		深度指标(B_3)
	前倾(C)	前倾指标(C_1)
洞身部位	衬砌裂缝(D)	定性指标(D_1)
		长度、宽度指标(D_2)
		深度指标(D_3)
		部位、方向指标(定性)(D_4)
		形状指标(定性)(D_5)
	衬砌变形与位移(E)	定性指标(E_1)
		变形量、变形速度指标(E_2)
	衬砌起层与剥落(F)	定性指标(F_1)
		直径、部位指标(F_2)
		深度、部位指标(F_3)
	衬砌背后空洞(G)	定性指标(G_1)
		连续长度、部位指标(G_2)
		深度、部位指标(G_3)
		直径、部位指标(G_4)
	渗漏水(H)	定性指标(H_1)
		状态、部位指标(定性)(H_2)
		pH值指标(H_3)
	衬砌强度劣化(I)	定性指标(I_1)
		定量指标(I_2)
	衬砌碳化深度(J)	定性指标(J_1)

2.2.1.3　指标评价标准

(1)定量指标

结合相关分级标准和灾损隧道的特点,仅与一个因素相关的指标可以直接给出评价标准。另一部分指标由两个因素共同评价,如隧道塌方与塌方级别、规模和围岩级别有关,但两个因素的等级划分级别不一致。为保持等级划分的一致性,采用相关分级方法,将塌方分级赋予分值1~4分,围岩等级赋予分值1~5分,以行列的乘积作为评分的标准,见表2-21~表2-29,定量指标评价标准汇总表见表2-30。

隧道塌方分级表　　　　　　表2-21

塌方量(m³)	>5000	1000~5000	300~1000	<300
围岩级别	Ⅴ、Ⅵ	Ⅳ、Ⅴ、Ⅵ	Ⅳ、Ⅴ、Ⅵ	Ⅱ、Ⅲ、Ⅳ
塌方规模	特大型	大型	中型	小型
分级符号	Ⅳ	Ⅲ	Ⅱ	Ⅰ

裂缝长度、宽度定量评价　　　　　　表2-22

宽度(mm)	长度(m)		
	$l<5$(1)	$5{\leqslant}l<10$(2)	$10{\leqslant}l$(3)
$b<3$(1)	1	2	3
$3{\leqslant}b<5$(2)	2	4	6
$5{\leqslant}b$(3)	3	6	9

衬砌裂缝产生部位及走向量化表　　　　　　表2-23

裂缝产生部位	裂缝走向		
	纵向裂缝(3)	斜向裂缝(2)	环向裂缝(1)
拱顶(3)	9	6	3
拱腰(2)	6	4	2
边墙(1)	3	2	1

衬砌变形量、变形速度综合量化表　　　　　　表2-24

变形量S	变形速度V(mm/年)			
	$V>10$(4)	$3<V<10$(3)	$1<V<3$(2)	$V<1$(1)
$S<1/4$(1)	4	3	2	1
$1/4{\leqslant}S<1/2$(2)	8	6	4	2
$1/2{\leqslant}S<3/4$(3)	12	9	6	3
$S{\geqslant}3/4$(4)	16	12	8	4

衬砌剥落直径与部位综合指标量化表 表2-25

剥落直径 D （mm）	部位		
	拱顶(3)	拱腰(2)	拱脚(1)
$D>150(4)$	12	8	4
$150 \geqslant D>75(3)$	9	6	3
$75 \geqslant D>50(2)$	6	4	2
$50 \geqslant D(1)$	3	2	1

衬砌剥落深度与部位综合指标量化表 表2-26

剥落深度 I （mm）	部位		
	拱顶(3)	拱腰(2)	拱脚(1)
$I>25(4)$	12	8	4
$25 \geqslant I>12(3)$	9	6	3
$12 \geqslant I>6(2)$	6	4	2
$6 \geqslant I(1)$	3	2	1

衬砌背后空洞连续长度与部位分级量化表 表2-27

部位	长度 L(m)			
	$L>5(4)$	$5 \geqslant L>3(3)$	$3 \geqslant L>1(2)$	$1 \geqslant L(1)$
拱顶(3)	12	9	6	3
拱腰(2)	8	6	4	2
拱肩(1)	4	3	2	1

衬砌背后空洞深度与部位分级量化表 表2-28

部位	深度 h(mm)			
	$h>50(4)$	$500 \geqslant h>100(3)$	$100 \geqslant h>20(2)$	$20 \geqslant h(1)$
拱顶(3)	12	9	6	3
拱腰(2)	8	6	4	2
拱肩(1)	4	3	2	1

衬砌背后空洞直径与部位分级量化表 表2-29

部位	直径 D(mm)			
	$D>500(4)$	$500 \geqslant D>200(3)$	$200 \geqslant D>100(2)$	$100 \geqslant D(1)$
拱顶(3)	12	9	6	3
拱腰(2)	8	6	4	2
拱肩(1)	4	3	2	1

定量指标评价标准汇总表 表2-30

评价指标	R_1	R_2	R_3	R_4	R_5
$A_1(x)$	<4	4~8	8~12	12~16	>16
$B_1(x)$	<1	1~3	3~5	5~7	>7
$D_1(x)$	<1	1~3	3~5	5~7	>7
$D_3(x)$	<1	1~3	3~5	5~7	>7
$E_1(x)$	<1	1~3	3~7	7~13	>13
$F_1(x)$	<2	2~4	4~6	6~9	>9
$F_2(x)$	<2	2~4	4~6	6~9	>9
$G_1(x)$	<2	2~4	4~6	6~9	>9
$G_2(x)$	<2	2~4	4~6	6~9	>9
$G_3(x)$	<2	2~4	4~6	6~9	>9
$B_2(K)$	<1/6	1/6~1/3	1/3~1/2	1/2~2/3	>2/3
$C_1(a)$	>3/4	1/2~3/4	1/4~1/2	1/10~1/4	<1/10
$D_2(K)$	<1/6	1/6~1/3	1/3~1/2	1/2~2/3	>2/3
$H_2(PH)$	6.8~7.2	6.0~6.8	5.0~6.0	4.0~5.0	<4.0
$I_1(Kbt)$	>0.95	0..85~0.95	0.75~0.85	0.65~0.75	<0.65

注:x表示评价分值;K表示裂缝深度与衬砌厚度比值;a表示设计倾角与前倾角比值。

（2）定性指标

灾损隧道通行能力判别指标体系包含大量定性指标,很难给出具体的评价标准。实际灾损分级评价时,定性指标需要进行风险评价:由专家依据隧道洞口部位和洞身部位灾损状况初步判断,并进行评估,见表2-31和表2-32。定性指标风险评价标准见表2-33。

洞门裂缝定性指标 表2-31

等级	评价标准	定性描述
Ⅰ级	完好	完好,无破坏现象
Ⅱ级	轻度损伤	洞门存在轻微裂缝、起层现象,但无发展趋势
Ⅲ级	中度损伤	洞门存在局部开裂、起层现象,有一定的发展趋势
Ⅳ级	严重损伤	洞门存在严重裂缝,发展趋势较快
Ⅴ级	极严重损伤	洞门存在大范围开裂、混凝土掉落,墙身垮塌

衬砌裂缝定性评价标准 表2-32

等级	裂缝状态	发展趋势
Ⅰ级	一般龟裂	无发展
Ⅱ级	衬砌出现裂缝	停止发展
Ⅲ级	衬砌出现裂缝,出现剪切裂缝	发展缓慢
Ⅳ级	衬砌出现变形,裂缝密集,出现剪切裂缝	发展较快
Ⅴ级	衬砌结构产生永久性变形,裂缝密集,形成贯穿裂缝	发展快速

风险评价等级评分标准表 表2-33

风险等级	V级	IV级	III级	II级	I级
分值	>90	80~90	70~80	60~70	<60

2.2.2 灾损指标层次分析

2.2.2.1 解释结构模型

为保证使用层次分析法的可靠性,同时避免评价结果过于主观,这里引入解释结构模型(ISM)对指标之间的相互影响关系进行分级评价,通过构建多阶梯结构模型,明确复杂的指标关系。

ISM法主要计算原理是通过构建ISM,确立邻接矩阵,进而利用公式确立可达矩阵,并对可达矩阵进行分析,得到三种集合,即可达集合、先行集合和共同集合。通过计算可将一个复杂的评价系统中凌乱的元素关系分解为一个多级阶梯的结构模型,以直观的方式表达出各因素之间的相互关系及系统中的层级结构关系。

按照结果优先的层级筛选原则,确定灾损隧道通行能力判别体系中各元素之间的相对关系,结果如图2-23所示。由计算结果分析可得,第一次迭代计算筛选出10个元素,分别为B_1、B_2、D_1、D_2、D_4、E_1、F_1、F_2、H_2、I_1,这些指标共同构成第一层级。第二次迭代,剔除第一层级的元素,比较剩余元素的可达集合与共同集合,共筛选出4个元素,分别为C_1、D_3、H_1、H_3,这些指标构成第二层级。以此类推,进行第三次迭代,第三层级包括4个元素,分别为A_1、G_1、G_2、G_3(表2-34)。

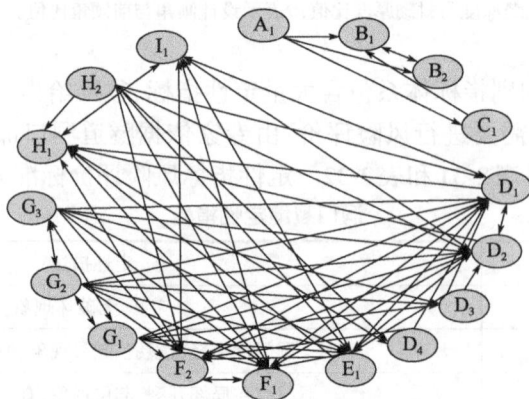

图2-23 指标因素相互关系有向图

灾损隧道通行能力判别指标体系分级 表2-34

等级	灾损指标
I级	B_1、B_2、D_1、D_2、D_4、E_1、F_1、F_2、H_2、I_1
II级	C_1、D_3、H_1、H_3
III级	A_1、G_1、G_2、G_3

从上述结果分析可得:18个影响因素被分为三个层级。在各类指标因素中,将位于第一层级的因素视为表层因素,表层因素与其他各类指标之间关系较为复杂,且在隧道受损状态

下,衬砌裂缝对隧道结构的影响是显而易见的,随着裂缝的发展,衬砌出现变形与位移、衬砌起层与剥落等现象,会进一步导致衬砌强度劣化,因此这些指标对隧道产生的负效应较为严重。将第二层级视为中间层次因素,其中渗漏水的pH值会影响混凝土的密实度,酸性水会使混凝土发生溶解脱落;衬砌裂缝的产生部位及发展方向会使衬砌的受力发生改变,导致受力不均,进一步加速裂缝的发展。这些指标将对上一层级表观因素产生影响。将第三层级视为底层因素,一方面无论衬砌背后空洞规模大小,所在部位如何,在自然地质灾害作用下,均会出现衬砌背后应力集中现象,从而引发衬砌产生裂缝;另一方面洞门部位的滑坡与坍塌也会导致洞门结构产生一定的破坏。

2.2.2.2　指标权重计算

(1)准则层指标权重计算

准则层(评价指标A～J)采取10/10～18/2标度法进行标注,对应的标度值见表2-35。依据解释结构模型分析结果,将D、E、F、H、I列为第一层级,将B列为第二层级,将C列为第三层级,将A、J列为第四层级,据此两两对比判断影响指标的相对重要性程度,并综合整理汇总得到灾损隧道通行能力判别体系的判断矩阵。

10/10～18/2标度法对应标度值　表2-35

重要程度	标度值	重要程度	标度值
同等重要	10/10(1.00)	非常重要	15/5(3.00)
有点重要	11/9(1.22)	强烈重要	16/4(4.00)
略微重要	12/8(1.50)	更强烈重要	17/3(5.67)
更重要	13/7(1.86)	绝对更重要	18/2(9)
明显重要	14/6(2.33)		

利用和积法对判断矩阵进行运算,求得最大特征值,将特征向量W归一化处理得$W=(0.038,0.096,0.063,0.149,0.149,0.149,0.072,0.102,0.149,0.037)$。一致性检验:CI=0.010,RI=1.490,CR/RI=0.007<0.1,因此一致性检验结果通过,取判断矩阵U作为准则层对目标层的权重。

(2)指标层权重计算

由于前倾(C)和衬砌碳化深度(J)只有一个对应指标,判断矩阵为常数矩阵1,其余准则均对应多个指标,因此针对指标层采用相同方法构造判断矩阵。以洞身部位衬砌裂缝(D)为例,洞身部位衬砌裂缝指标D的因子包括定性指标D_1、长度宽度指标D_2、深度指标D_3、部位方向指标D_4和形状指标D_5,依据解释结构模型分析结果,D_2、D_3、D_5同等重要,均比D_1和D_4略微重要,建立衬砌裂缝指标D的判断矩阵,其他指标层对应的判断矩可用相同方法得到。

(3)总体一致性检验

通过上述计算得到了各类子因素相较于主因素{A,B,C,D,E,F,G,H,I,J}的权重为{U_1,U_2,U_3,U_4,U_5,U_6,U_7,U_8,U_9,U_{10}},子因素的一致性检验全部通过,各因素的总体一致性检验见表2-36。

准则层及指标层的权重 表2-36

因素	权向量 W_i	CR
U	$(0.038, 0.096, 0.063, 0.149, 0.149, 0.149, 0.072, 0.102, 0.149, 0.037)$	0.001
A	$(0.400, 0.600)$	0
B	$(0.250, 0.375, 0.375)$	0
C	(1.00)	0
D	$(0.155, 0.231, 0.231, 0.154, 0.231)$	0.001
E	$(0.400, 0.600)$	0
F	$(0.250, 0.375, 0.375)$	0
G	$(0.333, 0.222, 0.222, 0.222)$	0.001
H	$(0.286, 0.429, 0.286)$	0
I	$(0.400, 0.600)$	0
J	(1.000)	0

对层次一致性进行检验：

$$CR = \frac{a_1 CI_1 + a_2 CI_2 + \cdots + a_m CI_m}{a_1 RI_1 + a_2 RI_2 + \cdots + a_m RI_m} = 0.002 \tag{2-32}$$

依据上述计算结果并结合层次分析法基本理论,发现层次总体一致性满足要求,即灾损隧道通行能力判别指标因素总体一致性在可接受范围内,表明可以采用层次分析法确定影响灾损隧道通行能力的风险因素权重。整理得到基于AHP赋权法对灾损隧道通行能力判别的影响因素权重,见表2-37。

基于AHP赋权法对灾损隧道通行能力判别的影响因素权重 表2-37

目标层	准则层		指标层	
	影响因素	权重	影响因素	权重
灾损隧道通行能力评价	洞口滑坡与坍塌	0.038	定性指标(A_1)	0.400
			定量指标(A_2)	0.600
	洞口裂缝	0.096	定性指标(B_1)	0.250
			长度、宽度指标(B_2)	0.375
			深度指标(B_3)	0.375
	洞口前倾	0.063	前倾指标(C_1)	1.000
	洞身衬砌裂缝	0.149	定性指标(D_1)	0.154
			长度、宽度指标(D_2)	0.231
			深度指标(D_3)	0.231
			部位方向指标(D_4)	0.154
			形状指标(D_5)	0.231
	洞身衬砌变形与位移	0.149	定性指标(E_1)	0.400

目标层	准则层		指标层	
	影响因素	权重	影响因素	权重
灾损隧道通行能力评价	洞身衬砌变形与位移	0.149	变形量变形速度指标（E_2）	0.600
	洞身衬砌起层与剥落	0.149	定性指标（F_1）	0.250
			直径部位指标（F_2）	0.375
			深度部位指标（F_3）	0.375
	洞身衬砌背后空洞	0.072	定性指标（G_1）	0.333
			连续长度部位指标（G_2）	0.222
			深度部位指标（G_3）	0.222
			直径部位指标（G_4）	0.222
	洞身渗漏水	0.102	定性指标（H_1）	0.286
			状态、部位指标（H_2）	0.429
			pH值指标（H_3）	0.286
	衬砌强度劣化	0.149	定性指标（I_1）	0.400
			定量指标（I_2）	0.600
	衬砌碳化深度	0.037	定性指标（J_1）	1.000

2.2.3 评价指标量化

2.2.3.1 定量指标量化

指标量化就是通过具体的数据表达指标，以一定范围内的线性变换数据来反映问题的本质。指标量化过程可以通过采用隶属函数的方式来确定其具体的隶属度。梯形隶属度函数在实际操作中被广泛应用，这里定量指标量化过程均采用梯形隶属度函数，其一般数学模型如图2-24所示。

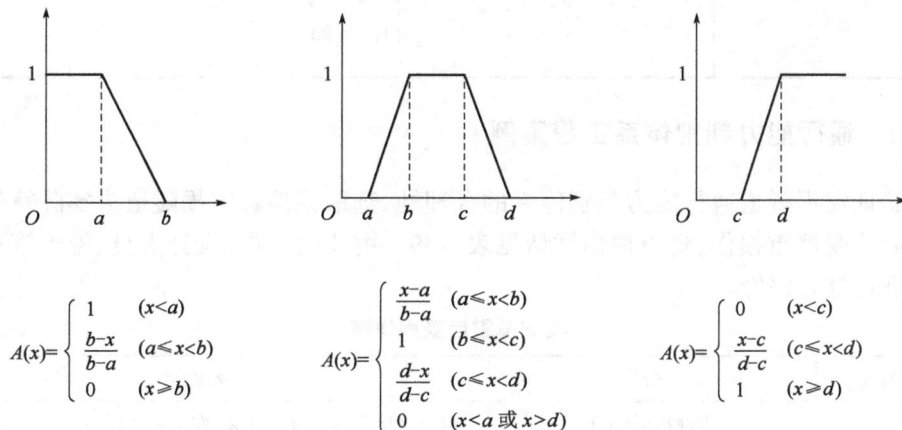

$$A(x)=\begin{cases} 1 & (x<a) \\ \dfrac{b-x}{b-a} & (a\leq x<b) \\ 0 & (x\geq b) \end{cases}$$

$$A(x)=\begin{cases} \dfrac{x-a}{b-a} & (a\leq x<b) \\ 1 & (b\leq x<c) \\ \dfrac{d-x}{d-c} & (c\leq x<d) \\ 0 & (x<a\ 或\ x>d) \end{cases}$$

$$A(x)=\begin{cases} 0 & (x<c) \\ \dfrac{x-c}{d-c} & (c\leq x<d) \\ 1 & (x\geq d) \end{cases}$$

图2-24 梯形隶属度函数一般形式

2.2.3.2 定性指标量化

定性指标通常包含了人的主观意志,往往难以通过计算和测量的手段得到具体的数值。为了减少主观因素导致的误差,在进行定性指标量化时,首先进行模糊评价,再进行量化。依据指标因素越大对灾损隧道通行能力影响越大,定性指标量化见表2-38。

定性指标量化 表2-38

灾损等级	量化函数
I 级	$\begin{cases} 1 & (x \leqslant 60) \\ \dfrac{65-x}{5} & (60 < x < 65) \\ 0 & (x \geqslant 65) \end{cases}$
II 级	$\begin{cases} \dfrac{x-60}{5} & (60 < x \leqslant 65) \\ \dfrac{75-x}{10} & (65 < x < 75) \\ 0 & (x \leqslant 60, x \geqslant 75) \end{cases}$
III 级	$\begin{cases} \dfrac{x-65}{10} & (65 < x \leqslant 75) \\ \dfrac{85-x}{10} & (75 < x < 85) \\ 0 & (x \leqslant 65, x \geqslant 90) \end{cases}$
IV 级	$\begin{cases} \dfrac{x-75}{10} & (75 < x \leqslant 85) \\ \dfrac{90-x}{5} & (85 < x < 90) \\ 0 & (x \leqslant 75, x \geqslant 90) \end{cases}$
V 级	$\begin{cases} 0 & (x \leqslant 85) \\ \dfrac{x-85}{5} & (85 < x < 90) \\ 1 & (x \geqslant 90) \end{cases}$

2.2.4 通行能力判别体系工程案例

为了验证灾损隧道通行能力判别体系的合理性,选取某地震灾损隧道为实际算例。某隧道在地震后遭受严重损伤,隧道损伤详情见表2-39。由业内人员、设计人员、施工管理人员对定性指标进行打分评价。

某隧道震后受损详情 表2-39

评价指标	子指标	受损详情
洞口滑坡与坍塌	定性指标(A_1)	洞口竖梁及地表普遍开裂,左侧未加固,有局部坍塌
	定量指标(A_2)	无

评价指标	子指标	受损详情
洞口裂缝	定性指标(B_1)	混凝土出现裂缝
	长度、宽度指标(B_2)	洞口部位出现裂缝,长3m,缝宽30~100mm
	深度指标(B_3)	无
洞身衬砌裂缝	定性指标(D_1)	洞身衬砌多处震裂,大多数以横向和环向为主,也有呈网状的裂缝,施工缝多处开裂
	长度、宽度指标(D_2)	有两处裂缝长达60m,缝宽10~20mm;施工缝基本开裂,缝宽5~30mm
	深度指标(D_3)	无
	部位、方向指标(D_4)	拱顶裂缝纵横交错,以环向和斜向裂缝为主
	形状指标(D_5)	网状裂缝
洞身衬砌变形与位移	定性指标(E_1)	衬砌出现变形与位移
	变形量、变形速度指标(E_2)	衬砌变形量达60cm

对表2-39中的相关数据进行量化,得到各个指标的隶属度,见表2-40。

灾损隧道评价指标模糊矩阵　　　　　　　表2-40

指标	评价指标	Ⅰ级	Ⅱ级	Ⅲ级	Ⅳ级	Ⅴ级
洞口滑坡与坍塌	定性指标	0	0.050	0.950	0	0
	定量指标	1	0	0	0	0
洞口裂缝	定性指标	0	0	0.600	0.400	0
	长度、宽度指标	0	0.500	0.500	0	0
	深度指标	1	0	0	0	0
洞身衬砌裂缝	定性指标	0	0	0.087	0.913	0
	长度、宽度指标	0	0	0	0	1
	深度指标	1	0	0	0	0
	部位、方向指标	0	0	0	1	0
	形状指标	0	0	0.262	0.738	0
洞身衬砌变形与位移	定性指标	0	0	0.125	0.875	0
	变形量与变形速度指标	0	0	0.400	0.600	0

由表2-40得到灾损隧道通行能力判别体系各类指标权重A_i、灾损隧道通行能力判别指标体系的模糊关系矩阵R_i。基于灾损分级原理,计算二级模糊综合评判矩阵B_i。

(1)洞口滑坡与坍塌评价指标$A_1=(0.400,0.600)$,$B_1=A_1 \cdot R_1=(0.600,0.020,0.380,0,0)$。

(2)洞口裂缝评价指标$A_2=(0.250,0.375,0.375)$,$B_2=A_2 \cdot R_2=(0.375,0.186,0.336,0.100,0)$。

(3)洞身衬砌裂缝评价指标$A_3=(0.154,0.231,0.231,0.154,0.231)$,$B_3=A_3 \cdot R_3=(0.231,0.000,0.074,0.465,0.231)$。

(4)洞身衬砌变形与位移评价指标 $A_4=(0.400,0.600)$，则 $B_4=A_4 \cdot R_4=(0,0,0.291,0.709,0)$。

由 B_1，B_2，B_3，B_4 构成一级指标的模糊关系矩阵 R，$A=(0.038,0.096,0.149,0.149)$，可以得到 $B=A \cdot R=(0.093,0.019,0.101,0.185,0.034)$。

通过灾损隧道指标权重与模糊数学理论梯形隶属度函数结合运算，地震灾损隧道评价等级以Ⅳ级为主，隶属度为0.185，受损程度为严重损伤，与实际工程评价结果一致。

2.2.5 隧道柔性运行技术

基于AHP赋权法对灾损隧道通行能力判别的影响因素权重，选取衬砌裂缝、衬砌变形、衬砌起层及剥落、衬砌混凝土强度等四个影响大的权重因素进行震害特征描述，形成灾后恢复阶段隧道震害评价等级表及柔性运行技术，见表2-41。

灾后恢复阶段隧道震害评价等级表及柔性运行技术　　　　　　　　　　　　　表2-41

评价等级	损伤程度	震害特征描述	柔性运行技术		
			应急决策	应急抢修技术	运行策略
Ⅰ级	基本完好/轻度损伤	(1)衬砌一般龟裂，无发展或衬砌出现裂缝，停止发展(裂缝长度：$l \le 5m$。宽度：$b \le 3mm$)。 (2)结构无变形或衬砌出现变形，停止发展(变形速度：$V \le 1mm/$年)。 (3)基本无表观病害或侧墙存在裂缝、衬砌开裂、起层、无掉落可能性。 (4)衬砌混凝土强度良好或混凝土强度处于较好状态(混凝土强度匀质系数：$K_{bt} \ge 0.85$)	无须处治	表面处治法、注胶黏合法、凿槽嵌补法、	正常通行
Ⅱ级	中度损伤	(1)衬砌出现剪切裂缝，发展缓慢(裂缝长度：$l \le 5m$。裂缝宽度：$3mm < b \le 5mm$)。 (2)衬砌出现变形，发展缓慢(变形速度：$1mm/$年$<V \le 3mm/$年)。 (3)拱顶存在裂缝，衬砌开裂起层，无掉落可能性。 (4)衬砌混凝土强度处于较差状态，结构有缺损现象出现(混凝土强度匀质系数：$0.75 < K_{bt} \le 0.85$)	处治后恢复正常通行	注浆(厚度 $1 \sim 3m$)、表面处治法、注胶黏合法、凿槽嵌补法、监测	正常通行、监测(含视频监控)
Ⅲ级	严重损伤	(1)衬砌出现剪切裂缝且裂缝密集，发展较快(裂缝长度：$5 < l \le 10m$；宽度：$b > 5mm$)。 (2)衬砌产生变形，结构功能下降，发展较快(变形速度：$3mm/$年$<V \le 10mm/$年)。 (3)侧墙处裂缝密集，衬砌压裂起层，有掉落的可能性。 (4)衬砌混凝土强度处于很差状态，结构出现严重缺损或变形现象(混凝土强度匀质系数：$0.65 < K_{bt} \le 0.75$)	处治后恢复基本通行	喷射C40钢纤维早强新型混凝土(厚度 $15 \sim 25cm$)、注浆(2m)+喷射钢纤维混凝土(厚度 $10 \sim 20cm$)、监测	限速(60km/h)、监测(含视频监控)

评价等级	损伤程度	震害特征描述	柔性运行技术		
			应急决策	应急抢修技术	运行策略
Ⅳ级	极严重损伤	(1)衬砌结构形成贯穿裂缝且裂缝密集,发展快速(裂缝长度:$l>10$m;宽度:$b>5$mm)。 (2)衬砌产生永久变形,结构功能明显下降,发展快速(变形速度:$V>10$mm/年)。 (3)拱顶裂缝密集,衬砌开裂起层,有掉落的可能性。 (4)衬砌混凝土强度状态非常差,结构出现严重开裂、变形、位移等现象(混凝土强度匀质系数:$K_{bt}<0.65$)	处治后满足应急抢险通行条件	钢拱架(I25b)+喷射C40钢纤维早强新型混凝土(厚度33cm)、注浆(2m)+钢拱架(I20b)+喷射C40钢纤维早强新型混凝土(厚度28cm)、监测	限速(40km/h)、监测(含视频监控)
Ⅴ级	损毁	大范围围岩垮塌	已无修复必要	改线	禁止通行

注:表中K_{bt}=结构强度实测值/混凝土强度设计值。

2.3　公路路基与路面

公路路基与路面灾损主要是指由极端自然条件为主造成路基与路面结构的破坏,引发交通中断和阻塞,使道路通行能力显著下降。道路灾害一旦发生,应及时对其受损程度进行评判,在此基础上进行应急修复,保证道路的通行能力。

自然灾害条件下的道路灾损往往由多种因素耦合作用引起,从承灾体角度总结公路路基与路面结构损害类型与特征,提出相应的评价指标;结合综合评价指数方法对灾后道路损伤程度进行评价,制定不同损伤程度下的道路灾后柔性运行策略。这些将为道路灾后应急保通提供有力支撑。

2.3.1　灾损类型及分级

采用破坏表现和破坏程度来描述道路灾损。其中,破坏表现主要指不同承灾体受到破坏后的形式,破坏程度通过承灾体类型、灾损数量、范围、面积(体积)、长度、宽度、深度、损坏程度和防护工程的功能降低程度等表征。数量、范围、面积、长度、宽度和深度等可以定量评价,但毁坏形态和程度、防护工程的功能降低程度则只能进行定性描述。

2.3.1.1　灾损类型

(1)路基本体灾损类型

路基本体灾损一部分是地震、洪水等直接作用导致的路基沉陷、开裂、坍塌、隆起、错台和整体滑移等,且沉陷、开裂和坍塌出现频率显著高于另外几种;另一部分是滑坡、崩塌等对路基本体造成的路基掩埋和砸坏,且路基掩埋次生灾害频率极高,一旦出现将直接中断交通。

（2）支挡结构灾损类型

对于路堑挡墙和路肩挡墙类支挡结构,其破坏形式主要为垮塌、变形开裂、倾斜、掩埋、砸坏、剪断、下沉等。其中,墙身垮塌、墙面变形开裂和墙身倾斜产生的墙顶位移是常见病害。此外,相比路肩挡墙,路堑挡墙更易发生变形开裂和剪切开裂。

（3）路基边坡灾损类型

路基边坡按断面形式主要分为路堑边坡和路堤边坡两种,灾损类型包括垮塌、裂缝、剥落和局部变形鼓胀等。其中,垮塌类破坏主要针对无防护措施的边坡,表现为滑坡、崩塌和溜坍等。路基边坡按材料分为土质边坡和岩质边坡。其中,土质边坡灾损形式包括滑坡、表面溜坍和碎落,岩质边坡灾损形式包括滑坡、崩塌和落石。

（4）路面灾损类型

路面灾损主要指在地震、洪水等自然灾害发生后沥青路面或水泥路面结构发生的影响道路通行的各种损害。沥青路面灾损形式主要为松散、脱皮、坑槽、沉陷、翻浆、龟裂和网裂等,水泥路面灾损形式主要包括板下脱空、面板断裂、露骨、唧泥和破碎。

2.3.1.2 灾损分级

参考李俊硕士论文《山区公路水毁路基稳定性分析及防治措施》和陈远川博士论文《山区沿河公路水毁评估与减灾方法研究》,对公路路基与路面结构灾损情况进行量化分级,见表2-42～表2-45。

道路灾损分级指标　　　　　　　　　　　　　　　　　　　　　　表2-42

类型	路面	路基与坡面防护工程	坡脚防护工程
分级指标	损毁面积	（1）路基损坏长度、宽度、深度及土石方量。 （2）支挡结构损毁程度及数量。 （3）防护工程的防护范围、抗冲能力等降低程度	（1）防护工程损毁数量。 （2）防护工程功能降低程度

路面灾损等级划分　　　　　　　　　　　　　　　　　　　　　　表2-43

损毁等级	灾损特征
A级 （轻微）	路面损毁面积<5%:①沥青路面出现少量裂缝,局部轻微沉陷;②水泥路面少量填缝料损坏
B级 （中等）	路面损毁面积5%～15%:①沥青路面出现较多裂缝,局部出现松散、坑槽、沉陷;②水泥路面填缝料破损,接缝破碎较为明显,出现少量断角、唧泥、错台、沉陷,局部明显剥落
C级 （严重）	路面损毁面积15%～30%:①沥青路面出现较大范围松散、坑槽、沉陷;②水泥路面填缝料、接缝破损较严重,面板唧泥、错台、沉陷明显,剥落较严重
D级 （极严重）	路面损毁面积>30%:①沥青路面出现大范围松散、坑槽、沉陷;②水泥路面接缝破碎严重,唧泥、错台、下沉情况严重;③砂石路面石料大量流失,出现大范围、连续沉陷、松散和坑槽现象

路基与坡面防护工程灾损等级划分　　　　　　　　　　　　　　　　表2-44

损毁等级	灾损特征
A级 （轻微）	①路基裂缝长度<1m,未见下沉、变形现象,路肩局部坍塌;②边坡无变形、破损,局部有少许坍塌;③挡土墙等防护构筑物基础良好,局部轻微开裂、变形,破坏面积（开裂长度）<挡土墙面积（长度）10%

续上表

损毁等级	灾损特征
B级 (中等)	①路基裂缝长度为1~5m,沉陷变形深度<30mm,局部轻微下沉或变形,缺口长度<5m,损毁宽度小于1/3路基宽度;②边坡局部轻微变形、破损,可见较大范围、断续坍塌,路肩出现少量缺口;③挡土墙等防护构筑物出现较为明显的裂缝、变形,局部下沉,破坏面积(开裂长度)占挡土墙面积(长度)的10%~30%
C级 (严重)	①路基裂缝长度为5~10m,沉陷变形深度为30~50mm,多处出现缺口(长度为5~10m),变形、坍塌情况较为严重,损毁宽度超过1/2路基宽度;②边坡大范围、连续坍塌,变形或破损较为严重;③挡土墙等防护构筑物出现明显的较大范围变形、垮塌,破坏面积(开裂长度)占挡土墙面积(长度)的30%~60%
D级 (极严重)	①路基裂缝长度>10m,沉陷变形深度>50mm,路基严重坍塌,缺口长度>10m,局部损毁宽度超过3/4路基宽度;②边坡出现严重变形或破损;③挡土墙等防护构筑物大规模、连续垮塌,破坏面积(开裂长度)>挡土墙面积(长度)的60%

坡脚防护工程灾损等级划分　　　　　　　　　　　　　　　　　　表2-45

损毁等级	灾损特征
A级 (轻微)	防护工程整体良好,局部出现轻微松散、变形。①抛石或堆石出现轻微移位,石笼整体完好,没有明显变形;②浆砌片石/块石护坦、丁坝、顺坝、阻水堤等整体完好,表层水泥抹面或勾缝有局部脱落,存在少量裂缝。防护功能基本没有降低
B级 (中等)	防护工程局部损毁,可见较为明显的变形、下沉。①坡脚防护结构出现明显移位,石笼整体基本完好,但存在明显变形,块石轻微松散,石笼间的相对位置有所改变;②浆砌片石/块石护坦、丁坝、顺坝、阻水堤等整体基本完好,局部基础悬空,表层水泥抹面有较大面积的明显脱落,砌体有明显裂缝和轻微松散、变形。防护功能略有降低,自身安全性有明显降低
C级 (严重)	防护工程部分明显损坏,出现较大范围变形、垮塌。①抛石或堆石中较小块石被水流冲走,较大块石有明显移位,块石松散现象严重,石笼间相对位置变化较大;②浆砌片石/块石护坦、丁坝、顺坝、阻水堤等基础多处悬空,砌体明显松散、开裂、变形,不足20%的片石/块石被冲走,丁坝坝头局部下沉、断裂,损坏长度<1/3丁坝长度,顺坝局部坍塌,坍塌长度<5%顺坝长度。防护功能明显降低
D级 (极严重)	防护工程严重损坏,出现大规模、连续垮塌。①抛石或堆石失去路基坡脚防护作用,块石松散,流失50%以上;②浆砌片石/块石护坦、丁坝、顺坝、阻水堤等基础多处悬空,砌体松散、开裂,超过20%的片石/块石被冲走,丁坝坝头下沉,坝体断裂,损坏长度>1/3丁坝长度,顺坝变形,多处坍塌,坍塌长度>5%顺坝长。防护效果明显下降,功能丧失超过50%

2.3.2　道路灾损程度评价

2.3.2.1　道路灾损程度评价模型

为了对灾后道路损害程度进行科学研判,以便为应急保通修复提供依据,有必要对道路灾损情况进行定量评价。由于不同灾害类型对道路通行能力及抢通修复难易的影响不同,因此采用危险性指数对受灾路段的灾损程度进行定级。

综合指数评价方法广泛应用于评价地质灾害领域,其可以在一定程度上定量评价地质灾害的危险性,既可以分段评价,也可以总体评价,评价结果比定性评价更准确,对线路的勘察、设计、施工、运营及地质灾害防治等具有较大的指导意义。因此,在对道路受灾情况、类型进行调研的基础上,采用综合指数法计算受灾路段灾损大小,对应模型如式(2-33)所示。

$$W_i = A \cdot B = \sum_{j=1}^{m} a_j b_j \tag{2-33}$$

式中:W_i——某路段灾损危险性指数;

A——路段内各类灾损程度集合;

B——路段内各类灾损对道路通行能力影响权重的集合;

m——路段内灾害类型的个数。

2.3.2.2 模型参数权重

根据道路灾后损害程度对其通行能力影响的轻重缓急进行分级,主要分为Ⅰ、Ⅱ、Ⅲ、Ⅳ四个等级:Ⅰ级——轻微或基本无影响,可以通行社会车辆;Ⅱ级——中度,能通行抢险车辆;Ⅲ级——严重,紧急加固和通行抢险车辆;Ⅳ级——损毁,禁止通行。四种灾损程度等级对应的灾损危险性指数分别赋值为<0.25、0.25~0.5、0.5~0.8、>0.8。考虑到道路灾损类型多样且相互之间存在耦合关系,结合专家评价,在文献调研的基础上,分别对表2-42~表2-45所列等级和路段内灾损对道路通行能力影响权重进行赋值,见表2-46和表2-47。

各类灾损程度权重值　　　　表2-46

等级	路面	路基与坡面防护工程	坡脚防护工程
权重值	0.1~0.4	0.1~0.4	0.1~0.4

灾损类型对道路通行能力影响权重值　　　　表2-47

类型	沉陷变形	开裂滑移	隆起	防护工程破坏
权重值	0.1~0.5	0.1~0.5	0.1~0.5	0.5~0.9

2.3.2.3 实例计算

以我国西南地区某国道为例,针对地震后公路路基与路面结构破损情况调查,进行路段损伤级别评价。该路段在震后出现的损害情况主要为:①路面破损严重,出现大规模变形、沉陷,路中出现长10m、宽20cm的裂缝;②路基本体出现大量长纵向裂缝和大面积垮塌,其中路基开裂1条裂缝最大长度达20.9m,最宽为20cm,外侧沉陷5cm;③加筋土挡墙墙面板垮塌、筋带断裂,路肩挡墙垮塌,路基滑移;④路堑挡墙墙顶片石开裂,中上部墙面鼓胀、墙顶坍塌,路堑边坡中下部垮塌;⑤挂网喷浆坡体发生剥落震害,支挡结构出现墙体位移、剪裂,边坡防护结构出现剪切震害。

根据震后公路路基与路面损坏情况调查,结合表2-46和表2-47取值,分别得到式(2-33)对应的两个集合(0.4,0.4,0.4)和(0.5,0.9,0.9),经计算得到该路段灾损危险性指数为0.92,即该路段震后损害程度为Ⅳ级(损毁,禁止通行)。

2.3.3 灾后公路柔性运行策略

在道路灾后损害类型调研的基础上,统筹高等级公路与低等级公路,对承灾体的灾损特征进行描述并分级,提出相应的柔性运行策略,见表2-48。

道路灾损评价与柔性运行策略　　　　　　　　　　　　　　表 2-48

评价等级	灾损程度	灾损特征描述	柔性运行策略		
			应急决策	应急抢修技术	运行策略
Ⅰ级	基本完好/轻微受损	路面基本完好,损毁面积<该路段总面积的5%;路基裂缝长度<1m,无下沉、变形现象;边坡无变形、破损,局部有少许坍塌;挡土墙等防护结构总体良好,局部出现破坏,破坏面积(开裂长度)<挡土墙面积(长度)的10%;坡脚防护工程基础良好,局部出现轻微松散、变形,防护功能基本没有降低	无须紧急处治	保持日常养护	正常通行、监测(含视频监控)
Ⅱ级	中度受损	路面局部损毁,损毁面积为该路段总面积的5%~15%;路基裂缝长度1~5m,沉陷变形深度<30mm,缺口长度<5m,损毁宽度小于1/3路基宽度;边坡局部轻微变形、破损,可见较大范围断续坍塌,路肩出现少量缺口;挡土墙等防护构筑物出现较为明显的裂缝、变形,局部下沉,破坏面积(开裂长度)占挡土墙面积(长度)的10%~30%;防护工程局部损毁,有较为明显的变形、下沉。防护功能略有降低,自身安全性有明显降低	处治后恢复基本交通	填平道路、修补裂缝、清除障碍物、加固边坡	限速取值应<60km/h,限载取值应<40t,通行、监测(含视频监控)
Ⅲ级	重度受损	路面出现较大范围损毁,损毁面积为该路段总面积的15%~30%;路基裂缝长度5~10m,沉陷变形深度30~50mm,缺口长度5~10m,变形、坍塌情况较为严重,损毁宽度超过1/2路基宽度;边坡大范围连续坍塌,变形或破损较为严重;挡土墙等防护构筑物出现明显的较大范围变形、垮塌,破坏面积(开裂长度)占挡土墙面积(长度)的30%~60%。防护工程部分明显损坏,出现较大范围变形、垮塌,防护功能明显降低	处治后满足应急抢险通行要求	清除障碍物、开挖便道、爆破清除、灌浆成桩加固,便道绕避、搭设便桥、加固支挡结构	限速取值应<40km/h,限载取值应≤20t通行、监测(含视频监控)
Ⅳ级	损毁	路面出现大范围损毁,损毁面积>该路段总面积的30%;路基裂缝长度>10m,沉陷变形深度>50mm,路基严重坍塌,缺口长度>10m,局部损毁宽度超过3/4路基宽度;边坡出现严重变形或破损;挡土墙等防护构筑物大规模连续垮塌,破坏面积(开裂长度)>挡土墙面积(长度)的60%;防护工程严重损坏,出现大规模、连续垮塌、防护效果明显下降,功能丧失超过50%	尽可能抢修保通线路	断道清理障碍物,就地取材修筑路堤,修整边坡,重建道路	禁止通行

2.4　铁路路基与轨道

2.4.1　灾后铁路线路通行能力评价指标与方法

灾后铁路线路(狭义上的线路是指铁路路基与轨道)通行能力评判可采用图2-25所示技

术路线。具体步骤如下:

第一步:划分评价区段。将铁路线路(含车站)划分为若干个评价区段。一个完整的铁路区间可作为一个评价区段,一座完整的车站也可以作为一个评价区段。

第二步:现场调查与观测。主要调查内容包括:①异物侵限现状、异物侵限隐患;②路基本体沉降、错落、损毁等;③地质灾害隐患;④轨道结构损伤;⑤轨道几何形位超限。

第三步:侵限分析。按照铁路建筑接近限界,应用尺量、检测车等技术与设备,结合侵限现状及发展趋势,快速判定侵限等级;对于无法立即处理的侵限,判定侵限等级,根据侵限等级,确定限速v_1。

第四步:路基灾损评估。依据路基本体的沉降值、错落值、损毁程度等,结合滑坡、崩塌落石、泥石流风险、水害等发展趋势,快速确定路基允许的列车通行速度v_2。

第五步:轨道灾损评估。根据钢轨折断、道岔损伤、道枕损伤、无砟道床损伤、道砟缺失、扣件损伤或缺失、钢轨接头联结零件损伤或缺失等,判定轨道损伤严重程度。根据轨距、水平、前后高低、轨向、曲率半径、外轨超高等静态几何形位偏差以及轨枕空吊、道床板空吊等动态不平顺数据,判定轨道几何形位偏差等级。根据轨道损伤严重程度和轨道几何形位偏差等级,确定限速v_3。

第六步:区段限速值[v]确定。$[v]=\min\{v_1、v_2、v_3\}$,即取侵限限速值v_1、路基灾损限速值v_2、轨道灾损限速值v_3中的最小值,作为区段限速值。

第七步:线路通行能力N的计算。此处的线路通行能力是指铁路区间通过能力和铁路车站通过能力的最小值。根据各区间型限速值、区间线路长度、正线数量(能够维持通车的正线数,分为单线、双线、三线或四线)、区间闭塞类型、车站联锁类型等,得到每一区间的通过能力,取最小值,作为铁路区间通行能力。根据各车站的到发线情况、咽喉区情况,计算车站的通行能力。

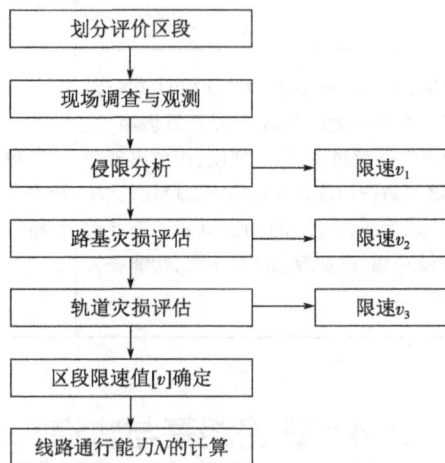

图2-25 技术路线

2.4.2 灾损线路有限元模拟方法

目前,侵限等级的评定已经有相关规范,方法也较为成熟。轨道结构损伤、轨道几何偏差超限评定,国家铁路局、国家铁路集团也已经有明确的评价规则。相对而言,路基本体灾损(主要表现形式为灾后路基下沉)由于体现到轨道上不显著而容易被忽略,事实上其对行车安全起着极大的决定性作用。考虑到有砟轨道灾后恢复难度低于无砟轨道,有限元模拟时仅考虑路基灾损-无砟轨道模型。

在分析路基灾损特征的基础上,参考以往对路基沉降特征的研究文献,采用余弦曲线描述灾损路基顶面的纵断面线形。为分析路基灾损对轨道结构变形和路基支承状态的影响规律,建立轨道-路基系统静力学模型。为分析车轨系统动力响应特性,基于静力学仿真结果,在掌握路基灾损后对轨道-路基系统静力状态建立两类考虑轨道-路基层间接触状态的动力学模型。在静力学仿真结果的基础上,采用动力学模型仿真分析不同速度等级下各路基灾损工况的动力学特性。结合动力响应指标限值,按脱轨系数、轮重减载率、车体垂向加速度、车体横向加速度、轮轨垂向力、轮轨横向力等车辆-轨道耦合系统的动力响应指标,对不同运行速度等级下的路基灾损工况进行等级划分,提出不同限制等级路基灾损工况下的运行策略。

2.4.2.1　路基灾损变形形式模拟

路基灾损变形情况和承载状态最终表现为路基顶面的几何状态,可按灾后路基变形位移方向将灾损形式分为垂向灾损和横向灾损。

(1)路基垂向灾损

路基垂向灾损变形主要表现为:①灾害动荷载使地基下沉,同时引起路基面下沉;②路基本体承载能力降低,在土体自重作用下产生下沉等,表现为路基面下沉。路基垂向灾损变形曲线连续变化,路基顶面基本保持水平,采用下凹的单波余弦曲线模拟。选取路基与轨道接触面的中心处沿线路纵向的余弦曲线表示路基顶面变形。图2-26为余弦型路基垂向灾损变形曲线,以线路中心线上一点为原点O,以线路纵向为X轴,线路横断面方向为Y轴,线路垂向为Z轴建立坐标系建立坐标系。

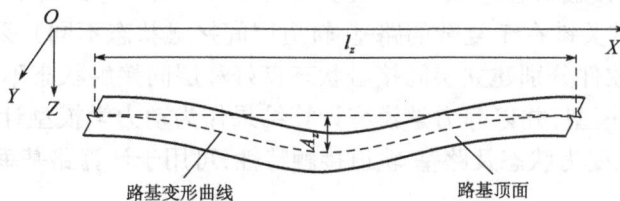

图2-26　余弦型路基垂向灾损变形曲线

余弦型路基垂向灾损变形表达式如下:

$$Z(x) = \frac{A_z}{2}\left[1 - \cos\left(\frac{2\pi x}{l_z}\right)\right] \tag{2-34}$$

式中:x——沿线路纵向某位置处坐标值;

$\quad l_z$——余弦型路基垂向灾损波长;

$\quad A_z$——线路纵向某位置处路基顶面的垂向变形幅值。

将模拟不同程度路基灾损的曲线作为仿真的输入,选取路基垂向灾损波长10m至50m区间与灾损幅值5mm至100mm区间组合工况作为路基垂向灾损研究工况。

（2）路基横向灾损

灾害作用下路基在水平面出现横向偏移，即路基横向灾损，它使轨道产生跟随性横向偏移，导致轨面产生方向不平顺。选取横向灾损工况波长变化区间10～50m，幅值变化区间5～80mm。图2-27为路基横向灾损变形曲线，X为线路纵向，Y为线路横向。以线路水平面上一点为原点O，以线路纵向为X轴，线路横断面方向为Y轴，建立平面坐标系。

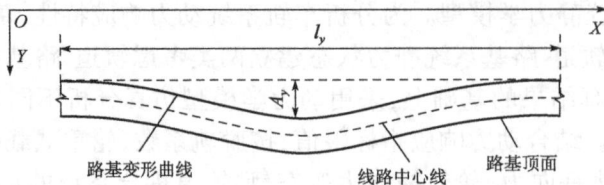

图2-27　路基横向灾损变形曲线

路基横向灾损变形曲线表达式如下：

$$Y(x) = \frac{A_y}{2}\left[1 - \cos\left(\frac{2\pi x}{l_y}\right)\right] \tag{2-35}$$

式中：x——沿线路纵向某位置处坐标值；

l_y——余弦型路基垂向灾损波长；

A_y——线路纵向某位置处路基顶面的横向变形幅值。

2.4.2.2　考虑路基灾损的车辆-轨道-路基系统力学模型

双块式无砟轨道是我国高速度铁路主要轨道结构形式之一，本节以路基上双块式无砟轨道为研究对象。基于路基灾损前后轨道-路基系统状态变化的定性分析，采用Abaqus有限元软件建立双块式无砟轨道-路基系统静力学模型，用于求解路基灾损后平衡状态下的轨道结构变形和路基-轨道层间接触状态，为动力学模型提供输入参数。考虑到不同灾损工况对车轨系统的影响存在差异（其关键在于复杂的路基-轨道层间接触状态不同），采用Abaqus有限元软件和UM多体动力学软件分别建立层间接触状态良好和层间接触状态不良的车辆-轨道-路基空间耦合系统动力学模型，并以静力学模型计算结果作为动力学模型计算的初始条件，包含轨道结构的几何变形、受力状态及路基-轨道接触特性，可用于计算路基垂向、横向灾损影响下车轨系统的动力响应。

（1）轨道-路基系统静力学模型

通过建立的轨道-路基系统静力学模型，分析静平衡状态下路基垂向灾损变形反映至轨道几何变形时二者的变形传递关系，从而获得路基灾损引起的轨道附加几何不平顺特征和轨道-路基层间接触状态，为后续动力学特性分析提供支撑。

图2-28为采用Abaqus软件建立的双块式无砟轨道-路基系统有限元模型。将钢轨简化为空间梁单元，输入截面属性，无砟轨道和路基结构则采用实体单元模拟输入相应的材料属性，并在轨道和路基间设置相互作用特性来模拟两者层间可能出现的离缝、脱空现象。

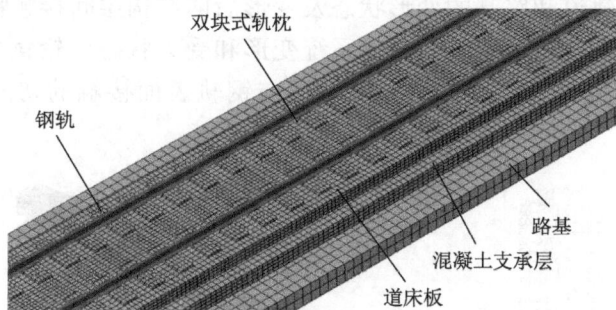

图2-28　双块式无砟轨道-路基系统有限元模型

（2）层间接触良好的车辆-轨道-路基空间耦合系统动力学模型

采用UM动力学软件建立CRH3型动车组车辆的多刚体系统模型,双块式无砟轨道-路基系统模型使用UM软件中柔性轨道和外部导入柔性体模拟,将导入的整体双块式无砟轨道和路基柔性体作为一段装配到柔性轨道上。该模型模拟路基与轨道间接触良好时的状态,混凝土支承层底面与路基顶面间无相对位移,两表面接触充分、均匀、紧密,采用绑定表面的方式在轨道结构模型和路基结构模型间建立联系。为满足不同路基灾损工况的仿真需求,模型长度确定为208m。图2-29为模拟路基和轨道层间接触良好状态的车辆-轨道-路基空间耦合系统动力学模型。

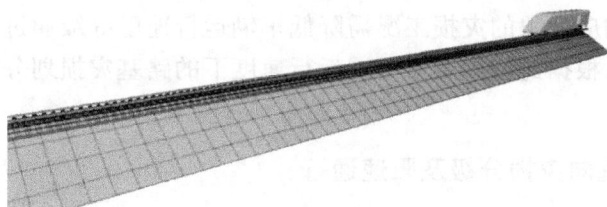

图2-29　模拟路基和轨道层间接触状态良好的车辆-轨道-路基空间耦合系统动力学模型

（3）层间接触不良的车辆-轨道-路基空间耦合系统动力学模型

在Abaqus中建立的模拟路基和轨道层间接触不良的车辆-轨道-路基空间耦合系统动力学模型(图2-30)由车辆模型、路基结构模型、轮轨接触模型组成,模型的轨道路基部分是在静力学模型的路基上修改而成的,参数与静力学模型保持一致。

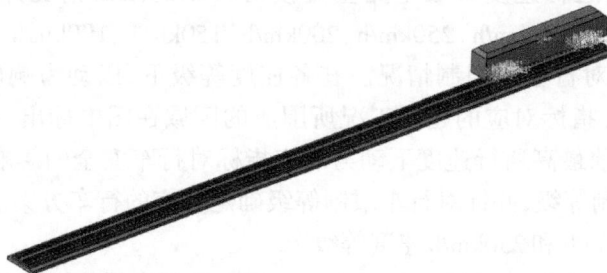

图2-30　模拟路基与轨道层间接触不良的车辆-轨道-路基空间耦合系统动力学模型

对于路基与轨道层间接触不良状态,为准确模拟轨道静态、动态行为及接触特性,通过预定义场的方式将静力学模型的计算结果作为初始状态施加在动力学模型上,从而使动力学模型的初始状态包含轨道和路基的变形状态及变形后两结构层间接触特性。图2-31为模型计算初始状态,包含路基灾损后轨道-路基系统变形和受力状态。轮轨之间垂向相互作用可采用Hertz非线性弹性接触理论模拟,车轮踏面与钢轨表面接触的切向作用采用罚摩擦公式表示。

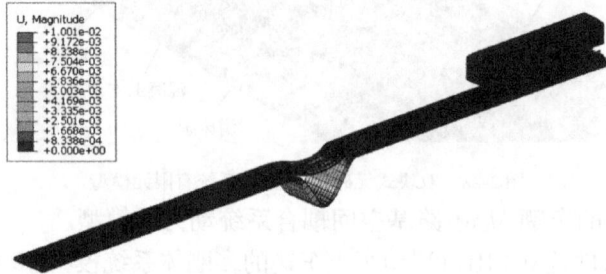

图2-31　层间接触不良系统的计算初始状态(放大500倍)

2.4.3　路基灾损分级与限速通行

针对余弦型路基垂向、横向灾损,选取轮重减载率、脱轨系数、轮轨垂向力、轮轴横向力、车体垂向加速度等动力学性能指标,采用动力学模型进行不同运行速度下的多种工况仿真。由动力学仿真结果可知,不同运行速度下动力性能指标超限的灾损工况数量不同且呈现出区域性,对于存在动力响应超限的灾损工况需降低车辆运行速度等级通过。上述情况表现为路基灾损对行车的限制,根据此特点可对不同运行速度下的路基灾损划分等级并确定允许通行速度。

2.4.3.1　路基垂向灾损分级及限速通行

对于路基垂向灾损变形,研究了幅值5~95mm和波长10~50m的组合工况,并基于不同速度等级各工况的动力响应限值确定路基灾损对行车性能的控制区域。由于研究工况有限,所得不同路基灾损工况下的柔性运行办法不能完全涵盖实际工程中可能出现的灾损情况,具有一定的局限性。

路基灾损工况等级即路基灾损对行车的限制等级,根据路基灾损对行车动力性能的限制规律确定不同最高通行速度等级下路基灾损对行车的限制情况并划分等级,图2-32~图2-37分别为350km/h、300km/h、250km/h、200km/h、150km/h、100km/h六个最高通行速度等级下的路基垂向灾损对行车的限制情况。在各速度等级下,以动力响应指标限值为边界条件,将每一种动力响应指标对应的超限工况所围成的区域在图中标出,即该指标控制下的路基灾损工况。根据当前最高通行速度下动力响应指标对行车安全的影响程度,由高到低确定路基灾损对行车的限制等级,并针对行车限制等级确定相应的行车方案。

(1)350km/h、300km/h和250km/h速度等级

当最高通行速度为350km/h、300km/h和250km/h时,路基灾损分级情况如图2-32~图2-34所示。由于这三个速度等级下每种动力响应指标均存在超限的工况,因此350km/h、300km/h和250km/h三个最高通行速度下存在五个路基灾损等级,从低到高依次划分为Ⅴ级至Ⅰ级。

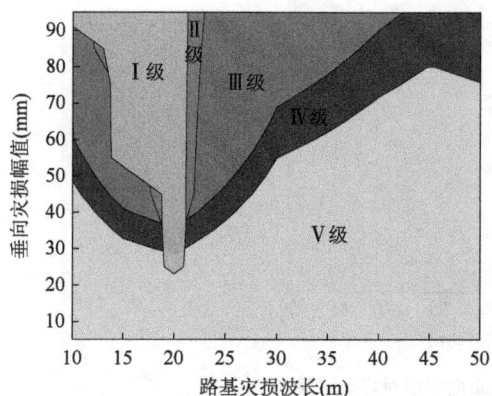

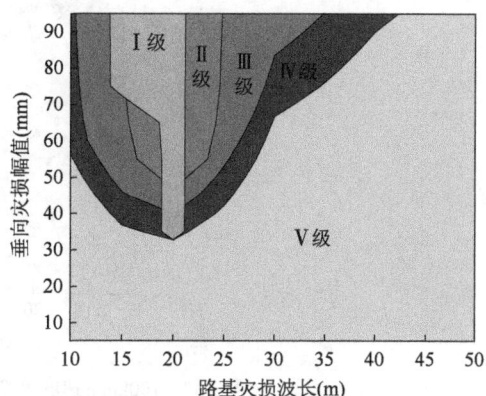

图2-32　350km/h速度等级下路基垂向灾损对行车的限制情况　图2-33　300km/h速度等级下路基垂向灾损对行车的限制情况

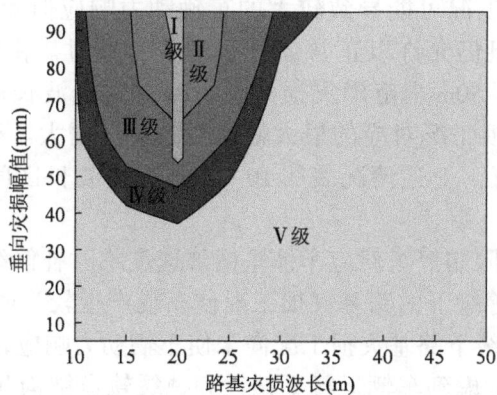

图2-34　250km/h速度等级下路基垂向灾损对行车的限制情况

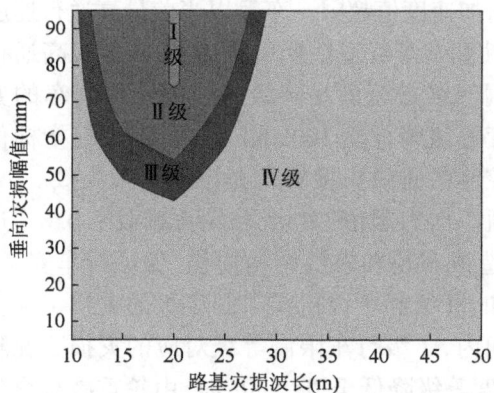

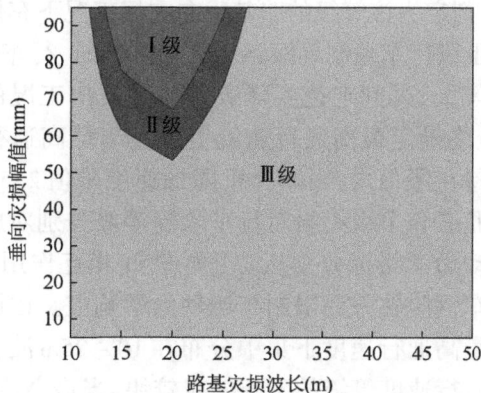

图2-35　200km/h速度等级下路基垂向灾损对行车的限制情况　图2-36　150km/h速度等级下路基垂向灾损对行车的限制情况

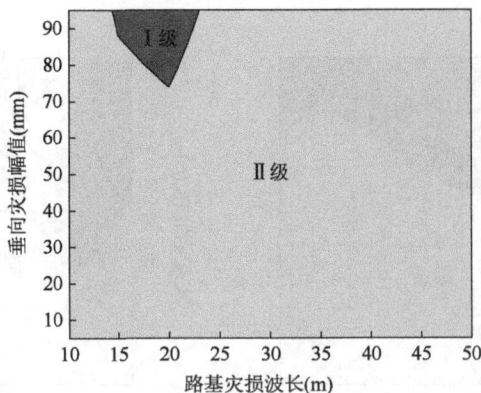

图2-37　100km/h速度等级下路基垂向灾损对行车的限制情况

Ⅴ级对应的行车限制等级最低,线路可正常运营。当车辆以当前最高通行速度通过判定为Ⅴ级的路基垂向灾损工况影响区域时,车辆的动力响应均保持在限值内。相比正常工况,某些路基垂向灾损工况可能导致较大的车辆动力响应但尚未超过指标限值,表明车辆运行平稳性有所降低但仍允许以正常通行速度安全通过。由图2-32～图2-34可知,Ⅴ级路基灾损工况包含10～50m全范围灾损波长。路基灾损波长由10m增大至50m的过程中,可判定为Ⅴ级路基灾损工况对应的最大幅值先减小后增大。当路基灾损波长为20m时垂向灾损幅值达到最小值。上述情况表明10～20m灾损波长区间内仍有相当一部分工况可保证车辆正常通行。

Ⅳ级路基灾损对行车限制等级对应车体垂向加速度临时补修级别容许管理值2.0m/s²所围成的区域,该行车限制等级下的路基灾损工况使车辆产生较为明显的垂向运动,影响旅客乘车舒适性。但由于该等级下路基灾损工况尚未使车辆动力响应超限,允许列车保持当前最高通行速度等级通过,但考虑到车辆运行平稳性和减缓轨道结构几何形位劣化,建议以对应最高通行速度降速10%通过。

Ⅲ级路基灾损对行车限制等级对应车体垂向加速度限速级别容许管理值2.5m/s²所围成的区域,判定为该等级的路基垂向灾损工况下车体垂向加速度值超限。车辆以当前最高通行速度通过Ⅲ级行车限制等级路基灾损区域时,行车平稳性和乘车舒适性严重恶化,需降低最高通行速度等级,再判定速度降级后路基灾损工况的限制等级是否满足降级后速度开行列车的要求,最终确定最高通行速度等级。当最高通行速度等级降低至100km/h时,所有工况指标值均保持在限值内,由车体垂向加速度限值2.5m/s²控制的Ⅲ级灾损对行车限制等级失效。

Ⅱ级和Ⅰ级灾损对行车限制等级分别对应轮轨垂向力限值170kN和轮重减载率0.8。这两个动力学指标分别从防止轮轨间相互作用过大造成车轮和轨道结构损伤、保证行车安全、防止车辆脱轨方面限制车辆动力学响应。由图可知,Ⅱ级和Ⅰ级行车限制等级的灾损工况在不同最高通行速度下集中分布在10～25m波长区间内,Ⅰ级行车限制等级对应的灾损工况随最高通行速度等级的下降缩减较快,当最高通行速度等级降低至200km/h时,由轮重减载率限值确定的行车限制等级失效。

（2）200km/h、150km/h和100km/h速度等级

随着最高通行速度持续降低,车轨系统动力响应减弱,各动力性能指标将不再对路

基灾损工况产生限制,从而出现随着最高通行速度降低灾损对行车限制等级的数量逐渐减少的情况,如图2-35~图2-37所示(分别为200km/h、150km/h和100km/h速度等级的路基垂向灾损对行车限制等级)。由图可知随着最高运营速度降低路基灾损等级数量逐渐减少。

如图2-35所示,200km/h最高通行速度等级下,所有灾损工况的最大轮轨垂向力均不超过限值170kN,最高通行速度低于200km/h时轮轨垂向力对行车的限制失效,表明最高通行速度不超过200km/h时轮轨间相互作用水平维持在安全限值内。轮轨垂向力作为车轨系统动力响应指标,在200km/h、150km/h和100km/h三个速度等级下不再对路基灾损工况造成限制,因此路基灾损工况分级时不再将轮轨垂向力作为控制指标,路基灾损工况等级数量减少。

行车限制等级从低到高依次划分为Ⅳ级至Ⅰ级四个级别。Ⅳ级行车限制等级的灾损工况可正常通行,Ⅲ级行车限制等级的灾损工况按当前最高通行速度的90%通行,Ⅱ级和Ⅰ级行车限制等级分别对应车体垂向加速度限值2.5m/s²和轮重减载率限值0.8对行车性能的要求。涉及车辆运行平稳性和安全性,判定为Ⅱ级或Ⅰ级的路基垂向灾损工况应降低最高通行速度等级。

如图2-36所示,150km/h最高通行速度等级下,轮轨垂向力和轮重减载率对行车的限制均失效,仅车体垂向加速度限值对行车存在限制,表明该速度下轮轨间相互作用保持在安全范围内,脱轨风险较小,个别工况可能导致行车平稳性超限。判定为Ⅲ级行车限制等级的灾损工况可正常通行,Ⅱ级行车限制等级的灾损工况按当前最高通行速度的90%通行,Ⅰ级行车限制等级对应车体垂向加速度限值对行车性能的要求,该等级的路基灾损工况需降低最高通行速度,再重新判定其行车限制等级是否满足降速后的行车性能要求。

如图2-37所示,100km/h最高通行速度等级下,仅车辆运行平稳性对行车性能提出要求,该最高通行速度下分为Ⅰ级和Ⅱ级行车限制等级。Ⅰ级对应临时补修级别的车体垂向加速度2.0m/s²,这一等级下的路基垂向灾损工况按当前最高通行速度的90%通行;Ⅱ级行车限制等级可按当前最高通行速度开行列车。

2.4.3.2　路基横向灾损分级及限速通行

针对路基横向灾损变形,选取横向灾损波长10~50m、横向灾损幅值5~75mm的组合工况,根据不同速度等级下路基横向灾损对行车性能的限制规律,确定同一速度等级下不同动力响应指标的行车控制区域并合理分级。当最高通行速度等级为50km/h时,所有工况的动力响应指标均未超限值,因此最高通行速度等级应大于50km/h,选取100km/h至350km/h,每降速50km/h为一级,确定每一速度等级下路基横向灾损对行车的限制等级。

在各最大运营速度等级下,动力响应指标超限的灾损工况所围成的区域,即该动力指标下路基横向灾损对行车性能的限制。图2-38~图2-43分别为350km/h、300km/h、250km/h、200km/h、150km/h、100km/h最高通行速度等级下的路基横向灾损对行车的限制情况。出现在动力响应指标限值控制区域内的路基横向灾损工况响应指标值超限。

从行车安全性、平稳性及控制轮轨间相互作用的角度,判定Ⅴ级行车限制等级的工况允许临时以当前最高通行速度通过,并应及时修复路基灾损区域的原线路状态。判定为Ⅳ级、Ⅲ级、Ⅱ级、Ⅰ级行车限制等级的工况,对车辆安全性、平稳性及控制轮轨间相互作用程度的影响依次加重。尤其是Ⅰ级行车限制等级工况,在当前最高通行速度等级下各项动力响应指标均超出限值,对于铁路行车应执行最高安全标准(指标值等于或大于限值)。因此行车限制等级高于Ⅴ级的工况应降低最高通行速度等级后,继续判定其行车限制等级是否满足以当前通行速度的要求。

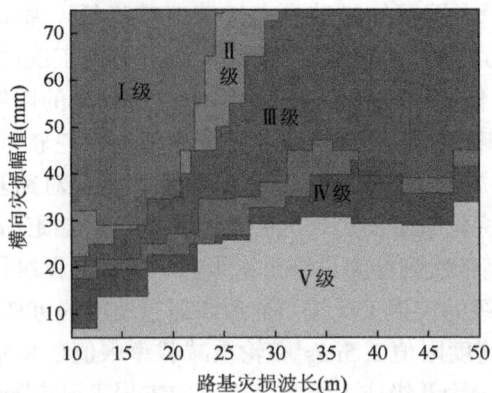

图2-38　350km/h速度等级下路基横向灾损对行车的限制情况

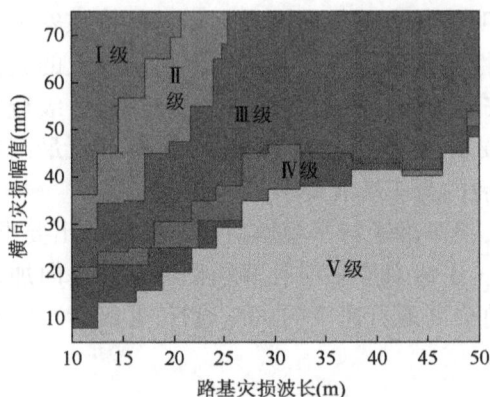

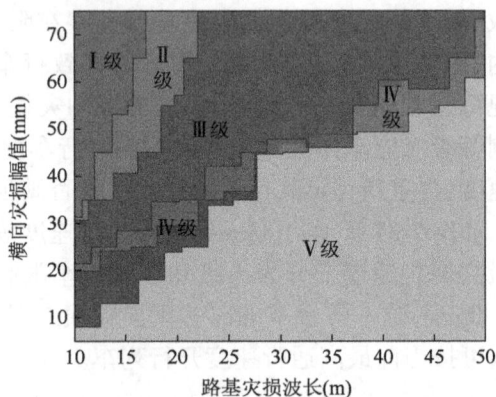

图2-39　300km/h速度等级下路基横向灾损对行车的限制情况　图2-40　250km/h速度等级下路基横向灾损对行车的限制情况

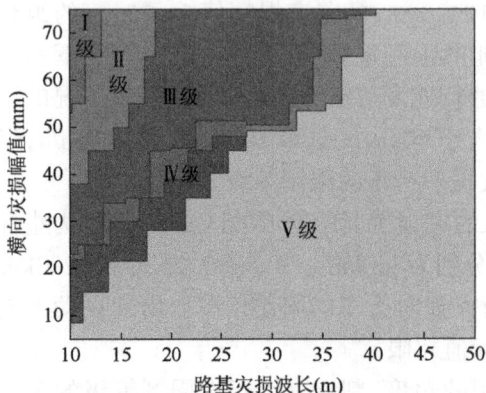

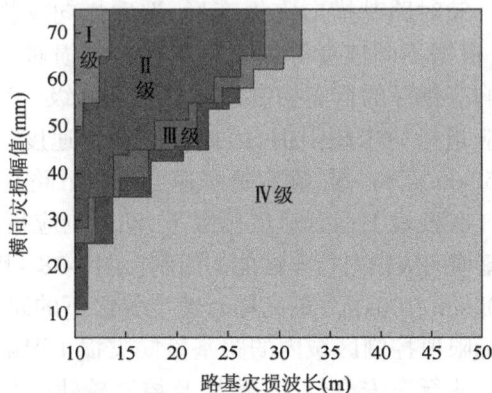

图2-41　200km/h速度等级下路基横向灾损对行车的限制情况　图2-42　150km/h速度等级下路基横向灾损对行车的限制情况

（1）350km/h、300km/h、250km/h和200km/h速度等级

由图2-38～图2-41可知,350km/h、300km/h、250km/h和200km/h四个最高通行速度等级下的路基横向灾损工况均划分为Ⅰ至Ⅴ五个行车限制等级。

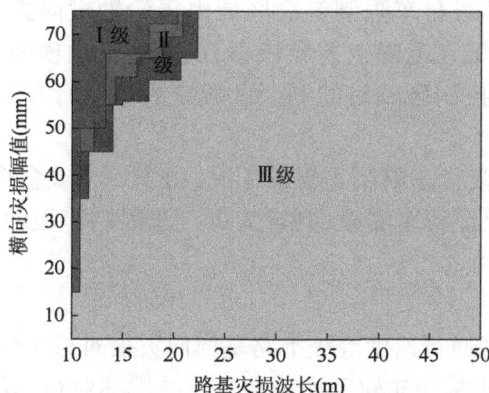

图 2-43　100km/h 速度等级下路基横向灾损对行车的限制情况

如图 2-38 所示,路基横向灾损对行车性能的限制区域依次扩大,分别为轮轨垂向力、轮重减载率、脱轨系数、轮轴横向力和车体横向加速度指标限值所控制的区域。超过轮轨垂向力限值 170kN 的灾损工况区域最小,集中分布在 10~25m 灾损波长和 30~75mm 灾损幅值对应区域;轮重减载率限值 0.8 所控制的路基灾损区域有所增大,在 10~30m 灾损波长和 24~75mm 灾损幅值内分布;脱空系数 0.8 控制的路基灾损区域范围明显扩大,在 10~50m 路基灾损波长和 21~75mm 灾损幅值内分布;轮轴横向力限值 40kN 控制区域与脱轨系数限值控制区域相近;车体横向加速度限值 2.0m/s² 所控制区域最大。

轮轨垂向力限值对应控制区域最小,且包含在其他动力响应指标限值的控制区域内。这表明在当前最高通行速度下该区域内的路基灾损工况会使五个动力响应指标均超限,因此将该区域内的灾损工况定为Ⅰ级行车限制等级。轮重减载率限值所控制区域与轮轨垂向力控制区域不重叠的部分所对应工况,会使除轮轨垂向力之外其他四个动力响应指标超限,因此定为Ⅱ级行车限制等级。Ⅲ级行车限制等级为脱轨系数限值控制区域不包含轮轨垂向力和轮重减载率限值控制区域的部分,Ⅲ级行车限制区域内工况会导致轮轴横向力和车体横向加速度超限。由于轮轴横向力限值控制区域与脱轨系数限值控制区域相近,因此不再针对轮轴横向力单独划分行车限制等级。车体横向加速度限值控制区域最大,将区域内不包含脱轨系数的部分定为Ⅳ级行车限制等级,区域内包含车体横向加速度单独超限工况和轮轴横向力、车体横向加速度同时超限的工况。剩余不受动力响应指标限值控制的区域定为Ⅴ级行车限制等级,该区域内工况的各动力响应指标值均未超过限值。

随着行车限制等级从Ⅰ级降至Ⅴ级,对应区域的范围逐渐增大,且每个行车速度等级对应的动力响应指标相同,差异在于同一行车限制等级对应区域的范围会随着最高通行速度等级的降低而逐渐减小,但行车限制等级和分布特点不变。300km/h、250km/h 和 200km/h 通行速度下的行车限制情况不再赘述。

图 2-42 为 150km/h 最高通行速度等级下路基横向灾损对行车的限制情况。在 150km/h 通行速度下各横向灾损工况的轮轨垂向力均满足限值,因此轮轨垂向力限值对行车的限制失效,剩余的动力响应指标将路基横向灾损工况划分为四个行车限制等级。

行车限制等级从Ⅰ级至Ⅳ级对应的区域依次增大,Ⅰ级行车限制等级区域范围最小,由轮重减载率限值控制;Ⅱ级行车限制等级区域为脱轨系数限值控制区域内除去轮重减载率限值控制区域的剩余区域；Ⅲ级行车限制等级区域由于轮轴横向力和横向加速度限值控制区域与脱轨系数限值控制区域在范围上差异较小，因此将轮轴横向力和横向加速度限值控制区域中除去脱轨系数限值控制区域后的剩余区域定为Ⅲ级行车限制等级；其余工况区域则为Ⅳ级行车限制区域。

判定为Ⅰ级、Ⅱ级、Ⅲ级行车限制等级的工况，由于一个或多个动力响应指标超限，需继续降低最高通行速度，以保证行车安全；判定为Ⅳ行车限制等级的工况允许临时以当前等级的最高通行速度运行。

（2）150km/h速度等级

图2-43为100km/h最高通行速度等级下路基横向灾损对行车的限制情况。该速度等级下所有研究工况的动力响应指标中轮轨垂向力和轮重减载率对行车的限制失效，其他动力响应指标如横向加速度、脱轨系数和轮轴横向力限值控制区域将横向灾损工况划分为三个等级。

行车限制等级从Ⅰ级至Ⅲ级控制区域范围依次扩大，级别逐渐降低。Ⅰ级行车限制等级对应车体横向加速度限值控制区域。Ⅱ级行车限值等级为脱轨系数和轮轴横向力限值控制区域中除去车体横向加速度限值控制区域后的剩余区域。Ⅲ级行车限制等级无动力学指标控制。

判定为Ⅰ级或Ⅱ级行车限制等级的横向灾损工况至少存在一个动力响应指标均超限值，不满足以100km/h速度通过的要求，可降低行车限制等级至50km/h，以保证线路畅通；判定为Ⅲ级行车限制等级的工况动力响应指标均满足限值，列车可暂时以当前等级最高通行速度运行，同时应及时修复灾损线路。

2.4.4 灾后铁路柔性运行策略

灾后有砟轨道部件损伤恢复难度较低，此处主要探讨无砟轨道损伤等级的评判标准。根据灾害作用或基础变形影响下无砟轨道产生的上拱、偏移和层间脱空情况可将无砟轨道伤损划分为五个等级，见表2-49。

无砟轨道伤损等级评判标准　　　　　　　　　　　　　　表2-49

伤损等级	评判标准	备注
Ⅰ	$h \leq 20mm$ 或 $w \leq 8mm$	无砟道床可修复
Ⅱ	$20 < h \leq 50mm$ 或 $8 < w \leq 8mm$ 或 $u \leq 20mm$	无砟道床可修复
Ⅲ	$50 < h \leq 802mm$ 或 $12 < w \leq 20mm$ 或 $20 < u \leq 20mm$	无砟道床可修复
Ⅳ	$h > 80mm$ 或 $w > 20mm$ 或 $u > 50mm$	无砟道床可修复
Ⅴ	$h > 80mm$ 或 $w > 20mm$ 或 $u > 50mm$	无砟道床破碎无法修复

注：h、w分别为轨道板或道床板上拱量、偏移量；u为基床和无砟轨道间脱空量。

损伤等级为Ⅰ级时，应按列车时速不低于200km的通过要求调节轨道平顺，列车限速200km/h通行。损伤等级为Ⅱ级时，应在无砟轨道下部脱空处采用塑料垫板临时支撑，按列车时速不低于160km的通过要求调整轨道平顺性，列车限速160km/h通行。损伤等级达到Ⅲ级时，无砟轨道应采取临时支撑措施，可采用特殊扣件，按列车时速不低于120km的通过要求调整轨道几何形位，列车限速120km通行；损伤等级达到Ⅳ级时，应采用钢垫板临时支撑或灌注修补材料填充，可采用特殊扣件，按列车时速不低于80km的通过要求调整轨道平顺性，列车限速通行。

从线路通行能力角度看,线路局部节点轨道条件不良导致的限速会限制较长线路区间通行能力。针对灾后轨道几何形位修复程度所对应的运行策略,参照国家铁路局印发的《高速铁路线路维修规则》(国铁设备监规〔2023〕15号)中第5.1.2条轨道静态几何不平顺容许偏差管理值和《普速铁路线路修理规则》(TG/GW 102—2019)中第6.2.1条线路轨道静态几何不平顺容许偏差管理值,制定以下轨道几何行位控制下的列车运行策略(表2-50)。

轨道几何形位控制下的运行策略　　　　　　　表2-50

类型	运营速度 v_{max}	灾损特征描述	柔性运行技术		
			应急决策	应急抢修技术	运行策略
高速铁路	$250km/h < v_{max} \leq 350km/h$	轨距 S:1440mm≤S≤1441mm 或1431mm≤S≤1432mm;水平不平顺 P:6mm<P≤7mm;高低不平顺 G:7mm≤G≤8mm;轨向不平顺 F:5mm≤F≤6mm;三角坑 D:5mm≤D<6mm	消除关键限速点,使限速值均衡;加强几何形位恶化位置的观测;人工巡道观测,配合视频、北斗等智能监测	无砟轨道应首先整治路基本体损伤,再修复影响轨道几何结构的伤损,最后调整轨道几何形位。有砟轨道应先修复轨道结构损伤,再调整轨道几何形位并进行道床捣固;必要时配合补充道砟	限速不高于200km/h
	$200km/h < v_{max} \leq 250km/h$	轨距 S:1441mm≤S≤1443mm 或1429mm≤S≤1431mm;水平不平顺 P:8mm<P≤10mm;高低不平顺 G:8mm≤G≤11mm;轨向不平顺 F:7mm≤F≤9mm;三角坑 D:6mm≤D≤8mm			限速不高于160km/h
普速铁路	$160km/h \leq v_{max}$	轨距 S:1441mm≤S≤1443mm 或1429mm≤S≤1431mm;水平不平顺 P:8mm<P≤10mm;高低不平顺 G:8mm≤G≤11mm;轨向不平顺 F:7mm≤F≤9mm;三角坑 D:6mm≤D≤8mm		应先修复轨道结构损伤,再调整轨道几何形位并进行道床捣固;必要时配合补充道砟	限速不高于160km/h
	$120km/h < v_{max} \leq 160km/h$	轨距 S:1443mm≤S≤1449mm 或1428mm≤S≤1429mm;水平不平顺 P:10mm≤P≤14mm;高低不平顺 G:11mm≤G≤15mm;轨向不平顺 F:9mm≤F≤12mm;三角坑 D:8mm≤D≤11mm			限速不高于120km/h

续上表

类型	运营速度 v_{max}	灾损特征描述	柔性运行技术		
			应急决策	应急抢修技术	运行策略
普速铁路	$80km/h < v_{max} \leqslant 120km/h$	轨距 S:1449mm$\leqslant S \leqslant$1451mm 或 1427mm$\leqslant S \leqslant$1428mm；水平不平顺 P:14mm$< P \leqslant$17mm；高低不平顺 G:15mm$\leqslant G \leqslant$19mm；轨向不平顺 F:12mm$\leqslant F \leqslant$15mm；三角坑 D:11mm$\leqslant D \leqslant$13mm	消除关键限速点，使限速值均衡；加强几何形位恶化位置的观测；人工巡道观测，配合视频、北斗等智能监测	应先修复轨道结构损伤，再调整轨道几何形位并进行道床捣固；必要时配合补充道砟	限速不高于80km/h
	$v_{max} \leqslant 80km/h$	轨距 S:1451mm$\leqslant S \leqslant$1454mm 或 1426mm$\leqslant S \leqslant$1427mm；水平不平顺 P:17mm$< P \leqslant$20mm；高低不平顺 G:19mm$\leqslant G \leqslant$22mm；轨向不平顺 F:15mm$\leqslant F \leqslant$18mm；三角坑 D:13mm$\leqslant D \leqslant$15mm			限速不高于45km/h
	其他线站 v_{max}	轨距 S:1454mm$\leqslant S \leqslant$1456mm 或 1425mm$\leqslant S \leqslant$1426mm；水平不平顺 P:20mm$< P \leqslant$22mm；高低不平顺 G:22mm$\leqslant G \leqslant$24mm；轨向不平顺 F:22mm$\leqslant F \leqslant$25mm；三角坑 D:23mm$\leqslant D \leqslant$26mm			封锁线路

注：1. 高低偏差和轨向偏差为10m弦测量的最大矢度值。

2. 三角坑偏差不含曲线超高顺坡造成的扭曲量，在延长18m的距离范围内无超过表列的三角坑。

第3章 大跨径桥梁灾后应急保通技术

在交通强国、海洋强国等新时代战略驱动下,我国大跨径桥梁建设取得了举世瞩目的成就,攻克了复杂艰险地区桥梁智能建造、高性能材料与桥梁结构新体系等技术难题,建造了众多技术水平位居世界前列的桥梁工程。典型大跨径桥梁可归纳为深谷大跨径桥梁和深水大跨径桥梁两类,其灾后应急保通为典型的急、难、险、重工程。为此,针对深谷大跨径桥梁和深水大跨径桥梁应急保通的瓶颈问题,研发了深谷大跨径桥梁灾后缆索输送应急保通系统和适用于深水大跨径桥梁的新型大跨径应急抢修钢梁,分别针对其关键技术或关键问题开展了深入研究,形成了相应的技术方法,并进行了相关试验验证,以便于后期应用实施。由于尚未开展示范应用,相关技术仍有待优化改进。

3.1 深谷大跨径桥梁灾后缆索输送应急保通

深谷大跨径桥梁是指修建于高山峡谷地带的桥梁,以悬索桥、拱桥、斜拉桥及组合体系为主,具有墩高、谷深、跨径大、桥隧紧密相连的特点,灾损修复困难。灾损桥梁会出现不同程度的结构病害,如结构性裂缝、支座脱空失效、墩柱剪断甚至倒塌等。对于轻微或中度损伤,在结构主体稳定的前提下,可通过既有的加固手段予以修复。但对于重度损伤甚至垮塌,导致交通彻底中断的情况,由于桥位附件地势陡峭,缺少通行道路,传统的墩梁抢建、迂回倒运等修复技术均无法有效实施,因此,在原桥基础上开展抢修实现应急保通几无可能。但是,可以借助深谷大跨径桥梁的地形地势特点,基于因地制宜原则,采用缆索输送在最短时间内恢复通行能力,输送两岸车辆、物资,实现应急保通。本节首先阐述了缆索输送应急保通系统总体方案和架设方法,同时,鉴于利用缆索进行深谷大跨径桥梁的应急保通的关键是实现快速架设,为此,后续重点说明了两项关键技术:新型轻质高强缆索力学性能及力学本构、多阶分级锚碇快速生成技术。

3.1.1 缆索输送应急保通总体方案

缆索输送应急保通系统由承载索、牵引索、拼装式塔架、锚碇装置、载重小车、换装支架、牵引卷扬、电控系统等组成,如图3-1所示。如桥后距离较短且山势陡峭,也可不用拼装式塔架,直接将承载索锚固于山体之上。下面主要介绍前六种组成装置。

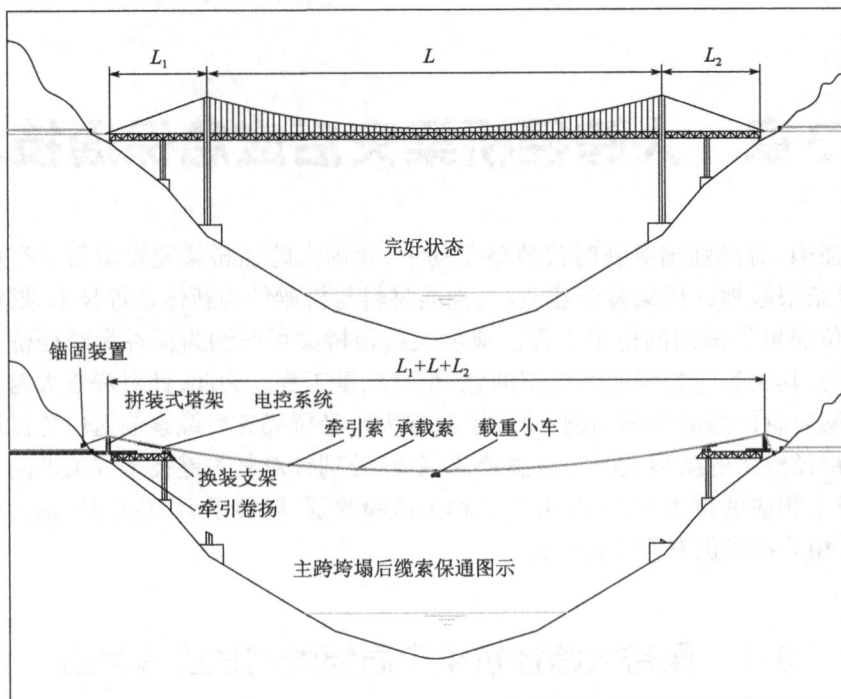

图 3-1　缆索输送应急保通系统总体布置图

3.1.1.1　承载索

承载索是缆索应急保通系统中作为运输车辆运行轨道的绳索,供载重小车在其上运行。承载索承受跨间全部荷载,并将荷载作用传给塔架和锚碇装置。承载索的端部连接方式有两种:一种是承载索越过塔顶支承在索鞍上,然后将索端部固定于锚碇装置上;另一种方法是将承载索直接固定在塔顶,再设背索连接塔顶和锚碇装置,以平衡水平分力。承载索除了承受很大的张力外还要承受载重小车的轮压力,长期使用存在疲劳问题。同时,考虑应急保通时效性,建议缆索采用轻质、高强、耐腐蚀、抗疲劳、应力松弛率低和线膨胀系数低的复合材料纤维绳索。

3.1.1.2　牵引索

牵引索用于牵引载重小车在承载索跨径内运行。为实现反复牵引,可将牵引索设为环形结构,竖平面内布置或水平面内布置。牵引索需要利用一根绳索接成环形,接头要通过转向滑轮和牵引卷扬的卷筒,因此,对接头的直径和柔性有一定要求,故同样建议采用复合材料纤维绳索。

3.1.1.3　拼装式塔架

拼装式塔架用于支撑承载索,使其具有作业所需要的高度。同时,为了保证塔架下方车辆通行,拼装式塔架需采用门式结构。考虑到应急保通的便捷性和快速性,缆索塔架基于既有桥墩抢修制式器材进行拼组。桥墩抢修制式器材为杆系结构,基本构件单元尺寸小、重量轻,便于困难地段输送及快速组拼。塔架采用拼装式结构,其拼组高度可根据现场情况进行调整,以适应不同抢修场景。拼装式塔架具体结构如图 3-2 所示。如果有合适的地形条件,也可以不设拼装式塔架,而将承载索直接锚固在山体上。

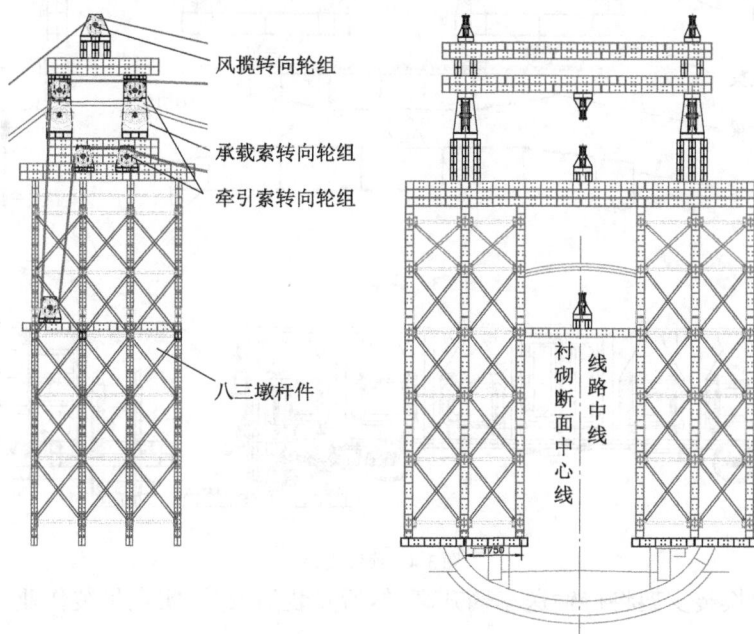

图 3-2　拼装式塔架结构

3.1.1.4　锚碇装置

锚碇装置可利用既有损毁桥梁的锚碇装置,也可新建。常用的锚碇装置有立式桩地锚、卧式桩地锚、重力式地锚和隧道锚,可根据受力大小及地形、土质等情况选定。但常用锚碇结构施工通常需要进行大方量地基开挖与混凝土浇筑,不适用于快速抢修。为此,本着"先通后善"的原则,提出一种分级锚固的思想,即结合缆索输送系统架设、单点输送和多点输送需求,逐步增大锚碇能力。

3.1.1.5　载重小车

载重小车额定载重量可依据待输送车辆荷载确定,整体如图 3-3 所示。为保证受力均衡,采用 3 级均衡设置。为满足输送需要,载重小车在整个作业过程中有两种状态:第一种是运行状态,载重小车与牵引索呈紧固状态,与承载索呈松弛状态,在牵引索作用下,可在承载索上自由行走,载重小车自吊重运行后至停车前均属此状态;第二种是驻车状态,载重小车与承载索呈紧固状态,与牵引索呈松弛状态,装卸载时小车处于这种状态。

3.1.1.6　换装支架

为简化输送系统以提高架设速度,载重小车上不设起升机构,为解决装卸载问题,在装卸载处设置一套顶升力换装支架(图 3-4)。

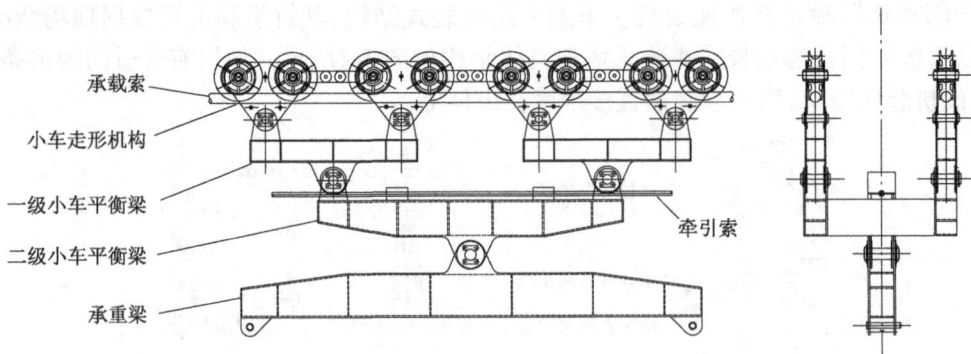

图 3-3　载重小车组成

承载索
小车走形机构
一级小车平衡梁
二级小车平衡梁
承重梁
牵引索

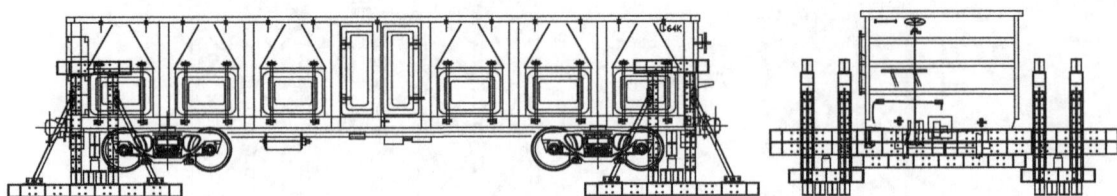

图 3-4　换装支架

吊载时先由换装支架将待输送车辆升高,然后安装吊索具,实现吊装作业。卸载作业程序类似。

3.1.2　缆索输送系统架设方法

缆索输送系统架设大致分为一级锚碇施工、塔架施工、承载索安装、载重小车安装、牵引索安装、装卸载辅助机构安装、后续分级锚索安装七个步骤,具体如下。

3.1.2.1　一级锚碇施工

(1)结合现场情况确定一级单锚布置位置(如原桥锚碇系统可用,直接使用即可),随后进行清理及放样工作。

(2)目前,锚碇有多种成熟技术,考虑快速性需求和分级锚碇的技术思想,拟采用锚杆快速成孔的方式。

(3)后续在锚杆端部锚梁,一级锚碇的承载能力以及后续锚碇设置方法详见 3.1.3.2 节。

锚碇施工如图 3-5 所示。

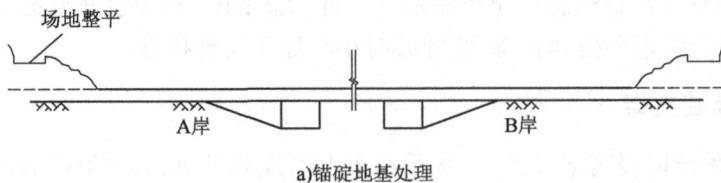

场地整平

A岸　　　　　　　　　B岸

a)锚碇地基处理

图　3-5

b)锚杆安装

c)锚梁安装

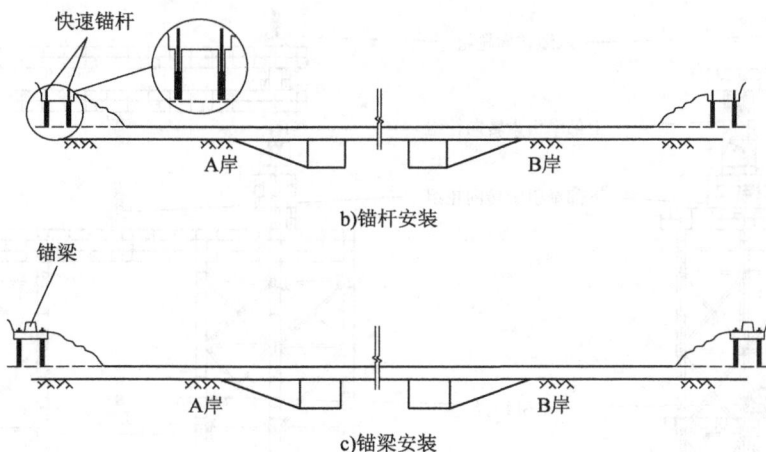

图3-5 锚碇施工

3.1.2.2 塔架施工

(1)根据土质情况和设计要求,进行地基处理,确保地基的承载能力和稳定性。

(2)在地基预定位置钻取锚孔,利用起吊设备,将下垫梁定位,并通过锚杆将下垫梁锚于地面。

(3)利用小型起重设备,将八三墩的立柱、水平撑、斜撑等构件通过分组拼组,在预设高度连接横梁、上垫梁、背索及缆风绳。

(4)在塔架顶部上垫梁位置安装索鞍、转向轮组等。

塔架拼组如图3-6所示。

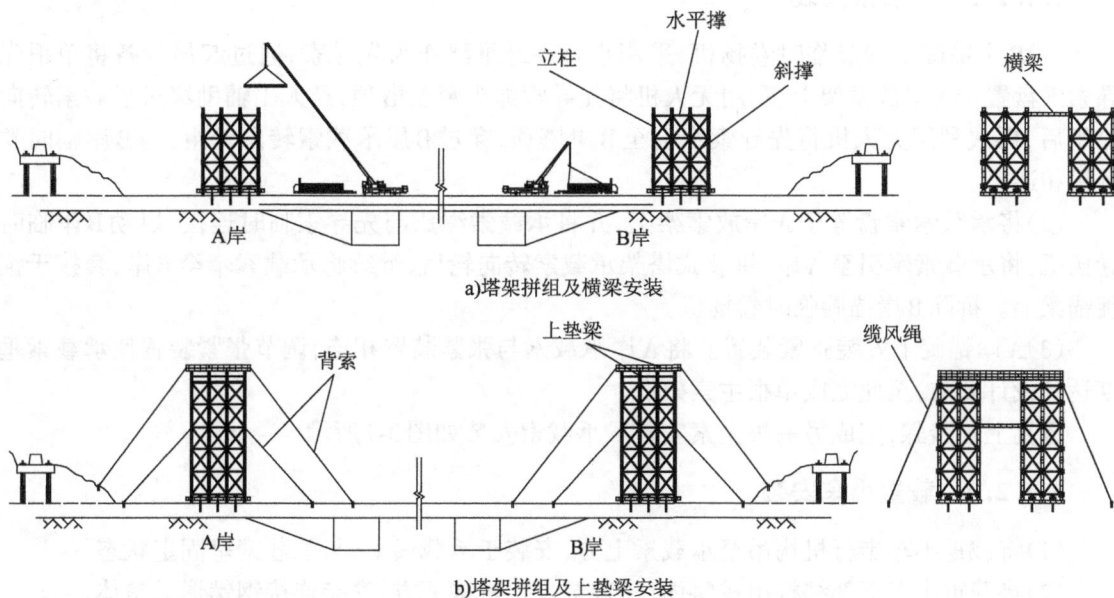

a)塔架拼组及横梁安装

b)塔架拼组及上垫梁安装

图 3-6

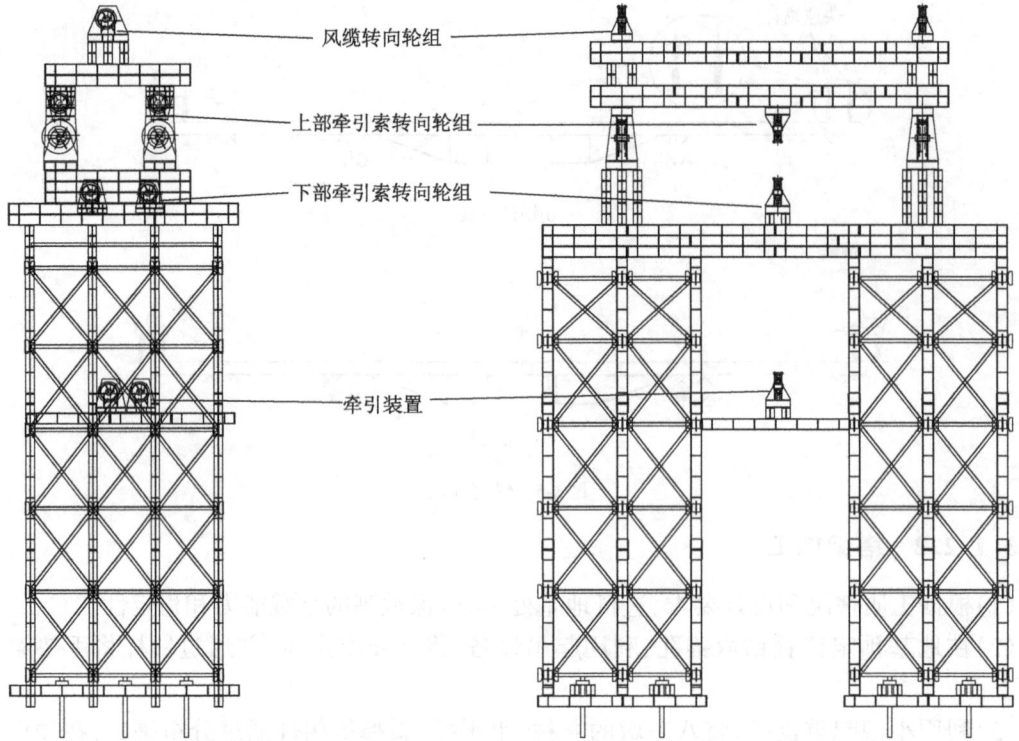

风缆转向轮组

上部牵引索转向轮组

下部牵引索转向轮组

牵引装置

c)索鞍及转向轮组安装

图3-6 塔架拼组

3.1.2.3 承载索安装

(1)B岸锚碇上安装临时卷扬机,采用小直径纤维绳作为先导索,通过起吊设备将单根先导索索盘置于A岸放索架上,利用无人机将先导索绳头牵至塔顶,经人工辅助穿过承载索转向轮组后,再次利用无人机将先导索牵引至B岸塔顶,穿过B岸承载索转向轮组,与B岸临时卷扬机相连。

(2)将承载索索盘置于A岸放索架上,并将承载索绳头与先导索临时连接,启动B岸临时卷扬机,将承载索牵引至A岸,拼装式塔架承载索转向轮后,继续将承载索牵至B岸,套接于锚碇锚梁上。拆除B岸锚碇临时卷扬机。

(3)A岸锚碇上安装张紧装置。将A岸承载索与张紧装置相连,调节张紧装置使承载索垂度达到设计要求,至此完成单根主索架设。

重复上述步骤,完成另一根主索安装。承载索安装如图3-7所示。

3.1.2.4 载重小车安装

(1)将载重小车走行机构吊至承载索上方,安装于承载索上,与承载索呈固定状态。
(2)将载重小车下部结构组成整体,吊装至走行机构下方,安装连接钢销形成整体。
载重小车安装如图3-8所示。

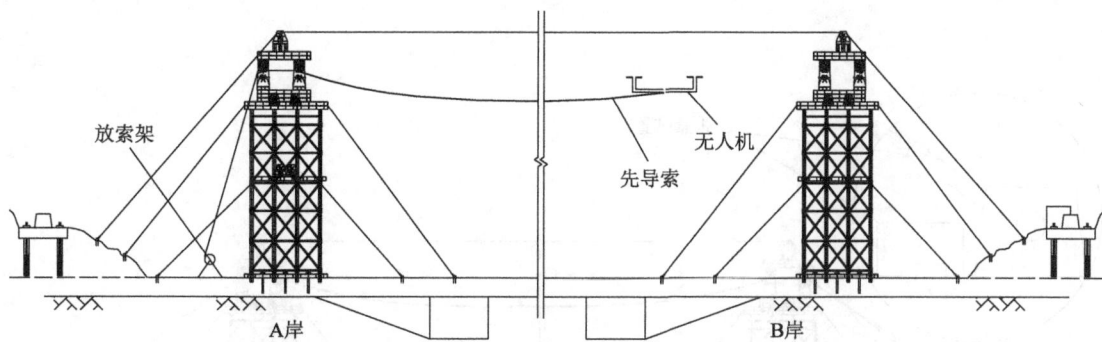

a)先导索架设

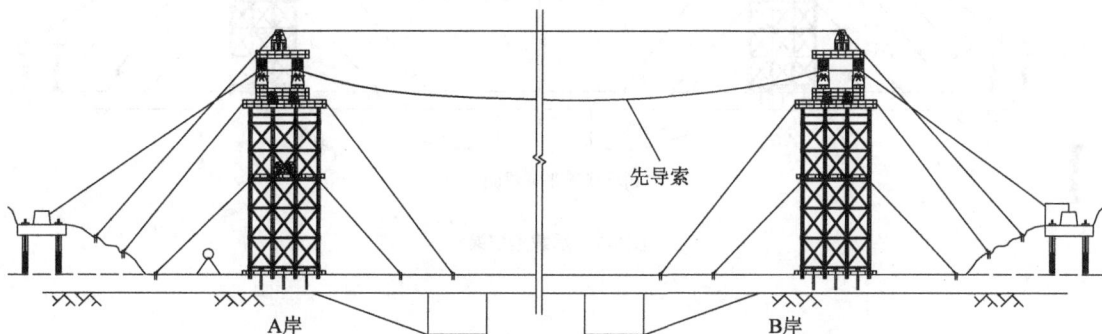

b)先导索临时锚固

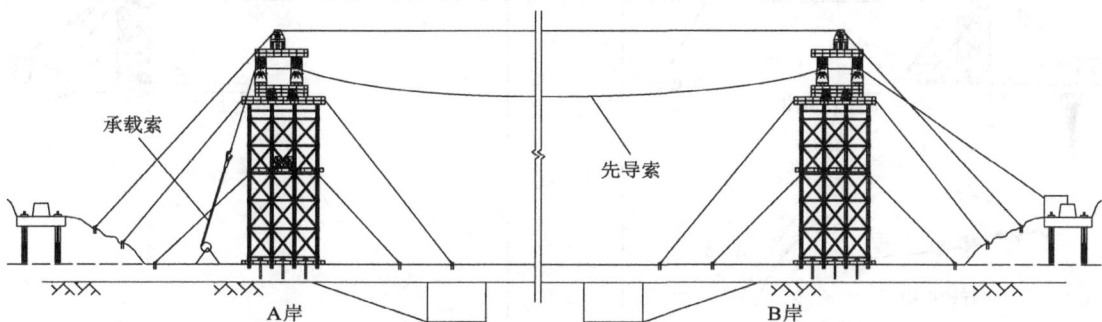

c)承载索与先导索绳头临时连接

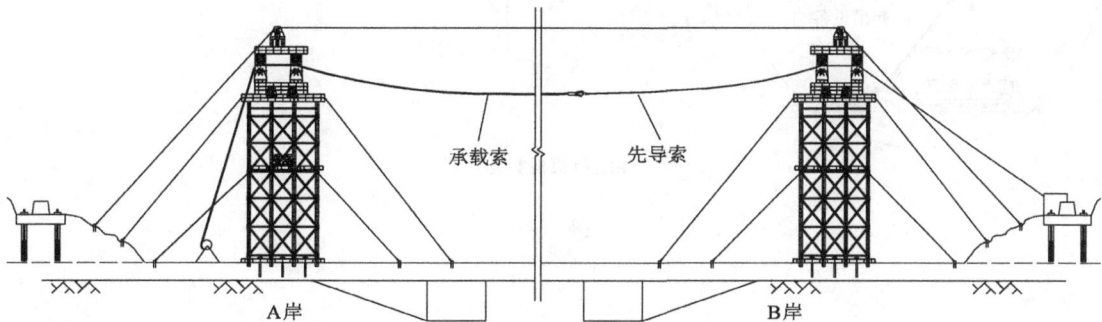

d)承载索架设

图　3-7

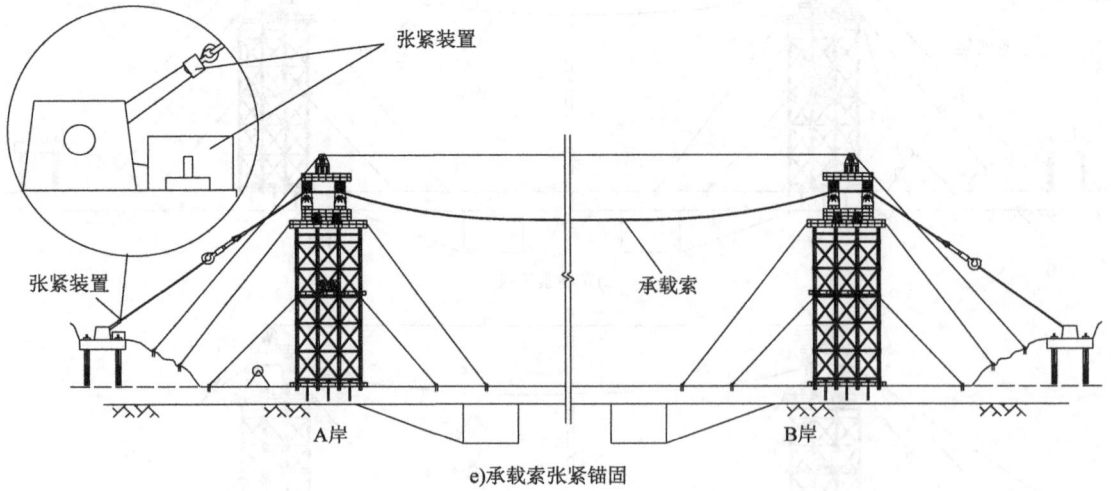

e)承载索张紧锚固

图 3-7 承载索安装

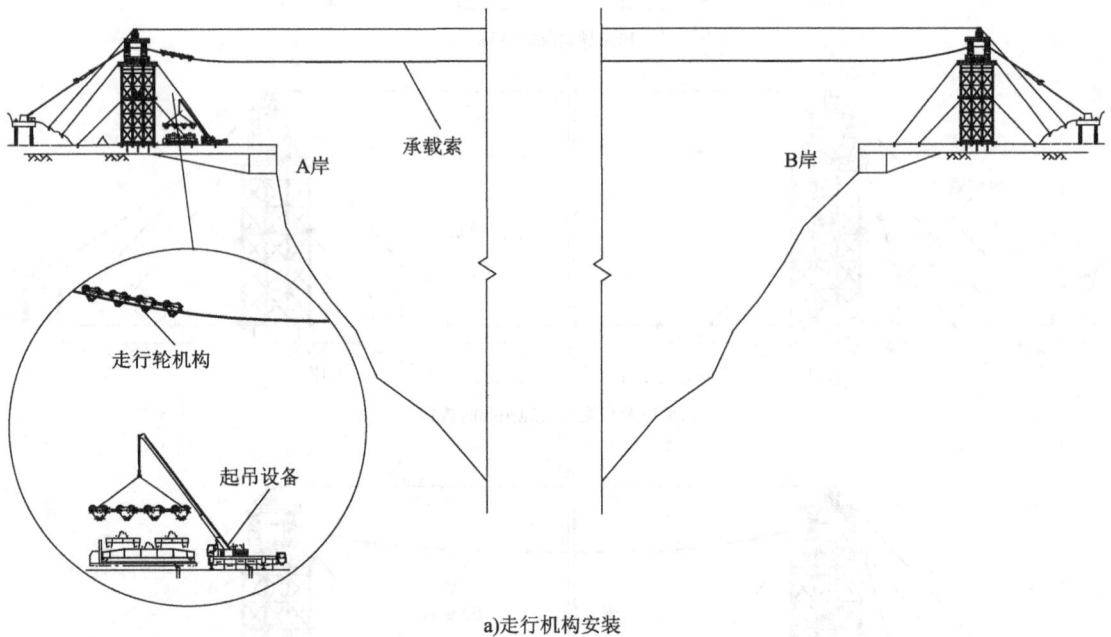

a)走行机构安装

图 3-8

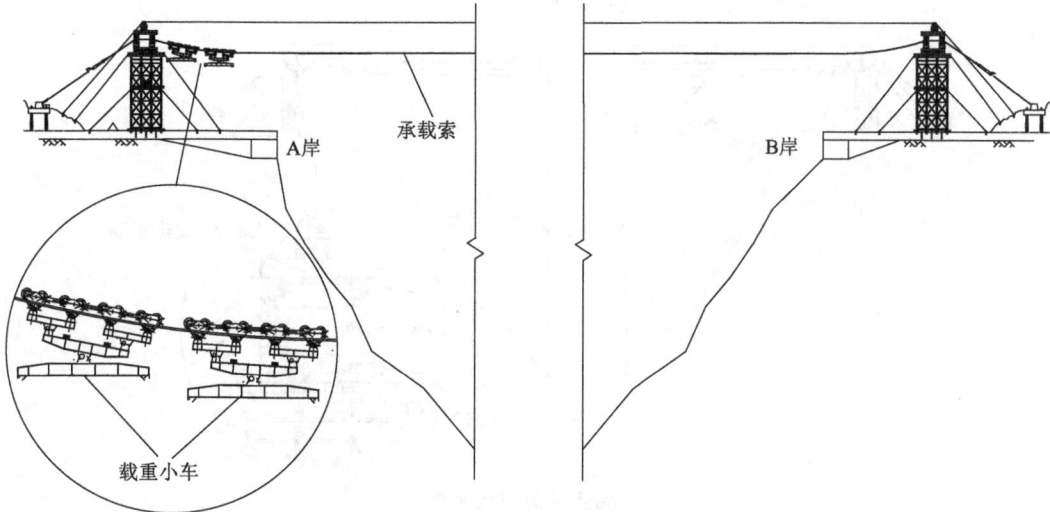

b)后续安装

图3-8　载重小车安装

3.1.2.5　牵引索安装

（1）调整承载索上各载重小车的牵引索握紧器为打开状态,将牵引索索盘放在A岸放索架上,利用无人机将牵引索绳头牵至塔顶,人工辅助穿过下部牵引索转向轮组后依次穿入各载重小车二级平衡梁上的牵引索握紧器,再次利用无人机将牵引索牵引至B岸。

（2）人工辅助将牵引索绳头先后穿过B岸塔架索鞍上的下部牵引索转向轮组和上部牵引索转向轮组,再次利用无人机回牵位于B岸的牵引索绳头至A岸。

（3）人工辅助牵引索绳头进入A岸上部牵引索转向轮后,继续向下牵引,使牵引索绳头进入牵引装置。

（4）将A岸放索架上的牵引索全部放出,另一端绳头同样进入牵引装置,分别启动牵引装置两卷筒收紧牵引索,使其达到预定线形。

牵引索安装如图3-9所示。

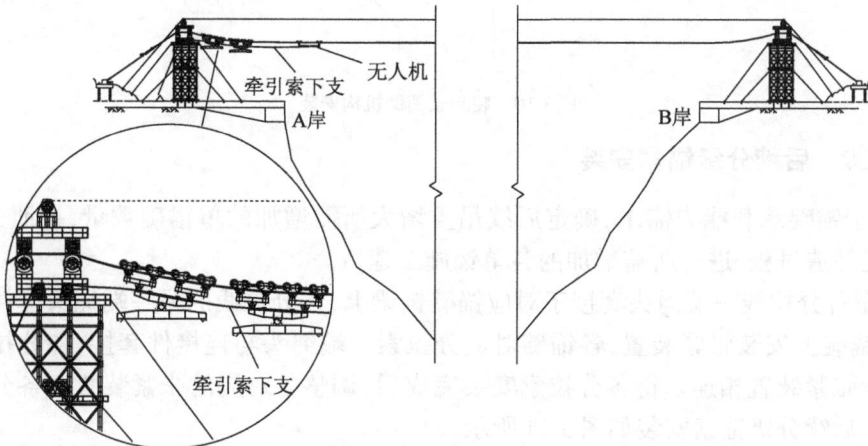

a)A至B岸的牵引索架设

图　3-9

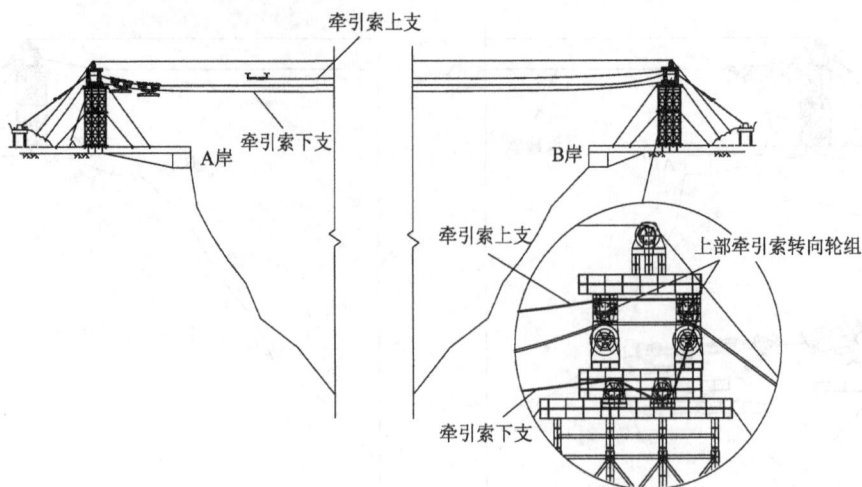

b)B至A岸的牵引索回牵

图3-9 牵引索安装

3.1.2.6 装卸载辅助机构安装

在中跨A、B两岸靠近塔架侧各安装一组装卸载辅助机构,如图3-10所示。

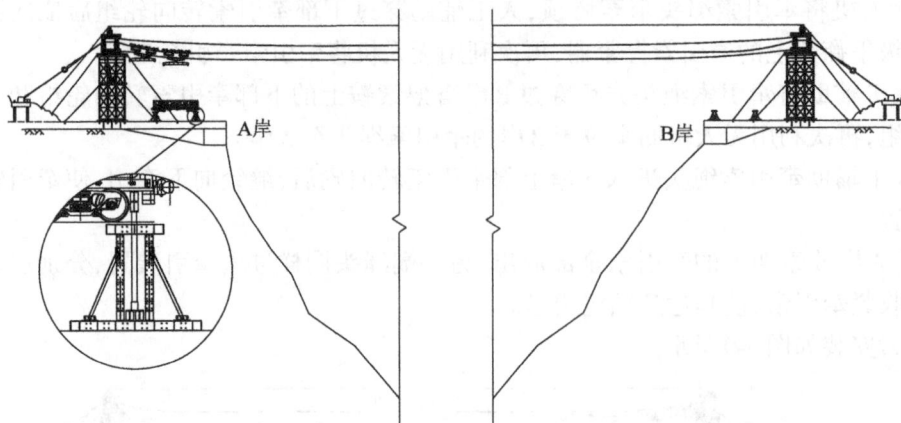

图3-10 装卸载辅助机构安装

3.1.2.7 后续分级锚索安装

(1)基于锚碇承载能力需求,确定后续吊重增大所需增加的单锚碇数量,按照3.1.2.1节中各单锚碇建造过程,进行所需增加的各单锚施工建造。

(2)B岸各分拉线一端绳头套接于对应锚碇锚梁上,各分拉线的另一端绳头套接于连接件上;A岸各锚碇上安装张紧装置,各锚碇对应分拉索一端绳头与连接件套接,各分拉索另一端绳头与A岸张紧装置相连。待各分拉索安装完成后,调整各对应的张紧装置至各分拉索达到预定状态。后续分级锚索安装如图3-11所示。

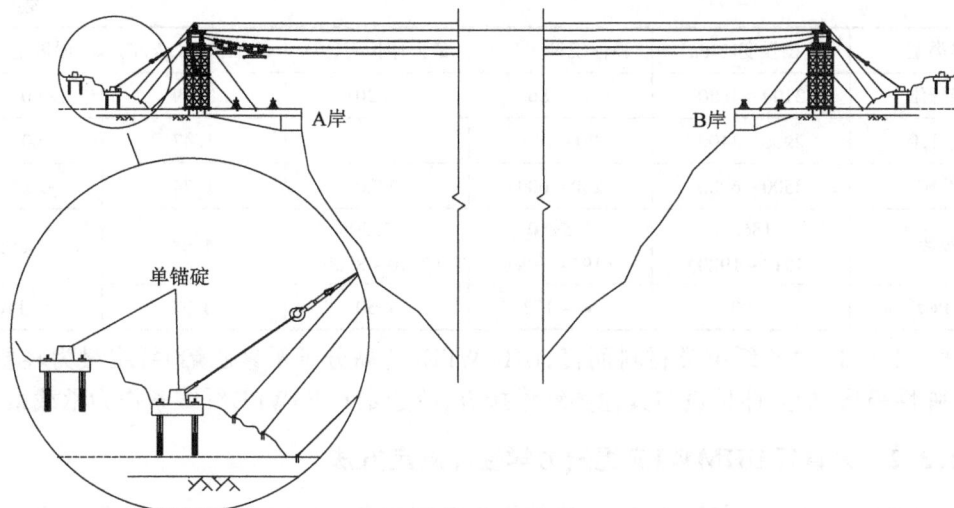

a)后续单锚碇施工

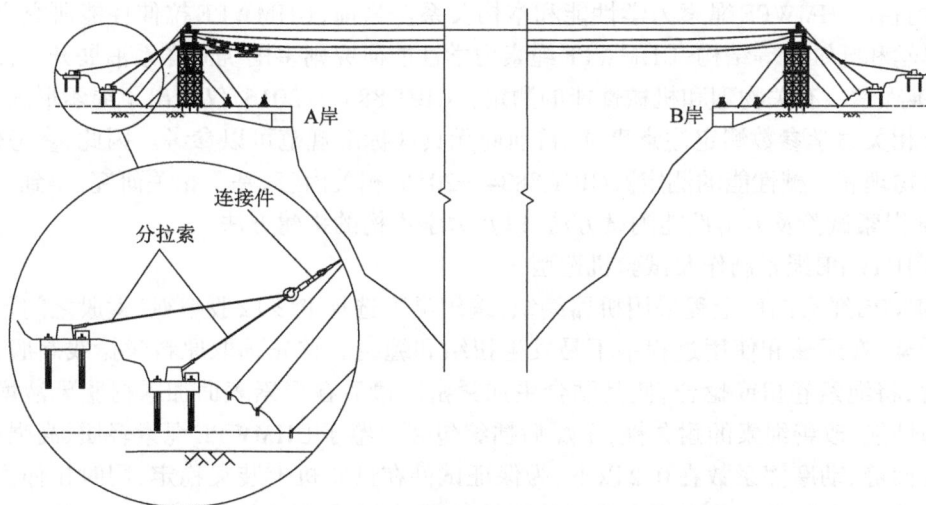

b)后续分拉索安装

图 3-11　后续分级锚索安装

3.1.3　新型轻质高强缆索力学性能与本构关系

3.1.3.1　材料比选

传统大跨径承载结构承载索一般选用钢制缆索,承载能力强,但自重大,不利于快速架设施工。为此,首先开展了缆索材料选型,以便应急使用。常用材料特性见表 3-1。

常用材料特性　　　　　　　　　　　　　　　　表 3-1

纤维类型	抗拉强度(MPa)	弹性模量(GPa)	最大伸长率(%)	纤维密度(g/cm³)	温度范围(℃)
玄武岩纤维	3000~4800	80~110	3.30	2.65	−200~650

续上表

纤维类型	抗拉强度(MPa)	弹性模量(GPa)	最大伸长率(%)	纤维密度(g/cm³)	温度范围(℃)
玻璃纤维	3100～4650	73～86	5.20	2.49	−60～350
芳纶纤维	2900～3400	70～140	3.60	1.47	−60～250
碳纤维	3500～6000	230～600	2.20	1.74	−100～500
钢绞线	1860(1910～1920)	195±10(195～198)	≥3.50(7.70～8.00)	7.85	≤125
UHMWPE纤维	3100	87～172	3.50	0.97	140

由表3-1可知,对于纤维类材料而言,UHMWPE(超高分子量聚乙烯)纤维最为轻质,且抗拉强度、弹性模量、最大伸长量与其他类纤维接近,故选定UHMWPE纤维索作为承载索。

3.1.3.2 大直径UHMWPE绳索力学性能测定方法

UHMWPE具有轻质、高强的特点,将其作为新型应急装备可实现救援保通目的。尤其是利用大直径UHMWPE绳索开展困难地带,特别是深山峡谷地带的应急救援保通,但前提是需要明确大直径UHMWPE绳索力学性能和本构关系。当前,UHMWPE拉伸性能研究主要集中于纤维单丝和纤维布等结构,UHMWPE绳索力学性能研究则多围绕海洋系泊展开。而且既有标准《纤维绳索 有关物理和机械性能的测定》(GB/T 8834—2016)仅给出了绳索形式、试验机选型以及相关力学参数测定注意事项,目前尚无具体标准规范可以参考。因此,参考《纤维绳索 有关物理和机械性能的测定》(GB/T 8834—2016)相关内容,基于相关研究,得到了大直径UHMWPE绳索试验及力学性能测试方法,以及力学本构的构建方法。

(1)UHMWPE绳索制作及试验机选型

UHMWPE绳索制作全程采用机器编织,编织类型选择T形12股编绳,索股之间形成高强度扭矩平衡,在运输和使用过程中不易发生扭结和缠绕。首先选取原料丝捻线制股,完成编织过程后,将绳索卷扭或捻合,使其贴合更加紧密。最后在绳索表面加入树脂乳液增强抗拉和耐磨损性能,改善绳索的耐久性,干燥后插编包装。鉴于UHMWPE绳索轻质、高强的特点,且纤维表面静、动摩擦系数在0.2以下,为保证试件在试验机上装夹稳定,同时拉伸测试段需经历足够的应变,要求试验绳索有足够的有效长度,加之预期的拉伸强度较大,故按照绳索直径选用试验机,从而确定试件制备样式与设计参数。具体选用规则见表3-2。

绳索式样与试验机选型　　　　　　　表3-2

绳索类型		试验机类型	最小有效长度取值L_u(mm)
UHMWPE绳索	$d≤10mm$	各种类型试验机	400
	10mm<d<20mm	轮式夹具试验机	400
		销柱类型试验机	1000
		楔形夹具试验机	—
	$d≥20mm$	销柱类型试验机	2000

拉力试验机类型主要有轮式夹具试验机、楔形夹具试验机、销柱类型试验机。UHMWPE绳索公称直径在10mm以下时,试验机类型通用,且有效长度取值相等;UHMWPE绳索公称

直径在10~20mm范围内时,根据试验机类型制备绳索确定最小有效长度取值;UHMWPE绳索公称直径超过20mm,仅可使用销柱固定插接眼环试验机。如图3-12所示,结合上述试验机类型确定绳索样式。

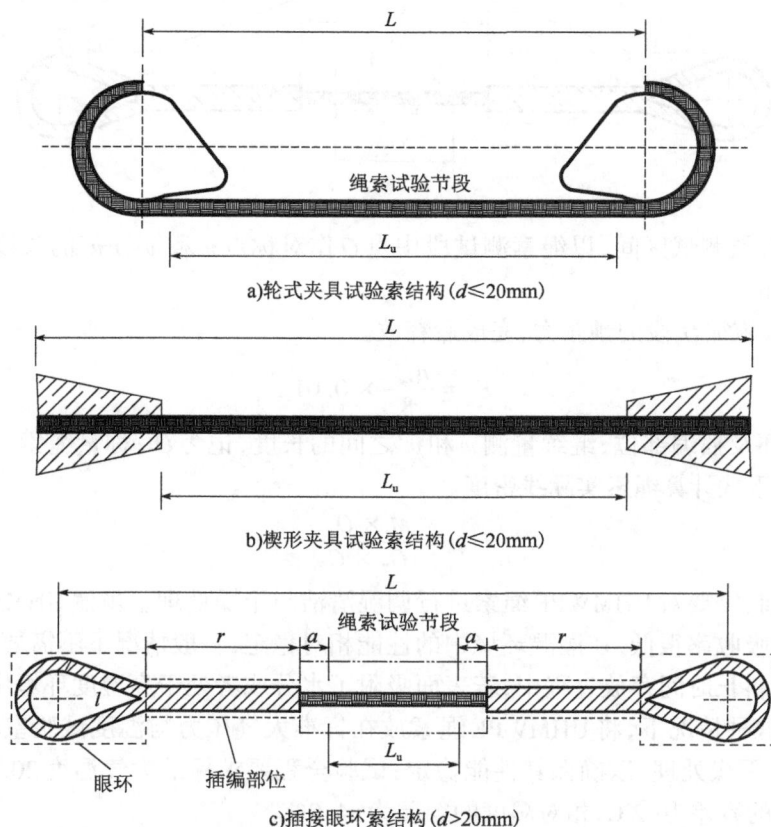

a)轮式夹具试验索结构($d \leqslant 20$mm)

b)楔形夹具试验索结构($d \leqslant 20$mm)

c)插接眼环索结构($d>20$mm)

图3-12　试验索制备式样

对于公称直径在20mm以下的绳索,保证最小有效长度取值即可,直径大于20mm的绳索或使用销柱类型试验机开展试验,绳索选择插接眼环索结构作为试验装夹式样,包括眼环、插编部位和绳索测试阶段,具体尺寸取值范围如下:

①眼环呈锥形,闭合内腔长$l>6d$。

②插编部位$r \geqslant 20d$。

③绳索测试段节段由有效测试区间以及设置在有效测试区间两端的接头免干扰区域组成。其中有效测试区间的长度为$L_u \geqslant 2000$mm;接头免干扰区域长度设置为a,要求$2d \leqslant a \leqslant 3d$,$d$表示待测绳索公称直径。

④除绳索结构尺寸取值要求以外,安装UHMWPE绳索的销柱固定插接眼环试验机的销柱直径$D \geqslant 2d$;在销柱中部设置凹槽,凹槽的高度$h=d$,深度$d_e=0.5d$,并在绳索眼环部位加装涤纶筒带护套。

(2)UHMWPE绳索加工精度判定

在开展UHMWPEFR绳索力学性能试验之前,需要确定绳索试件制作精度。绳索制备完成后,以出厂前张拉测定绳索线密度作为判定标准。允许偏差率应控制在规范要求的5%以

内,证明该批次绳索制作良好。具体测试方法如下:

①选取一根原状索,测量完全铺展状态下绳索试验节段长度,设置为C,如图3-13所示。

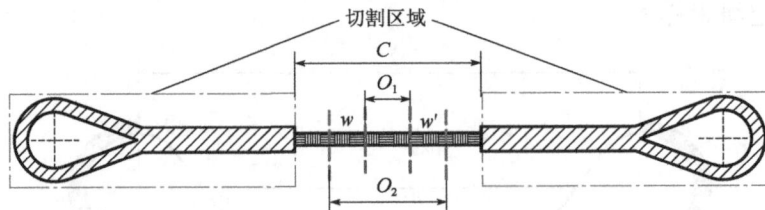

图3-13 线密度测定示意

②在试样有效测试区间,以绳索测试段中点O作对称点w和w',ww'的长度为O_1,标记间距不小于400mm。

③按照下式施加O_1段的预张力,完成后释放。

$$F_T = \frac{n_{ref}^2}{8} \times 0.01 \tag{3-1}$$

④剪断眼环及插编部位,继续量测w和w'之间的长度,记为O_2;称量绳索测试段的质量,用M表示,按照下式计算绳索实际线密度。

$$\rho = \frac{M \times O_1}{O_2 \times C} \tag{3-2}$$

在试验之前,需要对UHMWPE绳索进行调湿清洁与干燥处理。虽然UHMWPE材料具有疏水性,对水的吸收率很低,在潮湿环境中的性能相对稳定,一般情况下不需要特别进行调湿处理,但是在原料长时间存放过程中,若表面吸附了水分或者处于高湿度环境中,其性能可能受到影响。在这种情况下,将UHMWPE绳索放在标准大气压力与温度试验室环境中不少于48h进行清洁和干燥处理,以确保其性能稳定;试验全程要求标准大气温度20.0℃、相对湿度为65.0%,温度的容差为±2℃,相对湿度的容差为±4.0%。

(3)UHMWPE绳索预张拉磨合试验

UHMWPE绳索由索股及单丝捻制而成,一般采用等捻距编织,因此绳索结构均质连续。由于纤维绳索具有超轻超柔的特性,绳索拉伸变形分为两个部分:第一部分编织结构几何变形,即索股在插编制作期间、运输途中产生松散间隙等;第二部分绳索拉伸变形,这取决于材料性质。第一部分在初始拉伸阶段并不能真实反映绳索力学性能,需要去除编织结构几何变形从而得到真实的应力-应变关系,因此试验加载分为预张拉与正式张拉两个阶段加载。预张拉旨在消除编织绳索初始卷曲等非弹性变形。除此之外编织绳索在拉伸试验之前需要确定结构内部是否稳定,保证绳索中的纤维索股均处于等效拉伸状态,从而保证后续测试的准确性。因此UHMWPE绳索正式拉伸试验前,需要通过预张拉消除上述影响从而满足正式张拉要求。为此需要构建预张拉评定准则,以明确UHMWPEFR绳索通过预张拉后是否可开展正式张拉。

目前对编织绳索预张拉方法有多种理解,多数学者在早期认为绳索完全稳定前后动刚度基本不变,普遍对绳索施加一定周次的循环荷载,增加荷载传递效率,并开展试验计算绳索在循环荷载作用时间内的张拉程度,考虑实施过程过于繁杂,成本过高,仅假设100次后绳索磨合完成。同期ISO建议张力范围选择10%~30%MBS(最小破断强度),施加100次循环荷载达到理想磨合状态。法国船级社(BV)建议在预张拉前,将绳索安装后加载至2%MBS作为预紧力并保持稳定,张拉至50%MBS持荷30min,随后卸载至10%后施加100次10%~30%的循环荷载,考虑编织索股存在加工精度不良、运输干扰等问题,因此并不能完全保证索股取向一致或均匀受力,从而导致强度损耗。美国船级社(ABS)将绳索安装后加载至2%MBS作为预紧力并保持稳定,试件经历预张力和预载两种荷载水平,每种荷载水平均存在蠕变平台,随后由预载卸载至预张力,再次卸载至预紧力,每一阶段需要持荷2h并多次记录位移增量,最终记录永久伸长量。中国船级社(CCS)仅强调加载历史的影响,将绳索划分为安装前、安装后及老化三种状态,采用较为保守的方法将安装后状态作为初设计刚度值。以上表明,前期预张拉试验是研究编织类绳索力学性能的基础。因此考虑编织绳索结构各向异性,绳索沿纤维方向与垂直于纤维方向力学性能明显不同,但垂直于纤维的平面可认定各向同性,在预张拉荷载作用下,分别以索体力学参数和物理参数作为指标的判定条件。

①力学参数判定:绳索结构整体稳定之后,其拉伸荷载与形变应呈线性关系,应力-应变曲线符合胡克定律,即经过多次预拉之后,相同荷载下其变形量基本不变,绳索刚度趋于定值。

$$\mathrm{EA}_n = \frac{\Delta F}{\Delta \varepsilon} = \frac{\Delta F}{\dfrac{\Delta L}{L}} = \frac{\Delta F}{(\Delta L_{结构性} + \Delta L_{材质本身})/L} \tag{3-3}$$

式中:$\Delta \varepsilon$——应变;

L——初始标距,mm;

ΔL——伸长量,m;

EA_n——绳索刚度;

ΔF——荷载,kN。

前期绳索的磨合次数越多,产生的结构性伸长量就越小,割线斜率越大。如果前期磨合完全,绳索的结构性伸长量$\Delta L_{结构性} = 0$,此时的割线斜率对应绳索的最大磨合程度。若前期磨合期间有损伤出现,则$\Delta L_{材质本身} > 0$,此时绳索总体伸长量因材质本身伸长量增加而增加,从而使割线斜率变小,即绳索结构整体稳定之后,其拉伸荷载与形变应呈线性关系,应力-应变曲线符合胡克定律。

考虑试验精度问题,此处将绳索有效试验区间的位移增量作为判定准则之一。当试验结果与上一次试验结果误差在5%以内时,可认为已经消除纤维绳索各向异性所导致的非弹性变形。

②物理参数判定:索股及单丝之间在拉伸期间相互挤压,形成整体后的形态与柱形实体基本相似,可假定为受拉柱体,横截面积保持不变。由于实际试验过程中,编织绳索真实截面参数不易通过实测准确获得,但可通过线密度与体密度之比计算得到,故以绳索线密度作为判定准则之二,其多次预张拉之后趋于定值,绳索空间层面不再发生变化。

当以上两个条件满足后,将绳索再次加载并直接卸载,采集荷载与位移数据作为验证。卸载之后可以恢复原状,可视为预张拉过程结束,绳索状态稳定,具体实施方案如下:

①选用至少2组绳索试件安装在销柱固定插接眼环试验机上,预紧力为2%MBS。

②在有效测试区间上绑扎拉线式位移传感器,以绳索测试段中点对称绑扎拉线式位移传感器并在两端做出标记点,初始标距l_u大于2000mm。

③张力以准静加载速度加载至20%MBS(自拟)保持位移不变作为加速磨合手段,在12h(拟定)后卸载至2%MBS;绳索经多次在2%MBS和20%MBS之间循环加载磨合,采集荷载-位移数据,如

图3-14所示。每一次磨合结束测量绳索横截面积;经多次磨合后,实测绳索横截面积趋于定值。

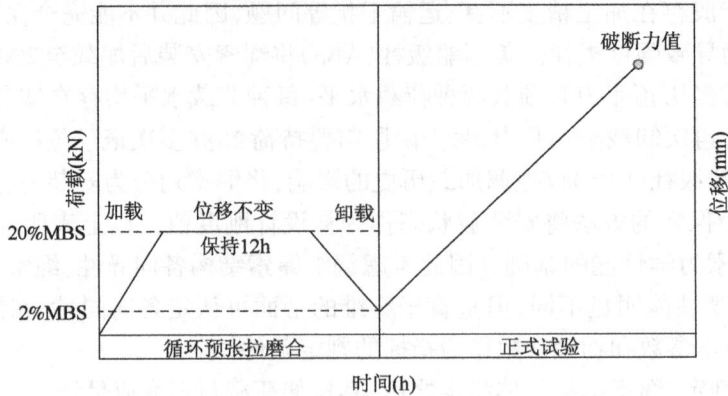

图3-14　预张拉磨合加载制度

(4)UHMWPE绳索拉伸力学试验

绳索按照预张拉准则磨合完成后,重新挂索安装。由于预张拉卸载之后,索股之间仍存在残余应力,加之消除重新挂索的安装间隙,因此正式拉伸试验预先张拉至2%MBS作为预紧力并保持稳定。正式张拉方案如下:

①测量室内温度与湿度,确定有效试验区间,记录初始标距l_u。

②在有效试验区间绑扎位移传感器,并将其清零准备记录;在试验标距段标记3处位置,当加载至20%MBS、50%MBS、80%MBS时,用游标卡尺测定拉伸期间直径变化。

③安装完成后开始张拉。选择两种准静态加载速度开展拉伸试验,采集拉力与位移数据,直至破断,并进行相关分析。

需要注意的是,绳索破断力值与破断位置需满足以下要求,可认为试验成功,数据可信。失效模式具体包括绳索索体破断力达到90%MBS及以上,其偏差范围为±1%;破断位置在有效试验区间内,则该试验符合破断要求,否则需重新取样开展试验。

现阶段部分研究表明,UHMWPE单丝或制品应力-应变曲线呈高度非线性,由此按照式(3-4)计算结构的真实应力与应变值。

$$\begin{cases} \varepsilon = \int_{l_u}^{l_u + \Delta l} \dfrac{\Delta l}{l_u} = \ln\left(\dfrac{\Delta l}{l_u} + 1\right) \\ \sigma = \dfrac{F_n}{A_n} \end{cases} \tag{3-4}$$

式中:ε——真实应变;

　　l_u——初始标距,mm;

　　Δl——伸长量,mm;

　　σ——真实应力,MPa;

　　F_n——实时荷载,kN;

　　A_n——实时横截面积,mm²。

(5)UHMWPE绳索力学性能分析

基于不同速度工况的应力-应变数据,获得其对应的响应规律和变形特性,确定应力-应变曲线趋势特征。固定每2%MBS张拉荷载分级,整理每一级加载时间t,提取张力F_n-t与位移增量Δl-t的关系曲线,具体包括以下分析步骤:

①基于张力与时间F_n-t曲线特征,拟合张力与时间数值关系,确定张力与加载速度的相关性。

②基于位移增量Δl-t曲线特征,拟合位移与时间的数值关系,进一步获得位移增量与加载速度的敏感性分析。

③分析加载前期、中期、后期分级加载时间变化浮动规律,确定UHMWPE绳索的应变率敏感性阶段,结合上述相关分析,固定时间变化模数,提出对应的张力与位移增量,对加载速度敏感性加载阶段建立应变率动态本构关系,具体包括以下建立方法。

a. 按照下式拟合:

$$\sigma = A\left[1 + C\ln\left(\frac{\varepsilon_t}{\varepsilon_0}\right)\right] \tag{3-5}$$

式中:A、C——绳索材料相关参数,其中A以绳索应变率敏感阶段初值应力作为特征点;

ε_0——绳索参考应变率,取$1s^{-1}$;

ε_t、σ——绳索应变率及不同应变率的屈服应力值。

b. 对于小应变率($\varepsilon_t \leqslant 1e4s^{-1}$)的动态拉伸变形,在上式基础上改进,按照下式拟合:

$$\frac{\sigma}{A} = 1 + C_1\left(\frac{\varepsilon_t}{\varepsilon_0}\right)^{C_2} \tag{3-6}$$

式中:C_1、C_2——应变率强化效应系数。

结合应力-应变曲线阶段趋势特征,分阶段给出UHMWPE绳索刚度计算过程。

3.1.3.3 UHMWPE绳索力学性能分析案例

选取两组直径为115mm的UHMWPE绳索样品作为案例,记为样品Ⅰ、样品Ⅱ,按照制备要求,完成预张拉磨合方法(磨合加载速度20mm/min)等前期工作准备后开展拉伸试验。如图3-15所示,加载速度分别设置为20mm/min、50mm/min;绳索应力-应变曲线呈现双折线状态,在准静态拉伸条件下,绳索加载初期变形稳定性较好,该阶段表现为线弹性;随着荷载增大,进入致密化阶段,绳索结构逐渐硬化,其性能也由前期的软韧向硬脆转变,可归为应变率敏感材料。

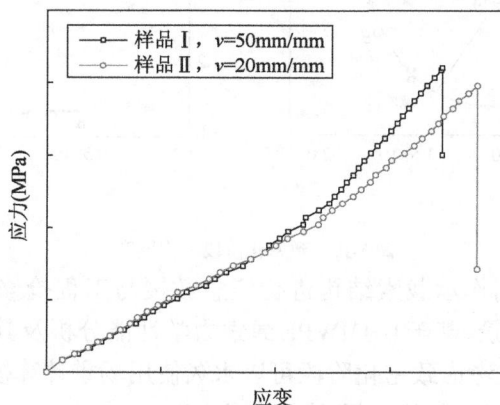

图3-15 FR-115应力-应变曲线

固定2%MBS分级荷载,加载速度的两组样品拉伸形变与时间呈线性关系,基本不受试验加载速度影响,表现为理想黏弹性体。两组样品在加载初期(50%MBS之前),张拉荷载与时间表现为线弹性;在加载后期(50%MBS之后)进入致密化阶段,表现为应变率相关性行为,样品Ⅰ与样品Ⅱ张拉荷载与时间变化趋势不一致,如图3-16所示,即每次张拉2%MBS,两组样品在线弹性段时间间隔分别为67s、70s,致密化阶段分别为40s和50s,但时间变化浮动降低,说明绳索结构进一步稳定,且致密化阶段力学行为表现为应变率相关性。

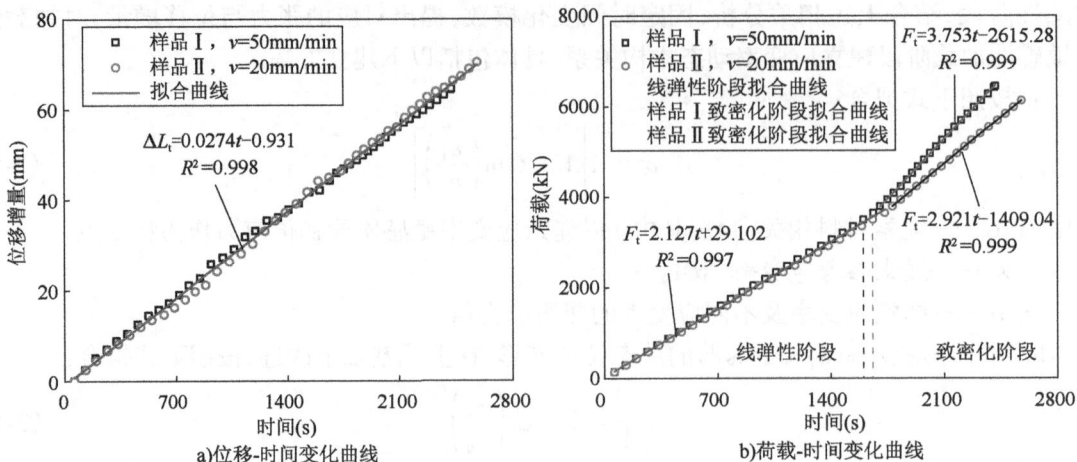

图3-16　荷载、位移-时间数据曲线

为统一表征致密化阶段应变率强化的本构模型拟合曲线,固定时间变化模数60s,提取每拉伸60s的张拉荷载与位移增量,两组样品应变率均小于$1 \times 10^4 s^{-1}$,适用于小应变率公式拟合。图3-17所示为致密化阶段本构模型,回归系数接近1,拟合良好。

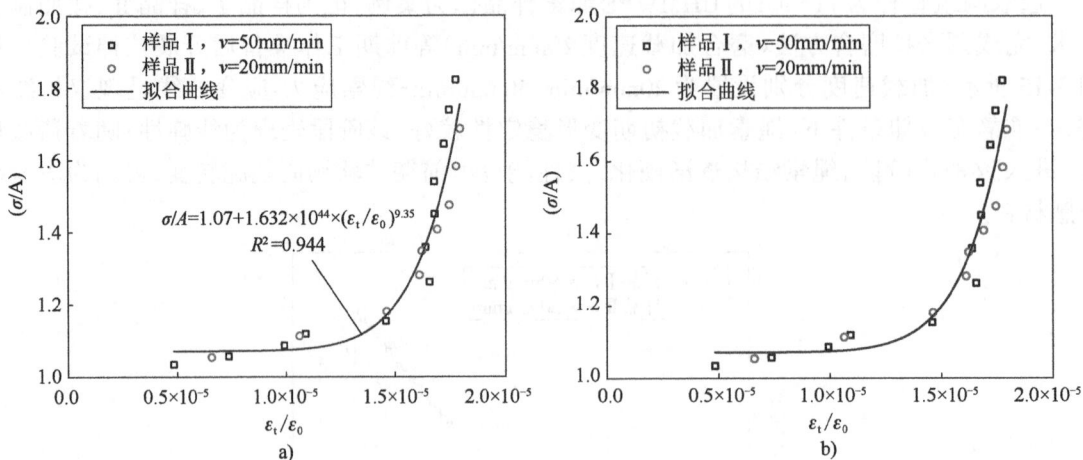

图3-17　致密化阶段本构模型

鉴于UHMWPE绳索用作承载索结构进行应急救援与工程抢修,考虑其存在临时应急及以后较长时段应用两种场景,基于UHMWPE绳索力学性能分析及其时效影响,可以认为线弹性段可作为应急使用阶段,考虑致密化阶段可以永久使用场景计算模型。

图3-18给出了两阶段的本构模型及刚度计算流程。

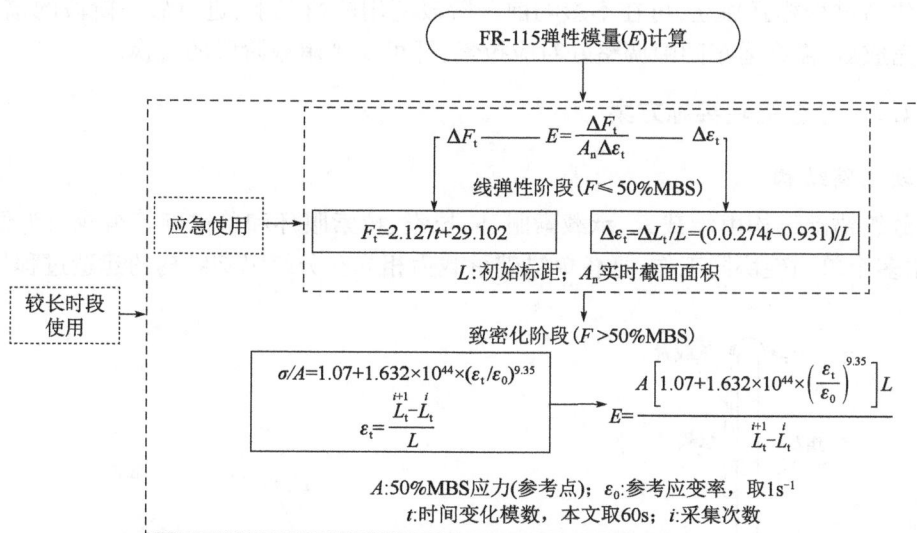

图3-18　FR-115绳索弹性模量计算流程

通过前述绳索试件制备、预张拉磨合过程、拉伸试验力学分析以及本构模型建立获得UHMWPE绳索力学性能。提出UHMWPE绳索制备样式与设计方法,满足不同直径绳索的制备要求,同时可以作为实际UHMWPE绳索应用制备参考,并对绳索的加工精度提出线密度校核准则;提出预张拉磨合试验方法与绳索稳态判定准则,提高磨合效率,同时不致绳索发生力学损伤;通过固定分级荷载分析位移增量与内力对拉伸速度的影响,进一步固定时间变化模数,分析UHMWPEFR绳索拉伸力学行为时间依赖性(以上研究方法可为大直径UHMWPE绳索的力学行为表征方式提供分析思路);基于大直径UHMWPE绳索的应力-应变曲线特征,搭建不同准静态加载速度的本构模型框架,分别以相应变形阶段数据对速度敏感性阶段进行拟合优化,可以建立多种大直径、不同断裂强力绳索的力学本构模型,满足应急使用要求。

3.1.4　多阶分级锚碇快速生成技术

3.1.4.1　多阶分级锚碇思想

锚碇结构是保障缆索系统正常运行的关键一环。既有的锚碇结构多为一次性建成的永久结构,并未考虑应急使用,建造体积大,建造周期长,且难以满足逐级增加的多级吊重通行需求。现在应用较广的重力式锚碇与隧道式锚碇通常需要进行大方量地基开挖与混凝土浇筑,即使对现有的锚碇结构进行轻量化改进以加强其现场拼组能力,也难以满足应急抢修的需要。

为解决缆索应急输送系统的锚固问题,提出一种多阶分级锚碇结构及布设方法,即采用轻型单锚集群协同承载的方法承担最大承载索内力,减小单锚体积和降低单锚地基处理、地锚成孔的施工难度,提高单锚碇建造效率。应急保通时本着"先通后善"的原则,利用单锚先解决输送系统架设的问题,然后逐渐增加锚碇数量,陆续解决单车输送和多车输送的问题。

各个锚碇建造过程相互独立,可在不影响前一阶段应用的情况下,进行后一阶段的锚碇施工,锚碇建造完成后,需在通车间隙调整好对应拉索,即可实现承载阶段的转换。

3.1.4.2 分级锚碇实施方案

1)分级锚碇结构

多阶分级锚碇结构由承载索、承载索眼环、拉索、拉索眼环和单锚碇等组成。为便于快速施工,采用多个单锚碇协同工作,且各单锚碇承载力相同。分级锚碇结构的建造过程如图3-19所示。

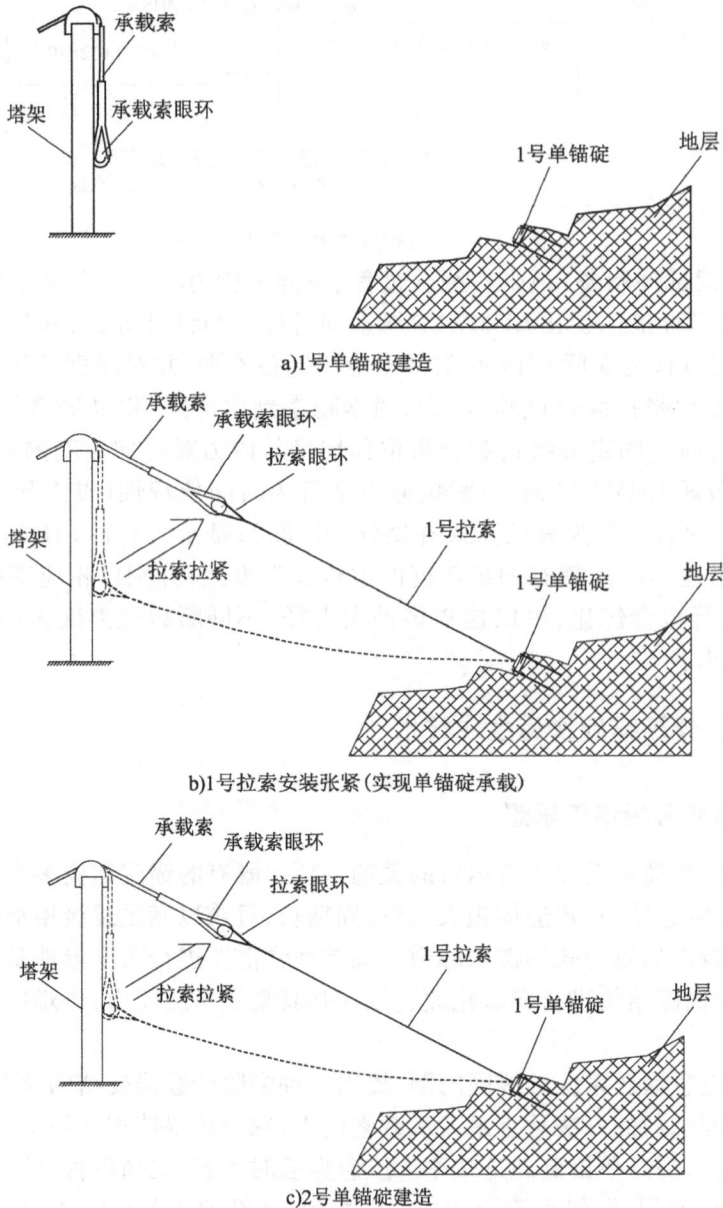

a)1号单锚碇建造

b)1号拉索安装张紧(实现单锚碇承载)

c)2号单锚碇建造

图 3-19

d) 2号拉索安装张紧(实现双锚碇承载)

e) 3号单锚碇建造

f) 3号拉索安装张紧(实现三锚锭承载)

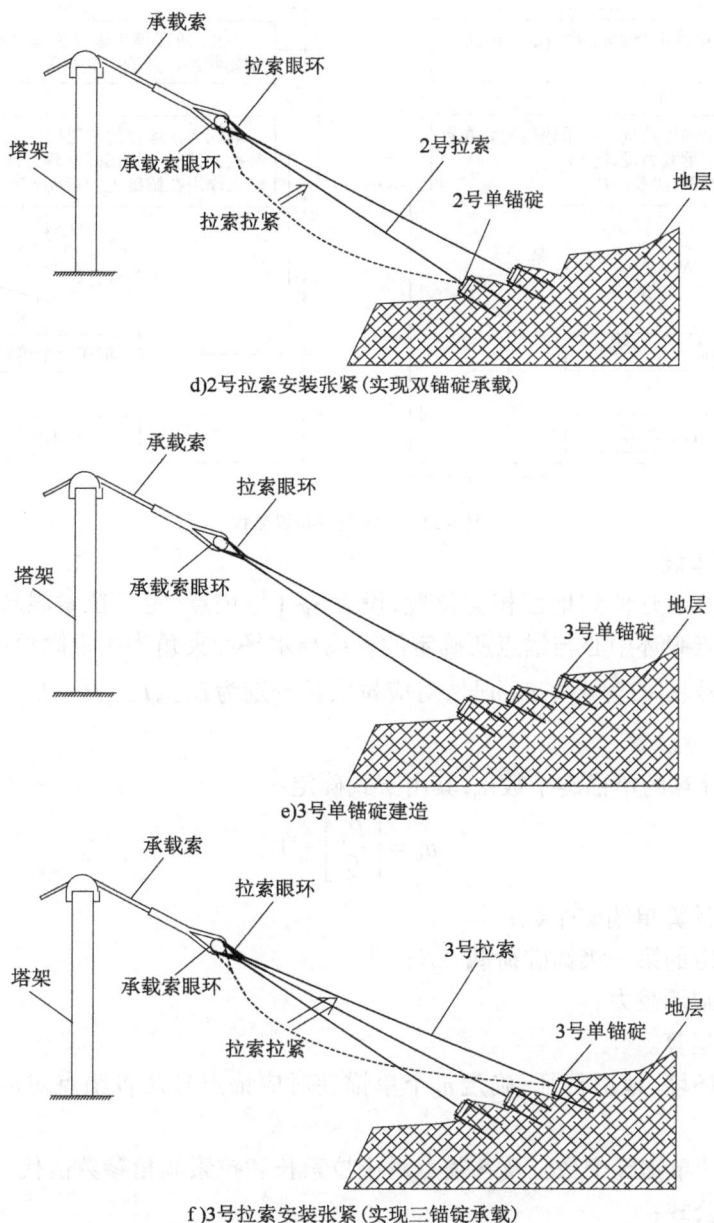

图3-19 分级锚碇结构建造过程

可按照如上的布置过程及方式继续增加布置单锚结构,提高锚碇的整体承载能力。

2) 布置方法

根据缆索输送系统架设及应急保通的具体通行方案,分级设定锚碇荷载,从小到大为 P_1, P_2, $\cdots$, P_m,对应划分 S_1, S_2, $\cdots$, S_m 级锚碇,结合现场情况逐步实现分级锚碇的布置。分级锚碇布置流程如图3-20所示。

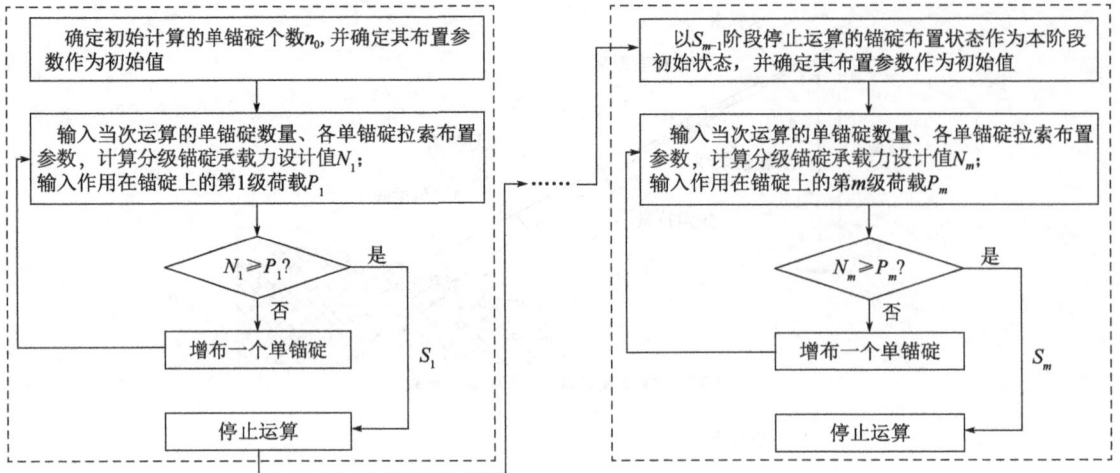

图3-20 分级锚碇布置流程

（1）S_1 级锚碇布设

①边跨主缆向下延伸到地面相交位置，设为 S_1-1 号锚点，定义拉索眼环中心与锚点间距为拉索长 L_{S_1-1}、拉索眼环中心与锚点所确定的直线与水平面夹角为拉索倾角 α_{S_1-1}。后期增加的锚点分别为 S_1-2 号、S_1-3 号……S_1-n 号，对应拉索长分别为 $L_{S_1-2}, L_{S_1-3}, \cdots, L_{S_1-n}$，对应拉索倾角分别为 $\alpha_{S_1-2}, \alpha_{S_1-3}, \cdots, \alpha_{S_1-n}$。

②确定初始计算的单锚碇个数 n_0，其由下式确定：

$$n_0 = \left[\frac{P_1}{Q}\right] + 1 \tag{3-7}$$

式中：n_0——初始计算单锚碇个数；

$\quad$ P_1——所设定的第一级锚碇荷载，kN；

$\quad$ Q——单锚碇承载力；

"$[\quad]$"——取整运算。

③结合实际环境、地形特征，确定 n_0 个单锚碇对应锚点号及各锚点对应的拉索长和拉索倾角参数值。

④将所确定的单锚碇个数 n_0 及各锚点对应拉索长和拉索倾角参数值代入 S_1 阶段分级锚碇承载能力 N_1 计算公式：

$$N_1 = \frac{L_{S_1-1}}{G_{max}} \cdot \sum_{i=1}^{n} \frac{[\cos|\alpha_{S_1-1} - \alpha_{S_1-i}|]^2}{L_{S_1-i}} \cdot Q \tag{3-8}$$

式中：N_1——S_1 阶段分级锚碇承载能力，kN；

$\quad$ Q——单锚碇承载力，kN；

$\quad$ L_{S_1-1}——S_1-1 号锚拉索长，m；

$\quad$ α_{S_1-1}——S_1-1 号锚索倾角，°；

$\quad$ L_{S_1-i}——S_1-i 号锚拉索长，m；

$\quad$ α_{S_1-i}——S_1-i 号锚拉索倾角，°；

G_{max}——最大值函数,由式(3-9)计算;

n——当次运算下单锚碇个数。

$$G_{max} = \max\left\{1, \frac{L_{S_1-1}}{L_{S_1-2}}\cos|\alpha_{S_1-1} - \alpha_{S_1-2}|, \cdots, \frac{L_{S_1-1}}{L_{S_1-n}}\cos|\alpha_{S_1-1} - \alpha_{S_1-n}|\right\} \tag{3-9}$$

式中:G_{max}——最大值函数,根据当次运算下的单锚碇个数n,函数G_{max}集合取到n项;

L_{S_1-1}——S_1-1号锚拉索长,m;

α_{S_1-1}——S_1-1号锚拉索倾角,(°);

L_{S_1-n}——S_1-n号锚拉索长,m;

α_{S_1-n}——S_1-n号锚拉索倾角,(°)。

⑤比较当次运算下S_1阶段分级锚碇承载能力N_1和作用于第一级锚碇荷载P_1。当$N_1 \geq P_1$时,停止运算;当$N_1 < P_1$时,在上次运算所确定的各单锚布置状况的基础上增加一个单锚碇,确定当前单锚碇个数及各锚点对应拉索长和拉索倾角参数值,并代入S_1阶段分级锚碇承载能力N_1公式进行计算。重复上述增布单锚及计算S_1阶段分级锚碇承载能力N_1的过程至$N_1 \geq P_1$时,停止运算。

⑥按照停止运算时的各单锚碇布置状态进行布置,即可完成S_1阶段。

(2)S_m级锚碇布设

①以S_{m-1}阶段停止运算的锚碇布置状态作为S_m阶段初始状态,重新对先后布置的各锚点编号为S_{m-1}号、S_{m-2}号、S_{m-3}号……S_{m-n}号,对应拉索长分别为$L_{S_m-1}, L_{S_m-2}, L_{S_m-3}, \cdots, L_{S_m-n}$,对应拉索倾角分别为$\alpha_{S_m-1}, \alpha_{S_m-2}, \alpha_{S_m-3}, \cdots, \alpha_{S_m-n}$,其中$m \geq 2$。

②S_m阶段分级锚碇承载能力N_m计算公式如下:

$$N_m = \frac{L_{S_m-1}}{G_{max}} \cdot \sum_{i=1}^{n} \frac{[\cos|\alpha_{S_m-1} - \alpha_{S_m-i}|]^2}{L_{S_m-i}} \cdot Q \tag{3-10}$$

式中:N_m——S_m阶段分级锚碇承载能力;

Q——单锚碇承载力,kN;

L_{S_m-2}——S_m号锚拉索长,m;

α_{S_m-1}——S_m号锚拉索倾角,(°);

L_{S_m-i}——S_m-i号锚拉索长,m;

α_{S_m-i}——S_m-i号锚拉索倾角,(°);

G_{max}——最大值函数,由式(3-11)计算;

n——当次运算下单锚碇个数。

$$G_{max} = \max\left\{1, \frac{L_{S_m-1}}{L_{S_m-2}}\cos|\alpha_{S_m-1} - \alpha_{S_m-2}|, \cdots, \frac{L_{S_m-1}}{L_{S_m-n}}\cos|\alpha_{S_m-1} - \alpha_{S_m-n}|\right\} \tag{3-11}$$

式中:G_{max}——最大值函数,取到n项;

L_{S_m-1}——S_{m-1}号锚拉索长,m;

α_{S_m-1}——S_{m-1}号锚拉索倾角,(°);

L_{S_m-n}——S_{m-n}号锚拉索长,m;

$\alpha_{S_{m-n}}$——S_{m-n}号锚拉索倾角,(°);

n——当次运算下的单锚碇个数n。

③比较当次运算下S_m阶段分级锚碇承载能力N_m和作用于第m级的锚碇荷载P_m。当$N_m \geqslant P_m$时,停止运算;当$N_m < P_m$时,在上次运算所确定的各单锚布置状态的基础上增加布置一个单锚碇,确定当前单锚碇个数及各锚点对应拉索长和拉索倾角参数值,并代入N_m计算公式进行计算,重复上述增布单锚及计算N_m的过程至$N_m \geqslant P_m$时,停止运算。

④按照停止运算时的各单锚碇布置状态进行布置,即可完成S_m阶段。

3)分级锚固方法案例设计

为更充分地说明所提出的分级锚碇结构及锚碇分级布置方法,设计了可满足作用外荷载80t→160t→240t的三级递增的锚碇分级布置。其中,单锚碇承载力设计值$Q=60$t。

(1)单锚状态计算及布置

设定初始单锚碇对应拉索长$L_1=21.598$m,初始单锚碇对应拉索的倾角$\alpha_1=45°$,各单锚碇承载力设计值$Q=60$t。

①确定最大值函数G_{max}取值

在单锚布置状态下,主缆力全部由所布置的单锚承受,不产生各锚的分力效应,因此,最大值函数G_{max}取1。

②确定分级锚碇承载能力N

在单锚布置状态下,主缆力全部由所布置单锚承受,因此,$N=Q=60$t。

③判断是否满足对外荷载的承载需求

通过比较分级锚碇承载能力N与外荷载大小,判断当前布置状态能否满足对外荷载的承载需求,即

$$60 \text{ t} < 80 \text{ t}$$

因此,仅按如上设定的参数布置单个锚碇难以满足对外荷载P_1的承载需求,需要增加布置一个单锚碇以适应P_1。

(2)双锚状态计算及布置

在已布置1号锚碇的基础上,设定2号单锚碇对应拉索长$L_2=20.998$m,2号单锚碇对应拉索的倾角$\alpha_2=50.798°$,各单锚碇承载力设计值$Q=60$t。

①确定最大值函数G_{max}取值

将所设定的参数代入最大值函数,即

$$\begin{aligned}
G_{max} &= \max\left\{1, \frac{L_1}{L_2}\cos|\alpha_1 - \alpha_2|\right\} \\
&= \max\left\{1, \frac{21.598}{20.998}\cos|45° - 50.798°|\right\} \\
&= \max\{1, 1.0233\} \\
&= 1.0233
\end{aligned}$$

②确定分级锚碇承载能力N

将最大值函数取值及所设定的各单锚碇布置参数代入分级锚碇承载能力计算公式,确定分级锚碇承载能力N的大小,即

$$N = \frac{L_1}{G_{max}} \cdot \sum_{i=1}^{n} \frac{(\cos|\alpha_1 - \alpha_i|)^2}{L_i} \cdot Q$$

$$= \frac{21.598}{1.0233} \times \left[\frac{(\cos|45° - 45°|)^2}{21.598} + \frac{(\cos|45° - 50.798°|)^2}{20.998} \right] \times 60$$

$$= 118.326(t)$$

③判断是否满足对外荷载的承载需求

通过比较分级锚碇承载能力 N 与外荷载大小,判断当前布置状态能否满足对外荷载的承载需求,即

$$120\ t > 118.326\ t > 80\ t$$

按如上所设定参数布置的两个锚碇可满足对外荷载 P_1 的承载需求,但不能满足对外荷载 P_2 的承载需求。因此,需要增加布置一个单锚碇以适应 P_2。

(3)三锚状态计算及布置

在已布置1号、2号单锚碇的基础上,设定3号单锚碇对应拉索长 L_3=22.406m,2号单锚碇对应拉索的倾角 α_2=39.567°,各单锚碇承载力设计值 Q=60t。

①确定最大值函数 G_{max} 取值

将所设定的参数代入最大值函数,即

$$G_{max} = \max\left\{1, \frac{L_1}{L_2}\cos|\alpha_1 - \alpha_2|, \frac{L_1}{L_3}\cos|\alpha_1 - \alpha_3|\right\}$$

$$= \max\left\{1, \frac{21.598}{20.998} \times \cos|45° - 50.798°|, \frac{21.598}{22.406} \times \cos|45° - 39.567°|\right\}$$

$$= \max\{1, 1.0233, 0.9596\}$$

$$= 1.0233$$

②确定分级锚碇承载能力 N

将最大值函数取值以及所设定的各单锚布置参数代入分级锚碇承载能力计算公式,确定分级锚碇承载能力 N 的大小,即

$$N = \frac{L_1}{G_{max}} \cdot \sum_{i=1}^{n} \frac{(\cos|\alpha_1 - \alpha_i|)^2}{L_i} \cdot Q$$

$$= \frac{21.598}{1.0233} \times \left[\frac{(\cos|45° - 45°|)^2}{21.598} + \frac{(\cos|45° - 50.798°|)^2}{20.998} + \frac{(\cos|45° - 39.567°|)^2}{22.406} \right] \times 60$$

$$= 174.338(t)$$

③判断是否满足对外荷载的承载需求

通过比较分级锚碇承载能力 N 与外荷载大小,判断当前布置状态能否满足对外荷载的承载需求,即

$$180\ t > 174.338\ t > 120\ t$$

按如上所设定参数布置的3个单锚碇可满足对外荷载 P_2 的承载需求,但不能满足对外荷载 P_3 的承载需求。因此,需要增加布置一个单锚碇以适应 P_3。

(4)四锚状态计算及布置

在已布置1号、2号、3号单锚碇的基础上,设定4号单锚碇对应拉索长 L_4=20.624m,4号单

锚碇对应拉索的倾角 $\alpha_4=56.86°$，各单锚碇承载力设计值 $Q=60\text{t}$。

①确定最大值函数 G_{max} 取值

将所设定的参数代入最大值函数，即

$$G_{max} = \max\left\{1, \frac{L_1}{L_2}\cos|\alpha_1 - \alpha_2|, \frac{L_1}{L_3}\cos|\alpha_1 - \alpha_3|, \frac{L_1}{L_4}\cos|\alpha_1 - \alpha_4|\right\}$$

$$= \max\left\{1, \frac{21.598}{20.998}\cos|45° - 50.798°|, \frac{21.598}{22.406}\cos|45° - 39.567°|, \frac{21.598}{20.624}\cos|45° - 56.86°|\right\}$$

$$= \max\{1, 1.0233, 0.9596, 1.0249\}$$

$$= 1.0249$$

②确定分级锚碇承载能力 N

将最大值函数取值及所设定的各单锚碇布置参数代入分级锚碇承载能力计算公式，确定分级锚碇承载能力 N 的大小，即

$$N = \frac{L_1}{G_{max}} \cdot \sum_{i=1}^{n} \frac{[\cos|\alpha_1 - \alpha_i|]^2}{L_i} \cdot Q$$

$$= \frac{21.598}{1.0249} \times \left(\frac{[\cos|45° - 45°|]^2}{21.598} + \frac{[\cos|45° - 50.798°|]^2}{20.998} + \frac{[\cos|45° - 39.567°|]^2}{22.406} + \right.$$

$$\left. \frac{[\cos|45° - 56.86°|]^2}{20.624}\right) \times 60$$

$$= 232.792(\text{t})$$

③判断是否满足对外荷载的承载需求

通过比较分级锚碇承载能力 N 与外荷载大小，判断当前布置状态能否满足对外荷载的承载需求，即

$$240\text{ t} > 232.792\text{ t} > 180\text{ t}$$

按如上设定参数布置的4个单锚碇仍不能满足对外荷载 P_3 的承载需求。因此，需要继续增加布置一个单锚碇以适应 P_3。

（5）五锚状态计算及布置

在已布置1号、2号、3号、4号单锚碇的基础上，设定5号单锚碇对应拉索长 $L_5=22.848\text{m}$，5号单锚碇对应拉索的倾角 $\alpha_5=32.488°$，各单锚碇承载力设计值 $Q=60\text{t}$。

①确定最大值函数 G_{max} 取值

将所设定的参数代入最大值函数，即

$$G_{max} = \max\left\{1, \frac{L_1}{L_2}\cos|\alpha_1 - \alpha_2|, \frac{L_1}{L_3}\cos|\alpha_1 - \alpha_3|\right\}$$

$$= \max\left\{1, \frac{21.598}{20.998} \times \cos|45° - 50.798°|, \frac{21.598}{22.406} \times \cos|45° - 39.567°|,\right.$$

$$\left.\frac{21.598}{20.624} \times \cos|45° - 56.86°|, \frac{21.598}{22.848} \times \cos|45° - 32.488°|\right\}$$

$$= \max\{1, 1.0233, 0.9596, 1.0249, 0.9228\}$$

$$= 1.0249$$

②确定分级锚碇承载能力 N

将最大值函数取值及所设定的各单锚碇布置参数代入分级锚碇承载能力计算公式,确定分级锚碇承载能力 N 的大小,即

$$N = \frac{L_1}{G_{max}} \cdot \sum_{i=1}^{n} \frac{[\cos|\alpha_1 - \alpha_i|]^2}{L_i} \cdot Q$$

$$= \frac{21.598}{1.0249} \cdot \left(\frac{[\cos|45° - 45°|]^2}{21.598} + \frac{[\cos|45° - 50.798°|]^2}{20.998} + \frac{[\cos|45° - 39.567°|]^2}{22.406} + \right.$$

$$\left. \frac{[\cos|45° - 56.86°|]^2}{20.624} + \frac{[\cos|45° - 32.488°|]^2}{22.848} \right) \times 60$$

$$= 285.54(t)$$

③判断是否满足对外荷载的承载需求

通过比较分级锚碇承载能力 N 与外荷载大小,判断当前布置状态能否满足对外荷载的承载需求,即

$$300\ t > 285.54\ t > 240\ t$$

按如上设定的参数布置的5个单锚碇可满足对外荷载 P_3 的承载需求。

4)总结及分析

总结上述所设定的计算参数及计算结果,见表3-3。

分级锚碇计算结果 表3-3

布置状况	各单锚布置参数	承载力 N 计算结果（t）	承载力 N 数值模拟结果(t)	与外荷载对比（t）	是否满足承载力要求
单锚	L_1=21.598m,α_1=45°	60	60	60<80	不满足 P_1
双锚	L_1=21.598m,α_1=45°； L_2=20.998m,α_2=50.798°	118.326	117.8	80<118.3<120	满足 P_1,不满足 P_2
三锚	L_1=21.598m,α_1=45°； L_2=20.998m,α_2=50.798°； L_3=20.998m,α_3=39.567°	174.338	173.5	120<174.3<180	满足 P_2,不满足 P_3
四锚	L_1=21.598m,α_1=45°； L_2=20.998m,α_2=50.798°； L_3=20.998m,α_3=39.567°； L_4=20.624m,α_4=56.86°	232.792	231.7	180<232.8<240	不满足 P_3
五锚	L_1=21.598m,α_1=45°； L_2=20.998m,α_2=50.798°； L_3=20.998m,α_3=39.567°； L_4=20.624m,α_4=56.86°； L_5=22.848m,α_5=33.488°	285.54	284.2	240<285.5	满足 P_3

由表3-3可知,在任意拟定的上述布置及设计参数下(图3-21),锚碇分级布置过程示意图所示的双锚图[图3-21a)]、三锚图[图3-21b)]、五锚图[图3-21c)]状态可分别满足 P_1、P_2、P_3 三级外荷载的承载需求。同时,将所提出的承载力 N 的公式计算结果与数值模拟结果进行对比,

发现两者计算结果相近,验证了所提计算方法的准确性。

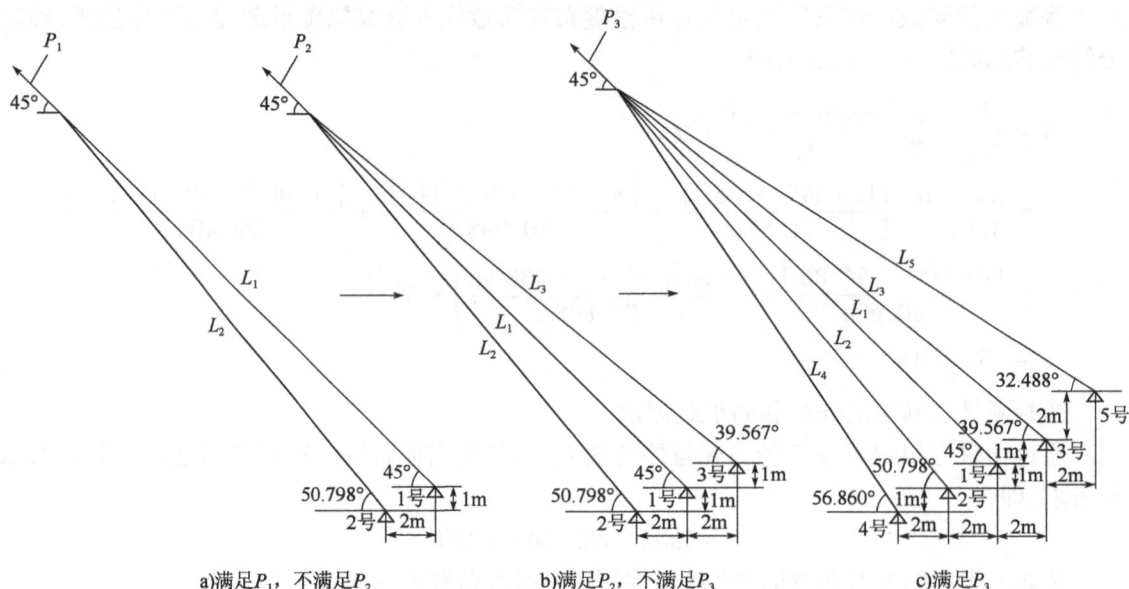

a)满足P_1,不满足P_2　　　　b)满足P_2,不满足P_3　　　　c)满足P_3

图3-21　锚碇分级布置过程示意图

为尽可能简述并充分说明所述的锚碇分级布置方法,上述案例仅假定了$m=3$时的布置过程;若后期有更多级的承载需求,即$m>3$,可通过继续增加单锚碇的方式,直到满足外荷载P_m的要求。

3.2　深水大跨径桥梁新型钢梁应急保通

深水大跨径桥梁是指跨越江河湖泊的桥梁,桥梁跨径大,桥下水体深、流速快,且往往有通航要求,灾后桥梁的应急保通应尽量不影响通航,尤其是长江沿岸的系列大跨径桥梁。相比深谷大跨径桥梁,深水大跨径桥梁损毁后可开展原桥抢修,但其难点在于既有应急抢修钢梁跨越能力不能满足抢修需求。以长江中下游桥梁为例,其中武汉长江大桥最大跨径为128m(均小于其他桥梁的最大跨径),但国内尚无适用于128m的应急抢修钢梁,当前的应急预案多为浮桥或减小跨径在原位抢修,两种方案都会影响长江通航,为此,研发了新型大跨径应急钢梁。相比永久性桥梁,考虑应急保障时效性的需求,应急抢修钢梁无论杆件截面、节点连接还是整体刚度均相对较弱,随着抢修钢梁跨径的增大,其稳定问题将会更加突出,国内外桥梁失稳而造成的灾难时有发生,为此,重点研究了大跨径应急抢修钢梁亟须攻克的关键技术问题:穿式梁和半穿式梁两种典型结构的结构稳定。

3.2.1　整体结构

新型大跨径应急钢梁为拼装式结构,基本构件采用线性杆件,基本构件之间通过钢销和螺栓连接。应急钢梁整体为无竖杆的腹杆系桁架结构，可根据灾后桥梁抢修跨径和抢修荷载需求，拼组成单层梁结构和双层梁结构，两种结构形式的基本尺寸见表3-4。

灾后应急钢梁基本尺寸　　　　　　　　　　　　　表3-4

结构形式	桁高(m)	节间距(m)	结构体系
单层梁	6	6或4	平行弦无竖杆三角形腹杆体系
双层梁	12	6或4	平行单交叉腹杆体系

依据灾后桥梁通行需求，应急钢梁拼组的承式有上承式、中承式(半穿式)和下承式(穿式)三种，如图3-22 ~ 图3-25所示。采用上承式梁时，为了用于不同支点高度，设计了齐头式和鱼腹式两种形式。

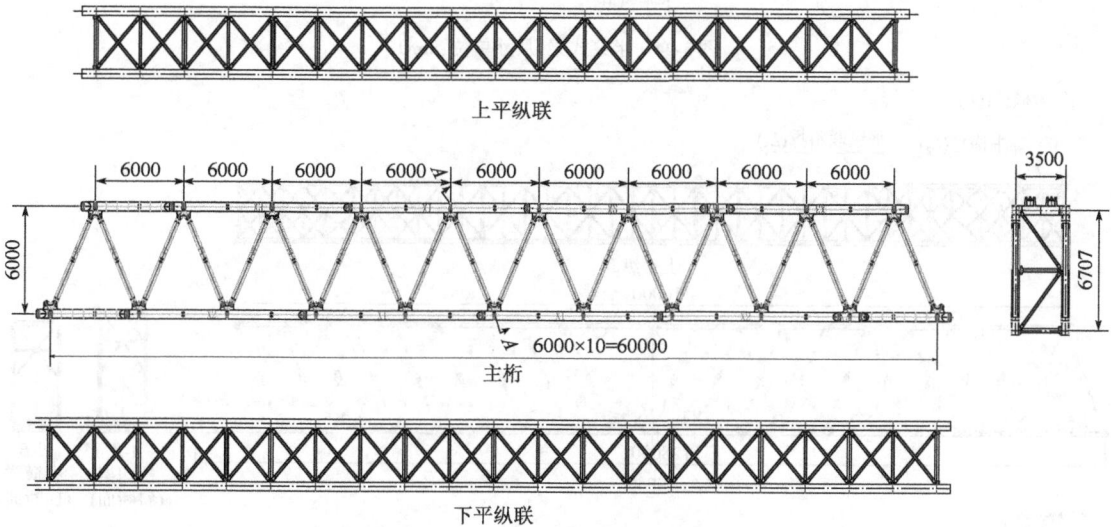

图3-22　齐头式上承梁(尺寸单位:mm)

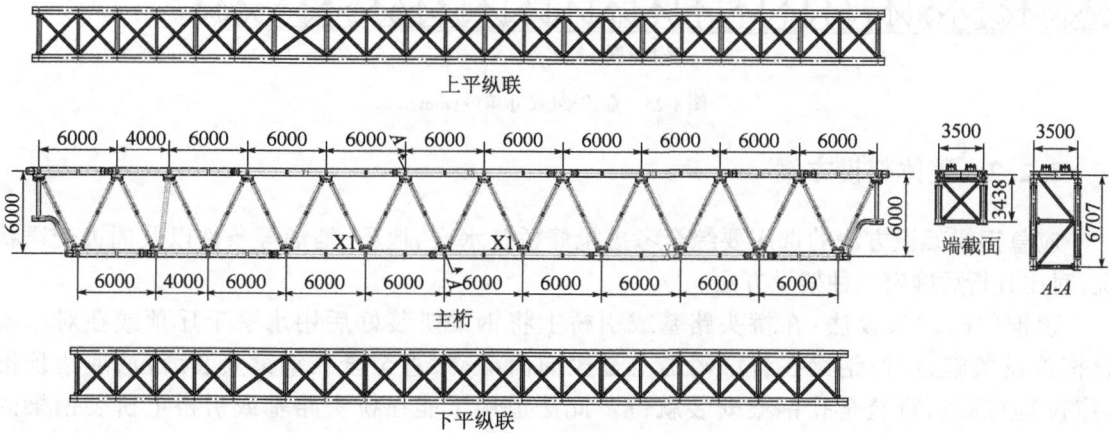

图3-23　鱼腹式上承梁(尺寸单位:mm)

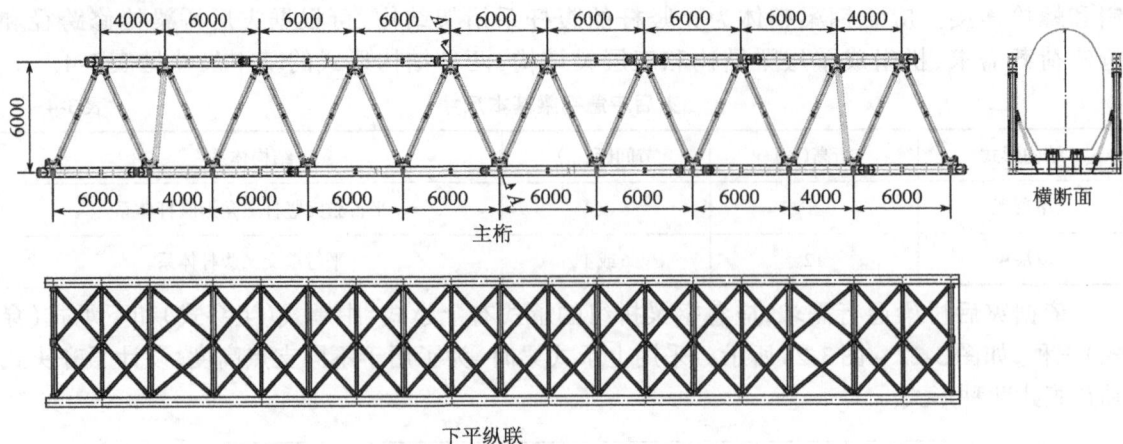

图 3-24　半穿式梁(尺寸单位:mm)

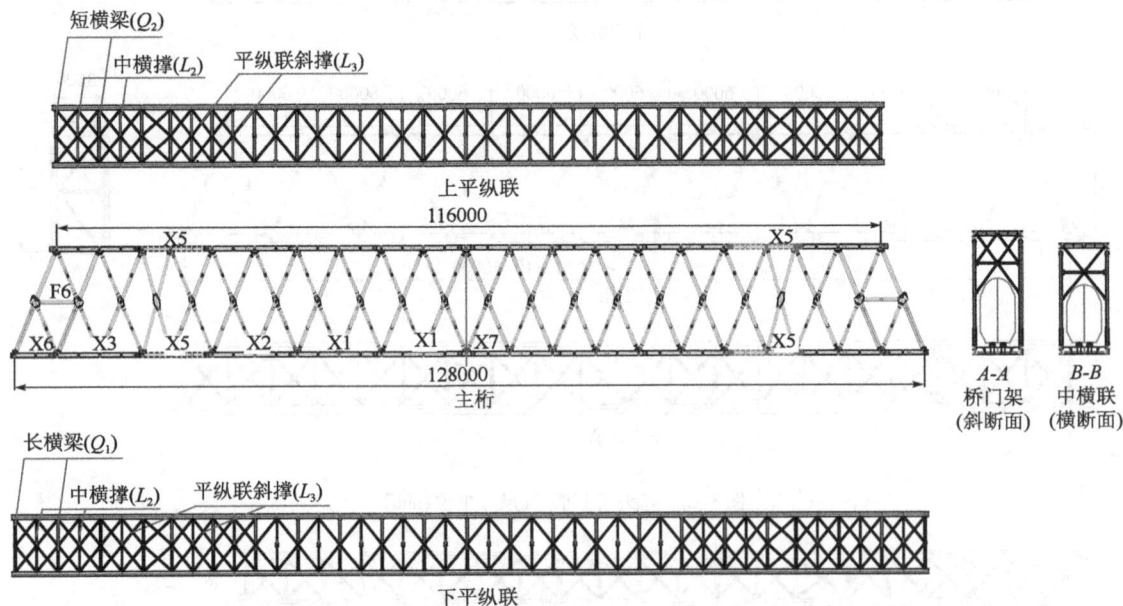

图 3-25　穿式梁(尺寸单位:mm)

3.2.2　整体架设方案

应急钢梁架设方法的选用要综合考虑抢修桥址水文、地质、地形等条件以及周边交通状况,对比分析后确定三种架设方法。

顶推(拖拉)架设法:在桥头路基或引桥上将钢梁拼装好后用水平千斤顶或在对岸架设拖拉设备施力,使钢梁在各墩滑道上逐段向前滑动,直至全孔钢梁安装就位;或边顶推(拖拉)边拼装,直至全孔钢梁安装就位。此法适用于能在桥头路基或引桥上拼装钢梁的条件。

浮拖架设法:在驳船上设立支墩,代替河中固定式支墩;钢梁在路基或引桥上组拼,然后将钢梁前端顶推或架设拖拉系统进行拖拉前进搁放在驳船支墩上,再拖拉至对岸。本法适用于深水河流处。

浮运架设法:在驳船支架上拼装钢梁,然后将浮船拖到桥孔内,再将浮船灌水下沉,或等候潮水退落或用千斤顶将钢梁安装在桥墩上。本法适用于深水河流处。

限于篇幅,此处以浮运架设法为例进行说明,如图3-26所示。

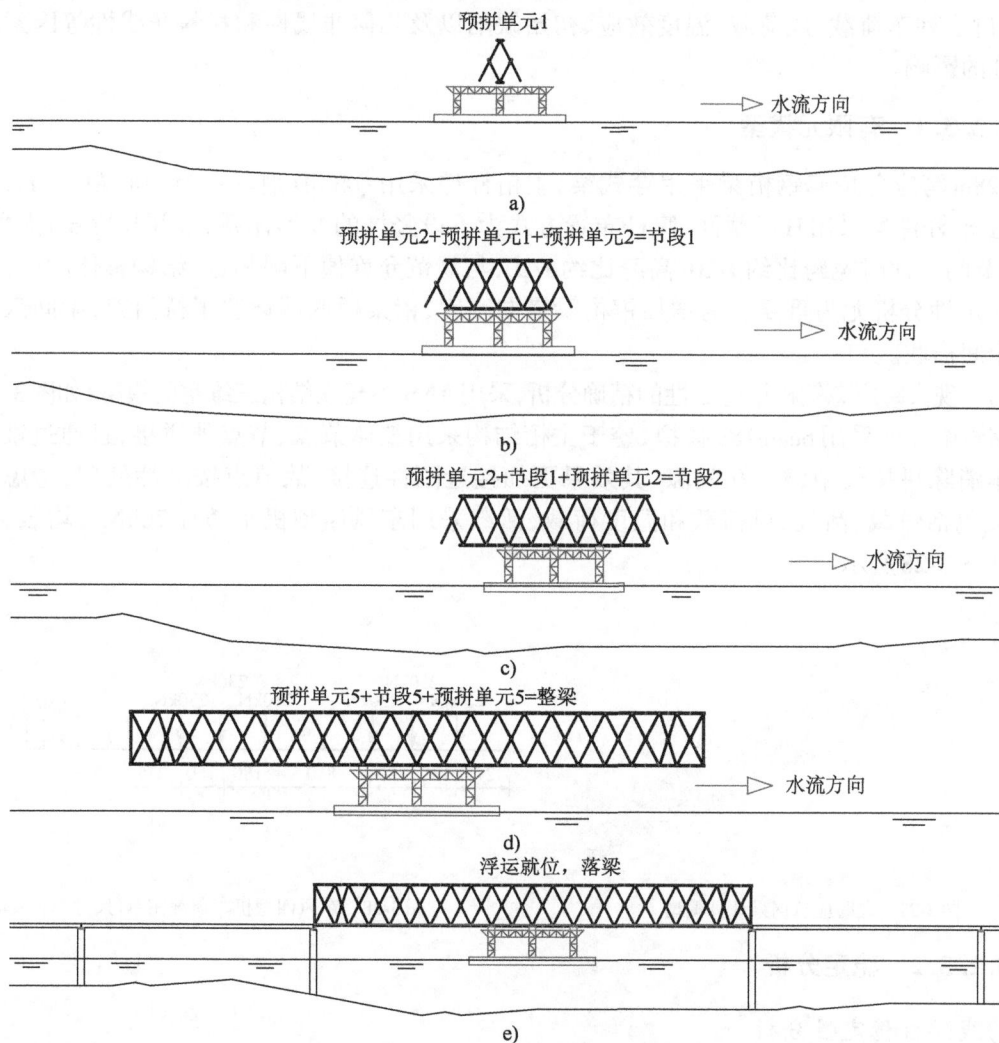

图3-26　浮运架设图示

（1）用塔式吊机将预拼单元1吊装就位,并与驳船支架临时连接[图3-26a)]。

（2）利用塔式吊机将两侧预拼单元2吊装就位,两侧同时与预拼单元1拼装固定,完成节段1拼装[图3-26b)]。

（3）利用塔式吊机将两侧预拼单元2吊装就位,两侧同时与节段1拼装固定,完成节段2拼装,并与驳船支架临时连接[图3-26c)]。

（4）利用塔式吊机将逐步拼装两侧单元,完成整梁拼装[图3-26d)]。

（5）整体浮运到位,落梁[图3-26e)]。

3.2.3 穿式梁结构整体稳定性能

穿式梁作为大跨钢梁的一种经典结构应用较为广泛,国内外学者针对其结构稳定性研究开展了大量工作,但既有研究多集中于永久性桥梁,较少涉及应急抢修钢梁,尤其是大跨应急钢桁梁。为此,结合应急钢桁梁结构特点,以适用于128m跨度铁路桥梁抢修的应急钢桁梁为例,探讨了列车荷载、风荷载、温度效应、初始缺陷以及几何非线性和材料非线性等因素对其稳定性的影响。

3.2.3.1 有限元模型

128m跨应急抢修钢桁梁采用穿式梁,主桁杆件采用Q460D钢。主桁中心距6.5m,桁高12m,主桁杆件均采用H形截面,腹杆布置方式为不设竖杆的X形体系,节间长度6m为主,辅以4m节间。此时宽跨比约1/20,高跨比约1/20,与规范允许值下限相近,结构整体刚度低,可靠的稳定性分析尤为重要。为增加钢桁梁横向刚度,桁架桥两端设置了桥门架,中间区域设置了中间横联。

为实现大跨应急钢桁梁稳定性的精确分析,采用ANSYS建立结构三维空间模型,如图3-27所示。钢桁梁杆件采用beam189模拟,鉴于主桁结构采用整体节点、节点外拼接、且通过锥形销可基本消除拼接处销(栓)孔间隙,其效果更加接近刚性连接,故节点按刚性处理,考虑的设计荷载包括恒载、活载、风荷载和温度荷载,活载采用东风四型机车随挂70kN/m均载,荷载图示如图3-28所示。

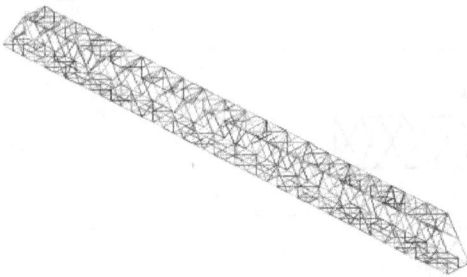

图3-27 大跨应急钢梁计算模型

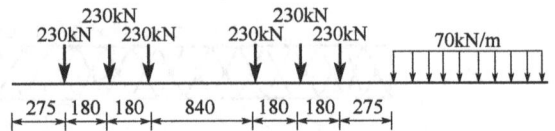

图3-28 东风四型机车荷载图示(尺寸单位:cm)

3.2.3.2 稳定分析

1)线弹性稳定性分析

相比非线性稳定性分析,结构的线弹性稳定求解更简单。失稳时的临界荷载可作为第二类稳定性分析的参考荷载,并可通过稳定系数判断结构的最不利荷载工况,因此线弹性稳定性分析是结构稳定性研究必不可少的部分。

对实际工程进行结构稳定性分析时,通常将恒载作为定值,逐渐增大列车荷载、风荷载等活载,将失稳时活载与原活载之比称为结构的稳定系数,也称屈曲系数或安全系数。这里考虑恒载、列车活载、横向风荷载以及温度变化等多种荷载的不同组合形式,开展大跨钢桁梁的弹性稳定性分析。

（1）恒载+列车活载

结构稳定性与荷载的类型、位置及其大小等有很大关系，在此选择列车车头在$L/8$、$L/4$、$L/2$、$3L/4$、L、$5L/4$、$3L/2$、$7L/4$及$2L$（分别记作工况1～工况9）九种工况进行分析。

不同列车位置稳定系数如图3-29所示。由图3-29可知，当列车荷载处于应急钢桁梁不同位置时，结构稳定系数相差很大，列车上桥及在桥上运行过程中，结构稳定系数是变化的。列车车头到达1/2跨前，由于作用在桥上的列车荷载逐渐增大，结构稳定性迅速减弱；列车车头通过1/2跨后，随着均布荷载逐渐增大，结构稳定系数趋于稳定，最不利工况为列车车头驶出桥位而桥上满布均载的工况。

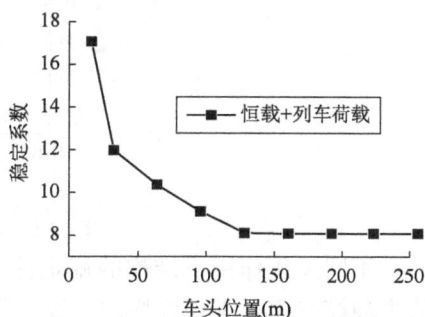

图3-29　不同列车位置稳定系数

具有代表性的列车在桥上不同位置时的稳定性分析计算结果见表3-5。其中，工况5为列车车头到达桥梁另一端，列车布满全桥，此时稳定系数为8.113。工况6～工况9为列车已经过桥，作用于桥上的荷载是全桥均布的列车随挂荷载，此种工况下稳定系数最小，其值为8.093，由此判断此工况为最不利荷载工况。表3-5还给出了各种工况下的1阶屈曲模态，工况1～工况4是端部横联的局部失稳，主要是列车上桥时，桥上活载纵向分布不均匀，钢桁梁整体受力不对称，使得端部个别杆件轴力过大，导致局部失稳。工况5～工况9是上平纵联和主桁的局部对称失稳，主要是荷载分布基本对称，跨中杆件受力最大，最终导致结构屈曲失稳。这两种失稳模态说明了影响大跨应急钢桁梁稳定性的构件部位，同时进一步证明了荷载分布形式对结构稳定性的影响。

列车在桥上不同位置时的稳定性分析结果　　　　　　　　　　表3-5

工况	荷载形式	1阶稳定系数	1阶屈曲模态
1	恒载+1/8跨满布列车荷载	17.071	
2	恒载+1/4跨满布列车荷载	11.968	
3	恒载+半跨满布列车荷载	10.367	
4	恒载+3/4跨满布列车荷载	9.117	
5	恒载+全跨满布列车荷载	8.113	
6~9	恒载+全跨满布随挂荷载	8.093	

（2）恒载+列车活载+风载

大跨钢桁梁宽跨比小，横向刚度较弱，横向荷载对结构稳定性影响很大，在此主要分析恒载+风载（以下称组合1）以及恒载+列车荷载+风载（以下称组合2）两种荷载组合形式在不同横向风压作用下的结构稳定性。

不同风压下的钢桁梁稳定系数变化曲线如图3-30所示，随着风压的增大，两种荷载组合下结构稳定系数都在逐渐减小。其中组合1作用下，稳定系数随风压增大而快速减小。组合2作用下，稳定系数随风压的变化可分为两个阶段：当风压小于0.6kPa时，稳定系数变化不明显；当风压大于0.6kPa时，稳定系数变化规律与组合1变化规律大致相同，即随着风压增大稳定系数快速减小。由此可见，结构稳定性与荷载组合形式和横向风压大小都有关系。

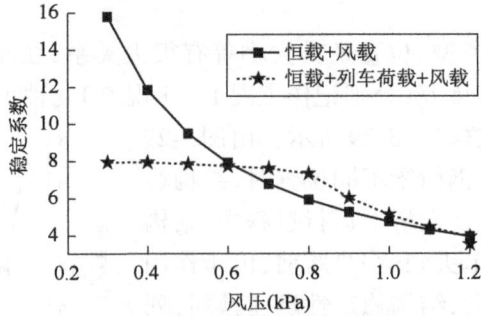

图3-30　不同风压下的钢桁梁稳定系数变化曲线

　　不同风压作用下结构的稳定性分析结果见表3-6。由表3-6可知,组合1作用下,结构的1阶失稳模态主要表现为横向失稳。而在组合2作用下,1阶屈曲模态有竖向和横向两种失稳模态。风压小于0.6kPa时,竖向荷载起主导作用,横向风荷载对结构的稳定性影响较小,稳定系数随风压的变化较缓慢,失稳模态表现为上平纵联和主桁的局部竖向失稳。随着风压增大,横向风荷载对结构稳定性的影响越来越明显,稳定系数快速减小,失稳模态由竖向失稳演变为横向失稳,进一步说明了横向风荷载对大跨钢桁梁的稳定性影响很大。《铁路桥梁抢修(建)技术规程(试行)》规定:应急使用时风荷载强度为0.5kPa,此时稳定系数为8.425,可知应急钢桁梁有足够高的稳定性。此外,鉴于组合2中出现了主桁杆件的失稳,因此风力较大时应限制桥上列车通行。

不同风压作用下结构的稳定性分析结果　　　　　　表3-6

荷载	风压(kPa)	1阶稳定系数	1阶屈曲模态
组合1	0.4	11.850	
	0.5	9.480	下平纵联端部斜撑,
	0.6	7.900	个别杆件水平失稳
	0.8	5.925	
	1.0	4.740	
组合2	0.4	8.556	
	0.5	8.425	主桁和上平纵联的部分杆件
	0.6	8.288	局部竖向失稳
	0.7	7.170	
	0.8	5.916	下平纵联端部斜撑
	1.0	4.382	个别杆件水平失稳

（3）恒载+列车活载+温度

为探析温度变化对钢桁梁稳定性的影响,这里分析了恒载和列车活载作用下,稳定系数随温度变化的规律。由图3-31可知,温升和温降对结构稳定性影响较小,尤其是温度低于70℃时,稳定系数基本保持不变,均为8.093;温升达到80℃时,稳定系数为7.951,减小率为1.75%。这说明温度变化对大跨应急钢桁梁的稳定性基本没有影响。究其原因,主要是应急钢桁梁采用简支形式,为静定结构,温度效应仅对整体形变产生影响,对于杆件内力及结构稳定性影响不明显。

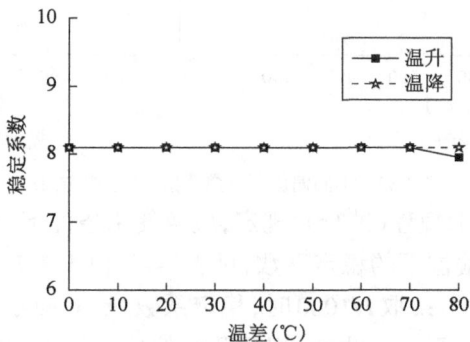

图3-31 温度变化对钢桁梁稳定系数的影响

①考虑几何初始偏位的线弹性稳定性分析

应急钢桁梁为拼装式结构,根据需要由制式杆件拼装而成,杆件在制作、运输和安装过程中难免出现误差,进而引起结构在初始状态时就存在变形和内力。所以,在钢桁梁稳定性分析中有必要考虑初始偏位的影响。根据规范,结构的几何初始变形 k 不能大于 $L/1000$,在此初始偏位依次取 0、$L/6000$、$L/5000$、$L/4000$、$L/3000$、$L/2000$ 和 $L/1000$,计算的荷载工况有如下五种:

工况10:恒载+半跨满布列车荷载(简称半跨列车)。

工况11:恒载+全桥满布列车荷载(简称满跨列车)。

工况12:恒载+全桥满布列车随挂荷载(简称满跨随挂)。

工况13:恒载+全桥满布列车随挂荷载+横向风载(风压0.5kPa)。

工况14:恒载+全桥满布列车随挂荷载+横向风载(风压0.8kPa)。

②考虑初始偏位情况下不同荷载工况的钢桁梁稳定性分析

不同偏位下线弹性稳定性分析结果如图3-32所示。由图3-32可知,随着初始几何偏位的增大,各工况下结构稳定系数均呈现减小趋势,但不同工况之间的减小趋势又有所区别。例如,竖偏条件下,随着初始几何偏位的增大,工况10～工况13稳定系数变化率基本相同,而工况14稳定系数降幅较小;横偏条件下变化规律则相反,工况10～工况13稳定系数降幅较小,而工况14稳定系数随横向偏位的增大迅速减小。究其原因,是工况10～工况13的1阶失稳模态为竖向失稳,对竖向偏位很敏感;而工况14中风荷载强度为0.8kPa,1阶失稳模态表现为横向失稳,因此横向偏位的影响会更显著。这说明考虑几何初始偏位进行结构稳定性分析时,需结合结构失稳模态考虑不同方向的初始偏位,以便于探析最不利情况。

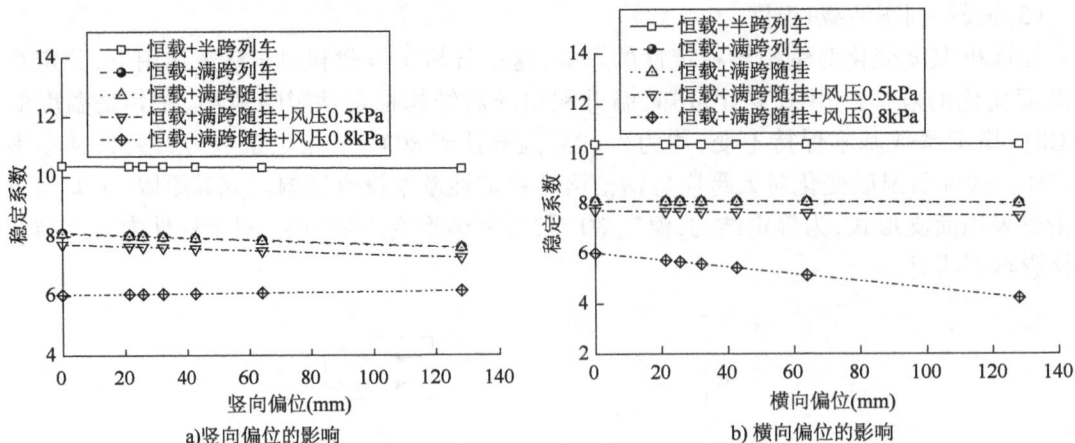

a)竖向偏位的影响　　　　b) 横向偏位的影响

图3-32　不同偏位下线弹性稳定性分析结果

《铁路桥梁抢修(建)技术规程(试行)》规定,应急使用条件下,横向风压按0.5kPa计算,故在此给出工况13不同初始偏位下的稳定系数,见表3-7。由表3-7可知,随着竖向、横向偏位取值的增大,稳定系数逐渐减小;k取L/1000时,稳定系数最小,减小率为5.979%;总体而言,初始偏位对结构稳定系数影响不大。此外,相同几何偏位条件下,竖向偏位对稳定性的影响明显大于横向偏位。竖向偏位引起的稳定系数减小率与横向偏位引起的稳定系数减小率之比在2.24~2.40范围内,初始偏位k越小,倍率越大,说明应急使用条件下竖向偏位的影响更明显。

不同初始偏位下的线弹性计算结果　　　　表3-7

偏位k值	竖偏		横偏	
	稳定系数	减小率(%)	稳定系数	减小率(%)
0	7.727	—	7.727	—
$L/4000$	7.612	1.488	7.678	0.634
$L/3000$	7.573	1.993	7.662	0.841
$L/2000$	7.497	2.977	7.628	1.281
$L/1000$	7.265	5.979	7.521	2.666

另外,上述分析竖向偏位均为向下偏位,偏位越大,稳定系数越小;如果是向上偏位,稳定系数将随偏位程度的增大而增大。实际工程中,经常通过对应急钢桁梁设置预拱度,实现结构上偏位,进而在一定程度上增大结构稳定系数和稳定性。鉴于上偏位时结构稳定性更好,此处不再对上偏位情况进行详细分析。

2)非线性稳定性分析

前面线弹性分析是基于理想结构的线弹性稳定分析,实际结构不仅存在初始缺陷,而且在外荷载作用下会产生大变形,而材料本构关系也并非理想的线性关系,因此稳定性分析应考虑大变形和材料非线性的影响,进行包含初始缺陷、几何材料双重非线性稳定性分析。

ANSYS进行非线性稳定性分析时,通常采用一致缺陷模态法施加初始位移。首先对理想结构进行特征值线弹性稳定性分析,然后在1阶失稳模态的最大位移节点上施加初始缺陷,最后将线弹性稳定性分析得到的荷载适当缩放,作为非线性稳定性分析的上限。以下非线性稳定性分析均以工况13为基本荷载组合进行计算,初始缺陷k值为0、$L/6000$、$L/5000$、$L/4000$、$L/3000$、$L/2000$、$L/1000$。

在此说明,非线性稳定性分析中初始缺陷值原则上是总位移,由于工况13的1阶失稳模态为竖向失稳,此处的初始缺陷实际上是竖向下偏位,与前面线弹性稳定性分析中竖向偏位影响大的论述一致。

(1)考虑几何非线性的稳定性分析

不同初始缺陷下的几何非线性稳定性分析结果如图3-33所示。由图3-33可知,不同缺陷的荷载-位移曲线表现出了相同的变化规律。当荷载较小时,结构处于弹性阶段,荷载-位移曲线表现为直线;随着荷载的增大,结构变形越来越大,开始出现塑性变形,但仍然以弹性变形为主,荷载-位移曲线变形表现为折线,结构处于弹塑性阶段;当跨中位移达到4100mm时,继续增大荷载,结构位移迅速增大,产生明显的大变形,最后结构因变形过大而失稳,荷载-位移曲线表现为平缓直线,此为破坏阶段,结构变形以塑性变形为主。根据荷载-位移曲线斜率的变化规律,定义折线段的末端点,即跨中位移为4100mm左右时的荷载系数为稳定系数。从图3-33中还可以看出,当初始缺陷很小时,荷载-位移曲线基本重叠在一起,曲线区分度很小,说明初始缺陷的影响微乎其微。但是随着缺陷增大,荷载-位移曲线的差异逐渐显现出来,初始缺陷越大,结构进入塑性区越快,相同荷载作用下的变形越大,说明初始缺陷的存在使得结构承载力降低。

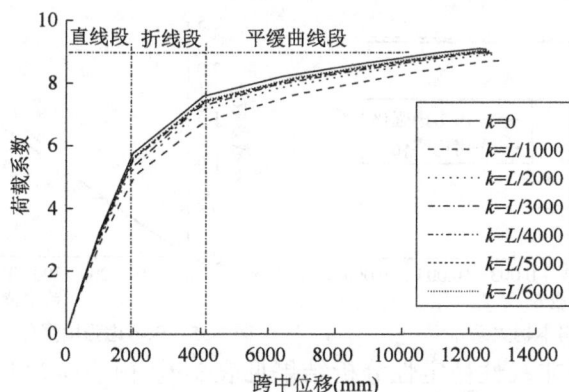

图3-33 不同初始缺陷下的几何非线性稳定性分析结果

不同缺陷下的几何非线性稳定性分析结果见表3-8。由表3-8可知,$k=0$时,仅考虑几何非线性因素,结构稳定系数为7.600,比线弹性稳定性分析减小了1.64%,说明只考虑结构大变形而不考虑初始缺陷时,结构的稳定性降幅有限。当结构存在初始缺陷时,随着缺陷的增大,考虑大变形的结构稳定系数逐渐减小。$k=L/1000$时,稳定系数减小了10.606%,明显高于线弹性稳定性分析稳定系数减小率。由此可见,在非线性稳定性分析中,初始缺陷的影响还是比较显著的。

不同缺陷下的几何非线性稳定性分析结果　　　　表3-8

缺陷k取值	稳定系数	减小率(%)
0	7.600	—
$L/4000$	7.387	2.812
$L/3000$	7.235	4.813

缺陷 k 取值	稳定系数	减小率(%)
$L/2000$	7. 130	6. 186
$L/1000$	6. 794	10. 606

(2)考虑材料非线性的稳定性分析

结构失稳多数是由于外荷载作用下结构应力达到材料屈服强度,继而进入屈服状态,随着荷载的继续增加,结构的变形迅速增加,最终发生失稳破坏。

在结构有限元模型中,可通过设定材料的本构关系进行材料非线性的稳定性分析。材料本构关系如图3-34所示,结合是否考虑强度强化分两种情况展开分析,其中强化阶段切线模量为弹性模量的2%。

未考虑强度强化的非线性稳定性分析结果如图3-35所示。由图3-35可知,不同缺陷下的荷载-位移曲线较为接近,说明不同缺陷下结构失稳破坏的过程是相似的。初始阶段随着荷载的增大,位移大致呈线性增大。达到屈曲荷载后,外荷载的微小增长都会引起杆件所承受的荷载超过极限荷载,最终导致结构发生屈曲失稳破坏。由于材料非线性稳定性分析没有考虑结构的大变形,所以荷载-位移曲线的平缓段很短,最大位移远远小于几何非线性稳定性分析的极限位移。

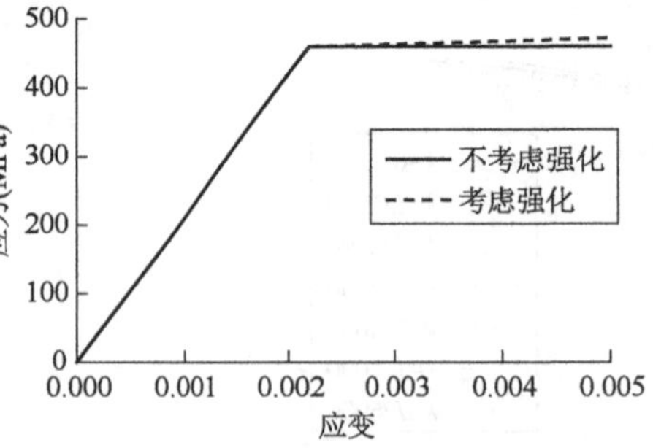

图3-34 材料本构关系

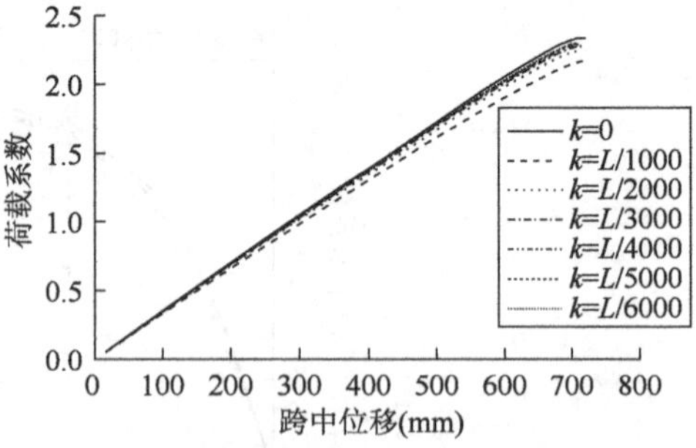

图3-35 未考虑强度强化的非线性稳定性分析结果

不同缺陷下的材料非线性稳定性分析结果见表3-9。由表3-9可知,随着初始缺陷的增大,结构稳定系数在逐渐减小,当缺陷为 $L/1000$ 时,稳定系数降低为2.156,相比理想状态下,减小率为7.069%,说明在 $L/1000$ 初始缺陷范围内,初始缺陷对材料非线性稳定性影响较小。

不同缺陷下的材料非线性稳定性分析结果　　　　　　　表3-9

缺陷 k 取值	稳定系数	减小率(%)
0	2. 320	—
$L/4000$	2. 283	1. 596
$L/3000$	2. 263	2. 453
$L/2000$	2. 234	3. 672
$L/1000$	2. 156	7. 069

考虑强度强化的非线性稳定性分析结果如图3-36所示。考虑非线性强化后,荷载-位移曲线出现了明显的平缓段,极限位移和稳定系数都显著增加,主要是由于材料达到屈服强度后进入强化阶段,钢材的强度会在一定程度上得到提高,使得结构变形和承载力都有所增加,说

明材料本构对结构稳定性影响明显,工程应用中应参考构件材料特性进行分析。

(3)考虑几何、材料双重非线性的稳定性分析

在几何、材料双重非线性稳定性分析中,不同缺陷的荷载-位移曲线如图3-37所示。荷载-位移曲线呈现出明显的直线、折线、平缓曲线段。随着荷载的增大,结构由弹性变形进入塑性变形直至失稳破坏。不同缺陷下的双重非线性稳定性分析结果见表3-10。由表3-10可知,初始缺陷的存在导致结构稳定性减弱,且稳定系数随缺陷的增大而减小,降小速度明显加快。当缺陷为$L/1000$时,稳定系数减小率达到12.166%,相比仅考虑一种非线性因素,初始缺陷的影响更加明显。

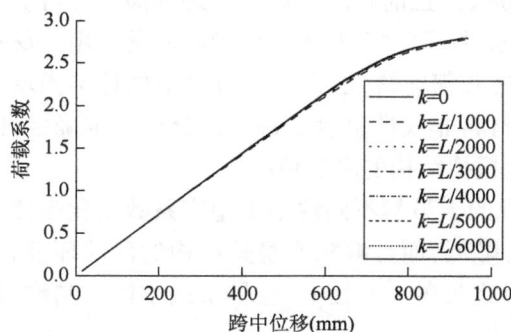

图3-36　考虑强度强化的非线性稳定性分析结果

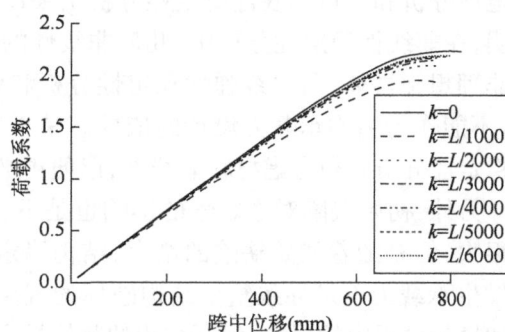

图3-37　不同初始缺陷下双重非线性稳定性分析

不同缺陷下的双重非线性稳定性分析结果　　　　　　　　　　表3-10

缺陷k值	稳定系数	减小率(%)
0	2.191	—
$L/4000$	2.136	2.527
$L/3000$	2.118	3.355
$L/2000$	2.069	5.577
$L/1000$	1.925	12.166

(4)综合分析

不同缺陷下非线性稳定性分析与线弹性稳定性分析的稳定系数对比见表3-11。仅考虑几何非线性后,$k=0$时,结构稳定系数相对线弹性稳定性分析降低了0.127,减小率为1.64%;$k=L/1000$时,结构稳定系数降低了6.79%,说明几何非线性对结构稳定性的影响较小。

考虑材料非线性后,$k=0$时,结构稳定系数仅为2.320,相对线弹性稳定性分析减小5.407,降低了70.0%;$k=L/1000$时,稳定系数为2.156,降低了70.3%。这表明材料非线性对结构稳定性的影响非常明显。

在双重非线性稳定性分析中,相比材料非线性稳定性分析,结构稳定系数又有明显降低。$k=0$时,稳定系数为2.191,比线弹性稳定性分析结果降低了5.536,减小率为71%。而$k=L/1000$时,稳定系数由线弹性稳定性分析结果7.265减小为1.925,减小率为73.5%。这说明在考虑双重非线性因素下,结构稳定性显著降低,这也是各种因素作用下的最不利情况,结构稳定系数能达到1.925,说明大跨钢桁梁总体稳定性良好,能满足紧急情况下的应急使用。

不同缺陷下非线性稳定性分析与线弹性稳定性分析的稳定系数对比　　　　表 3-11

缺陷 k 值	线弹性	几何非线性	材料非线性	双重非线性
0	7.727	7.600	2.320	2.191
$L/3000$	7.573	7.235	2.263	2.118
$L/2000$	7.497	7.130	2.234	2.069
$L/1000$	7.265	6.794	2.156	1.925

由表 3-11 可知,线弹性稳定性分析和几何非线性稳定性分析结果比较接近,材料非线性稳定性分析和双重非线性稳定性分析结果比较相近,而且前者的计算结果远远高于后者。这说明,在非线性稳定性分析中,几何非线性的影响较小,而材料非线性的影响显著。由于材料并非理想弹性体,所以线弹性稳定性分析和仅考虑几何非线性时,都会过高地估计结构承载力,不能作为结构承载力设计的依据。是否考虑材料非线性决定了稳定性分析的准确性,因此稳定性分析必须考虑材料非线性,以便更准确地模拟结构的真实情况。

另外,初始缺陷对稳定性的影响也是不容忽视的。虽然不同缺陷下稳定系数变化率并不是很大,但是随着初始缺陷的增大,结构稳定性会降低,而且缺陷本身是结构的薄弱环节,容易发生承载力不足导致整个结构破坏的现象。因此在实际工程中,应尽量减小构件制作、运输和拼装过程中的误差,保证结构的整体性和稳定性。

3)分析与讨论

以 128m 跨度铁路桥梁应急保障所需穿式梁为例开展稳定性分析,明确了列车荷载、风荷载、温度效应、初始缺陷以及几何非线性和材料非线性等因素对其稳定性的具体影响。

(1)通过对主力作用下的线弹性稳定性分析可知,应急钢桁梁的稳定性与列车荷载位置有关系,128m 跨度应急钢桁梁最不利荷载位置为全桥均布列车随挂荷载,最低稳定系数为8.093,失稳形式为主桁和上平纵联的局部竖向失稳。

(2)通过对恒载、列车荷载、风荷载及温度作用下的稳定性分析可知,横向风压小于0.6kPa 时,桥梁失稳模式为竖向失稳;风压大于 0.6kPa 时,失稳模式为水平失稳。因此横向风荷载对结构稳定性的影响不容忽视。温度变化对大跨简支钢桁梁的稳定性影响很小,温度变化小时可以忽略。

(3)通过对初始缺陷下的稳定性分析可知,考虑初始缺陷时,稳定系数随初始缺陷的增大而减小。缺陷为 $L/1000$ 时,线弹性稳定性分析稳定系数减小 6.0%,非线性稳定性分析稳定系数减小 12.2%,竖向偏位对竖向失稳模态的影响显著,而横向偏位对横向失稳模态影响显著,说明在稳定性分析中有必要考虑初始缺陷的影响。

(4)通过对结构的非线性稳定性分析可知,考虑非线性因素时,相比线弹性稳定性分析,几何非线性稳定性分析稳定系数减小 6.79%,材料非线性稳定性分析稳定系数减小 70%,双重非线性稳定性分析结果减小 73.5%,说明材料非线性的影响显著,几何非线性的影响较小。稳定性分析必须考虑材料非线性因素的影响,才能得到与实际结构承载力接近的结果。综合考虑各种荷载工况和非线性因素,运营状态下大跨钢桁梁最不利稳定系数为 1.925,结构稳定性良好。

(5)对于应急钢桁梁不同使用跨度,各影响因素对其稳定性的影响或有不同,不同跨度下穿式梁结构的稳定性分析可参考本节方法,得到具体影响规律。

3.2.4 半穿式梁结构整体稳定性能

半穿式钢桁梁在中等跨径钢桁梁中广泛应用,其结构简单、拼装方便、桥面净空不受限制的特点也使其成为中等跨径应急抢修钢梁的首选桥型。半穿式钢桁梁两片主桁顶部不设横向联结系,使得上弦杆侧向刚度较低,容易发生横桥向的面外失稳,为此,设计时一般在桁架底部腹杆和横梁之间加装斜向风撑,以提高其横向刚度和稳定性。

针对半穿式梁的结构特点和设计,各国规范也给出了相关的计算公式。目前国内半穿式梁上弦杆设计主要参照《水运工程钢结构设计规范》(JTS 152—2012)和《铁路桥梁钢结构设计规范》(TB 10091—2017)。两个规范所给计算方法基本相同,且忽略风撑影响,通过计算半框架横向位移,查表确定杆件计算长度系数,然后考虑杆件稳定折减系数确定屈曲荷载。

相关规范针对风撑影响多简化处理,对于永久性桥梁,增大了安全系数,但对于应急抢修钢桁梁而言,忽略风撑影响将导致弦杆截面增大,继而大幅增加结构重量,给应急抢修带来不利的影响。因此,本节首先通过理论分析,推导了半穿式梁风撑内力和半框架横向位移的解析解,从理论层面说明风撑对半穿式梁上弦杆侧向支撑刚度和结构整体稳定性的影响;接着进一步以56m跨半穿式应急钢桁梁为研究对象,开展数值仿真,得到了风撑对结构稳定性影响的一般规律,并在此基础上给出了风撑设计建议值。

3.2.4.1 风撑对半穿式梁稳定性影响的理论分析

(1)半穿式梁风撑轴力

半穿式梁横截面为顶部敞开的半框架形式,底部加装风撑的半框架如图3-38所示。图中MN、CD为半穿式梁腹杆,高度为h,面积为A_c,抗弯刚度为EI_c;N_c为半穿式梁横梁,其长度为半穿式梁桁宽B,抗弯刚度为EI_g;JQ、GH为半穿式梁风撑,风撑上端位于腹杆中点,与腹杆夹角为α,面积为A,拉压刚度为EA;P为作用于半框架顶端的单位水平荷载,顶端横向水平位移为$\delta_{Mx}(\delta_{Dx})$。

根据结构和荷载的对称性,可取一半作为研究对象,如图3-39a)所示。风撑连接腹杆和横梁,为半框架提供竖向和横向的弹性支撑,故风撑的内力主要体现为轴向压力,而轴向压力的大小对半框架的顶部位移产生一定影响。加装风撑的半框架为外部静定、内部超静定结构,欲求风撑内力,需通过变形协调方程进行求解。首先将GH杆断开,代之以轴力F,如图3-39b)所示。

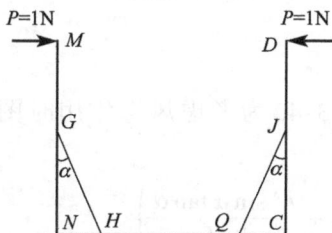

图3-38 底部加装风撑的半框架图

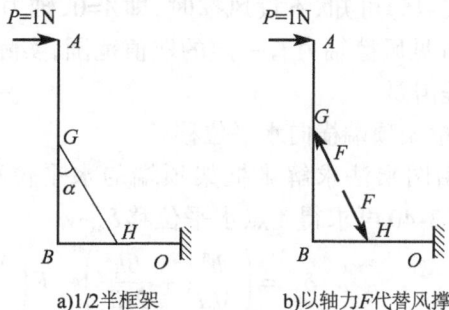

a)1/2半框架　　b)以轴力F代替风撑

图3-39 风撑轴力计算简图

根据风撑轴向变形或 G、H 点的相对位移,可得位移协调方程:

$$F\left(\frac{h^3}{24EI_c}+\frac{h^3\tan\alpha}{24EI_g}\right)\sin^2\alpha-\left(\frac{5h^3}{48EI_c}+\frac{h^3\tan\alpha}{8EI_g}\right)\sin\alpha=-\frac{F}{EA}\cdot\frac{h}{2\cos\alpha} \tag{3-12}$$

解此方程可得

$$F=\frac{\dfrac{5h^3\sin\alpha}{48EI_c}+\dfrac{h^3\sin\alpha\tan\alpha}{8EI_g}}{\dfrac{h^3\sin^2\alpha}{24EI_c}+\dfrac{h^3\sin^2\alpha\tan\alpha}{24EI_g}+\dfrac{h}{2EA\cos\alpha}} \tag{3-13}$$

也可以表示为

$$F=\frac{\dfrac{5\sin\alpha\cos\alpha}{48I_c}+\dfrac{\sin^2\alpha}{8I_g}}{\dfrac{\sin^2\alpha\cos\alpha}{24I_c}+\dfrac{\sin^3\alpha}{24I_g}+\dfrac{1}{2h^2A}}=\frac{5I_g\cos\alpha+6I_c\sin\alpha}{2I_g\sin\alpha\cos\alpha+2I_c\sin^2\alpha+\dfrac{24I_cI_g}{h^2\sin\alpha}\times\dfrac{1}{A}} \tag{3-14}$$

根据式(3-14),可推得风撑轴力 F 的两种极值情况:

$A=0$ 时,$F=F_{min}=0$,即风撑轴力最小值为 0;

$A=\infty$ 时,$F=F_{max}$,即风撑轴力最大值,其表达式为

$$F_{max}=\frac{\dfrac{5\cos\alpha}{48I_c}+\dfrac{\sin\alpha}{8I_g}}{\dfrac{\sin\alpha\cos\alpha}{24I_c}+\dfrac{\sin^2\alpha}{24I_g}}=\frac{5I_g\cos\alpha+6I_c\sin\alpha}{2I_g\sin\alpha\cos\alpha+2I_c\sin^2\alpha} \tag{3-15}$$

式(3-14)形式比较繁复,为了便于在工程中应用,结合式(3-15)并引入参数 C_0,可得风撑轴力 F 的一般计算公式:

$$F=\frac{F_{max}}{1+\dfrac{C_0}{A}} \tag{3-16}$$

C_0 可按式(3-17)计算。

$$C_0=\frac{12I_cI_g}{(I_g\sin^2\alpha\cos\alpha+I_c\sin^3\alpha)h^2} \tag{3-17}$$

由式(3-16)可知,不设风撑时,即 $A=0$,轴力 $F=0$;设置风撑时,当风撑面积 $A\to\infty$ 时,轴力 $F\to F_{max}$。可见风撑轴力有一定的取值范围,实际工程中,可以通过调整风撑参数改变轴力,使其满足工程需要。

(2)半框架顶端横向水平位移

现采用图乘法求解半框架顶端的水平位移。图 3-40 为考虑风撑作用时图乘法弯矩图,根据图 3-40 可求得 A 点水平位移 δ_{Ax}:

$$\delta_{Ax}=\left(\frac{h^3}{3EI_c}+\frac{Bh^2}{2EI_g}\right)-F\left(\frac{5h^3\sin\alpha}{48EI_c}+\frac{h^3\sin\alpha\tan\alpha}{8EI_g}\right) \tag{3-18}$$

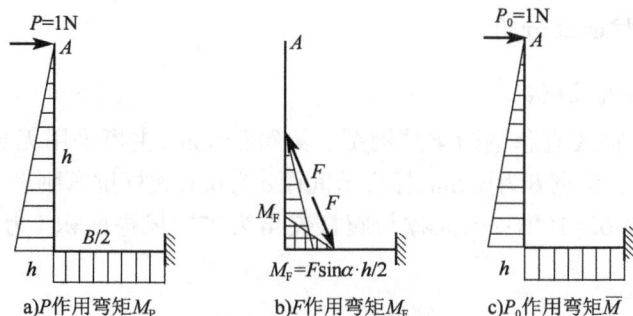

图3-40　图乘法弯矩图

a)P作用弯矩M_P　　b)F作用弯矩M_F　　c)P_0作用弯矩$\overline{M}$

由式(3-18)可知,半框架顶端横向水平位移δ_{Ax}与风撑轴力F以及夹角α有密切关系。当夹角α一定时,随着轴力F增大,横向水平位移δ_{Ax}线性递减,即轴力越大,半框架横向水平位移越小,对上弦杆的侧向支撑刚度越大。当轴力F取最大值时,水平位移最小,半框架对弦杆的侧向支撑刚度最大;不设风撑时(轴力$F=0$),横向水平位移δ_{Ax}最大,侧向支撑刚度最小,说明类似于风撑轴力,半框架水平位移和上弦杆侧向支撑刚度均存在极值。

$A=0$时,

$$\delta_{Ax} = \delta_{max} = \frac{h^3}{3EI_c} + \frac{Bh^2}{2EI_g} \tag{3-19}$$

$A=\infty$时,

$$\delta_{Ax} = \delta_{min} = \frac{h^3}{3EI_c} + \frac{Bh^2}{2EI_g} - F_{max}\left(\frac{5h^3 \sin\alpha}{48EI_c} + \frac{h^3 \sin\alpha \tan\alpha}{8EI_g}\right)$$

$$= \delta_{无} - F_{max}\left(\frac{5h^3 \sin\alpha}{48EI_c} + \frac{h^3 \sin\alpha \tan\alpha}{8EI_g}\right) \tag{3-20}$$

式中:δ——不设风撑或忽略风撑影响时半框架侧向位移,m,$\delta_{无} = \frac{h^3}{3EI_c} + \frac{Bh^2}{2EI_g}$;

F_{max}——按式(3-15)计算;

其余符号意义同前。

(3)上弦杆侧向支撑刚度

上弦杆侧向支撑刚度主要由腹杆、风撑和横梁组成的半框架提供,其数值为单位水平力作用下半框架水平位移δ_{Ax}的倒数,故上弦杆侧向支撑刚度k可表示为

$$k = \frac{1}{\delta_{Ax}} \tag{3-21}$$

上弦杆侧向支撑刚度确定后,即可把上弦杆视作中间带若干弹性支撑的连续梁,弹性支撑刚度即半框架对上弦杆的侧向支撑刚度k。图3-41所示为上弦杆简化计算模型,图中L为上弦杆总长度,d为节间长度,n为节间数,z表示半穿式梁上弦杆平面外方向,屈曲荷载P可参考相关文献获得解析解。

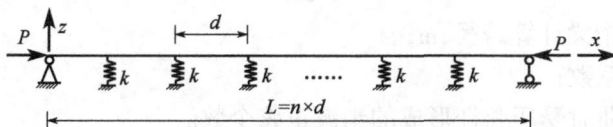

图3-41　上弦杆简化计算模型

3.2.4.2 算例验证及分析

1)半穿式应急钢桁梁概况

图 3-42 为 56m 半穿式应急钢桁梁结构图。梁跨径 56m,主桁采用无竖杆的三角形结构体系,主桁高 h 为 5.4m,主桁宽 B 为 6.5m,标准节间距 d 为 6m,腹杆抗弯刚度 EI_c 为 $1.04×10^8N·m^2$,横梁抗弯刚度 EI_g 为 $5.62×10^8N·m^2$,风撑与腹杆夹角为 27°,风撑面积 A 为 $0.0023m^2$,拉压刚度 EA 为 $4.83×10^8N$。

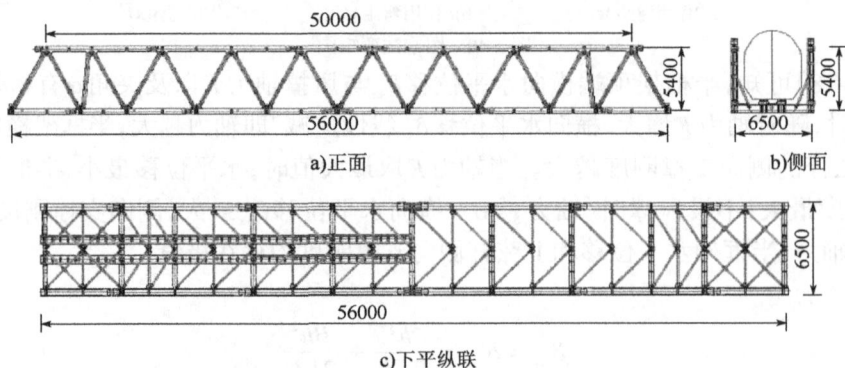

图 3-42　56m 半穿式应急钢桁梁结构图(尺寸单位:mm)

2)风撑轴力 F 和半框架位移 δ_{Ax}

为便于与《铁路桥梁钢结构设计规范》(TB 10091—2017)中的方法进行对比,在半框架局部受力分析中,计算荷载采用在半框架顶端施加大小为 1N 的单位水平荷载。表 3-12 为分别采用本节方法、规范方法和有限元法计算结果,误差以有限元法结果作为标准进行计算。

不同方法的轴力、位移和刚度计算结果对比　　　　　　　　　　表 3-12

项目	有限元法	本节方法	误差(%)	规范方法	误差(%)
轴力 F(N)	4.060	4.293	5.74	—	—
半框架位移 δ_{Ax}(m)	$5.010×10^{-7}$	$4.739×10^{-7}$	5.41	$9.035×10^{-7}$	80.34
支撑刚度 k(N·m^{-1})	$1.996×10^6$	$2.110×10^6$	5.71	$1.107×10^6$	44.54

由表 3-12 可知,规范方法由于没有考虑风撑的侧向支撑作用,计算结果误差很大,其中位移误差达到 80.34%,支撑刚度误差达到 44.54%。由此可见,结构稳定性分析中有必要考虑风撑的影响。本节方法考虑了风撑的影响,其计算结果与有限元法结果非常接近,误差只有 5.5% 左右,表明本节方法的理论推导是正确且合理的。

《铁路桥梁钢结构设计规范》(TB 10091—2017)对半穿式梁计算长度 l 有明确规定,当节间长度 $d≥L/3m$ 时,长度计算为

$$l=\alpha L \tag{3-22}$$

式中:L——半穿式钢桁梁计算跨径,m;

　　　α——计算长度系数;

　　　m——钢桁梁屈曲时受压弦杆形成的半波正弦个数。

α、m可根据β从规范中表5.1.2查取。

β计算公式为

$$\beta = \frac{L^4}{16d\delta EI_m} \tag{3-23}$$

式中:δ——半框架上节点由单位水平力引起的最大位移,m;

I_m——受压弦杆毛截面对竖轴的惯性矩,m⁴;

E——钢的弹性模量,MPa。

由式(3-23)可知,半框架位移δ是确定计算长度的基础数据,其准确度对后续计算至关重要。

本节根据不同方法的半框架位移结果,进一步给出β、m、α和l等参数计算结果,见表3-13。由表3-13可知,不同方法计算结果差异较大,其中差异最明显的是屈曲半波数m,规范方法不考虑风撑影响,屈曲模态半波数为2.000;本节方法和有限元方法考虑风撑影响,所得半波数均为3,再次证明本节方法的正确性。屈曲半波数可间接反映结构刚度和稳定性:半波数越大,说明结构刚度和稳定性越强。而规范方法半波数为2.000,与有限元法结果相差较大,表明规范方法不考虑风撑影响,低估了结构的横向刚度和承载力,计算结果偏于安全却过于保守,忽略风撑在结构稳定中的作用,导致应急钢桁梁设计重量增大。

不同方法半波数和计算长度的结果对比   表3-13

方法	有限元法	本节方法	规范方法
系数β	—	417.410	218.810
屈曲半波数m	3	3.000	2.000
计算长度系数α	—	0.215	0.237
计算长度l(m)	—	12.03	13.300

根据56m半穿式应急钢桁梁腹杆、横梁和风撑等构件特征,代入式(3-15)~式(3-17),即可确定风撑轴力F和半框架位移δ_{Ax}的一般表达式[式(3-16)]。

其中,$F_{max}=6.075$,$C_0=0.000955$。

$$\delta_{Ax} = \delta_{无} - C_1 F \tag{3-24}$$

其中,$\delta_{无} = \frac{h^3}{3EI_c} + \frac{Bh^2}{2EI_g} = 9.035 \times 10^{-7}$。

$$C_1 = \frac{5h^3 \sin \alpha}{48EI_c} + \frac{h^3 \sin \alpha \tan \alpha}{8EI_g} = 1.001 \times 10^{-7}$$

对于本节中的56m半穿式应急钢桁梁工程案例,根据式(3-16)和式(3-24),可结合实际情况,通过改变风撑面积,调整半框架横向位移,提高上弦杆面外失稳临界力,确保结构横向稳定性。

3)面外稳定参数影响分析

根据前文理论推导可知,上弦杆侧向刚度取决于半框架侧向位移,并与之成反比。由式(3-17)可知,半框架侧向位移影响因素很多,主要包括主桁高度h、主桁间距B、腹杆刚度EI_c、横梁刚度EI_g以及风撑刚度EA和风撑夹角α。鉴于已有文献对前四个因素的影响进行了研究,本节仅针对风撑刚度 EA 和风撑夹角 α 的影响进行分析。由于在结构材质确定的情况下,风撑刚度 EA 的大小取决于风撑面积,故在此将从风撑面积 EA 和风撑夹角 α 两方面进行分析。

(1)风撑面积影响分析

依然以56m半穿式应急钢桁梁为研究对象,风撑夹角取设计值27°,通过改变风撑面积,分析相关参数的变化规律,研究风撑面积对稳定性的影响。

①风撑轴力 F

图3-43为风撑夹角固定不变条件下,不同风撑面积的风撑轴力。由图3-43可知,随着风撑面积的增大,风撑轴力先是迅速增加,而后增幅减缓并趋于最大值。根据前面的推导,当风撑面积趋于无穷时,风撑轴力 F 趋于某极大值,对于本节的研究对象56m半穿式梁,风撑轴力极值为6.075N。风撑设计面积为0.0023m²时,风撑轴力为4.29N,为极大值的70.7%;当风撑面积增加1倍时,轴力为5.03N,为极大值的82.8%;当取腹杆面积0.0086m²时,风撑轴力为5.47N,为极大值的90.0%。由此可见,随着风撑面积的增大,轴力增幅越来越缓慢。因此,在确定风撑面积时,应综合考虑实际需要和施工便捷性等问题,使风撑尺寸合理而又能充分发挥其作用。根据理论分析和工程经验,建议风撑设计时,使其轴力达到最大值的60%及以上,以保证结构具有足够的横向稳定性。

实际工程中,腹杆面积是钢桁梁主桁杆件设计的重要参数之一,通常根据结构内力和稳定性首先确定。风撑作为辅助构件,其面积可用与腹杆面积的相对比值来表示。为便于说明,在此引入两个参数: β_A 为风撑和腹杆的面积比, β_F 为风撑轴力与轴力最大值之比。图3-44为面积比 β_A 与轴力比 β_F 之间的关系曲线。

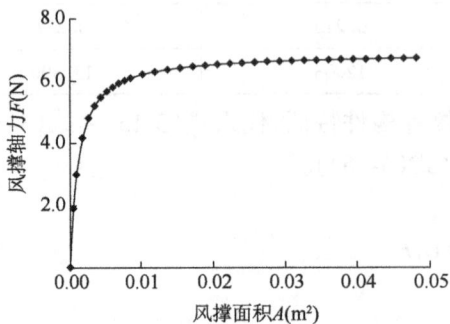

图3-43 不同风撑面积的风撑轴力　　　　图3-44 不同风撑面积比的风撑轴力比

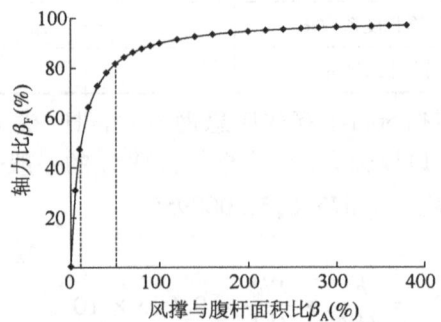

由图3-44可知, β_A 为50%时, β_F 为81.8%,即风撑面积取腹杆面积的50%时,风撑轴力达到最大值的81.8%,可显著提高结构的横向支撑刚度。另外,研究还发现,风撑面积很小时(如只有腹杆面积的10%),风撑轴力也能达到最大轴力的50%及以上,之所以效果显著,是因为加装风撑后,半框架由静定结构变为内部超静定结构,整体刚度明显提高。因此,即使设置截面尺寸较小的风撑,也能使半穿式应急钢桁梁稳定性得到较大改善。由此可见,对于半穿式应急钢桁梁而言,考虑风撑对稳定性的影响是非常必要的。

②半框架侧向位移和上弦杆支撑刚度

风撑面积的不同使得风撑对由腹杆和横梁组成的半框架侧向位移以及对弦杆的支撑刚度随之发生改变。风撑面积越大,对半框架腹杆的支撑作用越强,半框架顶端侧向位移越小。

由式(3-24)可知,侧向位移与风撑轴力成反比,随着支撑力的增大,侧向位移线性减小,变化规律如图3-45所示。由图3-45可知,支撑力趋于最大值时,侧向位移趋于最小值;支撑力最小为0,即不设或不考虑风撑时,侧向位移最大。

图3-46和图3-47为不同风撑面积半框架顶端侧向位移和上弦杆支撑刚度。由图3-46、图3-47可知,随着风撑面积的增大,半框架侧向位移先是快速减小而后减缓并趋于某最小值,而支撑刚度则先快速增加而后减缓并趋于某最大值。相比无风撑情况,侧向支撑刚度显著提高,最高达到无风撑时支撑刚度的3倍。由此可见,风撑对于半穿式应急钢桁梁稳定性的影响不容忽视。

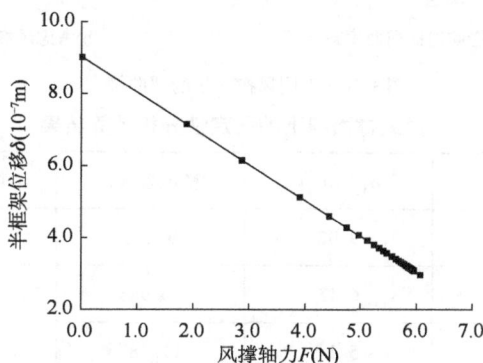

图3-45　半框架位移随风撑轴力变化规律

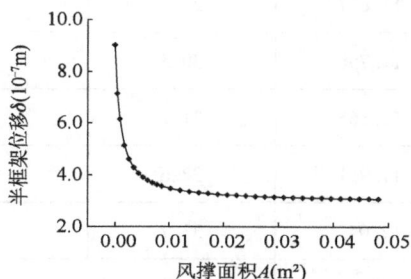

图3-46　不同风撑面积的侧向位移

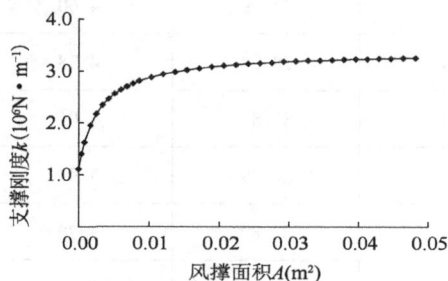

图3-47　不同风撑面积的支撑刚度

③线弹性稳定性分析

为进一步分析风撑面积对半穿式应急钢桁梁整体稳定性的影响,现采用ANSYS有限元软件对56m半穿式应急钢桁梁进行恒载和设计活载作用下的线弹性稳定性分析,设计活载同样采用东风四型机车随挂70kN/m均载,有限元模型如图3-48所示。

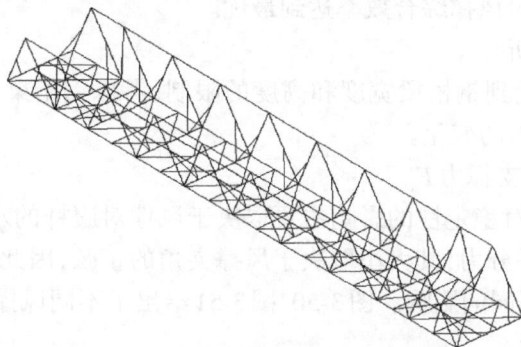

图3-48　56m半穿式应急钢桁梁有限元模型

图3-49为不同风撑面积的屈曲模态,具体计算结果见表3-14。由图3-49和表3-14可知,不设风撑或忽略其影响时,线弹性稳定系数为9.012,屈曲模态半波数为2;考虑风撑影响时,线弹性稳定系数显著提高,且屈曲模态半波数为3,半波数的增加说明风撑对结构横向刚度和稳定性影响很大,且不能忽视。

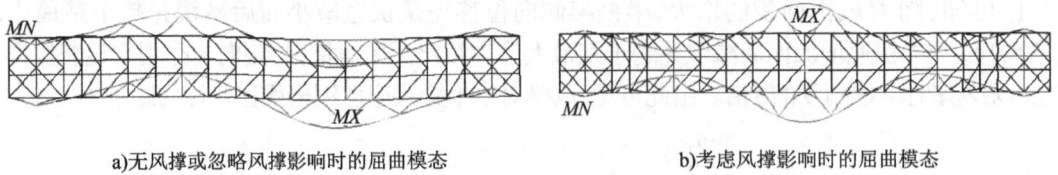

a)无风撑或忽略风撑影响时的屈曲模态　　　　b)考虑风撑影响时的屈曲模态

图3-49　不同风撑面积的屈曲模态

不同风撑面积下的稳定性分析计算结果　　　　表3-14

β_A(%)	β_F(%)	$\delta_{Ax}(10^{-7})$	稳定系数 λ	λ 增长率(%)	半波数
0	0	9.02	9.012	—	2
10	47.39	6.15	10.945	21.5	3
20	64.31	5.13	11.387	26.4	3
30	72.99	4.60	11.627	29.0	3
40	78.28	4.28	11.758	30.5	3
50	81.84	4.06	11.865	31.7	3
60	84.39	3.91	11.951	32.6	3
80	87.82	3.70	12.049	33.7	3
100	90.10	3.56	12.089	34.1	3

从表3-14还可看出,稳定系数增长率随面积比β_A增大逐渐趋缓,当β_A>50%时,稳定系数基本保持不变,说明风撑面积对稳定性的改善是有限的,稳定性并不会随风撑面积增大一直提高。综合考虑,建议风撑面积取腹杆面积的20%～50%,此时轴力比β_F为64%～82%,稳定系数增加26%～32%,可实现在尽量减轻构件重量的前提下,使半穿式应急钢桁梁横向刚度和整体稳定性显著提高,此时风撑综合效率达到最优。

(2)风撑夹角影响分析

由于风撑具体设置受到钢桁梁宽度和高度的限制,考虑钢桁梁实际情况,分析时仅考虑风撑夹角在0°～60°范围内的变化。

①风撑轴力F和水平支撑力F_x

从理论上分析,风撑对稳定性的影响主要取决于风撑对腹杆的水平支撑作用。由于水平支撑力为风撑轴力的水平分力,其大小取决于风撑夹角的正弦,因此,风撑夹角变化将对风撑轴力和水平支撑力产生不同的影响。图3-50、图3-51给出了不同风撑夹角,风撑轴力F和风撑水平支撑力F_x的变化曲线。

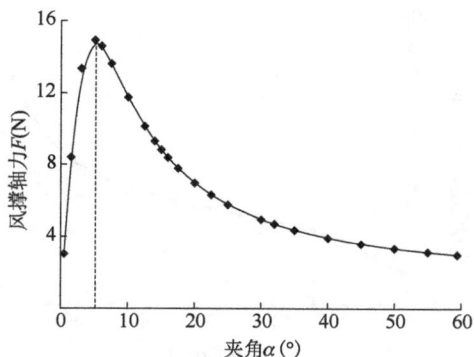

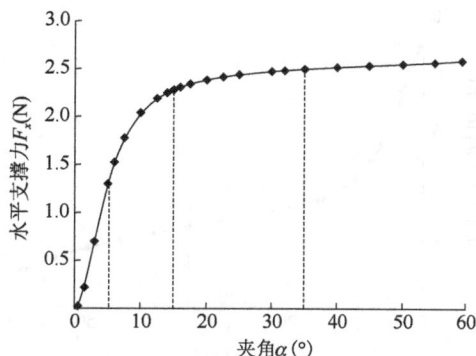

图3-50　风撑夹角对风撑轴力的影响　　　　图3-51　风撑夹角对风撑水平支撑力的影响

由图3-50可知,风撑夹角$\alpha \leqslant 5°$时,风撑轴力F随夹角增大而快速增大并达到最大值;风撑夹角继续增大,风撑轴力则逐渐减小并趋于稳定。这一规律说明当风撑面积一定时,风撑轴力有最大值和最小值。由图3-51可知,水平支撑力F_x随夹角α增大先快速增大而后逐渐趋缓,说明风撑轴力和风撑水平支撑力随夹角的变化规律差异很大。因此,半穿式应急钢桁梁设计时,对于风撑夹角的选择应兼顾风撑轴力和风撑水平支撑力,在保证风撑水平支撑力的前提下,风撑轴力尽可能小。

进一步分析图3-50和图3-51可知,当夹角$\alpha < 15°$时,水平支撑力F_x增速较大;而当$\alpha \geqslant 15°$时,水平支撑力F_x随夹角α的增大较缓慢。因此,针对风撑水平支撑力,夹角不宜小于15°。对于风撑轴力,$\alpha > 15°$时,风撑夹角越大其轴力越小,虽然继续增大夹角对水平支撑力影响不大,但可在一定程度上减小风撑轴力,故从风撑优化设计角度考虑,在空间允许范围内风撑夹角尽量取大值。对于应急钢桁梁,桥面较窄一般为6.5m左右,考虑桁宽及桥面系布设实际情况,建议风撑夹角在15°~35°范围内取值。

②侧向位移δ和侧向支撑刚度k

图3-52和图3-53为风撑夹角对半框架位移和侧向支撑刚度的影响。由图3-52、图3-53可知,随着夹角增大,侧向位移逐渐减小,支撑刚度逐渐增大。夹角从15°增大到35°,侧向位移δ从3.78×10^{-7}m减小为2.77×10^{-7}m,支撑刚度k从2.65×10^6N/m增大到3.62×10^6N/m,支撑刚度提高约37%。风撑对侧向位移和支撑刚度的影响,从根本上来说,是由于风撑对半框架腹杆提供水平方向的弹性约束,限制了半框架顶部的水平位移。因此,在结构条件允许的情况下,应尽可能选择较大的夹角,以期获得较大的横向刚度,确保半穿式应急钢桁梁横向稳定性。

③线弹性稳定性分析

为进一步分析风撑夹角对结构整体稳定性的影响,现采用有限元法对56m半穿式应急钢桁梁进行线弹性稳定性分析。

图3-54为不同风撑夹角的一阶屈曲模态。由图3-54可知,夹角$\alpha \leqslant 10°$时,一阶屈曲模态半波数为2;$\alpha \geqslant 15°$时,半波数为3。半波数的差异说明了风撑夹角对半穿式梁面外失稳模态影响很大。原因是风撑夹角较小时,风撑水平支撑力较小,对上弦杆的侧向支撑作用较弱,因此失稳模态半波数相对较少;夹角较大时,水平支撑力和侧向刚度均有较大提高,故屈曲模态半波数相应增加为3。结合表3-15中风撑夹角对半波数的影响可知,风撑对应急钢桁梁面外稳定性的具体影响与风撑夹角有关。当风撑夹角较小时也可忽略其影响,按相关规范进行分析。

127

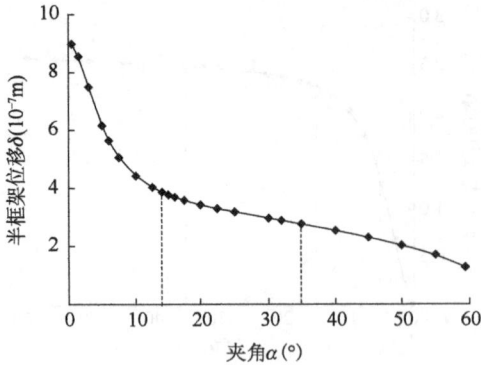

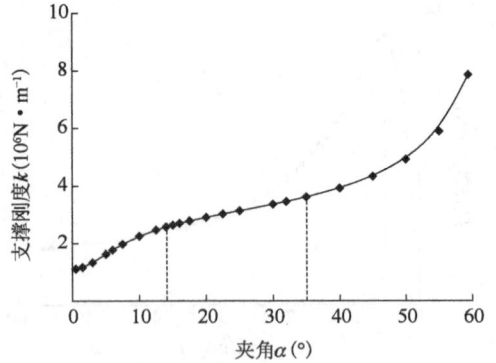

图3-52 风撑夹角对半框架位移的影响   图3-53 风撑夹角对侧向支撑刚度的影响

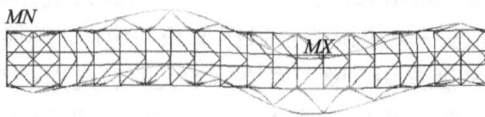

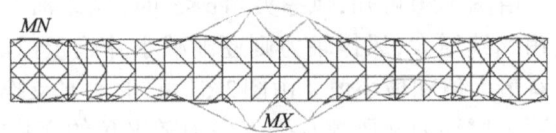

a) α≤10°时一阶屈曲模态   b) α≥15°时一阶屈曲模态

图3-54 不同风撑夹角一阶屈曲模态

不同风撑夹角时弹性稳定系数和半波数   表3-15

夹角α(°)	线弹性稳定系数λ	增幅(%)	半波数
0	9.012	—	2
5	9.381	4.1	2
10	10.033	11.3	2
15	10.663	18.3	3
20	11.060	22.7	3
25	11.385	26.3	3
30	11.652	29.3	3
35	11.851	31.5	3
40	12.052	33.7	3
45	11.225	35.7	3

进一步分析表3-15可知,风撑夹角α为15°、25°、35°和45°时,线弹性稳定系数λ分别为10.663、11.385、11.851和12.225,相应增幅分别为18.3%、26.3%、31.5%和35.7%,线弹性稳定系数随风撑夹角的增大呈递增趋势。从理论上讲,增大夹角可在一定程度上提高结构稳定性,但受限于半穿式应急钢桁梁宽度和高度,风撑夹角不宜过大,结合前面分析,同样建议设为15°~35°,一阶稳定系数提高18%~32%。

4)分析与讨论

本节提出了半穿式应急钢桁梁稳定性分析的理论方法,并以某56m半穿式应急钢桁梁为例,对理论推导进行了验证,最后分析了风撑面积和风撑夹角对其稳定性的影响。

(1)建立了考虑风撑作用的半框架计算模型,从理论层面提出了风撑轴力、半框架侧向位移和上弦杆侧向支撑刚度的计算公式,并通过算例分析对理论推导的正确性和合理性进行了验证。

(2)半穿式应急钢桁梁稳定性分析应充分考虑风撑的作用。理论分析和仿真分析均表明,风撑可显著提高半穿式应急钢桁梁上弦杆侧向支撑刚度,风撑对稳定性的影响不容忽视;现行规范没有考虑风撑的影响,计算结果偏于保守。对于应急钢桁梁而言,考虑风撑对稳定性的影响,可实现结构轻量化,有助于提升应急钢桁梁拼组和架设速度。

(3)面外稳定风撑面积影响分析表明,随着风撑面积的增大,风撑轴力先快速增长而后减缓并趋于稳定,半框架侧向位移先快速减小而后减缓并趋于稳定,侧向支撑刚度和线弹性稳定系数则快速增大并趋缓。建议风撑面积取腹杆面积的20%~50%,此时线弹性稳定系数可提高26%~32%。

(4)面外稳定风撑夹角影响分析表明,随着风撑夹角的增大,风撑轴力快速增大而后逐渐减小并趋缓,风撑水平支撑力先是快速增大而后趋于稳定,半框架侧向位移快速减小并趋缓,上弦杆侧向支撑刚度和线弹性稳定系数则逐渐增大。综合考虑半穿式应急钢桁梁宽度和高度的限制,建议风撑夹角取15°~35°,此时线弹性稳定系数可提高18%~32%。

(5)半穿式应急钢桁梁面外稳定性风撑影响的理论分析是适用于所有半穿式应急钢桁梁的,但具体的参数响应分析及撑杆面积、撑杆夹角取值基于56m半穿式应急钢桁梁开展。对于其他跨径半穿梁而言,推荐取值范围或有所差异,具体差异程度有待进一步验证分析。

第4章　中小跨径桥梁灾后应急保通技术

截至2023年底,我国公路桥梁总数已达107.93万座、9528.82万延米,其中,特大桥10239座、1873.01万延米,大桥17.77万座、4994.37万延米,中小跨径桥梁座数占比82.59%。需要说明的是,即便是大桥和特大桥,除主孔或主跨以外,其他桥跨通常也为中小跨径桥梁。自20世纪60年代起,我国陆续储备了大量梁部和墩部制式抢修器材,用于中小跨径桥梁灾后的应急保通。但中小跨径桥梁数量众多,分布面广,如遇大规模自然灾害,中小跨径桥梁灾损呈现典型的"断点多、数量大"的特点。各地储备的桥梁制式抢修器材数量有限,其应急保通的难点在于如何在短时间内快速筹集大量的制式抢修器材。为此,提出了"平时技术储备,急时快速生成"的快速恢复思路,建立了基于市场型材的中小跨径公路应急钢桥快速生成技术,并重点研究了关键问题:型材快速接长装置。此外,鉴于既有桥梁抢修器材只能用于灾后的应急保通阶段,后期永久性恢复需要将应急结构拆除后在原位新建,或另择桥位新建改线的问题,提出了"临-永"转换的技术思想,建立了可"临-永"转换的中小跨径装配式钢-混凝土梁桥和应急钢墩保通技术,并针对关键技术和关键问题进行了重点研究。

4.1　中小跨径公路应急钢梁快速生成技术

中小跨径公路应急钢梁快速生成技术本质上是以市场常规型材为主体,研发快速连接装置,实现中小跨径应急钢桥的快速生成和架设保通,解决高速公路中小跨径桥梁以及低等级省道、县道和乡村道路桥梁灾后应急保通问题,最大限度地避免由桥梁制式器材远距离筹集导致的应急救援迟滞。同时,中小跨径公路应急钢梁快速生成技术也可作为道路短距离缺失路段跨越保通的一种技术手段。

4.1.1　应急钢梁结构组成

中小跨径公路应急钢梁整体采用车辙式布设方式,结构主体可选用市场通用的工字钢、H型钢、矩形钢管、槽钢等。可通过新研发的快速套接装置,拼接加长型材满足抢修跨径需求;横向连接装置沿钢桥纵向按照设定间距布设,加强各片型材之间的横向联系;桥面板可采用花纹钢板,铺设于型材上表面,局部焊接加以固定即可。图4-1为应急钢梁结构图示。

相较以往常规的"器材研制—平时储备—急时调用"的抢修器材储备方式,中小跨径应急钢桥快速生成技术可实现"整体技术储备+连接装置实物储备+应急快速生成"的目的,后续仅需储备套接装置即可,紧急情况下与市场型材相结合,实现中小跨径公路桥梁快速保通。

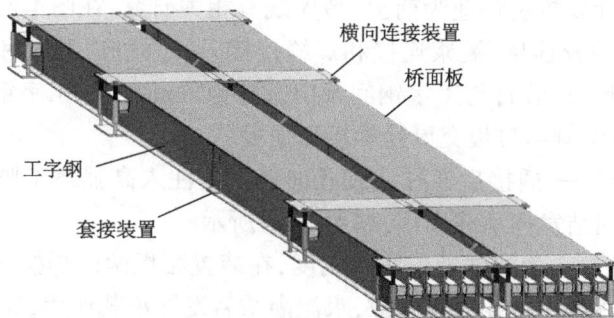

图4-1　应急钢桥结构图示

中小跨径公路应急钢桥快速生成思路如下：

(1)确定跨径与荷载：确定损毁桥梁跨径和通行荷载，计算应急钢桥所需承受的弯矩和剪力极值。

(2)方案设计：结合具体损毁桥梁场景，按照车辙桥的布设方式，分析确定钢桥材料规格和数量，提出布置方案，快速启动施工过程。

(3)拼组架设：利用预先储备的套接装置，对工字钢进行拼组接长，利用小型起重机械将工字钢拼组吊装到位，为套接装置预留开槽位置进行现场焊接，铺设花纹钢板，即可限速通车。

(4)加固提速：在应急限速通车过程中，可逐渐加强钢桥横向连接，逐步提高通车速度。

4.1.2　快速套接装置

4.1.2.1　快速套接装置方案

应急钢桥要适应不同跨径桥梁保通，鉴于市场型材长度固定，实现型材的快速接长是应急钢桥快速生成的关键。以常用工字钢为例，连接装置需要满足抗弯及承剪要求。为此，结合工字钢结构特点，提出了图4-2所示的快速套接装置总体构想。快速套接装置上下翼缘采用钢板轧成型，腹板为矩形钢板，在翼缘端部与腹板焊接成一体，内部形状与工字钢外部形状一致，预留一定间隙，材质与工字钢相同，即可通过套接形式将两侧工字钢连为一体，便于安装。

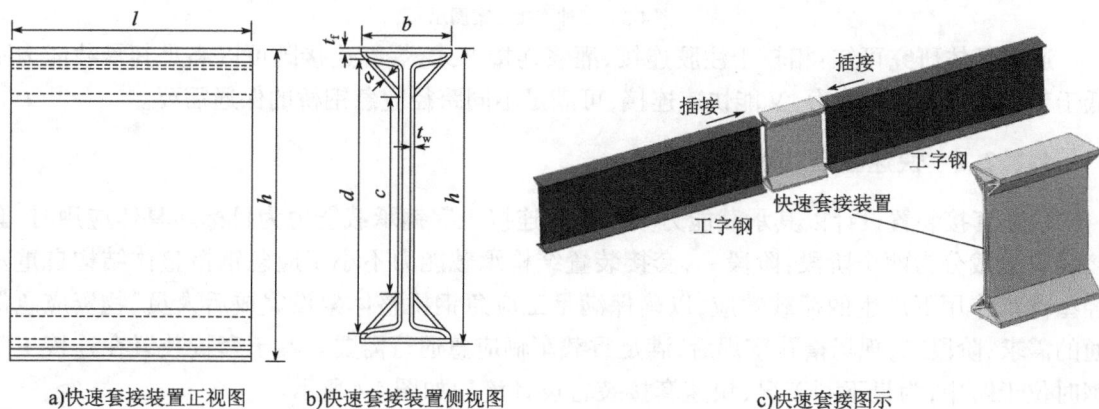

a)快速套接装置正视图　　　b)快速套接装置侧视图　　　c)快速套接图示

图4-2　快速套接装置图示

快速套接装置设计以拼装快速为前提,考虑既有相关研究,在图4-2所示装置基础上提出了三种设计方案——注胶连接、灌浆连接和焊缝连接,通过注胶、灌浆和焊缝的形式,实现弯矩和剪力的传递。设计时,装置与工字钢间预留缝隙为2mm,便于工字钢的穿入,为防止翼缘率先屈曲,在上下翼缘两侧与腹板交界处焊接加强板。

方案一:注胶连接——插接后通过注胶孔向缝隙内注入高强铸工胶(主要成分为环氧树脂和固化剂),铸工胶固结发挥承载作用,如图4-3a)所示。

方案二:灌浆连接——为增强装置腹板刚度,在装置腹板两侧焊接三道竖向加劲肋,插接后使用早强快硬水泥通过注浆孔填充缝隙,水泥固结后发挥承载作用,如图4-3b)所示。

方案三:焊缝连接在装置上下翼板与腹板开槽上,待工字钢插接后,在开槽位置焊接,发挥承载作用,如图4-3c)所示。

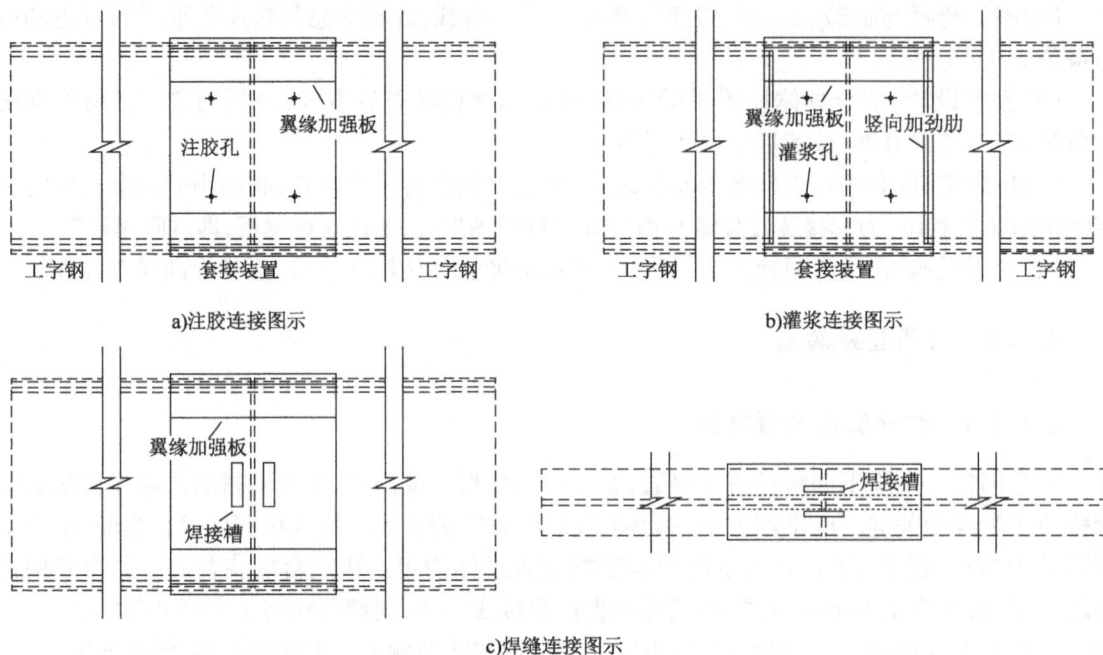

a)注胶连接图示 b)灌浆连接图示

c)焊缝连接图示

图4-3 三种连接方案图示

通过具体研究可知:相较于注胶连接、灌浆连接方式,焊缝连接既可以满足其承载能力不低于工字钢自身承载能力,又能快速连接,可满足不同跨径应急钢桥的保通需要。

4.1.2.2 快速套接装置设计原则

快速套接装置设计以其承载能力不小于所连接工字钢承载能力为目标。具体应用时,套接装置承载分为两个阶段:阶段一,套接装置结构承载能力不小于应急钢桥整体结构自重及轻型汽车作用下产生的荷载效应,以确保满足工应急钢桥整体架设完成后人员、物资应急保通的需求;阶段二,现场槽孔塞焊后,满足重载车辆应急通行需要。鉴于套接装置在连接工字钢时位于跨中,为最不利工况,快速套接装置设计流程如图4-4所示。

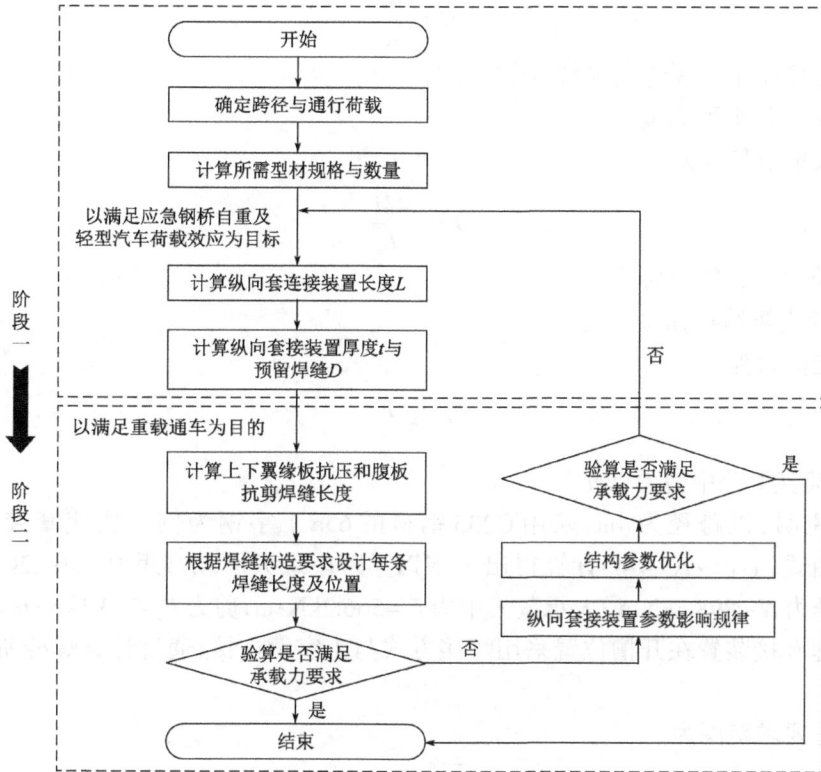

图 4-4　套接装置设计流程

考虑中小跨径桥梁应急抢修多采用简支梁结构,此处以简支梁跨中连接为例对阶段二重载通行所需开槽长度的确定方法进行说明。为便于快速处理,分析时将应急通行荷载简化为集中力,具体如图 4-5 所示。

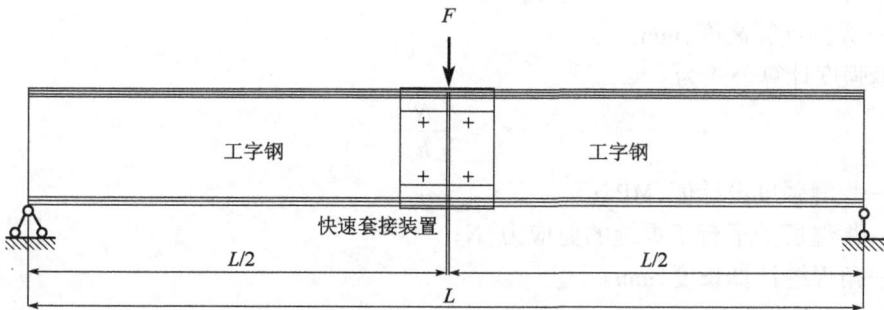

图 4-5　工字钢梁承载图示

跨中最大承载弯矩为

$$M = W \cdot f_d \tag{4-1}$$

式中:M——简支梁最大承载弯矩,kN·m;

　　f_d——钢材设计强度;

　　W——工字钢抗弯截面系数。

工字钢上下翼缘板所受压力和拉力为

$$N = \frac{M}{h} \tag{4-2}$$

式中：N——工字钢上下翼缘所受拉、压力，kN；

$\quad\quad h$——工字钢截面高度，m。

跨中最大集中荷载为

$$F = \frac{4M}{L} \tag{4-3}$$

式中：F——跨中最大集中荷载；

$\quad\quad L$——简支梁跨径，m。

跨中所受剪力为

$$F_s = \frac{F}{2} \tag{4-4}$$

式中：F_s——简支梁跨中剪力，kN。

为便于说明，以跨径为4m，采用Q235钢材的63a工字钢为例。快速套接装置厚度为10mm，分别由式(4-1)~式(4-4)计算得出工字钢梁跨中最大承载弯矩M=566.2kN·m，上下翼缘板所受拉压力N=898.7kN，最大承载集中力F=566.2kN·m，剪力F_s=283.1kN·m。

鉴于快速套接装置在开槽位置采用焊接方式与工字钢连接，通过计算焊缝所需长度确定开槽长度。

焊脚尺寸要求范围为

$$1.5\sqrt{t_2} \leqslant h_f \leqslant 1.2t_1 \tag{4-5}$$

式中：t_1——较薄焊件厚度，mm；

$\quad\quad t_2$——较厚焊件厚度，mm。

取h_f=10mm，焊脚计算高度为

$$h_e = 0.7h_f = 7\text{mm} \tag{4-6}$$

式中：h_e——焊脚计算高度，mm。

角焊缝强度计算公式为

$$\tau_f = \frac{N}{\sum h_e l_w} \tag{4-7}$$

式中：τ_f——焊缝强度设计值，MPa；

$\quad\quad N$——焊缝所受平行于焊缝的剪应力，N；

$\quad\quad l_w$——角焊缝计算长度，mm。

角焊缝最大计算长度为

$$l_w \leqslant 60h_f \tag{4-8}$$

最小计算长度为

$$l_w \geqslant \max\{8h_f, 40\text{mm}\} \tag{4-9}$$

根据《公路钢结构桥梁设计规范》(JTG D64—2015)，角焊缝的抗拉、抗压或抗剪的强度设计值为f_{td}^w = 140MPa，可知上下翼缘和腹板角焊缝长度，考虑作业便利性，焊槽宽度≥$2h_f$，得最终开槽结果，具体见表4-1。

开槽分析结果　　　　　　　　　　　　　　　表4-1

位置	每条焊缝计算长度(mm)	焊缝数量(条)	实际开槽长度(mm)	开槽数量(条)
上翼缘板	229.25	4	240	2
下翼缘板	229.25	4	240	2
腹板	40	8	50	4

4.1.3　快速套接装置性能试验

4.1.3.1　试验设计

为验证快速套接装置的力学性能,试验采用足尺模型开展,以4m节段I63 a工字钢连接为研究对象,考虑试验目的为对比验证,采用拟静力加载的试验方式,加载位置在跨中两侧各265mm处。

具体试验在石家庄铁道大学河北省交通应急保障技术创新中心试验室进行,采用液压伺服作动器进行拟静力单调加载,其最大加载能力为2000kN。图4-6和图4-7分别为试验加载设计和具体加载情况。

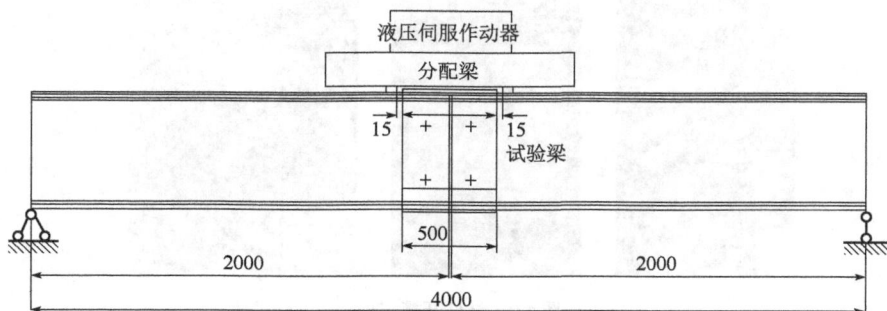

图4-6　加载位置示意(尺寸单位:mm)

图4-7　试验加载装置及试件装配

图4-8和图4-9分别为快速套接装置设计和试件具体焊接情况。

试验分为预加载和正式加载。预加载确认设备仪器正常工作后卸载,然后进行正式加载。正式加载采用分级加载,每级为10kN。位移计布置在跨中位置,测量试验梁挠度。当装置或工字钢出现明显变形后或试验梁位移变化速度快于液压伺服作动器下降速度时视为失效,加载同时观察试件装置和工字钢的变形情况。

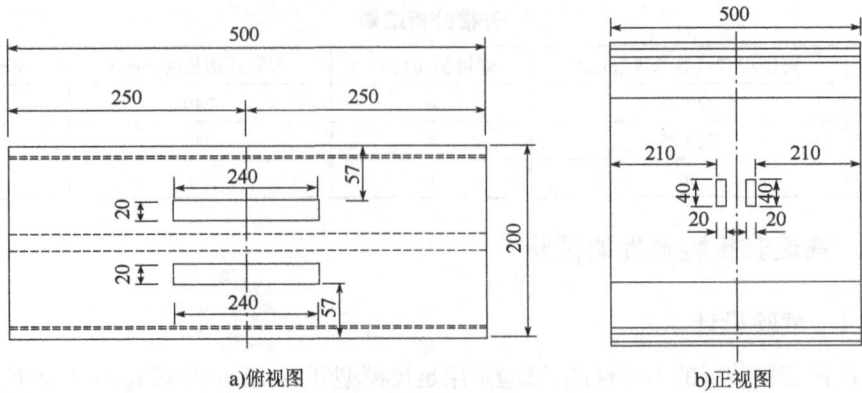

a)俯视图 b)正视图

图4-8 试件开槽位置(尺寸单位:mm)

图4-9 试件开槽与焊接

4.1.3.2 试验结果分析

试件在加载初期处于弹性工作阶段,随着荷载的增大,竖向挠度缓慢增大。当加载至500kN时,工字钢腹板底部开始出现屈曲失稳;加载至700kN时,工字钢突然发生侧向失稳破坏,向一侧倾覆[图4-10a)],试验终止[图4-10b)]。观察和分析试验现场可知,试验最终是由工字钢缺少侧向支撑发生失稳破坏,导致加载终止[图4-10c)],新研发的快速套接装置没有任何破坏现象,说明采用焊缝连接的快速套接装置,承载能力可以满足不低于工字钢承载能力的要求。

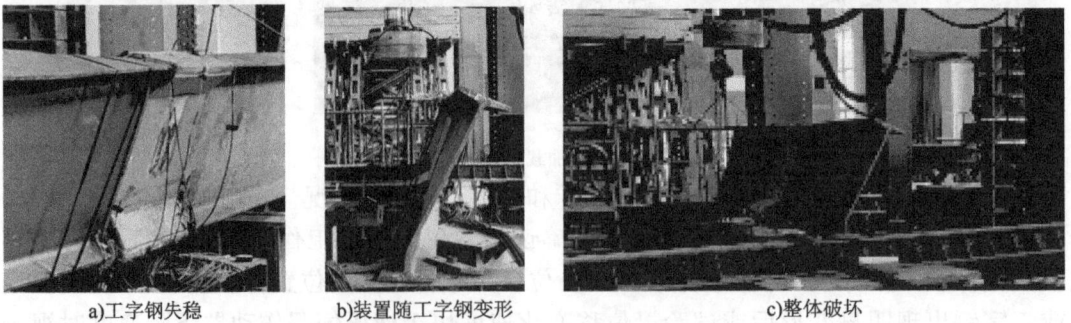

a)工字钢失稳 b)装置随工字钢变形 c)整体破坏

图4-10 焊缝连接装置与工字钢破坏形态

图4-11给出了试验加载过程中的位移-时间曲线,ω_y和ω_u分别为试件装置或工字钢达到屈服强度和极限状态时对应的位移。分析图4-11可知,试验加载初期呈弹性工作,随着荷载的增大,工字钢局部出现屈曲破坏现象,挠度小幅增大,可认为其屈服挠度为2.6mm。随后继续加大试验荷载,时间竖向位移增大速率加快,最终达到极限位移21.1mm,说明利用焊缝快速套接装置接长的工字钢,加载过程中的位移-时间曲线与常规工字钢类似,满足工字钢接长的应急使用要求。

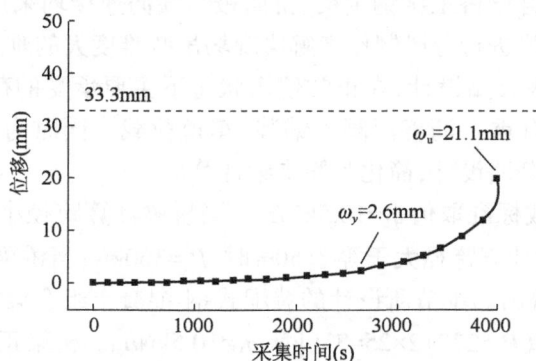

图 4-11　位移-时间曲线

4.2　中小跨径公路装配式钢-混凝土组合梁桥

为了实现中小跨径桥梁梁体的快速架设,针对传统装配式组合桥结构整体性差、承载力低、施工周期长、作业难度大、工作设配和场地要求高等问题,提出一种中小跨径装配式钢-混凝土组合梁桥的设计方案,其主要思路为:在桥梁灾损后,为保证道路的通行能力,可将预制混凝土桥面板作为临时结构直接放在钢主梁上,在应急阶段过后,通过高强螺栓连接件可将临时桥梁转换为永久桥梁,并给出预制混凝土桥面板和钢主梁等其他结构之间新型连接方式,为后续桥梁结构设计提供参考。

4.2.1　中小跨径装配式钢-混凝土组合梁桥设计思路

装配式钢-混凝土组合梁桥采用创新的设计理念,将传统装配式混凝土梁桥下部混凝土结构等部分替换为钢主梁结构,形成以上弦杆、下弦杆、工字钢主梁及混凝土桥面板为主的组合结构,可以同时充分发挥混凝土和钢材的优势。

4.2.1.1　桥面板设计思路

装配式钢-混凝土组合梁桥桥面板分为两个阶段:第一阶段为应急阶段,为达到快速通车的目的,采用轻型混凝土板或预埋螺栓预制混凝土结构;第二阶段是长久使用阶段,通过更换预埋螺栓预制混凝土板或高强螺栓连接,使其从临时桥梁转换为永久桥梁。其中,混凝土材质为C50,控制应力按照混凝土标准抗拉压强度取值。两种桥面板均按照预制混凝土桥面板荷载进行计算。设计思路参考《桥梁工程》和《钢-混凝土组合桥梁设计规范》(GB 50917—2013),采用车轮荷载在板上分布的计算方法对其进行计算。车轮荷载通过沥青混凝土传递到桥面板后,产生轮压面积,按照《城市桥梁设计规范(2019年版)》(CJJ 11—2011)(简称《桥规》)取值。

通过计算混凝土桥面板恒载和车辆荷载产生的内力,同时将两种荷载进行组合分析,计算出混凝土桥面板横向应力,其中行车道板内力计算公式参考《桥梁工程》。

4.2.1.2 主梁设计思路

装配式钢-混凝土组合梁桥工字钢主梁、桥面板与横向连接均采用工厂预制,然后运输至现场进行拼装,同时对主梁进行分段制作来解决现场吊装难度大的难点。

组合桥结构按照Ⅱ级公路设计,在正常使用状态下主要承受的荷载包括结构自重(工字钢主梁和混凝土桥面板自重)、沥青混凝土铺装、车道荷载。同时为保证组合桥结构的安全性,其荷载标准按照Ⅰ级公路设计,简化为简支梁计算。

车道荷载的均布荷载标准取值 $q_k=10.5$kN/m。当桥梁计算跨径小于等于5m时,集中荷载标准值 $P_k=270$kN;当桥梁计算跨径大于等于50m时,$P_k=360$kN;当桥梁计算跨径为 5 ~ 50m时,P_k 采用直线内插值计算得出。本节所设计的装配式钢-混凝土组合梁桥计算跨径为30m,故车道荷载的均布荷载标准值 $P_k=270+2×25=320$kN,$q_k=10.5$kN/m。桥梁正常使用状态下荷载主要由桥梁自重(g_1)、沥青混凝土铺装(g_2)和车道荷载组成,其单片梁自重计算公式为

$$G = g_1 + g_2 = (1.5 \times 25L_t + 78.5A_{\text{钢}}) + 1.25 \times 23.51L_t \tag{4-10}$$

式中:L——组合梁桥计算跨径,m;

$\qquad t$——桥面板厚度,m;

$\qquad A_{\text{钢}}$——钢主梁截面面积,m^2。

桥梁自重、沥青混凝土和车道荷载作用下主梁弯矩公式为

$$M_1 = \frac{L^2}{8\left(q_k + \dfrac{G}{L}\right)} + \frac{LP_k}{4} \tag{4-11}$$

主梁采用工字钢截面,钢主梁材料选择Q345,控制应力值按照《钢-混凝土组合桥梁设计规范》(GB 50917—2013)中6.3.1钢材强度设计取值。

Q345钢材抗弯强度设计值为245MPa,为保证桥梁在施工阶段与运营阶段所受偶然荷载下结构的安全性,桥梁控制应力选择200MPa进行分析计算。如果在实际工程中有额外附加荷载作用,控制应力可根据相关实际情况进行调整。

根据桥梁控制应力不大于200MPa,可由弯矩计算公式 $\sigma = M/W_x$ 计算得出:

$$\frac{L^2}{8} \times \left(q_k + \frac{G}{L}\right) + \frac{L + P_k}{4} - 2 \times W_{\text{组}} \times 10^5 \leqslant 0 \tag{4-12}$$

$$W_{sa} = \frac{I_{\text{组}}}{\bar{y}'} \tag{4-13}$$

式中:$\bar{y}'$——组合梁截面的形心坐标。

在不对局部稳定性进行计算的情况下,装配式钢-混凝土组合梁截面满足公式:

$$\frac{h}{t_w} \leqslant 80\sqrt{\frac{f_k}{f_y}} \Rightarrow k - 88.54t_w \leqslant 0 \tag{4-14}$$

上述应力计算公式中,自变量参数较多,为便于后续计算,需要对主梁截面特性进行假定

简化,同时给出简化截面计算公式。截面假设如下:相比整个工字钢高度,上下翼缘板的厚度比较小,所以忽略上下翼缘板的厚度,选择翼缘板的面积作为变量。

以图 4-12 所示 xy 坐标系进行工字钢主梁截面形心坐标以及惯性矩的计算,规定上下翼缘板面积分别是 A_1、A_2,肋板面积为 A_3,按照截面几何性质中组合截面形心坐标公式:

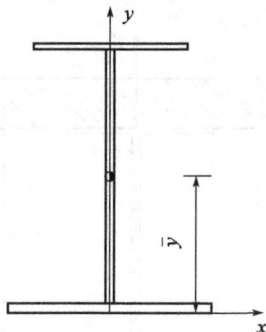

图 4-12 工字钢截面简化图(单位:mm)

$$\bar{x} = \frac{\sum_{i=1}^{n} A_i \bar{x}_i}{\sum_{i=1}^{n} A_i}, \bar{y} = \frac{\sum_{i=1}^{n} A_i \bar{y}_i}{\sum_{i=1}^{n} A_i} \tag{4-15}$$

计算出形心坐标 $\bar{x}$、$\bar{y}$,由于工字钢截面以 y 轴对称,故

$$\bar{x} = 0, \bar{y} = \frac{A_1 h + 0.5 A_3 h}{A_1 + A_2 + A_3} \tag{4-16}$$

对钢主梁截面惯性矩进行计算时,由矩形截面惯性矩公式 $I_y = bh^3/12$,组合图形惯性公式 $I_y = \sum_{i=1}^{n} I_{yi}$ 以及惯性矩的平行移轴公式 $I_y = I_{yc} + a^2 A$ 求得工字钢截面的惯性矩公式:

$$I_{钢} = \frac{t_w h^3}{12} + t_w h \left(\frac{h}{2} - \bar{y} \right)^2 + A_1 \times (h - \bar{y})^2 + A_2 \times \bar{y}^2 \tag{4-17}$$

按照组合图形形心计算公式,可计算出钢混组合截面形心坐标:

$$\bar{x}' = 0, \bar{y}' = \frac{(A_1 + A_2 + A_3) \times \bar{y} + tl \times \left(h + \frac{t}{2} \right)}{(A_1 + A_2 + A_3) + tl} \tag{4-18}$$

对钢-混凝土组合梁截面进行截面几何特性换算时(图 4-13),在混凝土桥面板与钢主梁连接牢固的前提下,需做以下假定:

(1)组合梁弯曲时,截面符合平截面变形假定。

(2)钢材和混凝土材料符合胡克定律。

钢材与混凝土弹性模量的比值为 n_0,则有

$$n_0 = \frac{E_s}{E_c} \tag{4-19}$$

式中:E_c——混凝土的弹性模量,MPa;

E_s——钢材的弹性模量,MPa。

C50 混凝土弹性模量 $E_c = 34.5 \text{kN/mm}^2$ 与 Q345 钢材弹性模量 $E_s = 206 \text{kN/mm}^2$,后续计算过程中,将混凝土截面惯性矩和钢惯性矩换算成相同形式的惯性矩,同时计算换算后的截面几

何特性。其中,可根据矩形截面惯性矩公式 $I_y = bh^3/12$ 换算得到等效刚度惯性矩公式 $I = 3.45lt^3/247.2 = 0.014lt^3$,然后通过组合图形惯性公式 $I_y = \sum_{i=1}^{n} I_{yi}$ 以及惯性矩的平行移轴公式 $I_y = I_{yc} + a^2 A$ 计算出钢-混凝土组合梁截面惯性矩公式:

$$I_{组} = I + 0.014tl^3 + tl \times (h + t/2 - \bar{y}')^2 + A_{钢} \times (\bar{y}' - \bar{y})^2 \tag{4-20}$$

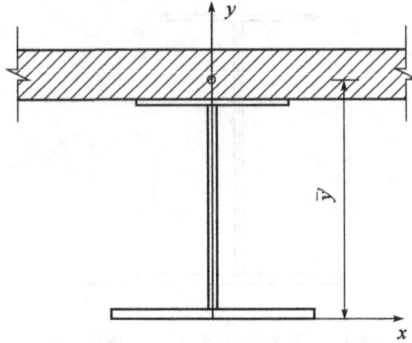

图4-13 钢-混凝土组合梁截面简化图

4.2.2 中小跨径装配式钢-混凝土组合梁桥设计方案

4.2.2.1 中小跨径装配.式钢-混凝土组合梁桥主体设计

为使装配式桥梁适应河流等其他灾后复杂地形,本桥设计为一座跨径为30m的装配式钢-混凝土组合梁桥。由于跨径较小,为方便后期施工,其采用简支梁结构设计,既可在保留普通刚构桥技术成熟,重量较轻等优点的基础上,充分发挥混凝土材料抗压能力强的特点,又能增强装配式钢-混凝土组合梁桥抗弯能力;桥梁采用整体式断面结构,双向单车道,桥面总宽9m,净宽8m,考虑桥面排水,横向坡度设置为2%,如图4-14所示。

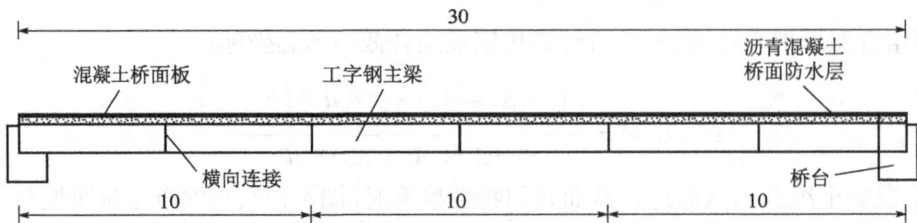

图4-14 装配式钢-混凝土组合梁桥立面布置(尺寸单位:m)

装配式钢-混凝土组合梁桥断面基本布置形式为防撞护栏+1.25m人行道+3.25m机动车道+3.25m机动车道+1.25m人行道+防撞护栏=9m,如图4-15所示。由于本桥为工厂预制装配式桥梁,拼装精度较高,故混凝土桥面板上不设整平层,直接铺设防水层和沥青混凝土。

桥面板采用标准混凝土板厚度 $t=0.2m$,计算跨径 $l = 1.5m$,经检算可知,强度符合要求。

主梁桥面板纵向采用 $\phi16$ 的HRB400普通钢筋,最外侧钢筋距混凝土面板为25mm,边跨最外侧相邻钢筋间距布置为75mm,其余钢筋间距为100mm;桥面板横向钢筋按照 $\phi12$ 的HRB400普通钢筋选取,最外侧钢筋距离混凝土边缘为50mm,其余钢筋间距按照100mm布置。钢筋横向布置,如图4-16所示,桥面板钢筋整体布置如图4-17所示。

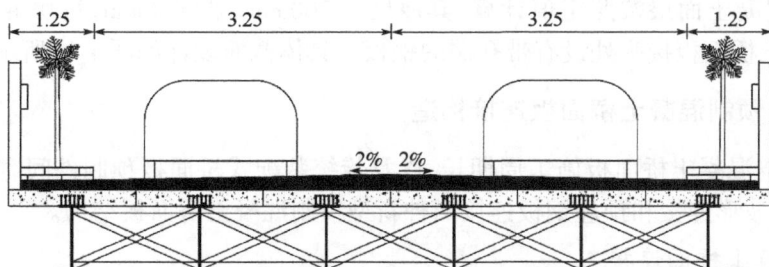

图4-15　装配式钢-混凝土组合梁桥断面布置(尺寸单位:m)

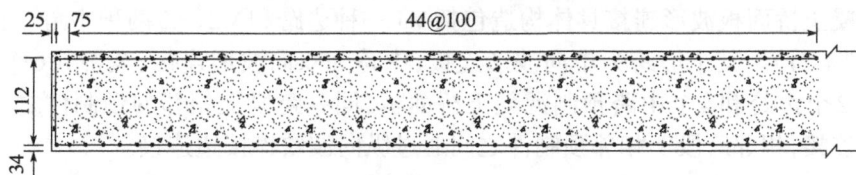

图4-16　钢筋布置(尺寸单位:mm)

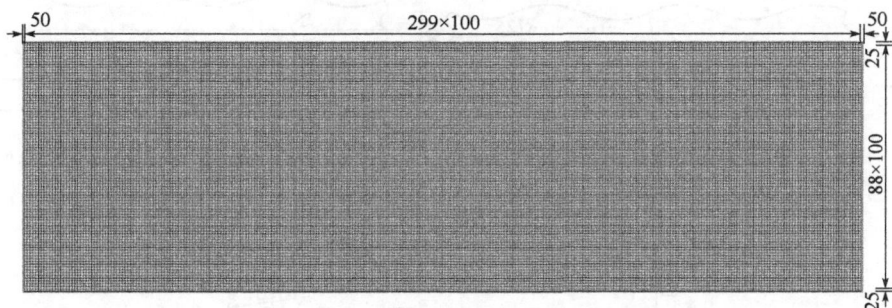

图4-17　桥面板钢筋整体布置(尺寸单位:mm)

　　由于等截面梁更易拼装,且较为经济,同时考虑桥面板设计宽度,故该桥桥梁左右幅各设计为3片等截面组合梁,如图4-18所示;除边跨外,同一跨区位置处主梁结构相同,在后期安装上同一跨区可不做区分。

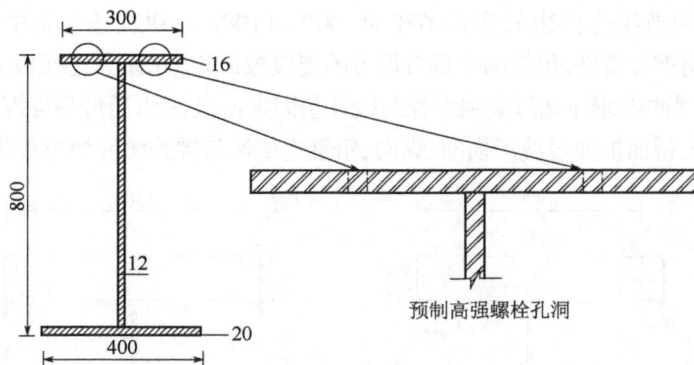

图4-18　工字钢主梁截面设计尺寸(尺寸单位:mm)

　　截面设计:单片工字钢主梁高800mm,上翼缘板宽300mm,厚16mm,腹板厚12mm,底板宽400mm,厚20mm;工字钢上部预留高强螺栓孔洞,后期用来连接混凝土桥面板和工字钢主梁;装配式钢-混凝土组合梁桥桥面板顶端不设混凝土耐磨层,只铺设沥青混凝土面层,为便于计算减少误差,沥青混凝土面层按照定值计算,其厚度为200mm,宽9000mm,每块混凝土桥面板长3000mm,混凝土桥面板接头处设有带孔洞的钢板。具体截面设计如图4-18所示。

4.2.2.2 预制混凝土桥面板连接构造

针对全现浇混凝土桥面板施工周期长,以及传统装配式桥面板预制件间容易发生错位等缺点,本节提出波形连接和预埋钢板连接两种新型预制混凝土桥面板结构。

1)预制混凝土桥面连接

(1)桥面板波形连接

预制混凝土桥面板波形连接具体构造包括M1一种边跨和M2、M3两种中跨三种预制结构(图4-19~图4-21)。其中边跨为单向波形连接,中跨为双向波形连接,全桥共6个跨段,每个跨段均包括2个边跨和4个中跨预制混凝土桥面板,同一跨段上相邻的预制件之间通过横向波纹连接边连接,相邻跨段上相邻预制件之间通过纵向波纹连接边连接。

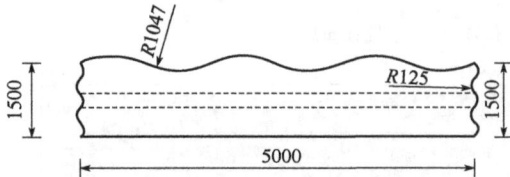

图4-19 M1预制波形桥面板(尺寸单位:mm)　　　图4-20 M2预制波形桥面板(尺寸单位:mm)

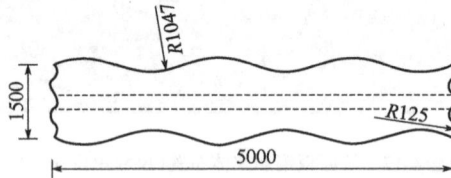

图4-21 M3预制波形桥面板(尺寸单位:mm)

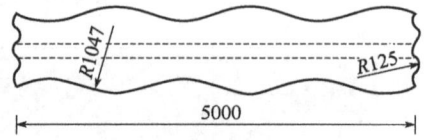

相邻跨段上横向波纹连接边平滑过渡,相邻预制件上的纵向波纹连接边平滑过渡;横向波纹连接边和纵向波纹连接边上均设置缓冲垫,缓冲垫之间通过连接件固定连接。(图4-22~图4-24)。节段横向波纹连接边的弧长半径为1000~1100mm,纵向连接边的弧长半径为100~150mm。大样A为角钢连接件,包括两个垂直设置的连接板a和板b,垂直连接板a和b间设置三角形的加强板;B为橡胶缓冲垫,板a通过高强螺栓与缓冲垫固定连接,板b通过高强螺栓与相邻预制件角钢固定。预制混凝土桥面板通过波形横向、纵向、角钢连接件与橡胶缓冲垫连接为整体(图4-25)。

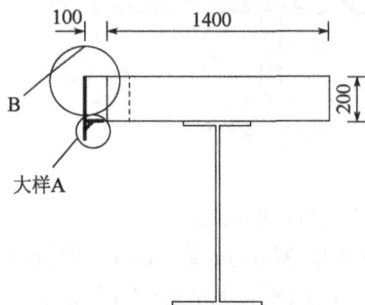

图4-22 边跨主梁连接断面(尺寸单位:mm)　　　图4-23 中跨主梁连接断面(尺寸单位:mm)

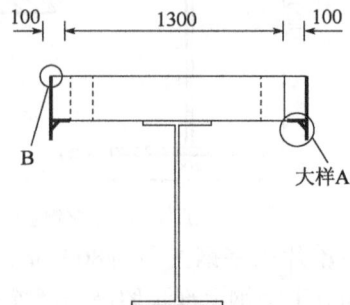

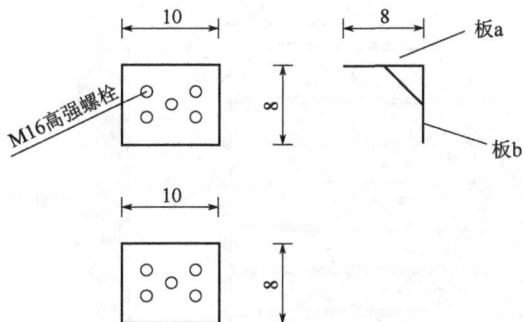

图4-24 大样A图例(尺寸单位:cm)

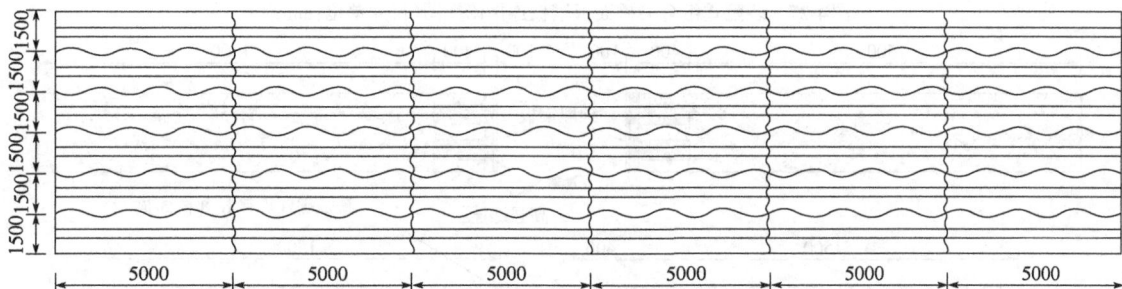

图4-25 预制混凝土桥面板波形连接组合(尺寸单位:mm)

（2）桥面板预埋钢板连接

混凝土桥面板预埋钢板连接构造包括预埋钢板、带肋空心钢板、预制混凝土和高强螺栓。预埋钢板通过伸入混凝土与桥面板连接成整体,相邻桥面板之间通过高强螺栓将空心带肋钢板连接起来,使分块预制桥面板成为整体(图4-26)。

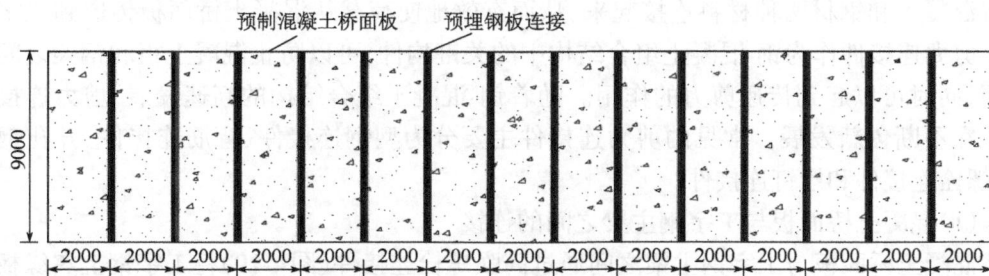

图4-26 装配式组合梁桥面板钢板连接整体(尺寸单位:mm)

其中预埋钢板伸入预制混凝土桥面板400mm,横向均匀分布在预制混凝土桥面板内;带肋空心钢板外露100mm,肋板以间距150mm均匀分布在横向预制混凝土桥面板内,端部与上部均设有厚度10mm实心钢板(图4-27)。

混凝土桥面板预埋钢板连接的具体操作为:在预制件厂对带肋空心钢板端部进行预打孔处理,之后将其预埋至桥面板模板后浇筑混凝土,制作成2m节段桥面板,然后将预制件及配件运输至施工现场进行装配施工,使节段桥面板结构连接为整体(图4-28)。

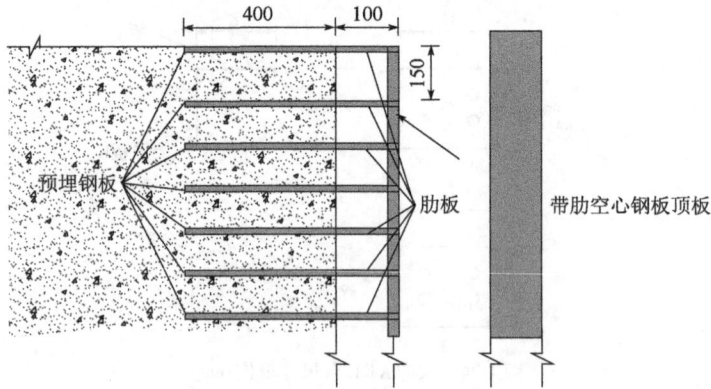

图4-27　装配式组合梁桥面板钢板连接俯视图(尺寸单位:mm)

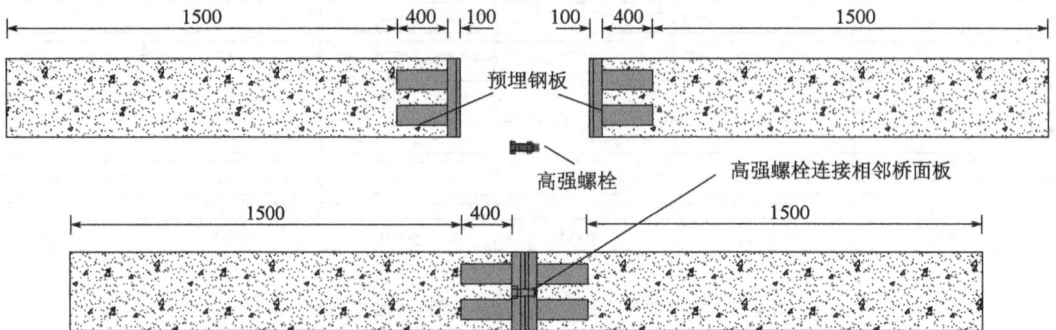

图4-28　装配式组合梁相邻桥面板钢板连接件施工(尺寸单位:mm)

2)预制混凝土桥面板连接构造

钢-混凝土组合梁结构可以很好地发挥两种不同材料各自的优势,这得益于采用剪力连接件将混凝土和钢材两种材料连接起来,从而有效地使荷载从混凝土桥面板传递到工字钢主梁上。剪力连接件作为钢-混凝土组合结构中的关键构件,可以防止混凝土板和钢梁之间的掀起作用,同时可以起到传递剪力的作用。随着钢-混凝土组合结构的高速发展,剪力连接件的类型也在不断创新发展。常见的剪力连接件主要分为型钢连接件、弯筋连接件、开孔钢板连接件、螺栓连接件和栓钉连接件。

(1)混凝土桥面板与工字钢主梁之间的连接

混凝土桥面板与工字钢主梁之间通过高强螺栓连接件(图4-29)将工字钢上翼缘板与预制混凝土桥面板紧密连接,使其成为钢-混凝土组合结构。

在工厂预制阶段,将高强螺栓上部预埋至混凝土桥面板内,预留足够长度螺栓用以与钢主梁上翼缘板连接。其中预埋部分伸入混凝土桥面板8cm,预留外露螺栓长度为8cm。在现场具体施工过程中,可以通过松开螺栓来对结构进行调整,方便后期维护和更换桥面板。

(2)工字钢主梁横向连接

桁架式X形连接结构包括一个水平下弦杆和两个斜杆,如图4-30所示。斜杆上端通过高强螺栓与工字钢主梁连接,连接点位于工字钢主梁腹板上端,水平下弦杆沿横桥向水平布置,位于工字钢主梁腹板下端,通过高强螺栓固结。桁架式横联构造的特点是将水平下弦杆固定在工字钢主梁腹板下端,当组合梁在受到外部荷载作用而产生横向相对位移时,桁架通过高强螺栓限制相邻组合梁之间的相对位移,进而增强中小跨径装配式组合梁桥的整体性与稳定性。

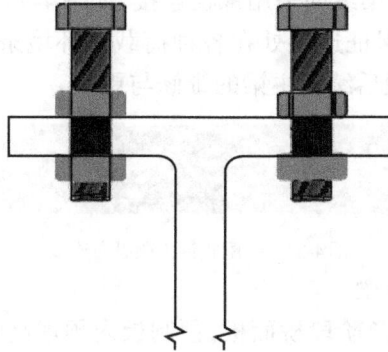

图4-29　桥面板与钢主梁抗剪连接件

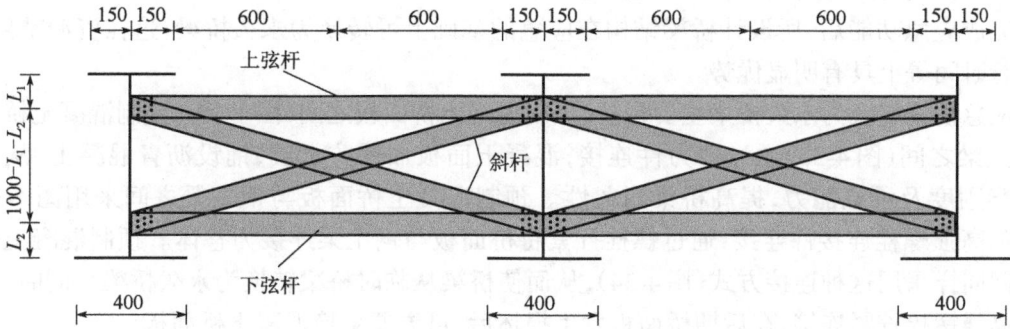

图4-30　桁架式X形连接结构形式(尺寸单位:mm)

桁架式横联材料采用Q345钢材,两个斜杆采用不同尺寸的角钢(图4-31)。由于在桁架式K形连接中,水平下弦杆还承受部分弯矩作用,故选择10号工字钢作为横向水平连接件(图4-32)。各杆件在工厂预制阶段对连接位置进行预打孔及切割处理,从而保证现场拼装的准确性与稳定性。

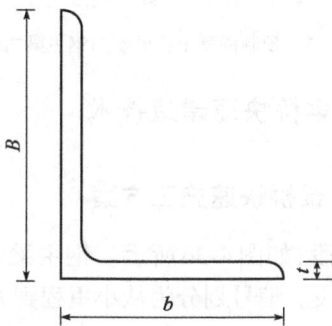

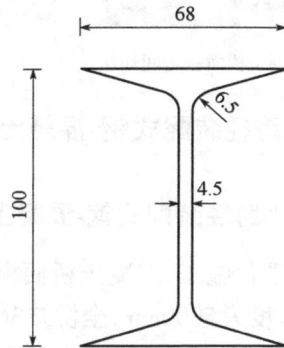

图4-31　斜杆角钢截面　　　图4-32　水平弦杆工字钢截面(尺寸单位:mm)

（3）工字钢主梁纵向连接

钢主梁之间连接对梁的整体承载能力、刚度、稳定性及结构的安全性起着重要的作用。所设计钢-混凝土组合梁桥钢主梁纵向采用螺栓连接,如图4-33所示。其工作原理基于螺栓的剪切和拉伸性能,可以很好地保证连接处在各种荷载和环境条件下的安全性,并且螺栓连接具有可拆卸性和可更换性,方便后续钢主梁的维修与更换。

图4-33　装配式钢主梁纵向连接

（4）应急桥梁转换为永久桥梁

预制混凝土桥面板作为应急阶段桥面板,预制板内预埋高强螺栓连接件,应急阶段,将预制混凝土桥面板直接扣在预打孔钢主梁(图4-34)上,桥面板节段间及其钢主梁可不连接。工字钢搭设完成后,铺设预制混凝土板,同时在两侧安装临时栏杆保证行人安全。全部构件均采用工厂预制,标准化程度高、架设速度较快。

完成应急功能后,所设计桥梁结构在应急的基础上可转换为永久桥梁,这在资源节约、道路通行时间等上具有明显优势。

应急桥梁转换为永久桥梁主要包括:预制混凝土桥面板之间(图4-34)、预制混凝土桥面板与钢主梁之间(图4-35)通过剪力件连接,混凝土面板加铺防水层,铺设沥青混凝土,从而提高桥梁刚度及承载能力,提高桥梁耐久性。预制混凝土桥面板与钢主梁之间采用图4-30所提出的高强螺栓连接件连接,通过螺栓拧紧将桥面板与钢主梁连接为整体。预制混凝土桥面板之间同样采用这种连接方式(图4-34),从而使桥梁从临时桥梁转换为永久桥梁。同时,由于采用高强螺栓拧紧连接,在后期桥面板发生损坏后,可方便更换混凝土桥面板。

图4-34　预制混凝土桥面板之间连接

图4-35　预制混凝土桥面板与钢主梁之间连接

4.2.3　中小跨径装配式钢-混凝土组合梁桥快速建造技术

4.2.3.1　中小跨径装配式钢-混凝土组合梁桥快速施工方案

为方便后期标准化施工,混凝土桥面板需分段,如图4-36所示。钢主梁同样采用标准化节段,每节段钢主梁长度为5000mm,全桥共36个节段。编号划分为从小里程到大里程方向,从左往右,依次为S1、S2、S3、S4、S5、S6,顺桥向编号为S1-1～S1-6、S2-1～S2-6、S3-1～S3-6、S4-1～S4-6、S5-1～S5-6、S6-1～S6-6。具体节段标号划分如图4-37所示。

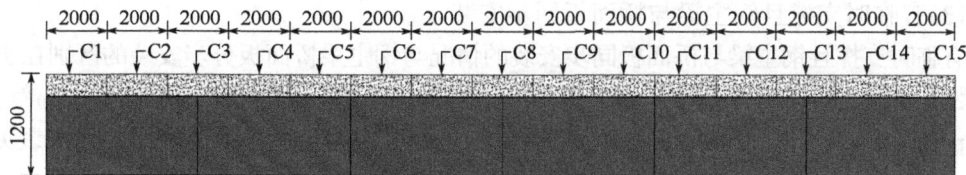

图4-36　混凝土桥面板节段编号划分(尺寸单位:mm)

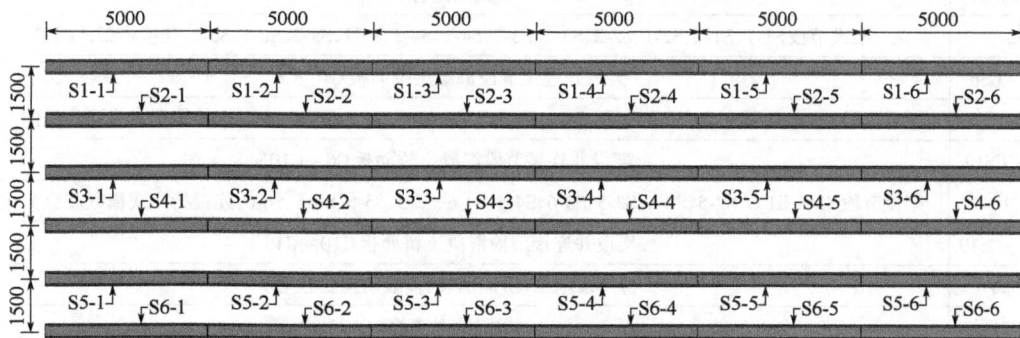

图4-37　钢主梁节段编号划分(尺寸单位:mm)

　　根据中小跨径装配式钢-混凝土组合梁桥快速建造的关键点和桥梁分块情况,提出三种快速施工方案。

　　(1)无临时支撑施工方案

　　无临时支撑施工方案见表4-2。

无临时支撑施工方案　　　　　　　　　　　　　　　　　　表4-2

施工工况	施工内容
前期准备	将5m节段在施工现场安装为30m钢主梁
CS1	架设钢主梁S1～S6,连接桁架式横联
CS2～CS16	架设并连接节段混凝土桥面板C1～C15
CS17	桥面系施工(桥面铺装、安装防撞护栏等)

　　现场采用两台25t汽车吊进行桥梁钢主梁和混凝土桥面板的吊装。在桥梁分块到达现场后,在施工场地内将5m节段安装为30m,采用汽车吊依次安装30m钢主梁,安装横联和混凝土桥面板。

　　(2)有临时支撑且钢主梁与桥面板分步安装

　　在施工场地内将5m节段拼装为10m节段→安装临时支撑→吊装10m钢主梁节段→高强螺栓连接钢主梁→桁架式横联连接钢主梁→安装桥面板→桥面系施工→拆除临时支撑,详见表4-3。

有临时支撑且钢主梁桥面板分步安装　　　　　　　　　　　　　表4-3

施工工况	施工内容
CS1	架设节段S1-1、S1-2、S2-1、S2-2、S3-1、S3-2、S4-1、S4-2、S5-1、S5-2、S6-1、S6-2,连接桁架式横联
CS2	架设节段S1-3、S1-4、S2-3、S2-4、S3-3、S3-4、S4-3、S4-4、S5-3、S5-4、S6-3、S6-4,连接桁架式横联和纵向主梁
CS3	架设节段S1-5、S1-6、S2-5、S2-6、S3-5、S3-6、S4-5、S4-6、S5-5、S5-6、S6-5、S6-6,连接桁架式横联和纵向主梁
CS4～CS18	架设并连接节段混凝土桥面板C1～C15
CS19	桥面系施工(桥面铺装、安装防撞护栏等)
CS20	拆除临时支撑

（3）有临时支撑且钢主梁与桥面板同步安装

有临时支撑且钢主梁与桥面板同步安装的情况与钢主梁桥面板分步安装的区别在于,前者是先安装10m钢主梁,再安装混凝土桥面板,后续2、3节10m节段也是如此;后者是将10m钢主梁安装为30m整体主梁后再进行混凝土桥面板的安装。有临时支撑且钢主梁与桥面板同步安装见表4-4。

有临时支撑且钢主梁与桥面板同步安装   表4-4

施工工况	施工内容
CS1	架设节段S1-1、S1-2、S2-1、S2-2、S3-1、S3-2、S4-1、S4-2、S5-1、S5-2、S6-1、S6-2,连接桁架式横联
CS2 ~ CS6	架设并连接节段混凝土桥面板C1 ~ C5
CS7	架设节段S1-3、S1-4、S2-3、S2-4、S3-3、S3-4、S4-3、S4-4、S5-3、S5-4、S6-3、S6-4,连接桁架式横联和纵向主梁
CS8 ~ CS13	架设并连接节段混凝土桥面板C6 ~ C10
CS14	架设节段S1-5、S1-6、S2-5、S2-6、S3-5、S3-6、S4-5、S4-6、S5-5、S5-6、S6-5、S6-6,连接桁架式横联和纵向主梁
CS15 ~ CS19	架设并连接节段混凝土桥面板C10 ~ C15
CS20	桥面系施工(桥面铺装、安装防撞护栏等)
CS21	拆除临时支撑

采用MIDAS CIVIL对三种快速施工方案进行分析计算,研究发现,有临时支撑且钢主梁与桥面板分步安装力学行为最优,但三种施工方案均符合相关规范要求。三种施工方案适应场景不同,可根据实际施工环境选择合适的施工方案。

4.2.3.2 CIM模型的建立及施工动画模拟

采用CIM对装配式组合梁桥建立三维可视化模型,其中钢主梁、预制桥面板、护栏的创建采用线族,桥台采用点族创建,高强螺栓采用装配族创建。创建完成后,按照从下到上的顺序,依次将创建的点族、线族、装配族分配拼接至桥梁整个线路中。具体做法为:在创建的线路中首先将线族分配至整个路线,然后将所创建族库导入CIM,按照搭积木的方式将主梁族等分配至相应位置(图4-38),同时基于CIM软件对其进行施工流程模拟(图4-39),为施工组织设计及工艺优化提供参考。

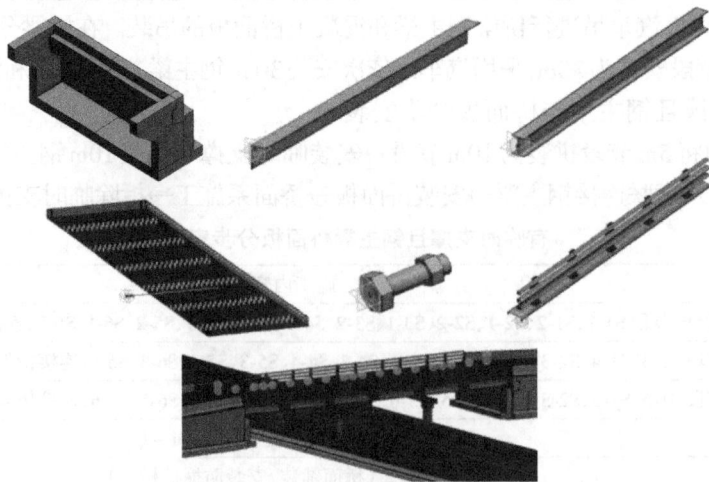

图4-38 装配式桥梁CIM分块模型

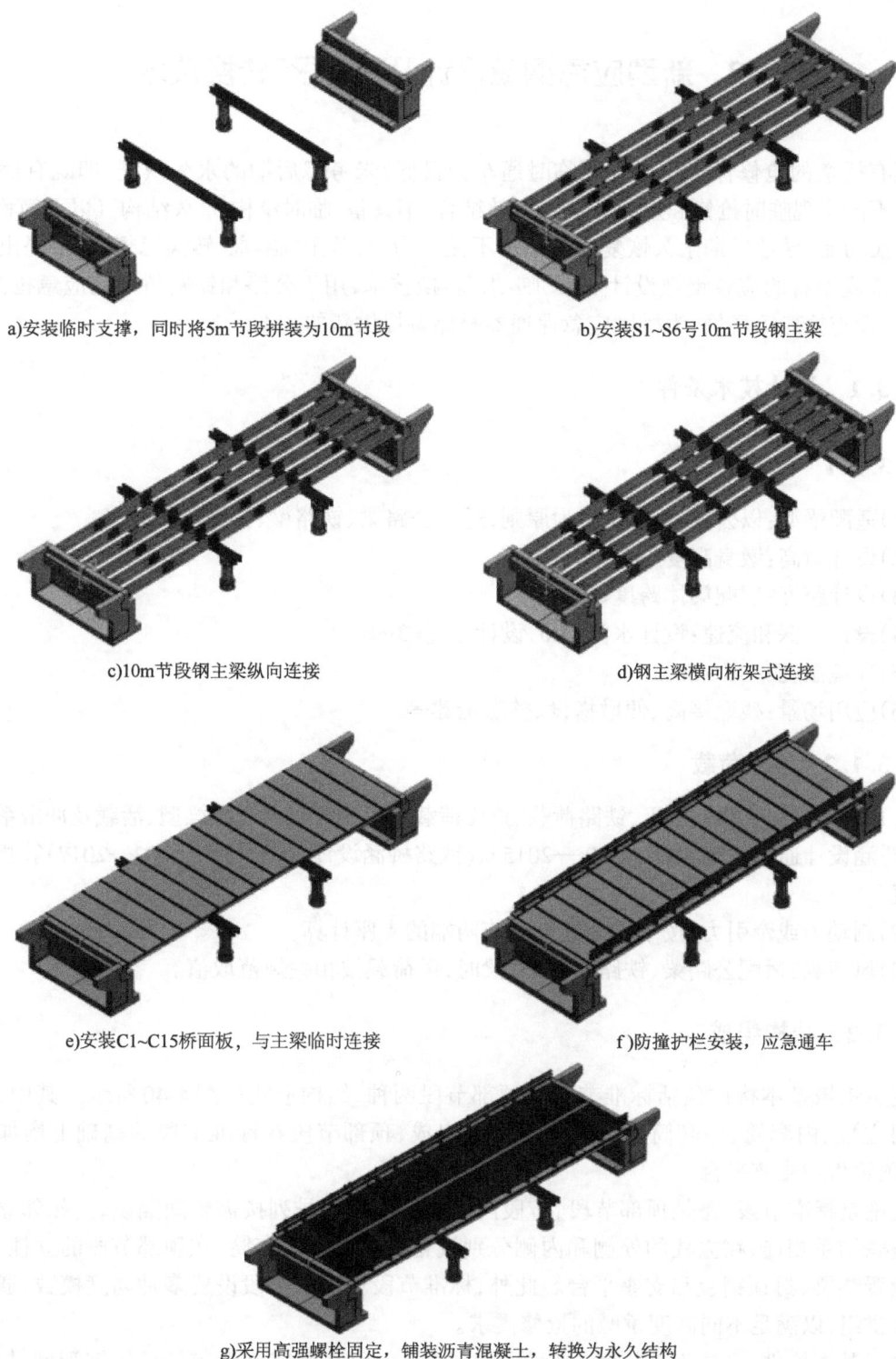

a)安装临时支撑，同时将5m节段拼装为10m节段

b)安装S1~S6号10m节段钢主梁

c)10m节段钢主梁纵向连接

d)钢主梁横向桁架式连接

e)安装C1~C15桥面板，与主梁临时连接

f)防撞护栏安装，应急通车

g)采用高强螺栓固定，铺装沥青混凝土，转换为永久结构

图4-39 装配式组合梁桥施工流程图模拟

4.3 新型应急钢墩设计及"临-永"转换技术

既有桥墩的抢修保障均以保障临时通车为目标,未考虑后期的永久恢复,即既有桥墩抢修器材不能实现临时抢修和永久恢复的有效结合,不具备"临时结构-永久结构"(以下简称"临-永")转换功能,导致后期永久恢复存在诸多不便。为此,基于"临-永"转换思想,本节提出了一种基于常规型材的应急钢墩设计及其"临-永"转换技术,用于公路和铁路桥墩的应急抢修、灾后恢复、设施抢建等场景,为桥墩应急保通器材储备提供新的方案。

4.3.1 设计技术条件

4.3.1.1 设计范围

(1)适配梁型:以公-铁桥梁通用为原则,适配公路梁、铁路梁、抢修梁等。
(2)设计墩高:墩身高度≤40m。
(3)设计跨度:适配梁体跨度≤32m。
(4)设计水深和流速:设计水深≤3m,设计流速≤3m/s。
(5)环境温度:−40～50℃。
(6)应用场景:残墩接高、便墩搭设、整墩抢建等。

4.3.1.2 设计荷载

(1)设计活载:公路—Ⅰ级、铁路荷载、抢修荷载。应用时根据适配梁型、活载及冲击系数按《公路桥涵设计通用规范》(JTG D60 —2015)、《铁路桥涵设计规范》(TB 10002—2017)等相关规范取值。
(2)制动力或牵引力:按平均分配与梁跨两端的支座计算。
(3)风荷载:适配公路梁、铁路梁、抢修梁时,风荷载按相关规范取值。

4.3.2 结构组成

应急钢墩基本构件包括标准节段和顶部节段两种,结构形式如图4-40所示。其中,标准节段由立柱、内套筒、外套筒及联结系等单元组成,顶部节段在标准节段的基础上增加了垫梁、封顶钢板和支座平台。

无论是标准节段,还是顶部节段,节段内部立柱呈方形排列按需要间隔设置,相邻立柱之间通过联结系相连,在立柱的外侧和内侧分别设置外套筒和内套筒,在顶部节段的立柱上方,依次设置垫梁、封顶钢板和支座平台。此外,标准节段和顶部节段设置多种高度模数,通过节段组合拼组,以满足不同高度桥墩的抢修需求。

对于基本构件,立柱为承担竖向荷载的主要单元,结构形式选用市场通用钢管型材,其两端焊接有空心法兰盘,并设置导向插接限位装置;内、外套筒均由钢板围合焊接而成,外套筒与立柱通过栓接、焊接和环氧树脂胶接相连；联结系位于相邻立柱之间、立柱与内套筒之间、内套筒内壁之间、支座平台与外套筒之间，选用标准型钢，与各单元之间采用焊接形式连接；垫梁用来将竖向荷载较为均匀地分配至立柱，结构形式选用标准工字钢或 H 型钢，垫梁与立柱法兰之间、垫梁之间采用栓接或焊接相连；封顶钢板上预留混凝土浇筑孔，封顶钢板与垫梁之间采用焊接形式连接；支座平台为钢制或混凝土预制件，支承于顶部节段封顶钢板，通过联结系与外套筒焊接，其上部预留支座孔洞以满足不同类型永久支座安装需求，此外，其内部预留竖向孔道，用于穿过锚固钢筋与封顶钢板连接。

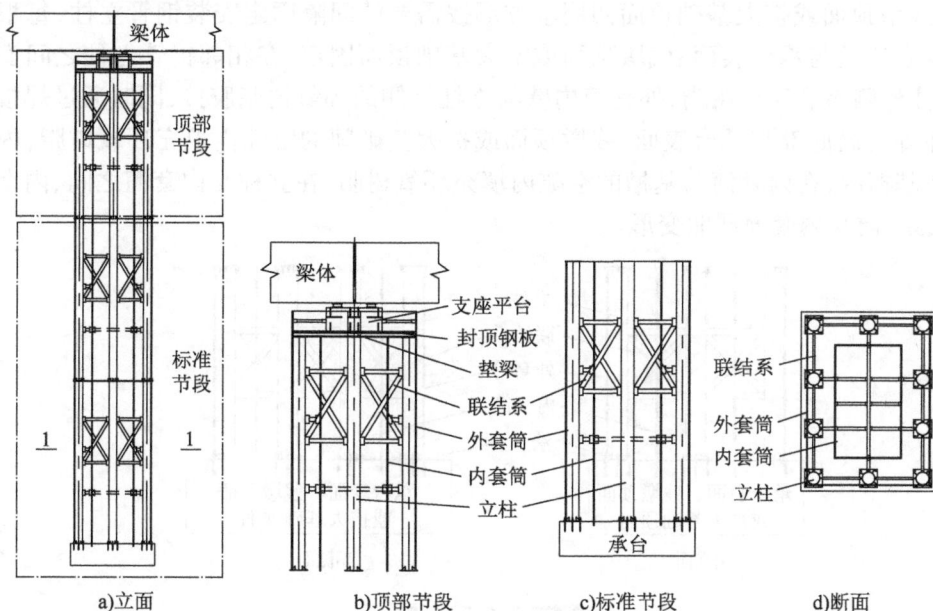

图4-40 可"临-永"转换钢墩

对于钢墩节段连接方式，节段立柱之间采用环形空心法兰栓接和导向限位插接的混合连接方式，节段套筒之间采用环形空心法兰栓接。立柱及内外套筒连接形式如图4-41所示。

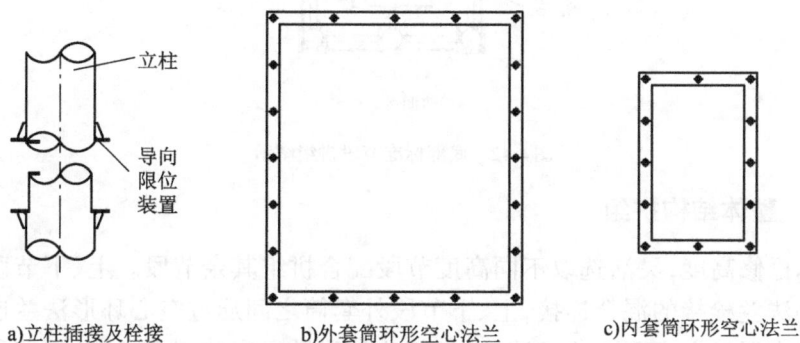

图4-41 立柱及内外套筒连接形式

此外，在材料选用方面，除联结系材质选用 Q235 钢材，立柱、套筒、垫梁等单元材质宜选用 Q355 钢材。

4.3.3 拼组方法

可"临-永"转换钢墩拼组包括四个步骤：底部标准节段拼组、整体结构拼组、支座安装、结构"临-永"转换。

4.3.3.1 底部标准节段拼组

如图 4-42 所示，在承台表面、残墩顶面或扩大基础顶面设置与内套筒形状匹配的基槽；沿承台表面、残墩顶面或扩大基础顶面四周呈方形按需要的间隔固定安装钢管立柱，每根立柱底部通过空心法兰与承台表面、残墩顶面或扩大基础顶面固定，在相邻钢管立柱之间安装联结系；在立柱外侧涂刷环氧树脂，外套筒内壁与立柱外侧的环氧树脂胶接，同时通过焊接和栓接相连。在外套筒底部与承台表面、残墩顶面或扩大基础间的空隙内填充环氧树脂；内套筒底部安装在基槽内，在内套筒与基槽的空隙内填充环氧树脂；在立柱与内套筒之间、内套筒内腔安装联结系，防止内套筒屈曲变形。

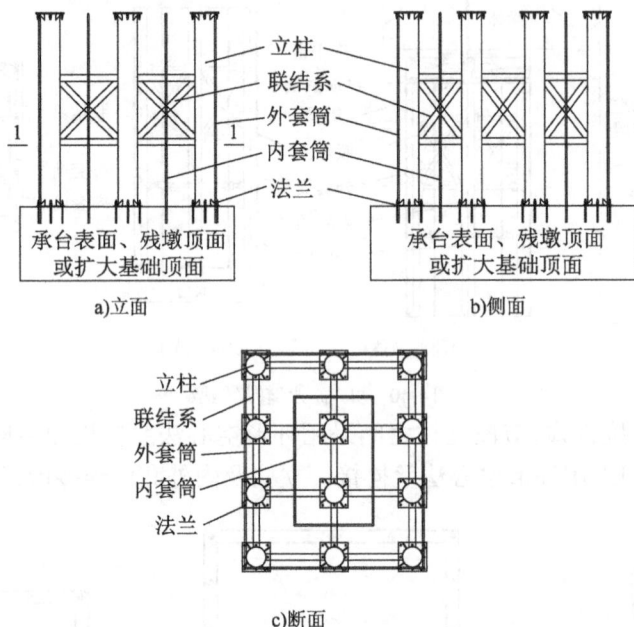

图 4-42 底部标准节段拼组图示

4.3.3.2 整体结构拼组

根据目标抢修高度，灵活选取不同高度节段配合拼组其余节段。上、下节段立柱之间采用插接与空心法兰栓接的混合连接，上、下节段外套筒之间通过空心环形法兰连接，上、下节段内套筒之间也通过空心环形法兰连接，各部位的联结系安装同上；在顶部节段立柱上方安装垫梁，在垫梁顶面固定封顶钢板，在钢板上方设置支座平台，相应的钢筋竖向穿过封顶钢板连接孔与支座平台的竖向孔道，在孔道内灌注环氧树脂后在两端锚固；安装支座平台与外套筒之间的联结系。整体结构拼组如图 4-43 所示。

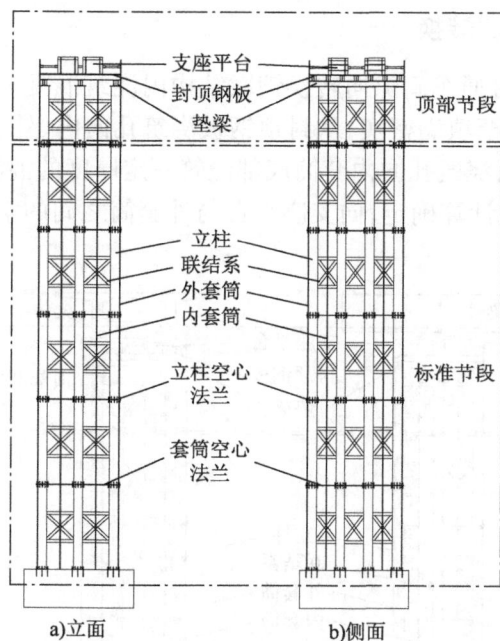

图4-43 整体结构拼组

4.3.3.3 支座安装

将支座安装于待架设梁体,将梁体下落,待支座安装于支座平台预留孔洞内,车辆限速通行。支座安装如图4-44所示。

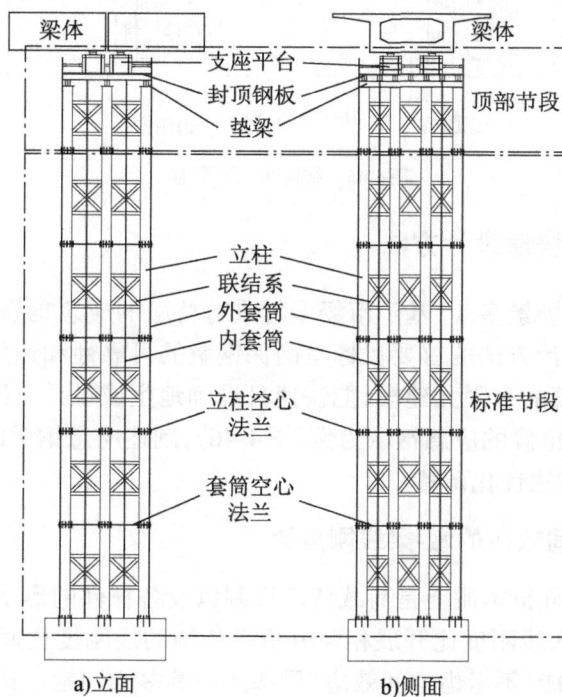

图4-44 支座安装

4.3.3.4 结构"临-永"转换

如图4-45所示,在临时通车间隙向转换钢墩结构内浇筑混凝土:从立柱顶部的空心法兰向钢管立柱内浇筑混凝土至填满密实;从封顶钢板浇筑孔向内、外套筒之间的空隙浇筑混凝土至填满密实;从封顶钢板浇筑孔向内套筒底部浇筑一定厚度的混凝土,形成塑性铰,塑性铰高度应根据公-铁桥梁类型计算确定;向支座平台与外套筒之间的空隙内浇筑混凝土,直至与外套筒上沿齐平。

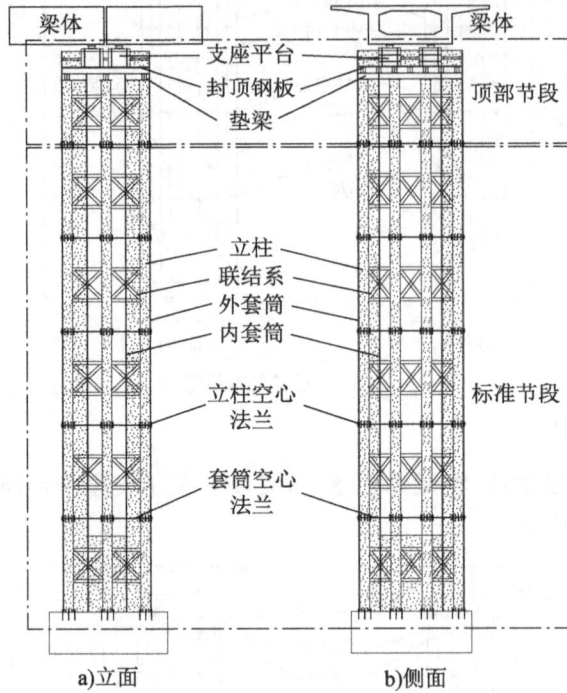

图4-45 结构"临-永"转换

4.3.4 应急钢墩快速设计方法

考虑桥墩应急保通场景多变,基于市场型材进行桥墩的应急抢修,首先需要解决钢墩快速设计的问题。快速设计方法的首要目标是确保钢墩的可靠性和适用性,在此基础上,设计需兼顾简便性,避免烦琐的有限元建模,能快速且准确地生成设计方案。此处以适用于高速铁路中等高度以下桥墩抢修的应急钢墩为例(图4-46),阐述应急钢墩的快速设计方法。其他应用场景,可结合所提方法优化调整。

4.3.4.1 考虑空间效应的墩-梁线刚度比

空间构架力学性能分析本质上是荷载传递机制以及各杆件的形变行为分析,鉴于荷载传递与刚度密切相关,引入线刚度比开展相关分析。传统的线刚度比通常用于平面刚架设计,主要关注结构的平面性能,不考虑空间效应、局部效应等多维因素。此外,传统线刚度比孤立地分析结构元素,忽视了钢墩构件间的相互作用与依赖关系。针对这些不足,这里提出考虑空间效应的墩-梁线刚度比 ξ，以期弥补传统方法的不足。

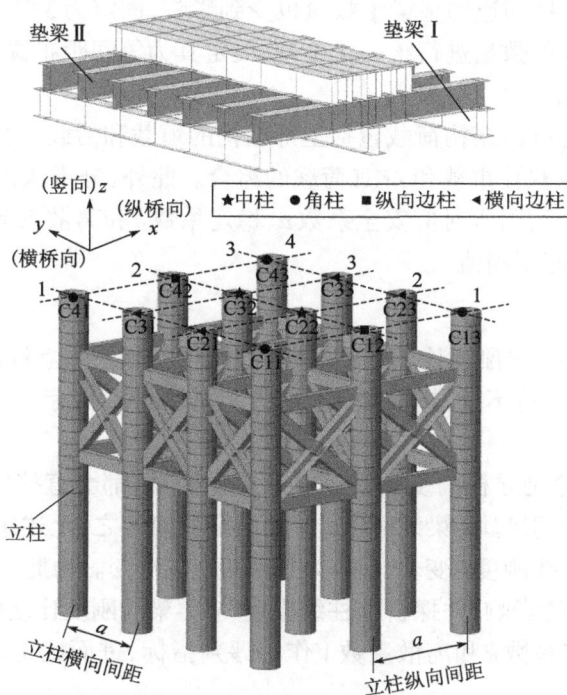

图4-46 案例结构图示

在构建墩-梁线刚度比的定义式时，基于钢墩力学性能影响参数分析，全面考量多个关键参数及其之间的相互作用，经过推导和整合，得出具有解析形式的定义式：

$$\xi = \frac{n_{\mathrm{c}} \sqrt{a^2 + b^2} \cdot i_{\mathrm{c}}}{a \cdot n_{\mathrm{b1}} \cdot i_{\mathrm{b1}} + b \cdot n_{\mathrm{b2}} \cdot i_{\mathrm{b2}}} \tag{4-21}$$

式中：i_{c}、i_{b1}、i_{b2}——立柱、垫梁 I 和垫梁 II 的线刚度，按 $i_{\mathrm{c}} = E_{\mathrm{c}} I_{\mathrm{c}}/l_{\mathrm{c}}$、$i_{\mathrm{b1}} = E_{\mathrm{b1}} I_{\mathrm{b1}}/l_{\mathrm{b1}}$、$i_{\mathrm{b2}} = E_{\mathrm{b2}} I_{\mathrm{b2}}/l_{\mathrm{b2}}$ 计算，其中，E_{c}、E_{b1} 和 E_{b2} 分别为立柱、垫梁 I 和垫梁 II 的弹性模量，I_{c}、I_{b1} 和 I_{b2} 分别为立柱、垫梁 I 和垫梁 II 的截面惯性矩，l_{c} 为各节段立柱高度之和；

l_{b1}、l_{b2}——垫梁 I 和垫梁 II 的长度，m；

a、b——相邻立柱纵向间距和横向间距，m；

n_{c}、n_{b1}、n_{b2}——立柱、垫梁 I 和垫梁 II 的数量。

墩-梁线刚度比包含了结构空间效应的影响，可反映应急钢墩在三维空间中的力学特性。

4.3.4.2 基于墩-梁线刚度比的因素影响分析

要发挥墩-梁线刚度比在钢墩快速设计方法中的作用，必须深入分析影响这一指标的各个因素，从而明确墩-梁线刚度比的应用阈值。以下基于墩-梁线刚度比开展因素影响分析。

在墩-梁线刚度比的公式中，影响立柱的相关因素有立柱数量、线刚度及横纵间距，影响垫梁的相关因素有垫梁 I 和垫梁 II 的线刚度及数量。

为了提升钢墩快速设计方法的灵活性和效率，采取标准化的设计策略：立柱的横纵向布局统一设定为4×3的模式。在此基础上，通过调整立柱的横向和纵向间距，确保设计能适应各种不同承台的尺寸需求，从而增强钢墩设计的适用性。在标准化设计中，立柱数量 n_c 固定为12，即 $n_c=12$。同时，与立柱相连的垫梁 I 数量也受到影响，固定为3根，即 $n_{b1}=3$。此外，为简化快速设计流程，对垫梁 II 的数量进行统一化处理，设定其为等间距布置7根，即 $n_{b2}=7$；联结系结构形式按20号槽钢选用。

分析基于 ABAQUS 开展，结构荷载包括上部结构的恒载和活载。其中，上部恒载采用900t重的高铁箱梁，活载采取双孔重载和ZKH荷载的组合。此外，分析从钢墩强度、稳定性和荷载分配均匀性三个层面进行，引入对应安全系数 n、稳定系数 k 和离散系数 V 作为评判指标，从而确定墩-梁线刚度比 ξ 的应用阈值。

1）立柱因素影响

针对立柱因素对墩-梁线刚度比的影响，从立柱线刚度和相邻立柱横纵间距两个方面展开分析。分析时垫梁配置保持不变，垫梁 I 和垫梁 II 均采用45号工字钢型材。

（1）立柱线刚度

在相同条件下，无论是立柱高度调整还是径厚比变动，都会直接影响立柱的线刚度 i_c，而立柱线刚度 i_c 的变化又会引起墩-梁线刚度比 ξ 的改变。简言之，上述影响逻辑可概括为：立柱高度/径厚比调整→立柱线刚度 i_c 变化→墩-梁线刚度比 ξ 改变。为此，考虑立柱高度和径厚比两个因素对立柱线刚度的影响，并探析立柱线刚度与墩-梁线刚度比之间的解析表达，而后，利用结构安全系数 n、稳定系数 k 和离散系数 V 作为评判指标，进而确定墩-梁线刚度比 ξ 的应用阈值。

图4-47给出了高度和径厚比因素影响的立柱线刚度，并建立了立柱线刚度与墩-梁线刚度比之间的解析表达。具体工况设置如下：在图4-47a）中，通过调整立柱高度以改变立柱线刚度，分析了各节段立柱总高度 l_c 在 1~42m 范围内（以1m为模数，共42种工况）的情形，分析时立柱径厚比取值60，立柱高度每超过6m设置一道横纵向联结系。在图4-47b）中，通过调整立柱径厚比改变立柱线刚度，分析了径厚比从10到100（以10为模数，共10种工况）的情形，分析时立柱总高度为42m。

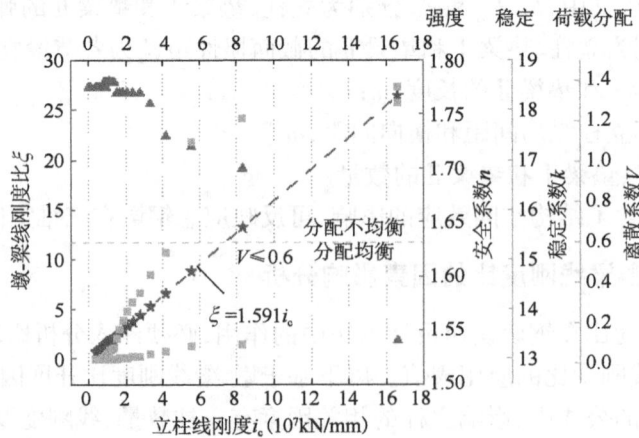

a)高度因素影响下的立柱线刚度

图 4-47

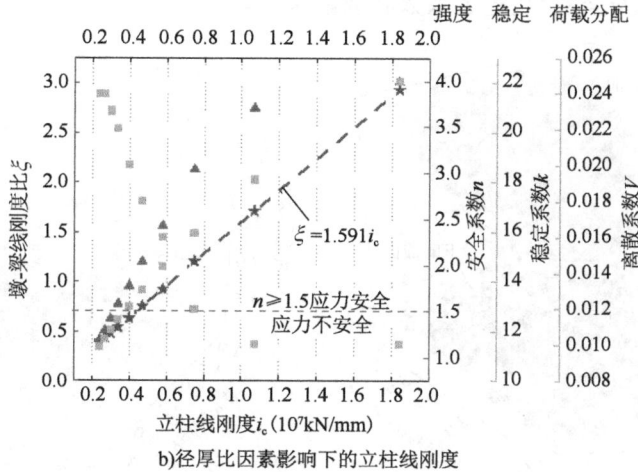

b)径厚比因素影响下的立柱线刚度

图4-47　立柱线刚度影响下的墩-梁线刚度比

分析图4-47可知:在相同条件下,立柱的高度或径厚比的改变会直接影响其线刚度,进而导致墩-梁线刚度比随立柱线刚度变化而改变。尽管考虑高度或径厚比因素得到了不同的立柱线刚度,但立柱线刚度与墩-梁线刚度比之间均呈正相关,而且,其对应关系还可用同一线性方程进行拟合[式(4-22)],说明拟合方程考虑了立柱高度和径厚比对其线刚度的影响,具有良好的适应性。

$$\xi_{\text{cls}} = 1.591 i_{\text{c}} \tag{4-22}$$

式中:ξ_{cls}——立柱线刚度影响下的墩-梁线刚度比;

i_{c}——立柱线刚度。

采用安全系数n、稳定系数k和离散系数V等评判指标对拟合方程进行约束,当立柱线刚度$i_{\text{c}} \geqslant 0.34 \times 10^7 \text{kN/mm}$时,应力安全系数$n \geqslant 1.5$,说明钢墩的应力水平处于安全状态;各工况下的稳定系数k均大于或等于5,说明应急钢墩在给定范围内不会发生失稳破坏;当立柱线刚度$i_{\text{c}} \leqslant 4.15 \times 10^7 \text{kN/mm}$时,立柱荷载分配的离散系数$V < 0.6$,说明钢墩荷载分配较为均衡。

综上分析,当立柱线刚度i_{c}在$0.34 \times 10^7 \sim 4.15 \times 10^7 \text{kN/mm}$范围内取值时,对应的墩-梁线刚度比$\xi$为$0.54 \sim 6.61$。在此范围内,应急钢墩不会发生强度破坏和失稳破坏,并且立柱荷载分配的均匀性较好。

(2)立柱横纵间距

为研究相邻立柱横纵间距调整对墩-梁线刚度比的影响,本节设计了216个仿真工况。具体而言,对于相邻立柱的横向和纵向间距,在$1 \sim 3.5\text{m}$范围内,以0.5m为模数进行调整,通过各种横向和纵向间距的组合设置工况。此外,为明确立柱横纵间距和墩-梁线刚度比的应用阈值,并提高阈值的可靠性和适用性,在每种立柱间距组合的基础上,均考虑了墩高在$6 \sim 42\text{m}$范围内(以6m为模数)的情况,旨在探讨不同墩高情况下间距因素对墩-梁线刚度比的影响。通过有限元分析,本节探析了立柱间距对墩-梁线刚度比的影响,确保研究结果的广泛适用性。

图4-48a)展示了不同立柱间距对应的墩-梁线刚度比ξ,在此基础上,通过引入安全系数n、稳定系数k和离散系数V等评判指标,从强度、稳定性和荷载分配均匀性等角度确定立柱间距的合理取值,进而得到墩-梁线刚度比的应用阈值。图4-48b)、图4-48c)和图4-48d)分别给出

了不同立柱间距下的安全系数、稳定系数和离散系数。

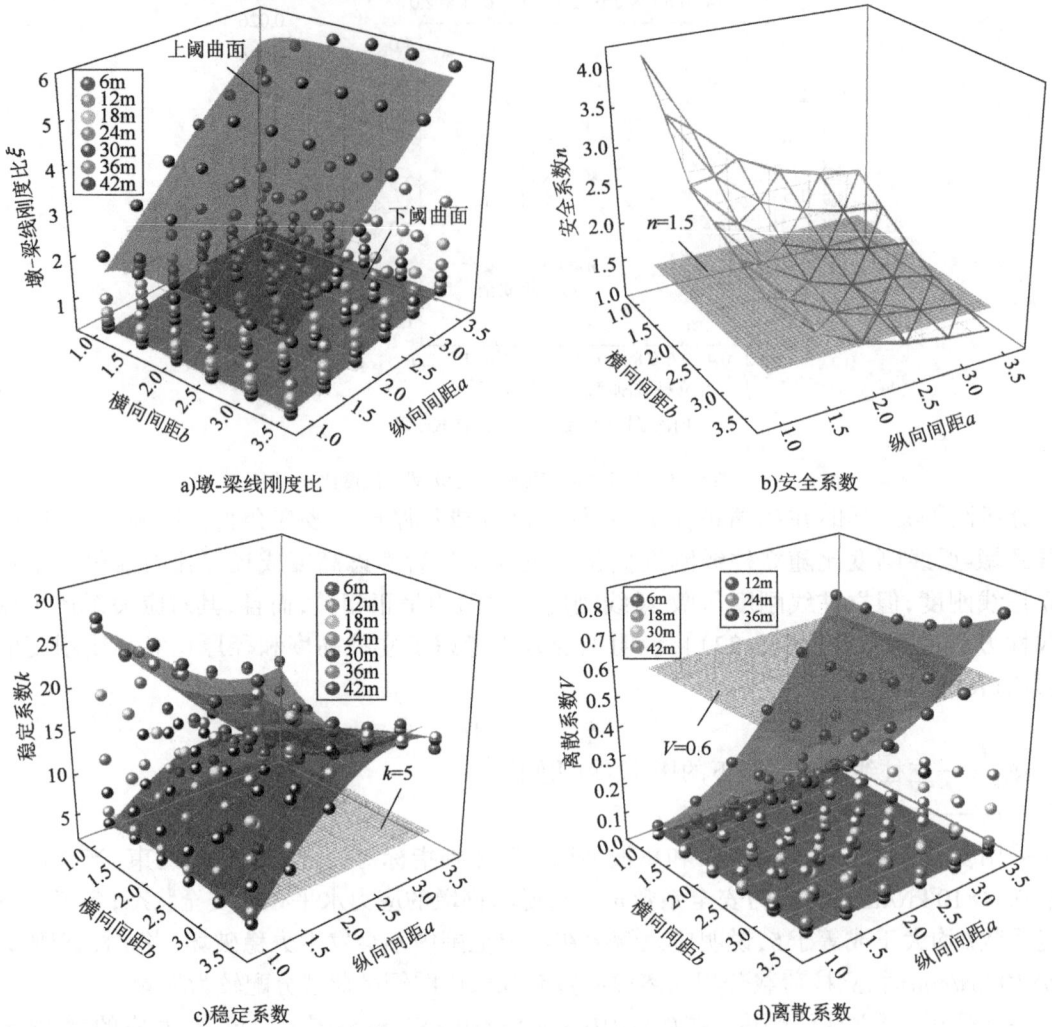

a)墩-梁线刚度比

b)安全系数

c)稳定系数

d)离散系数

图4-48　立柱间距影响下的墩-梁线刚度比及评判指标

分析图4-48可知：

①当相邻立柱间距变化时，相应的墩-梁线刚度比会随之改变。具体而言，当横向间距保持不变，而纵向间距增大时，墩-梁线刚度比呈增长趋势。例如，横向间距保持1m不变，纵向间距从1m增加至3.5m，墩-梁线刚度比增加了1.37倍；相反，当纵向间距保持不变而横向间距增大时，墩-梁线刚度比呈减小趋势。例如，纵向间距保持1m不变，横向间距从1m增加至3.5m，墩-梁线刚度比下降了6.06%，说明相比横向间距改变，纵向间距对于墩-梁线刚度比的影响更为明显。此外，相同横纵间距下，随着墩高增加，墩-梁线刚度比呈现下降趋势，并且其下降速率会随着高度增加有所减小。

②不同立柱间距下的结构安全系数n、稳定系数k和离散系数V的变化规律各不相同。当立柱间距相同时，安全系数并不随墩高调整而变化。当横向间距或纵向间距为3.5m时，对应安全系数$n \leqslant 1.5$，表明此时钢墩应力较大，安全冗余量较小。当横纵间距不变时，稳定系

数随墩高增加而减小,而且,稳定系数的下降速率随纵向间距的增大而降低。当纵向间距为1m,墩高为42m时,无论横向间距在1~3.5m范围内如何取值,稳定系数均小于5,说明此时钢墩易发生失稳破坏。当桥墩高度超过6m时,无论横纵间距如何组合,离散系数$V \leqslant 0.6$,说明立柱荷载分配的均匀性较好;而当墩高为6m、纵向间距为3.5m时,离散系数$V > 0.6$,表明不同立柱承担支反力大小的差异性较大。

③结合安全系数n、稳定系数k和离散系数V等评判指标,确定纵向间距a的取值范围为1.5~3m,横向间距b的取值范围为1~3m。基于Polynomial函数和Gauss函数,分别得到墩-梁线刚度比与横纵立柱间距之间的上阈和下阈曲面函数:

$$\xi_{cs-ut} = -5.72 + 13.28b - 11.83b^2 + 5.21b^3 - 1.13b^4 + 0.10b^5 + 1.75a - 0.04a^2 + 0.01a^3 - 0.01a^4 \tag{4-23}$$

$$\xi_{cs-lt} = 0.113 + 0.769 \cdot \exp\left[-\frac{1}{2}\left(\frac{a-4.096}{1.821}\right)^2 - \frac{1}{2}\left(\frac{b-2.687}{3.301}\right)^2\right] \tag{4-24}$$

式中:ξ_{cs-ut}、ξ_{cs-lt}——墩-梁线刚度比的上阈值和下阈值;

　　　a、b——相邻立柱纵向间距和横向间距。

综上分析,通过探讨立柱线刚度和横纵间距变化,得到对应的墩-梁线刚度比ξ;基于安全系数n、稳定系数k和离散系数V等评判指标,明确了立柱线刚度、横纵间距以及对应墩-梁线刚度比的应用阈值。

2)垫梁因素影响

为研究垫梁因素对于墩-梁线刚度比的影响,分别对垫梁Ⅰ线刚度i_{b1}和垫梁Ⅱ线刚度i_b开展研究。

(1)垫梁Ⅰ线刚度

影响垫梁Ⅰ线刚度的因素包括长度和截面惯性矩。当立柱的横向间距改变时,位于立柱上方的垫梁Ⅰ长度随之改变,从而影响其线刚度;不同型材或同一型材的多拼组合均会改变其截面惯性矩,同样会对线刚度产生影响。墩-梁线刚度比为考虑空间效应的刚度指标,除考虑影响线刚度的结构因素外,相同线刚度下立柱高度及纵向间距等耦合因素改变也会影响墩-梁线刚度比的取值,因此,分析时应全面考虑垫梁Ⅰ结构因素及其耦合效应,旨在提高应用阈值的可靠性和适用性。

分析共设置320个仿真工况。具体而言,通过立柱横向间距调整改变垫梁Ⅰ的长度,同时考虑立柱纵向间距耦合影响,结合前述立柱间距分析,相邻立柱横向和纵向间距分别在1~3m和1.5~3m的范围内取值,并以0.5m为模数进行调整,涵盖所有可能的横纵向间距组合形式。在每种间距组合形式的基础上,进一步考虑不同的垫梁Ⅰ型材和墩高变化。垫梁Ⅰ型材包括40号工字钢、45号工字钢、双拼45号工字钢和三拼45号工字钢共四种类型;墩高在6~42m范围内变化,以12m为模数进行分析。此外,分析时垫梁Ⅱ型材采用45号工字钢型材,立柱采用ϕ600mm×10mm的钢管。通过仿真分析,全面评估垫梁Ⅰ线刚度因素对于墩-梁线刚度比的影响,进而明确其应用阈值。图4-49给出了垫梁Ⅰ线刚度因素影响的墩-梁线刚度比及评判指标。

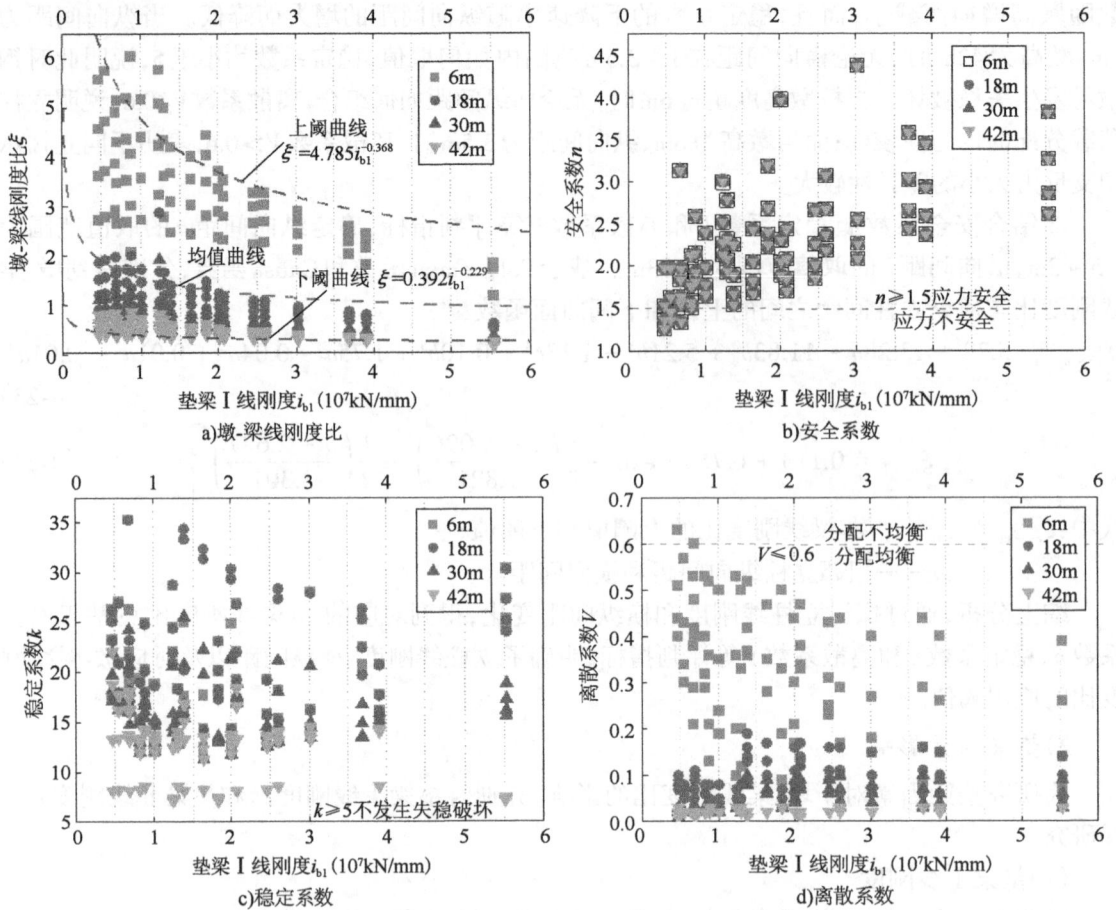

图4-49 垫梁Ⅰ线刚度影响下的墩-梁线刚度比及评判指标

分析图4-49可知：

①当垫梁Ⅰ线刚度相同时，其对应的墩-梁线刚度比可能存在多个数值，这是因为墩-梁线刚度比不仅与线刚度相关，还受到立柱高度和横纵间距等耦合因素的影响。通过对可能发生的耦合场景开展工况分析，分别计算相同线刚度对应墩-梁线刚度比的平均值，发现平均值随线刚度的增大呈现缓慢下降趋势。基于 Allometric 函数，对相同线刚度下的墩-梁线刚度比的最大值和最小值进行拟合，从而得到墩-梁线刚度比的上下阈曲线。上阈和下阈曲线分别如式(4-25)和式(4-26)所示。

$$\xi_{b1-ls-ut} = 4.785 i_{b1}^{-0.368} \tag{4-25}$$

$$\xi_{b1-ls-lt} = 0.392 i_{b1}^{-0.229} \tag{4-26}$$

式中：$\xi_{b1-ls-ut}$、$\xi_{b1-ls-lt}$——垫梁Ⅰ线刚度对应墩-梁线刚度比的上阈值和下阈值；

i_{b1}——垫梁Ⅰ线刚度。

②通过评判指标确定垫梁Ⅰ线刚度 i_{b1} 的应用阈值。其中，对于结构安全系数 n，当垫梁Ⅰ线刚度 $i_{b1} \leq 0.69 \times 10^7 kN/mm$ 时，对应安全系数 $n \leq 1.5$，说明钢墩的应力已超出了容许应力的2/3，应力水平较高；对于结构稳定系数 k，在320种工况中，所有稳定系数均大于5，说明工况场景下钢墩不会发生失稳破坏，从而确保了结构的稳定性；对于结构离散系数 V，当垫梁

Ⅰ线刚度 $i_{b1} \le 0.47 \times 10^7 \text{kN/mm}$ 时,对应离散系数 $V \ge 0.6$,说明此时荷载分配处于不均衡状态。

综合上述分析,垫梁Ⅰ线刚度在工程应用时不应小于 $0.69 \times 10^7 \text{kN/mm}$,以确保结构安全系数和离散系数在合理范围内,从而避免应力过大和荷载分配不均的问题。其对应的墩-梁线刚度比应处于所设定的上下阈值之间,以保证垫梁结构的整体稳定性和可靠性。

(2)垫梁Ⅱ线刚度

为确定垫梁Ⅱ线刚度及其对应墩-梁线刚度比的应用阈值,本节采用了与垫梁Ⅰ线刚度相似的分析方法,除考虑影响线刚度的长度和惯性矩等结构自身因素外,还考虑了立柱高度和间距变化等耦合因素,这是因为在相同线刚度条件下,耦合因素可能导致墩-梁线刚度比出现多个不同的数值,进而对墩-梁线刚度比阈值的可靠性和适用性产生影响。

分析时垫梁Ⅱ考虑五种型材类型,包括36号工字钢、40号工字钢、45号工字钢、叠合梁45号工字钢和叠合梁50号工字钢,同时,垫梁Ⅰ的型材固定为45号工字钢不变。此外,对于耦合因素的选取,18m、30m等高度,以及1.5m、2.5m等间距,并非临界分析所需的高度和间距,其对确定墩-梁线刚度比上下阈值的贡献较小。为减少计算工作量,对分析工况进行优化,重点关注临界高度和间距的耦合影响。因此,对于立柱间距耦合因素,横向间距取1m、2m和3m,纵向间距取1.5m和3m,在此范围内横纵间距任意组合;对于高度耦合因素,取墩高6m和42m两种形式。图4-50给出了垫梁Ⅱ线刚度因素影响的墩-梁线刚度比及评判指标。

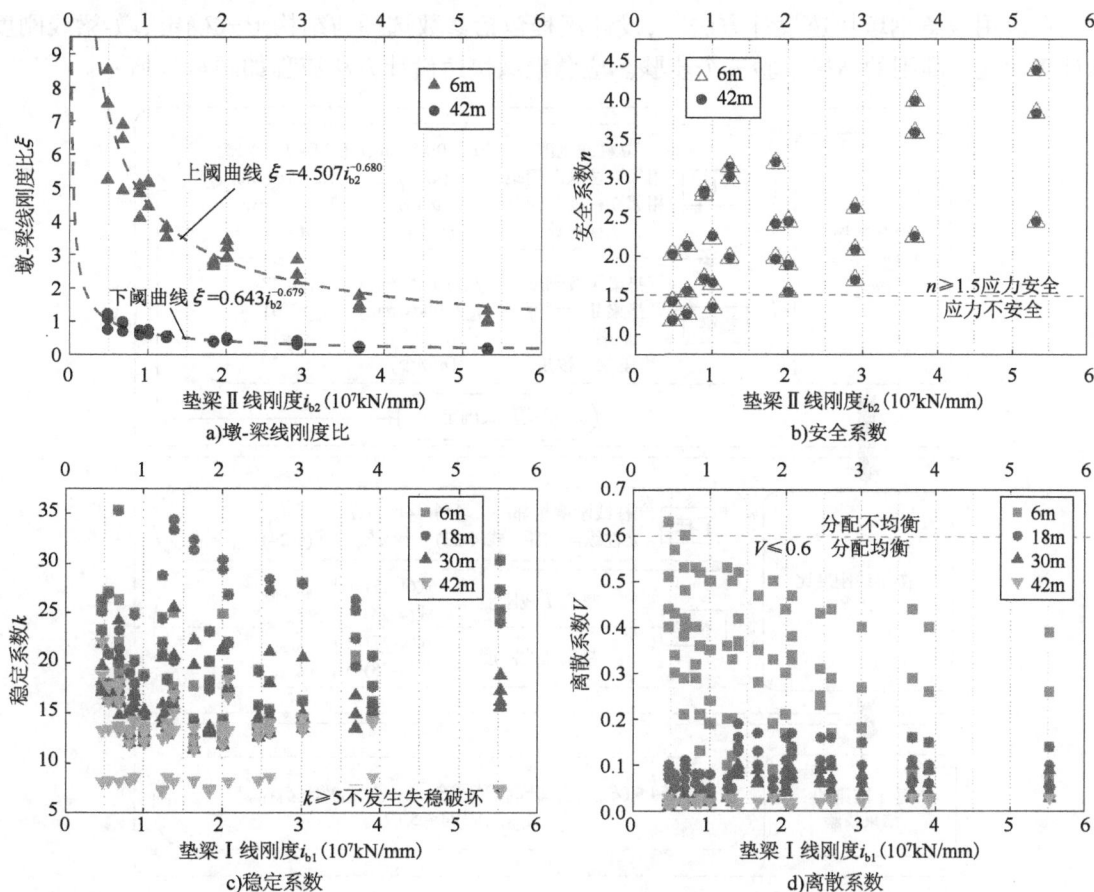

图4-50　垫梁Ⅱ线刚度影响下的墩-梁线刚度比及评判指标

分析图 4-50 可知：总体而言，墩-梁线刚度比随垫梁 II 线刚度的增大呈现先快速后平缓的下降趋势。当垫梁 II 线刚度 $i_{b2} \leq 2 \times 10^7 \text{kN/mm}$ 时，墩-梁线刚度比的下降速率较快，而当 $i_{b2} > 2 \times 10^7 \text{kN/mm}$ 时，下降速率趋于平缓。基于 Allometric 函数，研究确定了墩-梁线刚度比与垫梁 II 线刚度之间函数关系的上下阈曲线，上阈和下阈曲线分别如式(4-27)和式(4-28)所示。

$$\xi_{b2-ls-ut} = 4.507 i_{b2}^{-0.680} \tag{4-27}$$

$$\xi_{b2-ls-lt} = 0.643 i_{b2}^{-0.679} \tag{4-28}$$

式中：$\xi_{b2-ls-ut}$、$\xi_{b2-ls-lt}$——垫梁 II 线刚度对应墩-梁线刚度比的上阈值和下阈值；

i_{b2}——垫梁 II 线刚度。

在此基础上，综合考虑垫梁 II 线刚度对应的结构安全系数 n、稳定系数 k 和离散系数 V，结果表明：当垫梁 II 线刚度 $i_{b1} > 1.01 \times 10^7 \text{kN/mm}$ 时，应急钢墩强度、稳定和荷载分配均匀性均处于健康状态。

综上所述，通过研究立柱线刚度、横纵间距及垫梁线刚度对于墩-梁线刚度比的具体影响，揭示了墩-梁线刚度比与因素参数之间的显性解析，明确了不同因素及对应墩-梁线刚度比的应用阈值，从而建立了应急钢墩快速设计方法的理论架构。

4.3.4.3 应急钢墩快速设计方法

在应用应急钢墩快速设计方法时，设计流程包括参数选择与结构形式确定、墩-梁线刚度比计算和基于准则的结果校验三个步骤。应急钢墩快速设计方法流程如图 4-51 所示。

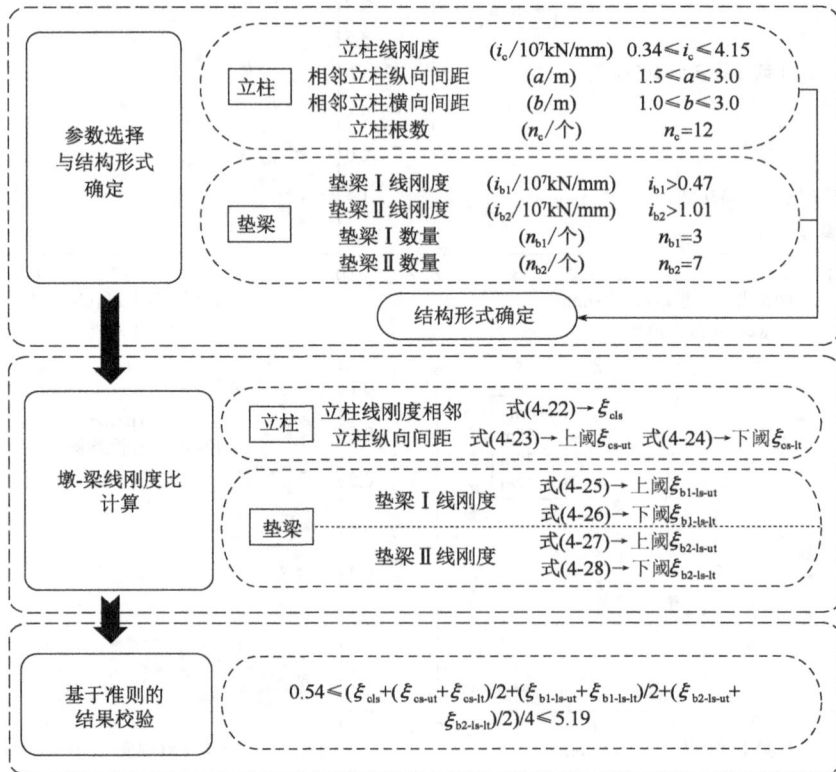

图 4-51 应急钢墩快速设计方法流程

步骤1：参数选择与结构形式确定。

首先，在立柱线刚度、横纵间距以及垫梁Ⅰ和垫梁Ⅱ的线刚度允许取值范围内选取数值，具体数值参见表4-5。然后，基于选取参数，明确应急钢墩构件的型材形式。在型材选择上，可将市场标准型材作为首选，立柱采用空心薄壁钢管，垫梁采用工字钢或H型钢，联结系采用槽钢或工字钢。最后，为保证结构的稳定性与安全性，在钢墩高度每超过6m时，增设一道横纵向联结系于相邻立柱之间。

参数取值范围及对应墩-梁线刚度比　　　　表4-5

参数因素	取值范围	墩-梁线刚度比ξ计算公式
立柱线刚度i_c(10^7kN/mm)	$0.34 \leq i_c \leq 4.15$	式(4-22)$\rightarrow \xi_{cls}$
立柱横纵间距(m)	纵向：$1.5 \leq a \leq 3.0$。横向：$1.0 \leq b \leq 3.0$	式(4-23)$\rightarrow$上阈$\xi_{cs\text{-}ut}$，式(4-24)$\rightarrow$下阈$\xi_{cs\text{-}lt}$
垫梁Ⅰ线刚度i_{b1}(10^7kN/mm)	$i_{b1} > 0.47$	式(4-25)$\rightarrow$上阈$\xi_{b1\text{-}ls\text{-}ut}$，式(4-26)$\rightarrow$下阈$\xi_{b1\text{-}ls\text{-}lt}$
垫梁Ⅱ线刚度i_{b2}(10^7kN/mm)	$i_{b2} > 1.01$	式(4-27)$\rightarrow$上阈$\xi_{b2\text{-}ls\text{-}ut}$，式(4-28)$\rightarrow$下阈$\xi_{b2\text{-}ls\text{-}lt}$

步骤2：墩-梁线刚度比计算。

在步骤1确定参数取值的基础上，依据表4-5中墩-梁线刚度比ξ的计算方法，求得对应的墩-梁线刚度比ξ。具体而言，立柱线刚度按式(4-22)计算得到ξ_{cls}；立柱横纵间距按式(4-23)和式(4-24)分别计算得到上阈ξ_{cs-ut}和下阈ξ_{cs-lt}；垫梁Ⅰ线刚度按式(4-25)和式(4-26)分别计算得到上阈$\xi_{b1-ls-ut}$和下阈$\xi_{b1-ls-lt}$；垫梁Ⅱ线刚度按式(4-27)和式(4-28)分别计算得到上阈$\xi_{b2-ls-ut}$和下阈$\xi_{b2-ls-lt}$。

步骤3：基于准则的结果校验。

基于准则的结果校验，即依据墩-梁线刚度比ξ的判定准则，对步骤2计算得到的结果进行校验。尽管在因素取值范围内选定构件参数，得到的墩-梁线刚度比可满足钢墩强度、稳定性和荷载分配均匀性等要求，但是，为进一步保证钢墩设计结果的可靠性和安全性，将不同参数因素取值分别代入对应的墩-梁线刚度比公式，并求得墩-梁线刚度比的阈值交集，范围为$0.54 \leq \xi \leq 5.19$，即此区间内的墩-梁线刚度比被认为是综合考虑多个因素的安全且合理的取值范围。基于上述交集范围，提出判定准则，作为钢墩设计中墩-梁线刚度比选择的参考依据，如式(4-29)所示。

$$0.54 \leq \frac{1}{4}\left(\xi_{cls} + \frac{\xi_{cs-ut} + \xi_{cs-lt}}{2} + \frac{\xi_{b1-ls-ut} + \xi_{b1-ls-lt}}{2} + \frac{\xi_{b2-ls-ut} + \xi_{b2-ls-lt}}{2} \right) \leq 5.19 \quad (4\text{-}29)$$

若代入式(4-29)不满足阈值要求，应重复步骤1和步骤2，进行构件参数选取与结果校验，直至符合式(4-29)要求为止。此准则有助于合理选择墩-梁线刚度比，增强不同因素对应墩-梁线刚度比的关联性，从而确保钢墩结构整体性能良好，并满足安全性和可靠性的要求。

4.3.5　应急钢墩快速设计方法试验验证

为验证应急钢墩快速生成方法的科学性和可靠性，基于所提方法设计一个桥墩结构，制造缩尺模型加载，开展验证分析。

4.3.5.1 应急钢墩案例设计

首先确定设计钢墩的结构参数：墩高为11m，按两节段设计，上、下节段高度分别为4.5m和6.5m；适配900t高铁箱梁，活载采取双孔重载和ZKH荷载的组合。其次，在给定立柱和垫梁因素的取值范围内选定构件参数，并据此确定立柱和垫梁的结构形式；根据表4-3中的公式计算对应的墩-梁线刚度比ξ，结果见表4-6。最后，基于判定准则，将表4-6中得到的墩-梁线刚度比代入式(4-29)，其值为2.42，介于0.54和5.19之间，满足判定准则要求。

构件参数选取与结构形式确定 　　　　表4-6

影响因素	取值范围	选定构件参数	确定结构形式	墩-梁线刚度比
立柱线刚度i_c(10^7kN/mm)	$0.34 \leq i_c \leq 4.15$	1.51	立柱$\phi 600mm \times 10mm$	$\xi_{cls}=2.40$
立柱横纵间距(m)	纵向：$1.5 \leq a \leq 3.0$ 横向：$1.0 \leq b \leq 3.0$	a取2.5m b取2.0m	—	上阈$\xi_{cs-ut}=4.21$ 下阈$\xi_{cs-lt}=0.62$
垫梁Ⅰ线刚度i_{b1}(10^7kN/mm)	$i_{b1}>0.47$	1.01	45号工字钢	上阈$\xi_{b1-ls-ut}=4.77$ 下阈$\xi_{b1-ls-lt}=0.39$
垫梁Ⅱ线刚度i_{b2}(10^7kN/mm)	$i_{b2}>1.01$	1.19	45号工字钢	上阈$\xi_{b2-ls-ut}=4.00$ 下阈$\xi_{b2-ls-lt}=0.57$

4.3.5.2 试验概况

针对应急钢墩按照1:5的几何缩尺比进行试验设计，整体布置和具体试验情况分别如图4-52和图4-53所示。试验加载设备由反力架和200t作动器组成，试件设计荷载为500kN。应急钢墩试件由两个节段构成，上、下节段高度分别为0.9m和1.3m。具体到构件，立柱采用ϕ120mm×4mm的钢管，垫梁Ⅰ和垫梁Ⅱ均采用10号工字钢，联结系采用5号槽钢；在连接方式上，立柱与联结系之间采用钢板牛腿焊接，立柱与垫梁Ⅰ、垫梁Ⅰ与垫梁Ⅱ之间则采用M10型高强螺栓固定；在材料选择方面，联结系采用Q235钢材，立柱和垫梁均采用Q355钢材。

为确保试验准确性，试验前进行20%设计荷载的预加载。正式加载时，分5级递增至设计荷载，每级加载后持荷3min以观察变形与应力。完成加载后卸载，并重复此过程3次。同时，采用细砂找平处理以确保试件底部平整稳定。

此外，对于缩尺试件的应力监测，在立柱两端10cm截面的四个方位竖向布置应变片，在垫梁的端部、跨中截面的翼缘及腹板中心布置应变片，在联结系的跨中截面布置应变片。

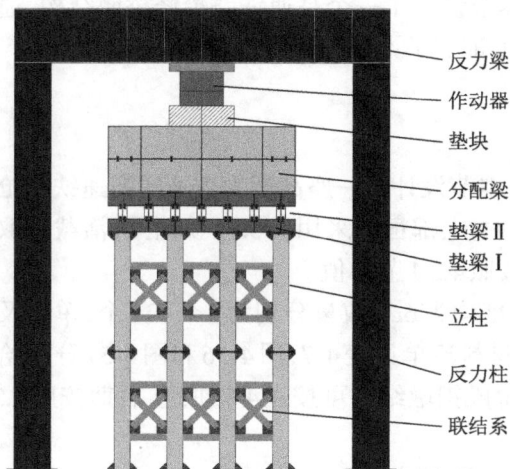

图 4-52　加载设计

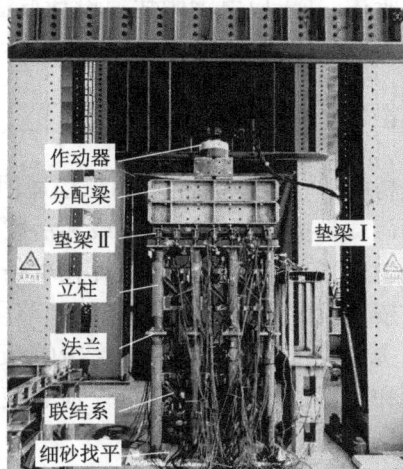

图 4-53　加载照片

4.3.5.3　结果对比分析

　　基于实测数据,通过分析应急钢墩的力学性能,从强度和荷载分配均匀性两个层面判定应急钢墩快速设计方法的合理性。图 4-54 给出了立柱、垫梁和联结系的测点应力及安全系数,图 4-55 给出了设计荷载下立柱支反力占比及离散系数。

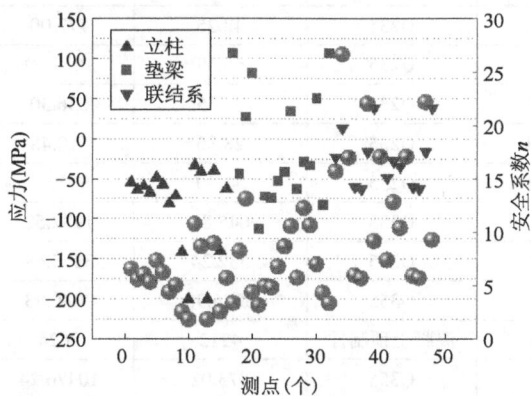

图 4-54　立柱、垫梁和联结系的测点应力及安全系数

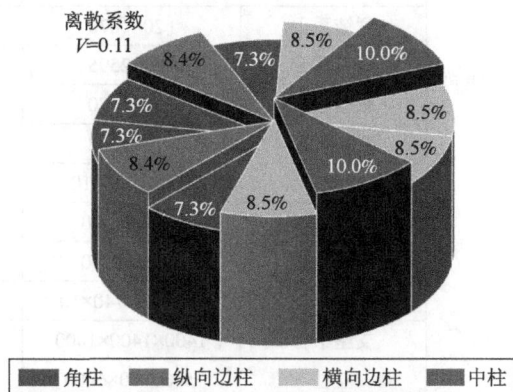

图 4-55　设计荷载下立柱支反力占比及离散系数

　　分析图 4-54 和图 4-55 可知:

　　(1)在设计荷载下,立柱、垫梁及联结系所承受的应力水平呈现不同特点。其中,立柱主要承受压应力,而垫梁和联结系存在拉压应力。对各测点应力数据进行整理,获得对应的安全系数,发现其值均大于 1.5,说明应急钢墩的应力状态处于安全且理想的范围内,能够有效避免强度破坏。

　　(2)在竖向荷载分配中,各种类型立柱的承载比例展现出差异。具体而言,中柱以其 9.9% 的比例承担最大荷载,而角柱则以 7.3% 的比例承担最小荷载。进一步分析显示,立柱荷载的离散系数为 0.11,这一数值远低于 0.6 的离散系数限值,证明所设计的应急钢墩在立柱荷载分配上具有较好的均匀性。

综上所述,基于应急钢墩快速设计方法,本节设计了一个高速铁路抢修桥墩结构,通过开展模型试验,从强度和荷载分配均匀性两个维度证实了设计的合理性。

4.3.6 案例设计

为提高可"临-永"转换钢墩的工程适用性,本节设计了一座高度为24m的高速铁路抢修钢墩。设计荷载包括上部结构的恒载和活载,其中,上部恒载采用900t高铁箱梁,活载采取双孔重载和ZKH荷载的组合。其余设计技术条件按照4.3.1节取值。

钢墩按节段设计,标准节段和顶部节段高度均为6m,数量分别为3个和1个,单元及节段之间的连接方式按4.3.2节选用。结构单元的材料清单见表4-7,图4-56和图4-57分别给出了标准节段和顶部节段的单元名称。应急使用阶段钢墩结构可按表4-7拼组,后期按照4.3.3节中步骤4实现钢墩"临-永"转换。

结构单元的材料清单   表4-7

基本构件	单元名称	尺寸(mm)	数量(个)	材料	单件质量(kg)	总重(kg)
顶部节段	立柱	φ600×10×6000	12	Q355	873.02	10476.24
	外套筒钢板Ⅰ	−5740×6000×10	2	Q355	2703.54	5407.08
	外套筒钢板Ⅱ	−6740×6000×10	2	Q355	3174.54	6349.08
	内套筒钢板Ⅰ	−2550×6000×10	2	Q355	1201.05	2402.10
	内套筒钢板Ⅱ	−4050×6000×10	2	Q355	1907.55	3815.10
	联结系Ⅰ	[20×1870	16	Q235	48.25	772.00
	联结系Ⅱ	[20×2595	16	Q235	66.69	1067.09
	联结系Ⅲ	[20×1370	18	Q235	35.35	636.30
	联结系Ⅳ	[20×2262	18	Q235	28.36	510.48
	立柱法兰	−900×900×10	24	Q235	41.40	993.62
	垫梁Ⅰ	工50×6900	3	Q355	645.84	1937.52
	垫梁Ⅱ	工50×5900	7	Q355	552.24	3865.68
	封顶钢板	−5740×6740×10	1	Q355	3036.98	3036.98
	支座平台	1400×1400×1000	2	混凝土预制件	4312	8624
标准节段	立柱	φ600×10×6000	12	Q355	873.02	10476.24
	外套筒钢板Ⅰ	−5740×6000×10	2	Q355	2703.54	5407.08
	外套筒钢板Ⅱ	−6740×6000×10	2	Q355	3174.54	6349.08
	内套筒钢板Ⅰ	−2550×6000×10	2	Q355	1201.05	2402.10
	内套筒钢板Ⅱ	−4050×6000×10	2	Q355	1907.55	3815.10
	联结系Ⅰ	[20×1870	16	Q235	48.25	772.00
	联结系Ⅱ	[20×2595	16	Q235	66.69	1067.09
	联结系Ⅲ	[20×1370	18	Q235	35.35	636.30
	联结系Ⅳ	[20×2262	18	Q235	28.36	510.48
	立柱法兰	−900×900×10	24	Q235	41.40	993.62
	外套筒法兰	−6990×5990×10	1	Q235	583.09	583.09
	内套筒法兰	−4300×2800×10	1	Q235	306.15	306.15

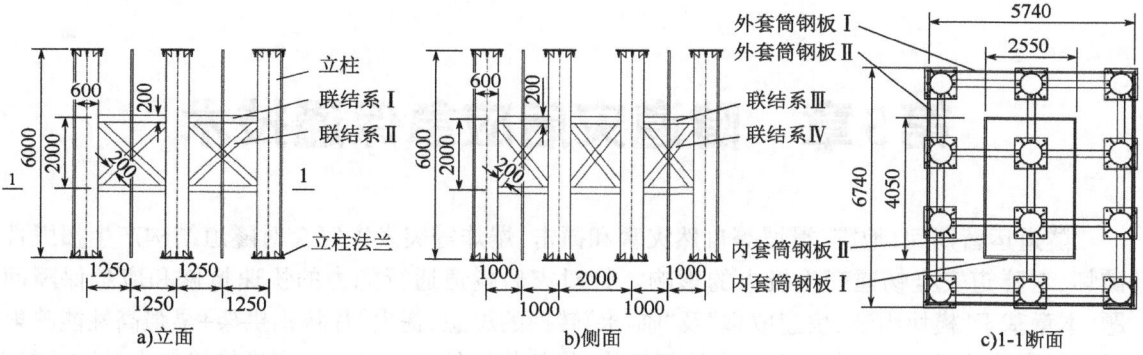

图4-56　标准节段(尺寸单位:mm)

a)立面　　　　　　　b)侧面　　　　　　　c)1-1断面

外套筒钢板Ⅰ
外套筒钢板Ⅱ
联结系Ⅰ
联结系Ⅱ
立柱
联结系Ⅲ
联结系Ⅳ
内套筒钢板Ⅱ
内套筒钢板Ⅰ
立柱法兰

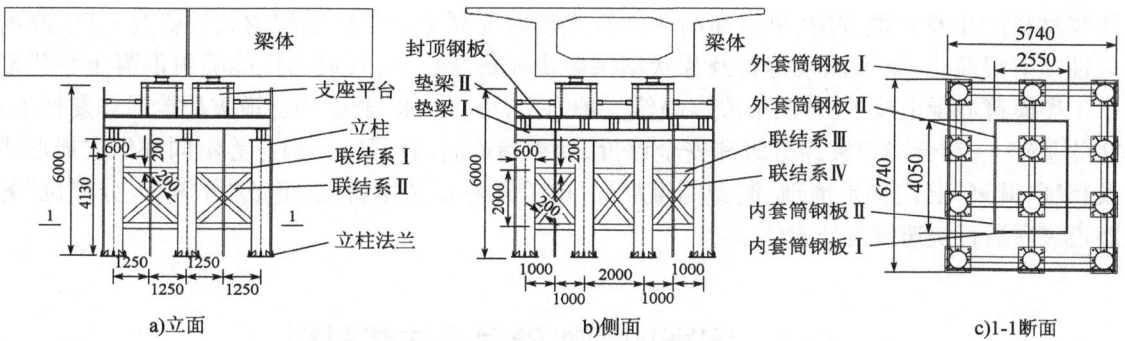

图4-57　顶部节段(尺寸单位:mm)

a)立面　　　　　　　b)侧面　　　　　　　c)1-1断面

梁体
支座平台
立柱
联结系Ⅰ
联结系Ⅱ
立柱法兰
封顶钢板
垫梁Ⅱ
垫梁Ⅰ
外套筒钢板Ⅰ
外套筒钢板Ⅱ
联结系Ⅲ
联结系Ⅳ
内套筒钢板Ⅱ
内套筒钢板Ⅰ

第5章　隧道灾后应急保通技术

隧道运营期间,地震、滑坡等自然灾害和撞击、爆炸等突发灾害会对隧道结构产生损毁性破坏,对隧道安全畅通产生极大的影响。针对灾后隧道通行能力的快速抢修和应急保障问题,本章基于"模块组装、快速成型"及"临-永"转换的思想,提出"片状钢拱架+早强高性能喷射混凝土"(简称"钢拱-喷混")联合支护新结构,代替传统的模筑混凝土套拱修建技术;针对隧道灾后快速修复需求,开展新型装配式片状钢拱架受力特性及快速拼装、快硬早强高分子新型注浆材料配比及充填方法、早强高耐久性纤维喷射混凝土力学性能和耐久性研究;基于高耐久性喷射混凝土、新型注浆材料及片状钢拱架快速拼装技术,开展高性能喷射混凝土替代复杂工序模筑混凝土技术研究,形成以喷锚支护为主,可"临-永"兼顾的隧道灾后抢通修复技术;在此基础上,结合隧道灾损分级和安全评价,针对隧道洞门(洞口)、洞身等不同部位灾损形式及特征,开展"洞门侧重清理、洞身侧重加固"的抢通修复技术研究,形成"分等级、分部位"的隧道灾后通行快速恢复技术体系。

5.1　围岩加固快硬早强注浆材料

在聚氨酯-水玻璃(PU-WG)浆液基础上进行优化改进,考虑注浆材料的力学性能,研发新型纤维类注浆材料。

5.1.1　纤维类注浆材料研发试验

5.1.1.1　配合比设计

(1)原材料

通过调研分析,拟定纤维类聚氨酯-水玻璃浆液的各组分及所占比例,见表5-1。

纤维类聚氨酯-水玻璃试验原料　　　　　表5-1

组分	成分	占比(%)	特征
A组分	水玻璃	44.8	—
	甘油	0.7	—
	二甲基苄胺	0.1	—
	二月桂酸二丁基锡	0.1	—

组分	成分	占比(%)	特征
B组分	异氰酸酯	40.4	—
	聚醚多元醇	4.5	—
	氯化石蜡-52	5.8	—
	邻苯二甲酸二辛酯	3.6	—
纤维添加剂	玻璃纤维	—	—
	聚乙烯醇纤维	—	溶于水,27℃时溶解度最大
	聚丙烯纤维	—	—

注:纤维掺量在后续正交试验中体现。

（2）制备方法

制备纤维类聚氨酯-水玻璃复合灌浆材料,首先取出两个200mL塑料烧杯,分别标上组分A和组分B;在标有组分A的烧杯中加入正交试验设计表中的纤维掺量,依次加入120g水玻璃、2g甘油、0.3g二甲基苄胺(BPMA)和0.3g二月桂酸二丁基锡(DBTDL),在室温条件下用搅拌器匀速搅拌;在标有组分B的烧杯中依次加入108g异氰酸酯(PAPI)、12g的聚醚多元醇(DL-2000D)、15.5g的氯化石蜡(CP-52)和9.6g的邻苯二甲酸二辛酯(DOP);将调配好的A组分和B组分(图5-1)按照体积比例1:1混合,用搅拌器均匀搅拌1min以上,使浆液充分混合。

图5-1 聚氨酯-水玻璃A液与B液

（3）方案设计

设计"三水平六因素"正交试验,选择水玻璃模数为2.3、2.6、3.3三个水平;选择催化剂(BDMA+DBTDL)质量为0.2g、0.4g、0.6g三个水平;选择塑化剂(DOP)质量为8g、10g、12g三个水平;选择玻璃纤维、聚乙烯醇纤维、聚丙烯纤维三种水平;选择纤维长度3mm、6mm、9mm的三种水平;选择纤维掺量0kg/m³、4kg/m³、8kg/m³三个水平。纤维类聚氨酯-水玻璃正交试验设计见表5-2。

纤维类聚氨酯-水玻璃正交试验设计

表5-2

编号	水玻璃模数	催化剂（g）	塑化剂（g）	纤维类别	纤维长度（mm）	纤维掺量（kg/m³）
1	2.3	0.2	4	聚丙烯纤维	3	0
2	2.3	0.2	8	玻璃纤维	9	8
3	2.3	0.4	4	聚乙烯醇纤维	9	4
4	2.3	0.4	12	聚丙烯纤维	6	8
5	2.3	0.6	8	聚乙烯醇纤维	6	0
6	2.3	0.6	12	玻璃纤维	3	4
7	2.6	0.2	4	玻璃纤维	6	8
8	2.6	0.2	12	聚乙烯醇纤维	9	4
9	2.6	0.4	8	聚丙烯纤维	6	4
10	2.6	0.4	12	玻璃纤维	3	0
11	2.6	0.6	4	聚丙烯纤维	9	0
12	2.6	0.6	8	聚乙烯醇纤维	3	8
13	3.3	0.2	8	聚丙烯纤维	3	4
14	3.3	0.2	12	聚乙烯醇纤维	6	0
15	3.3	0.4	4	聚乙烯醇纤维	3	8
16	3.3	0.4	8	玻璃纤维	9	0
17	3.3	0.6	4	玻璃纤维	6	4
18	3.3	0.6	12	聚丙烯纤维	9	8

5.1.1.2 流变性能研究

（1）纤维类聚氨酯-水玻璃浆液黏度时变规律

流动性是浆液流动力对其内部摩擦力大小的一种表示，注浆材料的流动性直接影响浆液的可注性。采用旋转黏度仪及配套转子开展浆液黏度的试测试验，得到浆液黏度时变曲线（图5-2）。

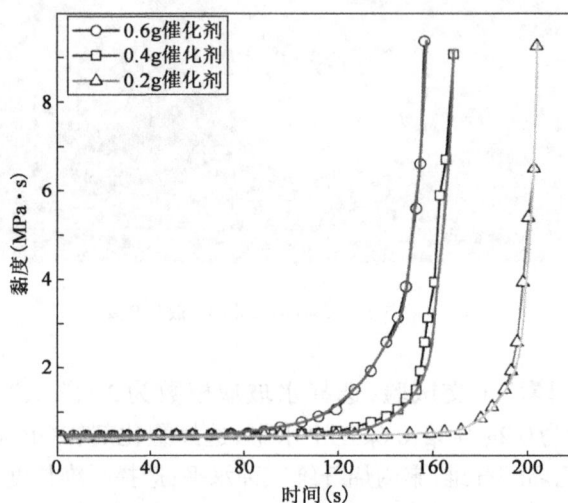

图5-2 黏度时变曲线

　　结果表明,浆液黏度与催化剂的用量具有相关性,纤维类聚氨酯-水玻璃浆液的黏度值在一定时间内没有明显变化,但在某一时间节点黏度值突然增大,并呈直线式上升,催化剂用量的增加能够缩短浆液黏度值突变的时间,工程应用中也可以通过减少催化剂的使用,得到更久的流动性。

　　(2)纤维类聚氨酯-水玻璃浆液凝结时间

　　浆液凝结时间是注浆施工的重要参数之一,该参数不但影响着浆液在地层中扩散的范围,还影响实际工程中的注浆工期。这里采用倒杯法开展纤维类聚氨酯-水玻璃的凝结时间试验,确定浆液的最优配合比。整理浆液的平均凝结时间得到图5-3。由结果可知:纤维类聚氨酯-水玻璃的凝结时间相差较多,浆液最长凝结时间为797s,最短凝结时间为177s,两者相差620s。

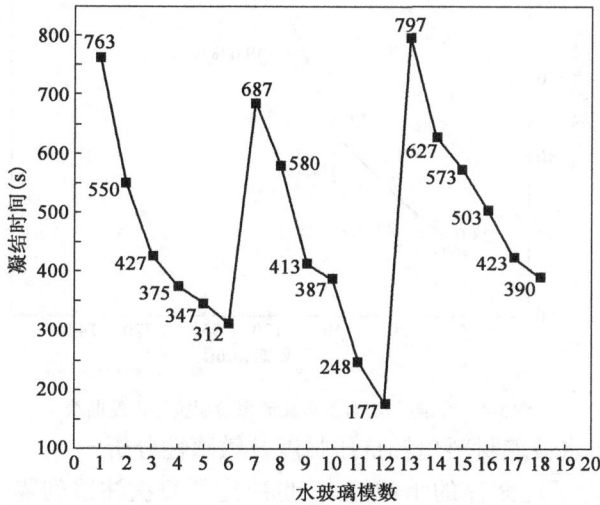

图5-3　纤维类聚氨酯-水玻璃凝结时间曲线

　　将凝结时间极差分析结果列于表5-3,六种因素对于凝结时间的影响程度差别较大。其中水玻璃模数、催化剂质量、塑化剂质量和纤维长度对浆液的凝结影响较大,其敏感性按大小排列为B、A、C、E。在一定范围内增加催化剂的质量和纤维的长度会导致凝结时间缩短,塑化剂质量的增加使得浆液的凝结时间缩短。

凝结时间的极差分析结果　　　　　　　　　　　　　　表5-3

水平数	A水玻璃模数	B催化剂质量 (g)	C塑化剂质量 (g)	D纤维种类	E纤维长度 (mm)	F纤维掺量 (kg/m³)
水平1	462.3	667.3	520.2	477.0	501.5	479.2
水平2	415.3	446.3	464.5	455.2	478.7	492.0
水平3	552.2	316.2	445.2	497.7	449.7	458.7
极差	136.9	350.8	75.0	42.5	51.8	33.3

5.1.1.3　力学性能研究

　　(1)纤维类聚氨酯-水玻璃材料强度时变规律

　　浆液固结体的强度增长规律是注浆流程设计的重要参考,而单轴抗压强度是评价材料力学性能常见的指标之一,选取上述浆液凝结时间最短的试验组,即表5-2中编号12的试验,分别设置试件对应5min、20min、60min、120min、360min、720min和1440min的龄期,开展对短龄期试件的单轴抗压试验测试。

试验结果(图5-4)显示,固结体的强度2h之内呈现出直线增长的趋势,且增长幅度逐渐增大,最大增长幅度为49.4%。而在2h龄期之后强度增长幅度仅为6.2%。因此,采用该种浆液对隧道进行注浆修复时,施工人员可以在注浆结束2h之后进行下一个周期的注浆。

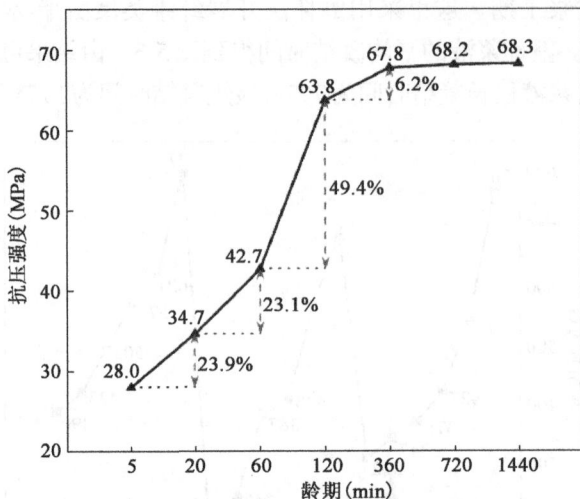

图5-4 纤维类聚氨酯-水玻璃短龄期抗压强度曲线

(2)纤维类聚氨酯-水玻璃材料单轴抗压强度及敏感性分析

单轴抗压强度决定了注浆体的承载能力,也决定了每次注浆间隔时间的长短。研究对1天、3天、7天和28天试件的单轴抗压强度进行了测试,并分析了A(水玻璃模数)、B(催化剂质量)、C(塑化剂质量)、D(纤维种类)、E(纤维长度)和F(纤维掺量)对纤维类聚氨酯-水玻璃材料强度敏感性的影响。

将同龄期相同因素、相同水平试验组的单轴抗压强度整理并计算平均值,采用极差分析的方法,分析各因素水平对浆液固结体抗压强度的敏感性,计算结果见表5-4。

单轴抗压强度极差分析 表5-4

龄期	水平数	A水玻璃模数	B催化剂质量(g)	C塑化剂质量(g)	D纤维种类	E纤维长度(mm)	F纤维掺量(kg/m³)
1天	水平1	52.4	46.2	53.9	53.9	54.3	53.4
	水平2	57.4	51.7	54.1	55.1	54.0	54.1
	水平3	52.9	63.0	54.1	53.2	53.7	55.1
	极差	5.0	16.8	0.2	1.9	0.6	1.7
3天	水平1	56.0	48.4	56.1	56.5	56.4	55.8
	水平2	59.5	55.6	56.1	57.1	56.3	56.1
	水平3	54.8	64.8	56.7	55.8	56.2	57.0
	极差	4.7	16.4	0.5	1.3	0.2	0.2

续上表

龄期	水平数	A水玻璃模数	B催化剂质量 (g)	C塑化剂质量 (g)	D纤维种类	E纤维长度 (mm)	F纤维掺量 (kg/m³)
7天	水平1	55.7	49.7	57.1	57.2	57.7	57.0
	水平2	60.8	55.2	57.3	58.3	57.4	57.3
	水平3	56.0	66.0	58.0	57.0	57.4	58.1
	极差	5.4	16.3	0.9	1.3	0.3	1.1
28天	水平1	56.7	50.9	58.3	58.1	58.5	57.8
	水平2	61.8	57.4	58.3	59.4	58.4	58.4
	水平3	56.9	67.1	58.8	57.9	57.8	59.2
	极差	5.1	16.2	0.5	1.3	0.7	1.4

根据表5-4得到敏感性因素直观分析,如图5-5所示(只给出1天和28天),在一定范围内增加催化剂的质量和纤维的掺量会使固结体的抗压强度上升,其敏感性按大小排列为催化剂质量、纤维掺量,即改变催化剂质量对固结体的单轴抗压强度影响更大。

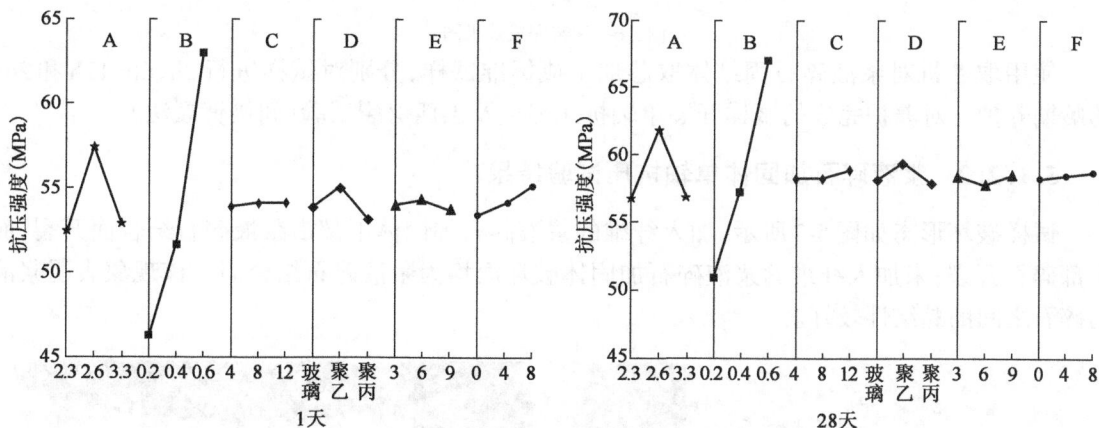

图5-5　抗压强度敏感性因素分析

纤维类聚氨酯-水玻璃的单轴抗压强度随催化剂用量的增加呈直线增长趋势。催化剂用量为0.2g时,测试试件的单轴抗压强度均处于较低水平;当催化剂用量为0.6g时,试件的强度明显提升,催化剂加快了聚氨酯与水玻璃中的无机物质的聚合反应,形成了更多网络交联结构,从而提升了试件的抗压性能;纤维类聚氨酯-水玻璃的单轴抗压强度随水玻璃模数的增大呈现出波动性变化。采用水玻璃模数为2.6配置的A液体稳定性最高,反应更加充分,所得的固结体致密度更高。加入不同种类的纤维得到的试件强度排序为聚乙烯醇纤维>聚丙烯纤维>玻璃纤维,这是由于不同纤维种类与浆液反应生成的胶凝体之间的黏结程度不同。加入同种类纤维的试件,随纤维长度的增加,固结体的抗压强度呈现出下降的趋势。

5.1.2　注浆加固试验效果分析

为探究纤维类聚氨酯-水玻璃浆液实际应用的注浆效果,以隧道坍塌现场所取得的碎石为被注浆介质,进行浆液碎石混合注浆试验,通过测定浆液碎石加固体的抗压强度和抗拉强度,表征浆液碎石注浆加固效果。

5.1.2.1　试验方案

试验选取10～50mm的碎石模拟现场地层,利用双液注浆设备将调配好的聚氨酯-水玻璃A液和B液注入模型箱,通过监测注入压力,确定终止注入时间。注浆完成效果图如图5-6所示。

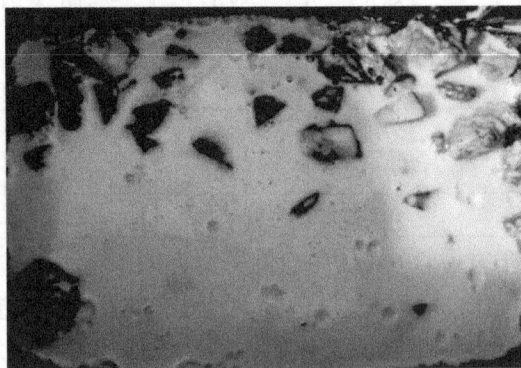

图5-6　注浆完成效果图

使用取芯机对浆液碎石固结体取芯加工成标准试样,分别对试样进行2h、6h、12h和24h的龄期养护。对养护完成的试样开展单轴抗压强度及巴西劈裂试验(间接劈裂法)。

5.1.2.2　浆液碎石加固体单轴抗压试验结果

试样破坏形态如图5-7所示,加入纤维的浆液碎石加固体下部沿浆液碎石结合面开裂,而上部碎石开裂;未加入纤维的浆液碎石加固体破坏面均为浆液碎石结合面。该现象表明浆液与碎石之间的黏结性较好。

a)未加纤维固体试样　　　　b)纤维加固体试样

图5-7　试样破坏形态

由纤维类聚氨酯-水玻璃浆液碎石加固体抗压强度变化曲线(图5-8)可得,养护龄期延长可以提高加固体抗压强度。纤维类聚氨酯-水玻璃浆液碎石加固体在6h的短龄期内即可达到约22MPa的抗压强度,两组试样的抗压强度在龄期12h内呈现直线式增长,之后增长趋于平缓;对比相同龄期的纤维类浆液碎石加固体与纯浆液碎石加固体的抗压强度增长幅度发现,增长幅度随龄期的延长而增大,但增长速率逐渐趋于平缓;龄期为1天的纯浆液加固体的抗压强度为22.7MPa,而纤维类加固体抗压强度可达28.2MPa,强度的增加比例为24%。

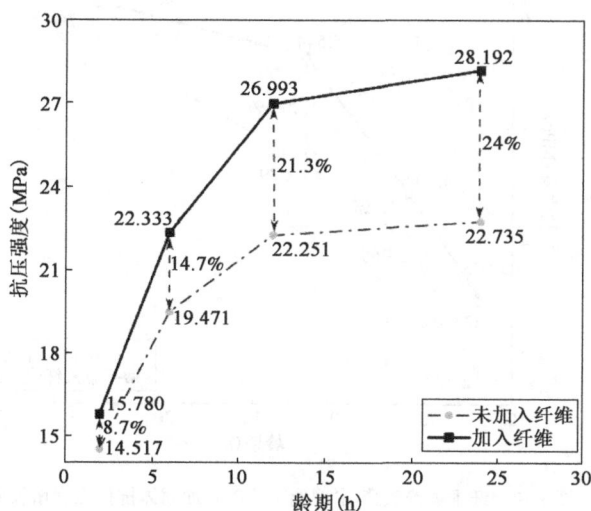

图5-8 纤维类聚氨酯-水玻璃浆液碎石加固体抗压强度变化曲线

5.1.2.3 浆液碎石加固体劈裂抗拉试验结果

开展浆液碎石加固体劈裂抗拉试验,加固体的破坏形态为沿侧壁中轴线(图5-9～图5-11)开裂,侧壁其余未开裂,说明浆液与碎石之间的固结效果较好。

图5-9 加固体劈裂抗拉试验　　　图5-10 加固体破坏　　　图5-11 加固体破坏形态

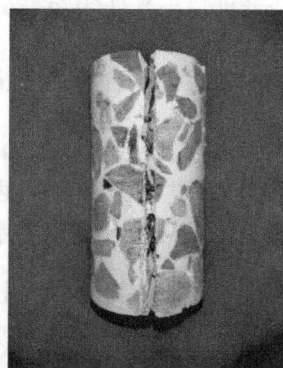

分析浆液碎石加固体抗拉强度变化曲线(图5-12)可得,两试验组所测的抗拉强度均随浆液碎石固结体龄期的延长呈现增长的趋势。对比两直线增长的趋势可以看出,添加纤维的加固体抗拉强度在2h时为3.5MPa,抗拉强度增长幅度可达26%。加固体抗拉强度的增长趋势不同于抗压强度,在12h时的增长幅度已达到最大值,但总体依旧呈现增长的趋势。

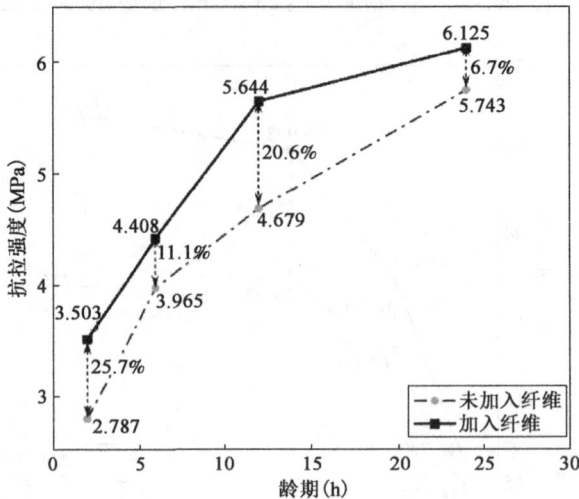

图5-12　纤维类聚氨酯-水玻璃浆液碎石加固体抗拉强度增长曲线

5.2　隧道早强高耐久性喷射混凝土

对普通喷射混凝土进行优化改良并对硬化后的微结构进行分析,通过确定钢纤维的最优长径比并进行力学性能和耐久性能测试,研究人员研发了高早强、高耐久性的纤维喷射混凝土。

5.2.1　复合水泥胶凝体配合比及微观特性研究

通过对普通硅酸盐水泥(P·O)复掺硫铝酸盐水泥(SAC)和矿物料达到对普通硅酸盐水泥的改性,通过分析复合水泥胶凝体的凝结时间、力学性能以及微观特征,确定矿物掺合料的最佳掺量范围以及硫铝酸盐水泥和速凝剂的最优掺量等。

5.2.1.1　复合水泥胶凝体凝结时间研究

在抢修加固工程中,水泥的凝结时间是抢修效率的直接决定因素。为确定速凝剂和减水剂对水泥凝结时间的影响,采用维卡仪测定复合水泥胶凝体凝结时间。

试验中引入高效聚羧酸减水剂以减少水泥标准稠度用水量,分析减水剂掺量对水泥净浆的凝结时间的影响规律,得到当减水剂占复合水泥胶凝体总质量的0.1%~0.3%时性能最优。此外,获取无碱速凝剂掺量对净浆试件凝结时间的影响规律(图5-13)。

根据速凝剂对凝结时间的影响规律,当速凝剂掺量超过2%时,凝结速度明显加快;当速凝剂掺量在3%~6%时,凝结时间已可满足喷射混凝土凝结时间要求;当速凝剂超过6%时,水泥浆体会发生闪凝,不利于施工。因此,将速凝剂掺量控制在3%~6%范围内,减水剂掺量控制在0.1%~0.3%范围内可以满足速凝剂凝结时间要求。

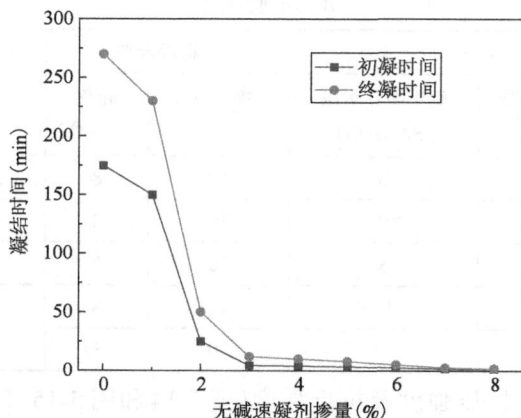

图5-13　不同掺量的无碱液体速凝剂对凝结时间的影响

5.2.1.2　复合水泥胶凝体力学性能研究

采用DYB-300B型全自动抗折抗压恒应力试验机,对不同养护龄期、不同配合比的复合水泥胶凝体开展立方体抗压试验和棱柱体抗折试验。

通过设计A、B两组力学试验,分别得到矿物掺合料的最佳掺量范围以及硫铝酸盐水泥和速凝剂的最优掺量。

A组试验设置为:硫铝酸盐水泥掺量分别为5%、10%、15%,粉煤灰(FA)掺量为5%、10%、15%,硅灰(SF)掺量为6%、8%、10%,水胶比为0.38,速凝剂掺量为4%,减水剂掺量为0.3%,采用"三因素三水平"对10个配合比进行配合比正交试验(表5-5)。

A组试验设计

表5-5

组号	水胶比	水泥		矿物掺合料		速凝剂(%)	聚羧酸减水剂(%)
		普通硅酸盐水泥(P·O)(%)	硫铝酸盐水泥(SAC)(%)	粉煤灰(FA)(%)	硅灰(SF)(%)		
A1	0.38	100	0	0	0	4	0.1
A2	0.38	84	5	5	6	4	0.3
A3	0.38	78	5	10	8	4	0.3
A4	0.38	70	5	15	10	4	0.3
A5	0.38	78	10	5	8	4	0.3
A6	0.38	70	10	10	10	4	0.3
A7	0.38	69	10	15	6	4	0.3
A8	0.38	70	15	5	10	4	0.3
A9	0.38	69	15	10	6	4	0.3
A10	0.38	62	15	15	8	4	0.3

B组试验设置为:固定矿物掺合料粉煤灰为10%,硅灰为8%,硫铝酸盐水泥掺量为0%、5%、10%、15%,速凝剂掺量为6%、4%、2%、0%,对其5个配合比进行试验(表5-6)。

B组试验设计　　　　　　　　　　　　　　表5-6

| 组号 | 水胶比 | 水泥 | | 矿物掺合料 | | 速凝剂 | 聚羧酸减水剂 |
		普通硅酸盐水泥(P·O)(%)	硫铝酸盐水泥(SAC)(%)	粉煤灰(FA)(%)	硅灰(SF)(%)	(%)	(%)
B1	0.38	100	0	10	8	0	0.1
B2	0.38	82	0	10	8	6	0.3
B3	0.38	78	5	10	8	4	0.2
B4	0.38	70	10	10	8	2	0.2
B5	0.38	78	15	10	8	0	0.1

　　分别获取两组试样的抗压强度及抗折强度(图5-14和图5-15),得到分别养护1天、3天、7天和28天的4个龄期试件强度值。

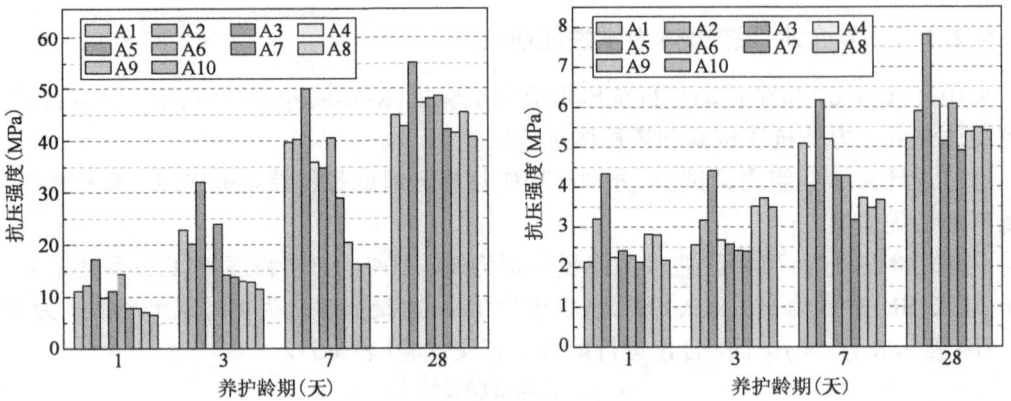

图5-14　A组试样抗拉及抗折强度柱状图

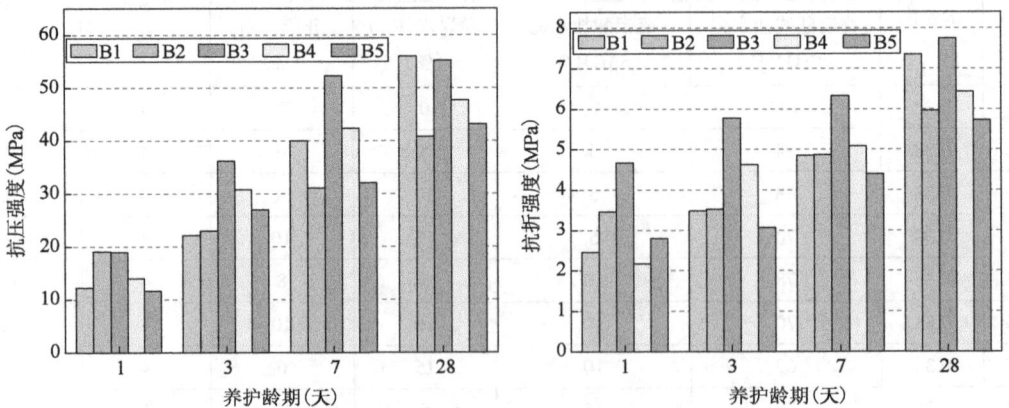

图5-15　B组试样抗拉及抗折强度柱状图

　　通过分析试验结果可以得到,粉煤灰的掺量在10%较为合适,此时既不会大幅度影响早期强度,也会为后期强度发展提供保障;硅灰掺量选取8%,适当掺量的硅灰可以提高混凝土的密实性,保证早期强度,并提高耐久性;适当掺量的硫铝酸盐水泥对普通硅酸盐水泥起到了促进水化作用,但是掺量过多会降低水泥复合胶凝体的强度,因此,确定硫铝酸盐水泥的掺量为5%,速凝剂的掺量为4%。

5.2.1.3　复合水泥胶凝体微观特征研究

通过对复合水泥浆体进行压汞孔隙度分析(MIP),研究各个龄期复合水泥胶凝体的孔隙结构;利用X射线衍射技术(XRD)分析水化产物的物相成分组成;借助电子显微镜(EM)对复合水泥胶凝体内部水化产物的微观形貌进行分析,探究复合水泥胶凝体微结构的演化机理,并基于复合水泥胶凝体的微观结构分析宏观力学性能的演化机理。

针对上述28天龄期下B组复合水泥胶凝体试样(不同速凝剂与硫铝酸盐水泥掺量的5个配合比)开展微观试验,分析其内部孔隙结构、矿物成分及微观形貌。

通过孔隙度分析结果可以得到复合水泥胶凝体孔径分布微分曲线(图5-16)。

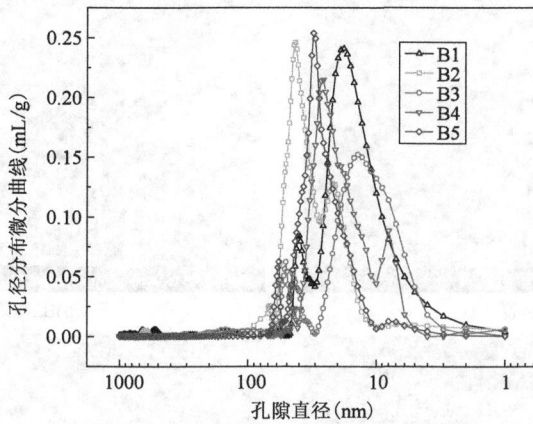

图5-16　复合水泥胶凝体孔径分布微分曲线

由孔隙度分析结果可以发现,硫铝酸盐水泥的加入可在一定程度上改善孔隙结构,但过多的硫铝酸盐水泥掺量,会产生较大的膨胀效应,使得混凝土产生微小裂纹,导致有害孔数量增多。速凝剂掺量的增加导致过快的水化凝结,使得复合水泥胶凝体内部孔隙结构变差,有害孔数量激增,降低试件的力学性能。综合分析得到在速凝剂掺量为4%,硫铝酸盐水泥为5%时孔隙结构最优。

获取X射线衍射扫描结果,分析水化产物的矿物组成成分及含量(图5-17)。

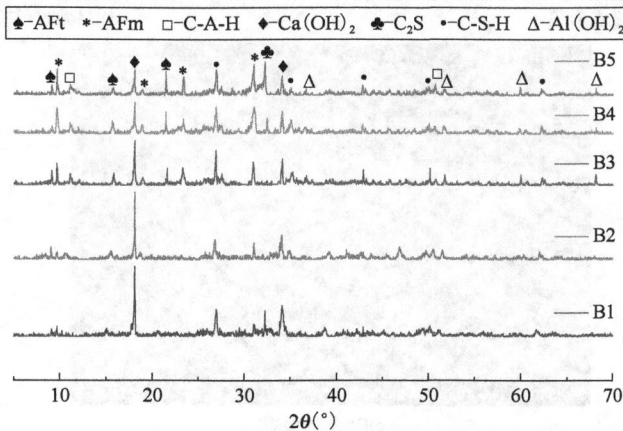

图5-17　复合水泥胶凝体XRD图谱

　　由 XRD 衍射图谱分析可以得出，未掺入硫铝酸盐水泥的水化产物主要是氢氧化钙 $Ca(OH)_2$、水化硅酸钙 C—S—H 凝胶、钙矾石 AFt 和单硫型水化硫铝酸钙 AFm；而掺加硫铝酸盐水泥后，水化产物为铝胶，并且随着硫铝酸盐水泥的掺量增多，AFt 和 AFm 也在逐渐增多，硫铝酸盐水泥的水化产物逐渐主导试样的强度。此外，矿物掺合料的掺加也会改善水泥浆体的物相组成结构，硅灰可促进 C—S—H 凝胶的水化形成，提高 $Ca(OH)_2$ 的结晶度；而粉煤灰具有微集料效应，可减小内部孔径，使得水泥浆体的微观结构变得更加致密。

　　进一步采用扫描电子显微镜（SEM）观察不同配合比下的复合水泥浆体试样微观形貌，研究不同掺量的硫铝酸盐水泥与速凝剂对水化产物产生的影响（图 5-18）。

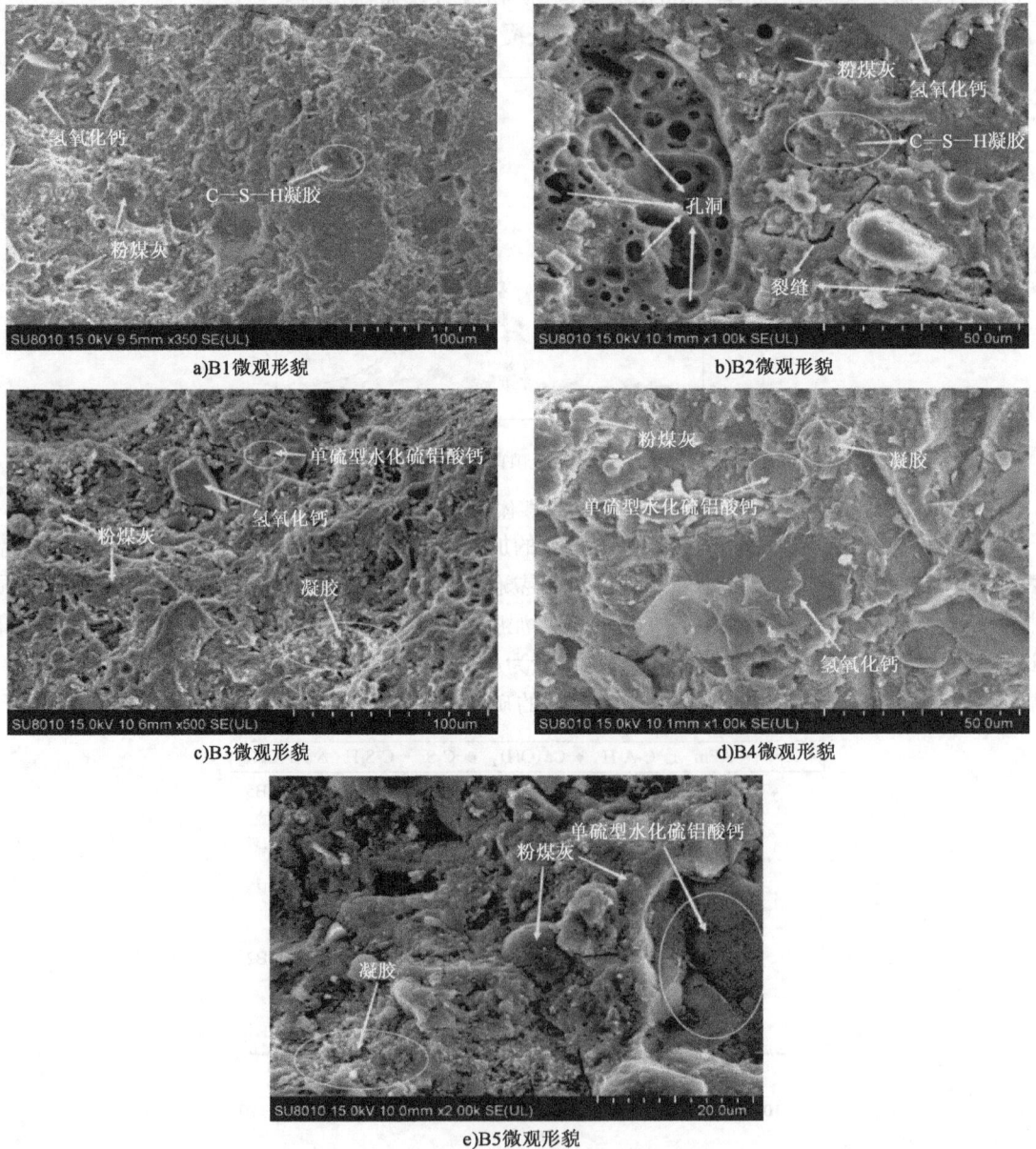

a)B1微观形貌　　　　　　　　　b)B2微观形貌

c)B3微观形貌　　　　　　　　　d)B4微观形貌

e)B5微观形貌

图 5-18　B组 SEM 微观形貌图像

扫描电子显微镜下可观察到,无硫铝酸盐水泥的主要水化产物氢氧化钙$Ca(OH)_2$和C—S—H凝胶交织在一起;掺6%速凝剂时,内部存在大量孔隙;掺5%硫铝酸盐水泥和4%速凝剂时,大量的C—S—H凝胶、铝胶与氢氧化钙$Ca(OH)_2$、钙矾石AFt和单硫型水化硫铝酸钙AFm紧密交织在一起,形成了致密的结构体系;而掺10%和15%硫铝酸盐水泥时,硫铝酸盐水泥过多导致较大的膨胀,产生许多微裂缝。

5.2.2 新型早强纤维喷射混凝土配合比设计及力学性能研究

基于上述研究成果,对纤维喷射混凝土进行配合比设计,确定喷射混凝土配置强度、纤维喷射混凝土配合比参数和纤维喷射混凝土基准配合比(表5-7)。

每立方米钢纤维喷射混凝土材料用量 表5-7

组号	水(kg)	普通硅酸盐水泥(P·O)42.5(kg)	硫铝酸盐水泥(SAC)(kg)	粉煤灰(FA)(kg)	硅灰(SF)(kg)	砂(kg)	石(kg)	速凝剂(kg)	减水剂(kg)	端钩形钢纤维	
										掺量(kg/m³)	长径比
C1	175	354	23	46	37	825	825	14.2	1.5	0	—
C2	175	354	23	46	37	825	825	14.2	1.5	35	35
C3	175	354	23	46	37	825	825	14.2	1.5	35	50
C4	175	354	23	46	37	825	825	14.2	1.5	35	50
C5	175	354	23	46	37	825	825	14.2	1.5	35	70

选取四种不同长径比的端钩形钢纤维为研究对象,开展纤维喷射混凝土力学性能测试,探究不同纤维长径比对喷射混凝土力学性能的影响规律。

选取不同尺寸、不同长径比的端钩形钢纤维,掺入喷射混凝土,并分别对其养护1天、3天和28天,对不同养护时间下的纤维混凝土试样开展立方体抗压强度、立方体劈裂抗拉、静力受压弹性模量和泊松比等力学性能试验。纤维尺寸及试验组号对应设置见表5-8,其中C1组为对照组。

端钩形钢纤维尺寸与长径比 表5-8

组号	长度(mm)	直径(mm)	长径比
C1	—	—	—
C2	25	0.75	35
C3	25	0.50	50
C4	35	0.70	50
C5	35	0.50	70

获取试验结果,得到不同养护时间下的纤维混凝土抗压强度及抗拉强度(图5-19)。

获取试验结果可以发现:

(1)掺加长度35mm,直径0.7mm,长径比为50的C4组的抗压性能和劈裂抗拉性能都表现得最佳,相较于普通喷射混凝土(对照组C1)抗压强度提升了27%、3%和11%,劈裂抗拉强度提升了85%、50%和70%。

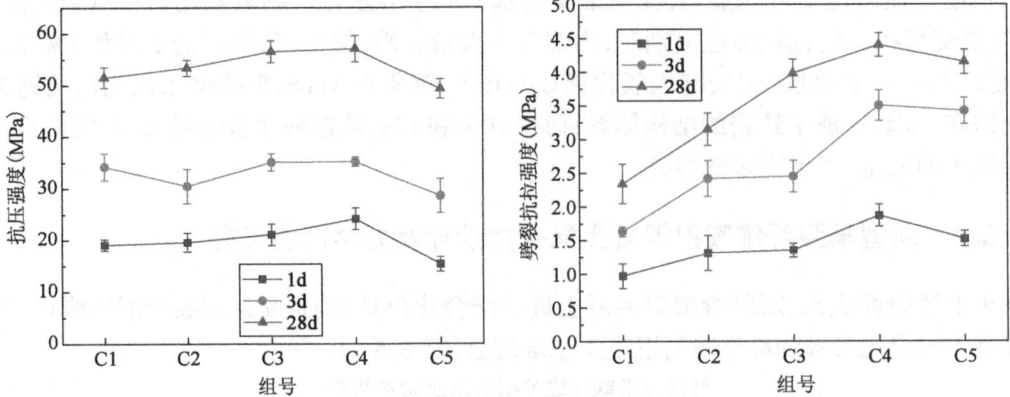

图 5-19　C组不同龄期强度曲线

（2）钢纤维主要约束喷射混凝土试件裂缝的发展，对抗压性能影响较小，主要影响劈裂抗拉性能，分析其原因为：当外部施加拉应力时，钢纤维与喷射混凝土协同受拉，一同承担外部拉荷载，减少裂缝产生，并且即使混凝土外部开裂，失去承载能力后，由于端钩形钢纤维与混凝土的黏结作用力与物理咬合力，还可以继续承担荷载，直至纤维被拉断或者被拔出。

（3）钢纤维的长径比是影响喷射混凝土力学性能的重要因素。过小的长径比对喷射混凝土的力学性能提升不大，过大的长径比会造成施工过程中的困难。最终确定端钩形钢纤维最优尺寸为长度35mm，直径0.7mm，长径比为50。

（4）对纤维喷射混凝土进行静力受压弹性模量与泊松比试验，测得28天的纤维喷射混凝土弹性模量为40.6GPa，泊松比为0.22。

5.2.3　新型早强纤维喷射混凝土耐久性试验研究

混凝土发生碳化破坏和冻融破坏会严重影响服役隧道结构的安全性能，缩短结构的使用年限。因此，研究对新型早强高性能喷射混凝土开展抗碳化试验和抗冻融试验，并与普通喷射混凝土进行对比分析，研究钢纤维对混凝土的抗碳化与抗冻融的影响规律，揭示钢纤维对喷射混凝土耐久性提升的作用机理。

基于上述研究成果确定纤维喷射混凝土材料配比及钢纤维参数，采用TH-B70混凝土碳化箱进行碳化试验，分析不同时期的碳化深度，阐明纤维喷射混凝土的抗碳化性能；采用CABR-HDK型混凝土快速冻融试验机，分别研究掺加纤维喷射混凝土试件与普通喷射混凝土试件，进行25次快速冻融循环试验后的试件质量损失变化率、动弹模量变化规律，阐明纤维对喷射混凝土的抗冻性能影响规律。

提取混凝土抗碳化试件在7天、14天、28天和56天的不同碳化深度结果（图5-20）。

由混凝土碳化结果可知，钢纤维的掺入可有效抑制混凝土的碳化深度及碳化速度；钢纤维的掺入可防止混凝土中的粗集料沉入底部，避免喷射混凝土拌合物产生泌水离析，使得混凝土内部结构更加完整；随着碳化龄期的不断延长，钢纤维与混凝土黏结性能也在不断提升，钢纤维抗裂、抗收缩性能逐渐增强，有效地抑制了微裂缝的产生与扩展，从而阻断了CO_2进入混凝土内部的扩散路径;同时碳化产物 $CaCO_3$ 可通过填充效应降低孔隙率,提升混凝土的密实度。纤维喷射混凝土显著提升了混凝土的抗碳化性能。

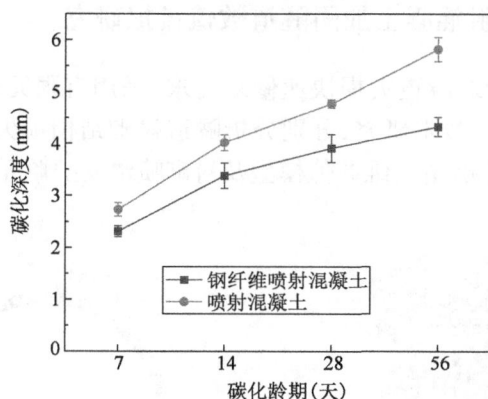

图5-20 碳化深度曲线

提取纤维喷射混凝土快速冻融试验结果,绘制快速冻融循环次数与质量损失率和相对动弹性模量关系曲线(图5-21)。

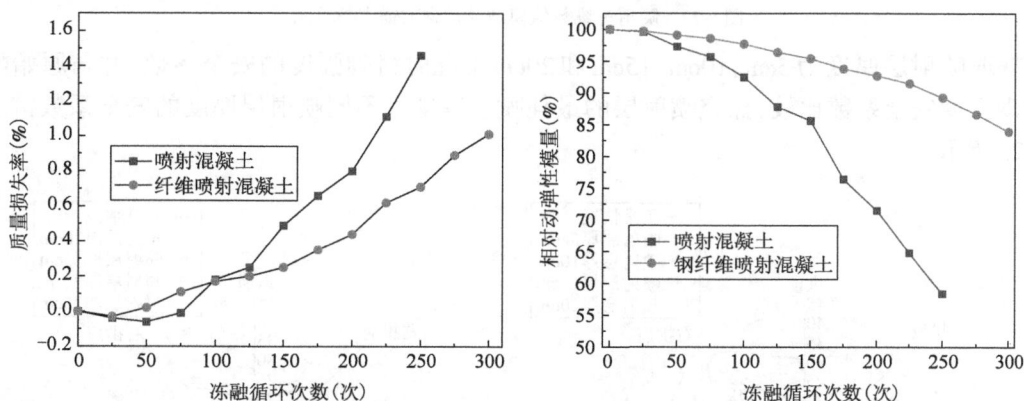

图5-21 冻融循环次数与质量损失率和相对动弹性模量关系曲线

由快速冻融试验结果可以发现,在冻融循环初期,两组试件产生微裂缝吸水饱和现象,导致质量增加。由于钢纤维的阻裂性能,钢纤维混凝土试件吸水率要低于普通喷射混凝土试件,质量增加不明显。随着冻融循环次数不断增加,两组试件内部结构不断劣化,导致试件表面剥落掉块,质量损失率不断增大,钢纤维喷射混凝土试件质量损失率远远小于普通喷射混凝土试件。两组试件的相对动弹性模量都呈现下降的趋势,但是钢纤维混凝土下降速度明显慢于普通喷射混凝土试件。钢纤维的喷射混凝土抗冻融试件质量损失率与相对动弹性模量均优于普通喷射混凝土试件。

混凝土抗碳化与抗冻融试验结果均表明钢纤维的掺入可有效提升混凝土的耐久性,使得新型早强纤维喷射混凝土满足耐久性要求。研发的新型早强纤维喷射混凝土最终确定每立方米纤维喷射混凝土最优配合比为水 175kg/m³、42.5级普通硅酸盐水泥 354kg/m³、42.5级快硬硫铝酸盐水泥 23kg/m³、Ⅰ级粉煤灰 46kg/m³、硅灰 37kg/m³、天然河砂 825kg/m³、碎石 825kg/m³、液体无碱速凝剂 14.2kg/m³、聚羧酸高效减水剂 1.5kg/m³、长度 35mm 直径 0.7mm 的端钩形钢纤维 35kg/m³。

5.2.4 新型纤维喷射混凝土加固隧道数值模拟研究

基于上述研究成果,针对隧道灾损快速修复需求,采用有限元软件开展高性能喷射混凝土替代复杂工序模筑混凝土技术研究,分别分析隧道衬砌结构损失强度为 35% 和 50% 时,纤维喷射混凝土的加固效果。隧道三维数值模型及衬砌喷锚支护单元如图 5-22 所示。

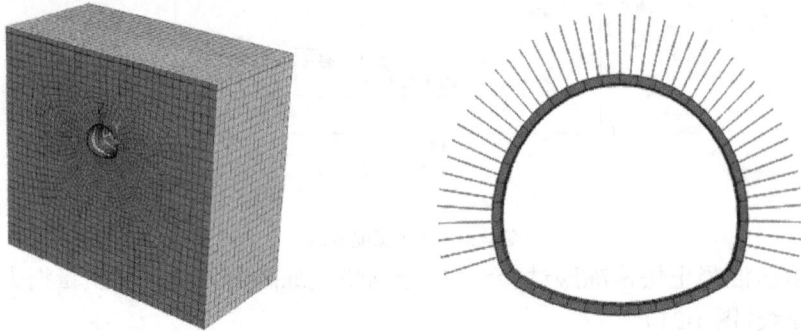

图 5-22 隧道三维数值模型及衬砌喷锚支护单元

获取喷射层厚度为 5cm、10cm、15cm 和 20cm 工况时衬砌强度的安全系数,并与原始隧道的衬砌强度安全系数比较,探究喷射层的最佳喷射厚度。不同喷射层厚度的安全系数雷达如图 5-23 所示。

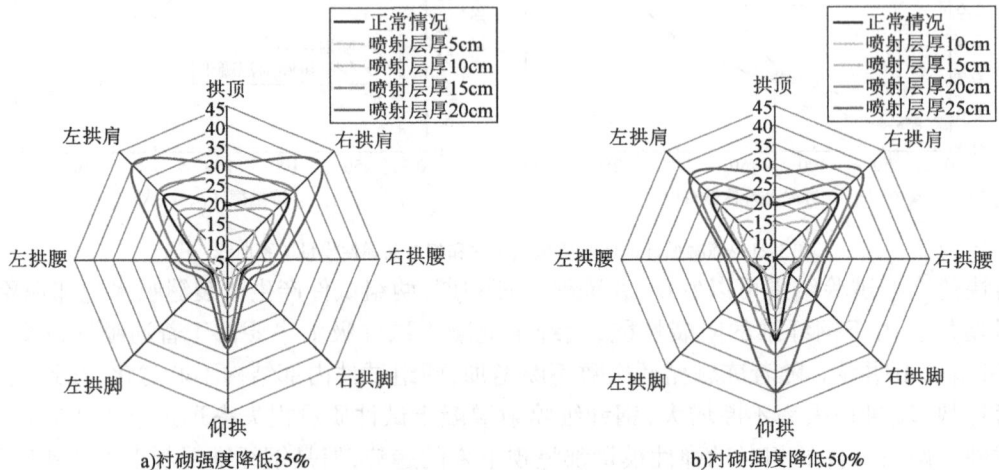

a)衬砌强度降低35%　　b)衬砌强度降低50%

图 5-23 不同喷射层厚度的安全系数雷达

数值模拟结果验证了采用不同喷射层厚的新型纤维喷射混凝土对不同强度损失的灾损隧道进行加固修复,可以满足原隧道正常使用性能的要求,当隧道衬砌强度降低范围为 35% ~ 50% 时,喷射层厚度可在 15 ~ 20cm 范围内对应选取。

5.3 隧道装配式片状钢拱架

传统钢拱架节段之间拼接方式存在"短板",严重影响隧道内钢拱架安装,不能满足隧道灾损后快速抢修需求。为实现隧道灾后快速修复,提高施工安全性与支护稳定性,研究提出"安全修复、快速通行"的理念,研发了新型片状钢拱架支护结构。

5.3.1 新型片状钢拱架结构设计

为了避免传统拼装方式导致的不足,研究设计了梯形片状钢拱架。片状钢拱架中拱片材料以工字钢和槽钢为主,工字钢和槽钢焊接形成一体(图5-24);片状钢拱架端部焊接法兰板,用于节段连接。

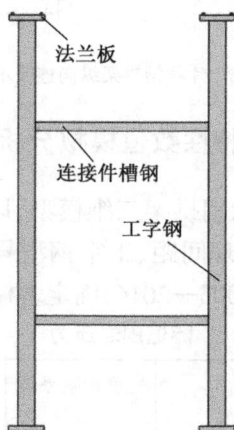

图5-24 "井"字形片状钢拱架示意图

片状钢拱架每节段之间使用快速连接组件连接,快速连接组件包括上连接法兰板、下连接法兰板、钩杆、旋转钩和法兰紧固螺栓,钩杆和旋转钩的配合使拱片能够绕钩杆转动,从而使钢拱架形成整体(图5-25)。

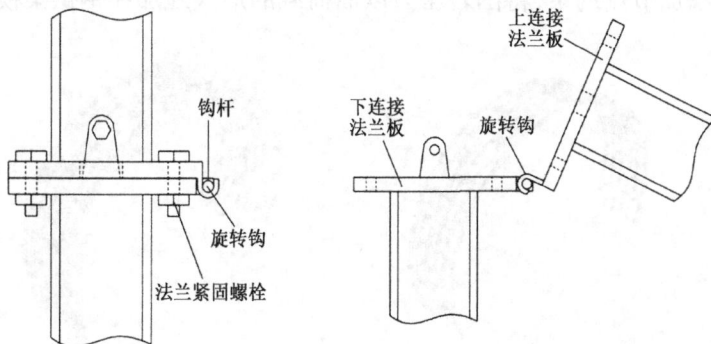

图5-25 片状钢拱架节段快速连接组件示意图

多榀片状钢拱架中拱片为工字钢构成的矩形框架结构,沿隧道轴向相邻的拱片之间通过槽钢连接,采用螺栓绑定的方式连接,整榀钢拱架遵循"快速拼装与便于操作"的原则,根据隧道断面尺寸设计合理的段数(图5-26),单段重量轻,易安装,且可以在狭小的空间内操作,降低了成本,提高了隧道内支护的速度。

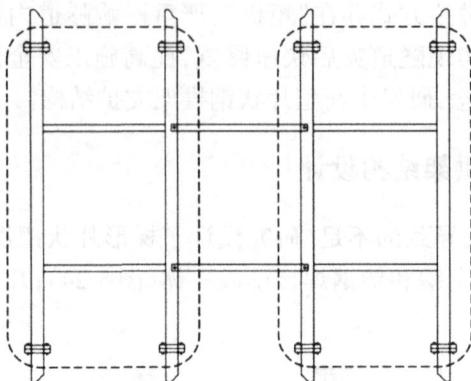

图5-26 片状钢拱架纵向连接示意图

5.3.2 隧道片状钢拱架承载特性数值模拟分析

利用有限元软件建立装配式片状钢拱架三维模型,以Ⅴ级围岩为例分析片状钢拱架的受力及变形特征,确定片状钢拱架的合理间距、工字钢型号以及连接件槽钢型号,基于《铁路隧道设计规范(2024年局部修订)》(TB 10003—2016)确定多榀片状钢拱架模型施加荷载(表5-9)。

隧道围岩压力

表5-9

围岩等级	跨度 B (m)	围岩重度 (kN/m³)	i	宽度影响系数 w	侧压力系数	垂直均布压力 (kPa)	水平均布压力 (kPa)
Ⅴ	14.860	18.500	0.100	1.986	0.400	264.540	105.820

5.3.2.1 隧道片状钢拱架数值模型

建立多榀片状钢拱架实体单元模型(图5-27),拱脚处添加约束,设置为固定支座,在最后一榀钢拱架外侧添加节点约束,将围岩压力以面荷载的形式施加在钢拱架模型上。

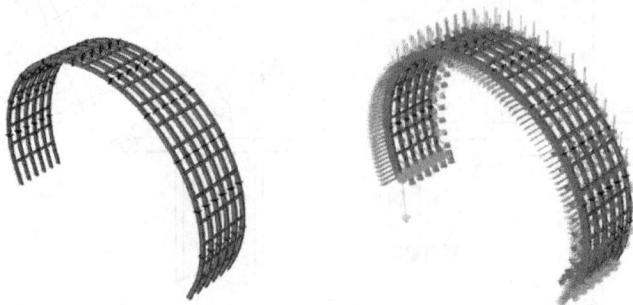

图5-27 多榀片状钢拱架模型及受力示意图

5.3.2.2　间距对片状钢拱架承载特性影响的研究

（1）加载工况

根据《铁路隧道设计规范（2024年局部修订）》（TB 10003—2016），钢拱架间距宜取0.5～1.5m，通过改变钢拱架榀间间距，研究间距对片状钢拱架承载特性的影响。设置两种不同工况进行分析，每榀钢拱的间距分别取0.6m和0.8m，多榀片状钢拱架均采用I22a号工字钢和14a号槽钢；通过数值分析得到钢拱架榀间合理间距，各工况参数见表5-10。

不同间距片状钢拱架各工况参数　　　　　　　　　　　　　　　表5-10

围岩级别	工况	间距(m)	工字钢型号	槽钢型号	材料	弹性模量(GPa)	泊松比
V	工况一	0.6	I22a	14a	Q235	206	0.3
	工况二	0.8	I22a	14a	Q235	206	0.3

（2）数值结果分析

提取多榀片状钢拱架在竖向均布荷载、水平均布荷载及纵向均布荷载作用下产生的主应力和变形情况（图5-28）。

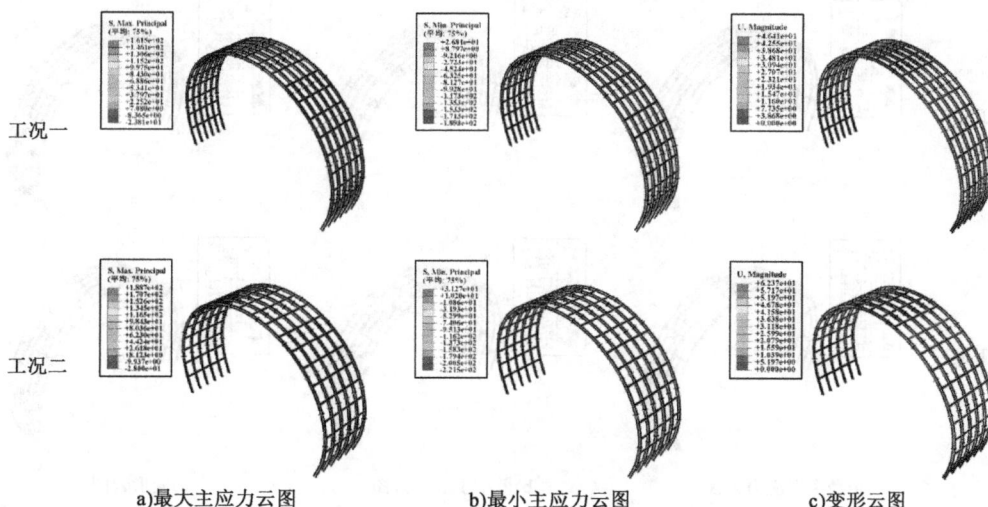

a)最大主应力云图　　　　　b)最小主应力云图　　　　　c)变形云图

图5-28　V级围岩不同间距片状钢拱架主应力与变形云图

由图5-28可知：间距对片状钢拱架的承载特性具有一定的影响。当间距由0.6m增加至0.8m时，最大拉应力由161.5MPa增大至188.7MPa，最大压应力由189.3MPa增大至221.5MPa，最大变形值由46.41mm增大至62.37mm，最大压应力逐渐超出钢拱架容许应力，不再满足安全性要求。因此，V级围岩情况下，可以将片状钢拱架的间距设置为0.6m。

5.3.2.3　槽钢型号对片状钢拱架承载特性影响的研究

（1）加载工况

设置三种不同工况，槽钢型号设置为12.6、14a和16a，多榀片状钢拱架均采用I22a号工字钢，钢拱架榀间距为0.6m，各工况参数见表5-11。通过对不同工况下多榀片状钢拱架的模拟分析，确定片状钢拱架的槽钢型号。

不同槽钢型号片状钢拱架各工况参数表   表5-11

围岩级别	工况	间距(m)	工字钢型号	槽钢型号	材料	弹性模量(GPa)	泊松比
V	工况一	0.6	I22a	12.6	Q235	206	0.3
	工况二	0.6	I22a	14a	Q235	206	0.3
	工况三	0.6	I22a	16a	Q235	206	0.3

(2)数值结果分析

提取片状钢拱架主应力与变形云图(图5-29)。

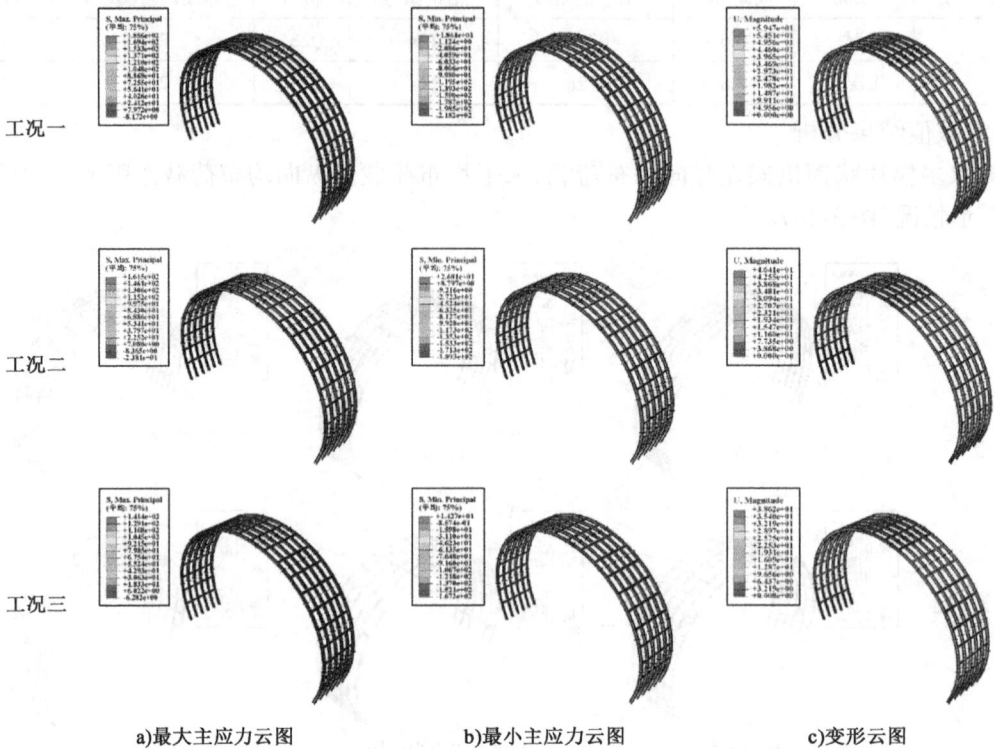

a)最大主应力云图   b)最小主应力云图   c)变形云图

图5-29　V级围岩不同槽钢型号片状钢拱架主应力与变形云图

从工况一到工况三多榀片状钢拱架的最大拉应力分别为185.6MPa、161.5MPa和141.4MPa,三者均未超出容许应力;最大压应力分别为218.2MPa、189.3MPa和167.2MPa,其中工况一的最大压应力超出钢拱架容许应力,工况二和三安全。多榀片状钢拱架加载后的变形表现为左右对称,最大变形量分别为59.47、46.41mm和38.62mm。不同槽钢工况片状钢拱架主应力及变形变化图如图5-30所示。

当槽钢型号由12.6提高至16a时,加载多榀片状钢拱架产生的应力最值和变形量最大值均会减小;当片状钢拱架连接件使用12.6号槽钢时,多榀片状钢拱架在加载后产生的最大压应力超出钢拱架容许应力,而使用14a号槽钢满足应力要求且相较于16a号槽钢截面小,重量轻,便于拼装。因此,V级围岩情况下,此跨径片状钢拱架可以选择使用14a号槽钢作为连接件。

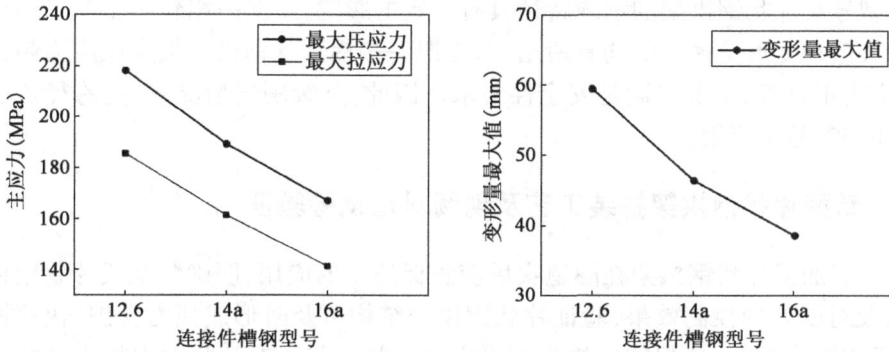

图5-30 不同槽钢工况片状钢拱架主应力及变形变化图

5.3.2.4 工字钢型号对片状钢拱架承载特性影响的研究

(1)加载工况

设置两种不同工况,工字钢型号分别为I20a和I22a,片状钢拱架连接件均使用14a号槽钢,每榀钢拱架之间的间距分别设置为0.5m和0.6m,各工况参数见表5-12。这里对不同工况下多榀片状钢拱架进行模拟分析,确定片状钢拱架的工字钢型号。

不同工况片状钢拱架参数表　　　　　　　　　　　表5-12

围岩级别	工况	间距(m)	工字钢型号	槽钢型号	材料	弹性模量(GPa)	泊松比
V	工况一	0.5	I20a	14a	Q235	206	0.3
	工况二	0.6	I22a	14a	Q235	206	0.3

(2)数值结果分析

提供片状钢拱架主应力与变形云图(图5-31)。

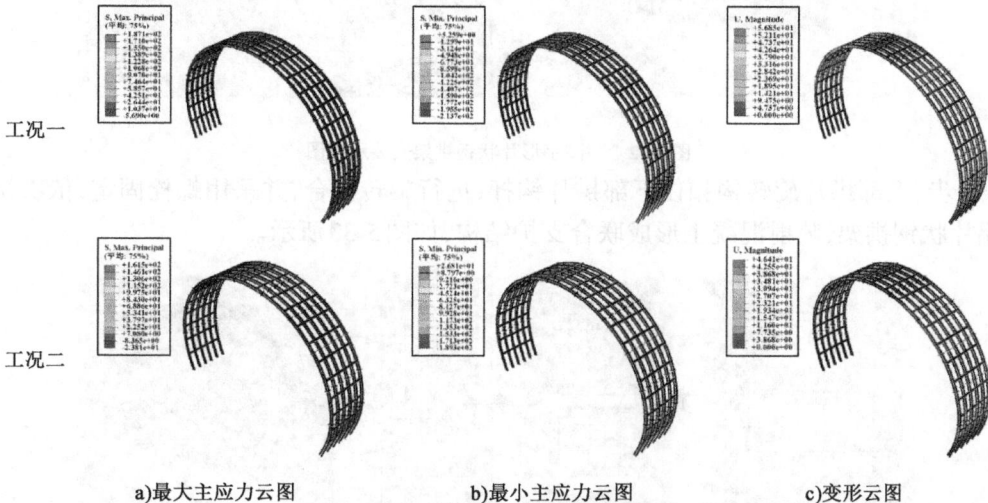

a)最大主应力云图　　　　b)最小主应力云图　　　　c)变形云图

图5-31 V级围岩不同工字钢型号片状钢拱架主应力与变形云图

从工况一到工况二多榀片状钢拱架的最大拉应力分别为187.1MPa和161.5MPa,两者均未超出容许应力;最大压应力分别为213.7MPa和189.3MPa,其中,工况一的最大压应力超出钢拱架容许应力。多榀片状钢拱架加载后的变形表现为左右对称,最大变形量分别为56.85mm和46.41mm。

工字钢型号对片状钢拱架的承载特性具有一定的影响,工况一相较于工况二多榀片状钢拱架的应力最值和变形量最大值均有所增大,工况一多榀片状钢拱架最大压应力超出钢拱架容许应力,应力不合理,工况二满足安全性要求。因此,V级围岩情况下,此跨径片状钢拱架可以选择使用22a号工字钢。

5.3.3　新型片状钢拱架拼装工艺及现场对比试验验证

为了进一步加强片状钢拱架在隧道灾后应急保通中的应用,明确装配式片状钢拱架支护力学状态以及对围岩的控制效果,验证片状钢拱架结构可及时形成强力支护,快速抑制隧道围岩变形,承担围岩荷载,确保隧道修复技术安全高效。基于对片状钢拱架支护结构承载性能的模拟研究,开展片状钢拱架支护现场应用试验研究,并与常规钢拱架支护结构进行对比。试验地点位于四川西部某隧道。

5.3.3.1　隧道内片状钢拱架快速拼装工艺模拟

根据片状钢拱架设计原理,利用SketchUp软件建立模型,进行隧道内施工模拟,确保安装可行,检验拼装流畅性,进而提高片状钢拱架的对位精度。具体流程为:

第1步,在片状钢拱架节段的一侧焊接钢筋网,将片状钢拱架与钢筋网架立起来贴近隧道拱墙,如图5-32所示。钢筋网可提升片状钢拱架与喷射混凝土的黏结强度。

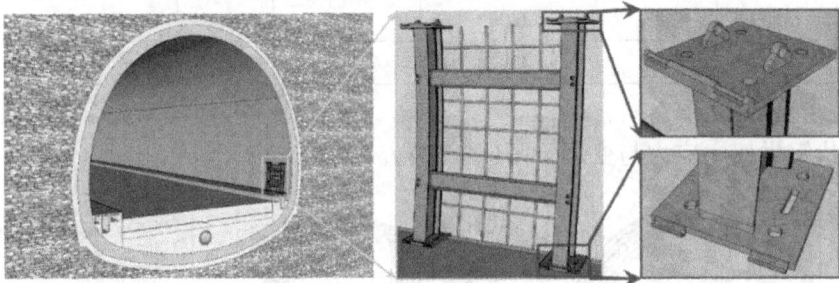

图5-32　"井"字形片状钢拱架安装示意图

第2步,上部拱片旋转钩扣住下部拱片钩杆,进行旋转拼合,并采用螺栓固定,依次拼接形成单榀片状钢拱架,喷射混凝土形成联合支护结构,如图5-33所示。

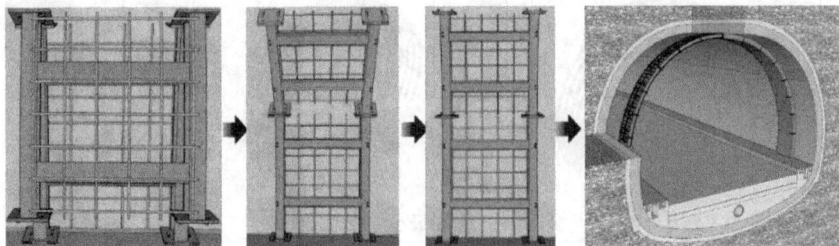

图5-33　单榀片状钢拱架安装流程示意图

第3步,安装下一榀钢拱架节段与钢筋网,采用槽钢纵向连接相邻的两榀钢拱架,并采用螺栓固定,构成多榀钢拱架结构,最后喷射混凝土形成联合支护结构,如图5-34所示。

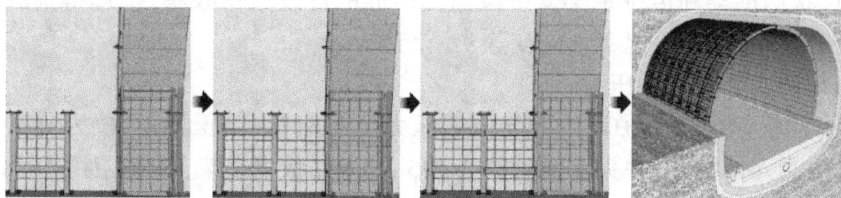

图 5-34　多榀片状钢拱架安装流程示意图

5.3.3.2　隧道钢拱架支护结构现场对比试验验证

在四川盆地某隧道 DK300+040 至 DK300+500 里程段开展现场试验,通过与传统钢拱架监测结果对比分析,论证片状钢拱架的工程可应用性。隧道洞身基岩是 V 级围岩,基于前述研究成果,钢拱架采用 I20a 工字钢与 12.6 号槽钢,纵向间距取 0.8m,采用 C30 高性能喷射混凝土,厚度 28cm。新型装配式片状钢拱架快速支护结构现场施工图如图 5-35 所示。

a)现场预制装配式　　　b)拼装钢拱架并进行　　　c)安装监测元件　　　d)喷射混凝土形成
片状钢拱架　　　　　纵向连接　　　　　　　　　　　　　　　　支护结构层

图 5-35　新型装配式片状钢拱架快速支护结构现场施工图

开展工字钢、初期支护喷混凝土和初期支护与围岩接触应力监测,掌握钢拱架与初期支护喷混凝土支护结构的受力情况。监测元件布设如图 5-36 所示,其中 YLH 表示双模压力盒,GJY 表示钢筋应变计,HYB 表示埋入式混凝土应变计,SL 表示水平收敛观测点,GCJ 表示拱顶沉降观测点。

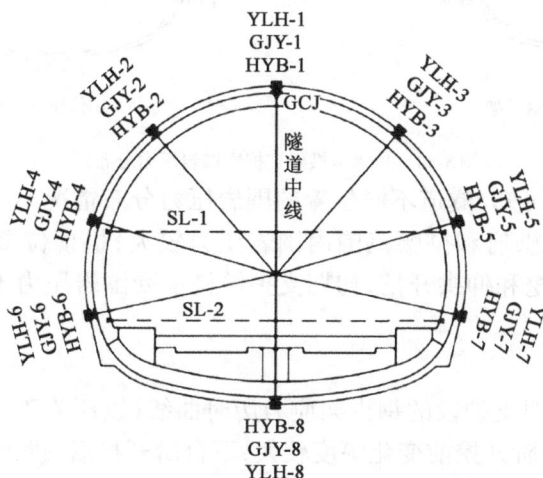

图 5-36　监测元件布设

通过对片状钢拱架和传统钢架支护段监测断面的持续数据收集,整理得到隧道围岩与初期支护接触压力、拱架应力、混凝土应变等实测结果。

(1)围岩与初期支护接触压力

图5-37为片状钢拱架支护段的现场围岩压力历时曲线(以压为正,拉为负),由于现场施工原因,部分监测元件损坏,缺失实测数据。图5-38为片状钢拱架支护段围岩压力分布图。

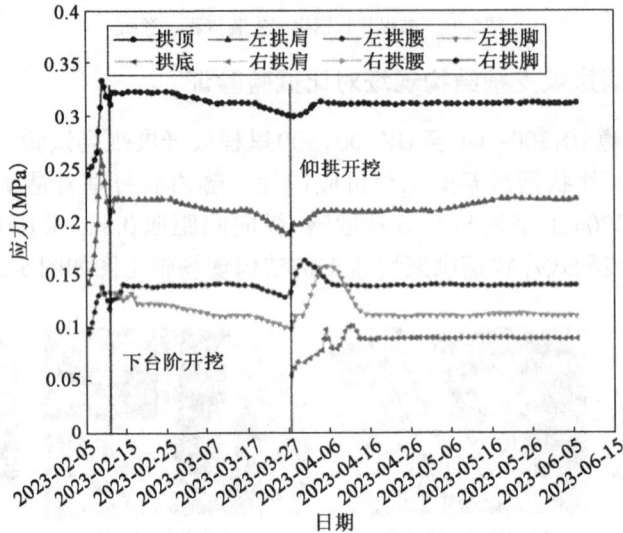

图5-37　片状钢拱架支护段的现场围岩压力历时曲线

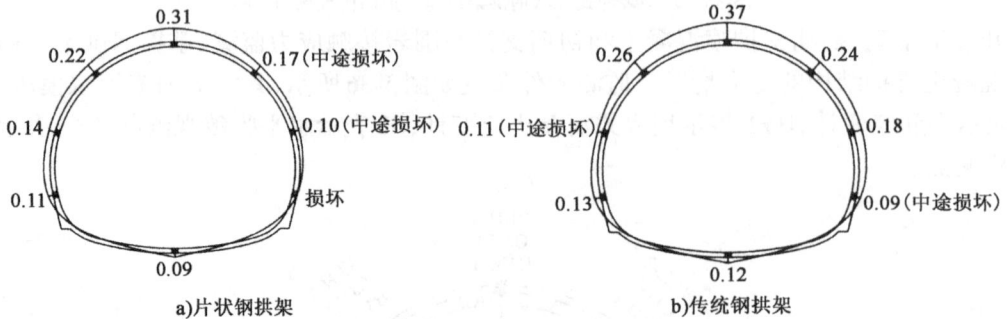

a)片状钢拱架　　　　　　　　　　b)传统钢拱架

图5-38　片状钢拱架支护段围岩压力分布图

由图5-37和图5-38可知,隧道不同位置的围岩压力分布情况不同;在下台阶开挖之前应力变化幅度较大,拱顶、拱肩和拱腰范围内围岩压力较大;拱顶位置围岩压力最大,其值为0.31MPa;随着下台阶开挖和仰拱开挖,初期支护结构承受围岩压力不断调整,接触压力基本稳定。

(2)钢拱架应力

图5-39为片状钢拱架支护段的钢拱架应力历时曲线(以压为正,拉为负),整体呈现受压状态,钢拱架应力在下台阶开挖前变化幅度较大;下台阶开挖后,拱顶和左拱肩位置钢拱架应力不断增大;拱顶位置处钢拱架压应力最大,为126.31MPa;仰拱开挖后拱底位置应力变化幅

度较大,初期支护结构所承受的围岩压力不断调整,其他位置应力趋于平稳,拱底位置处钢拱架压应力最小,为17.53MPa。

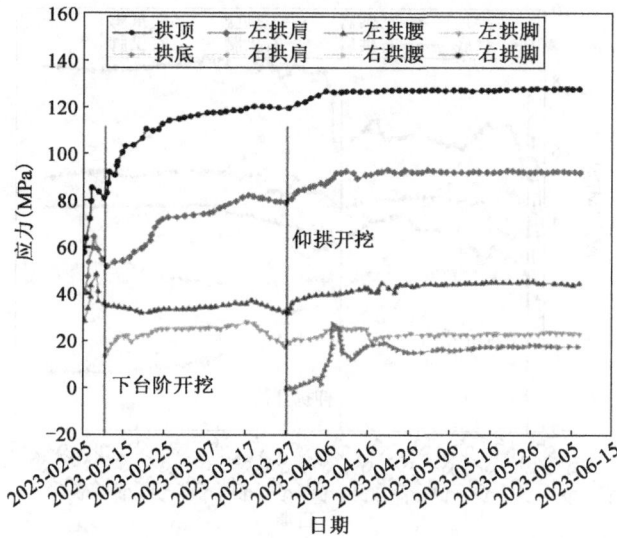

图5-39　片状钢拱架支护段的钢拱架应力历时曲线

图5-40a)为片状钢拱架支护段钢拱架的应力分布情况,图5-40b)为传统钢拱架支护段钢拱架的应力分布情况。

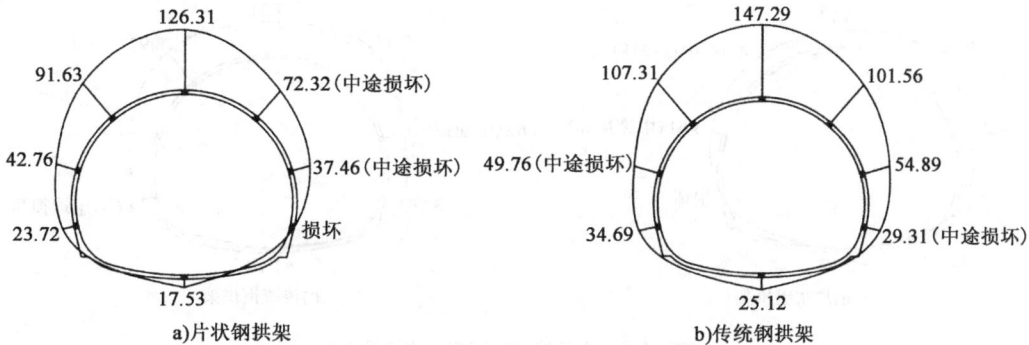

a)片状钢拱架　　　　　　　　　b)传统钢拱架

图5-40　支护段钢拱架应力分布图

由图5-40可知,所监测的钢拱架应力值均小于容许应力,满足安全要求;钢拱架应力分布均呈现出上部结构受力较大,下部结构受力较小的特点;钢拱架最大压应力均发生在拱顶位置,最小压应力均发生在拱底位置;片状钢拱架支护段钢拱架应力值小于传统钢拱架支护段的钢拱架应力。总体而言,钢拱架整体受力状态良好,片状钢拱架支护结构应力较小,稳定性较强,满足现场支护强度需求。

(3)混凝土应力

图5-41为片状钢拱架支护段的喷射混凝土应力历时曲线(以压为正,拉为负),整体呈现受压状态,喷射混凝土应力在下台阶开挖前变化幅度较大;下台阶开挖后,喷射混凝土应力不断增大;左拱肩位置处喷射混凝土应力最大,其值为8.36MPa;仰拱开挖后拱底位置应力变化

幅度较大,初期支护结构所承受的围岩压力不断调整,其他位置应力趋于平稳,拱底位置喷射混凝土应力为拉应力,其值为0.47MPa。

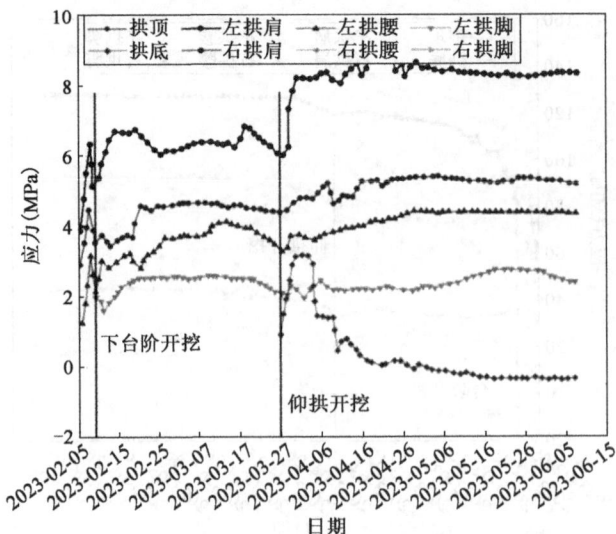

图5-41　片状钢拱架支护段的喷射混凝土应力历时曲线

图5-42a)为片状钢拱架支护段喷射混凝土的应力分布情况,图5-42b)为传统钢拱架支护段喷射混凝土的应力分布情况。

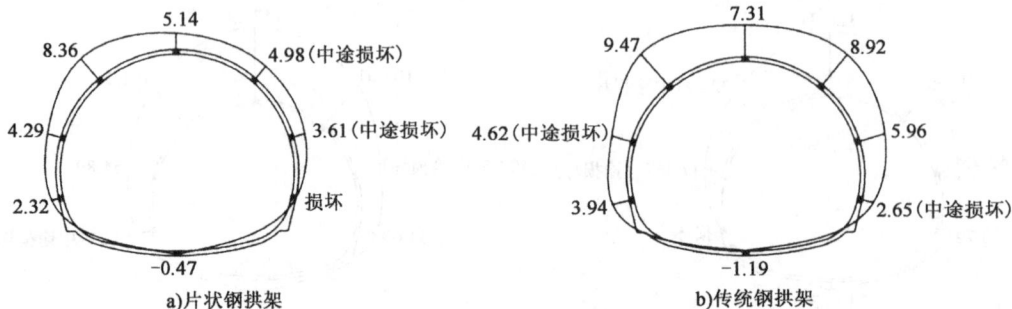

图5-42　支护段喷射混凝土应力分布图

由图5-42可知,所监测的喷射混凝土应力均呈现受压状态;喷射混凝土应力分布均呈现出上部结构受力较大,下部结构受力较小的特点;喷射混凝土压应力最大值均发生在拱顶位置;片状钢拱架支护段喷射混凝土应力小于传统钢拱架支护段的喷射混凝土应力。

5.4　隧道灾后应急保通综合技术

本研究结合隧道灾损分级和安全评价,针对隧道洞门(洞口)、洞身等不同部位灾损形式及特征,开展"洞门侧重防护和清理、洞身侧重加固"的抢通恢复技术研究,提出"分等级、分部位、临-永结合"的隧道灾后通行快速恢复技术体系。

5.4.1　洞门部位应急保通技术

不同灾害下,处于不同地质条件下的隧道洞门会发生不同程度的滑坡与坍塌,轻则落石堆积,堵塞道路,影响交通,重则砸坏洞门,甚至掩埋洞门。针对隧道洞门不同破坏程度应采取相应的恢复措施,具体如下。

5.4.1.1　清方

洞门上方局部土体松动,有土体及碎石堆积在隧道洞门附近,可采取人工清理方式(图5-43)。清方时为了边坡稳定,谨慎使用爆破作业,可采用高压水冲法,并配备装载机械快速清理塌方,尽快消除洞门附近潜在威胁。

5.4.1.2　被动防护

(1)适用范围

隧道洞门坡体较高时,可考虑对边坡进行被动防护。在坡体上设置若干道钢丝网,对可能掉落的石块进行拦截,缓冲石块能量,降低安全风险。

(2)整治步骤

测量放线→危石清除→锚杆及基座定位→钻孔→基座及锚杆安装→钢柱与锚绳安装→支撑绳安装→钢绳网铺挂→格栅网铺挂。

(3)工程案例

某隧道岩质边坡存在危岩,不可能全部清除,采用SNS被动柔性防护网(图5-44)进行处理。

图5-43　人工清方

图5-44　SNS被动柔性防护网

5.4.1.3　主动防护

(1)适用范围

对于受场地限制的隧道洞门边坡,处治时可考虑主动防护方式。常见的主动防护方式分为三类,分别是外部加固、内部加固和混合型加固。在坡体外部设置挡土墙、坡前桩等结构以限制边坡变形的方式是外部加固,常见的有挡土墙和抗滑桩;在边坡设置土钉、锚索和锚杆等改善土体受力状态,保证边坡稳定性的方式是内部加固,常见的有SNS主动防护网;将外部加固方式和内部加固方式有机结合,二者共同受力维持边坡稳定的方式是混合型加固方式,常见的有锚索抗滑桩和加筋挡土墙。

(2)整治步骤

外部加固,抗滑桩施工工序如下:

定位及场地平整→锁口梁施工→桩孔开挖→钢筋笼制作安装→混凝土浇筑。

内部加固,SNS主动防护网施工工序如下:

脚手架搭建→钻机安装、固定→锚杆成孔→锚杆安装→支撑绳安装→格栅网铺设→钢丝绳网铺设。

SNS主动防护网示意图如图5-45所示。

(3)工程案例

某隧道边坡为岩质边坡,岩质较软,节理发育,岩体破碎,对边坡采取抗滑桩加固方式和SNS主动防护网加固方式如图5-46和图5-47所示。

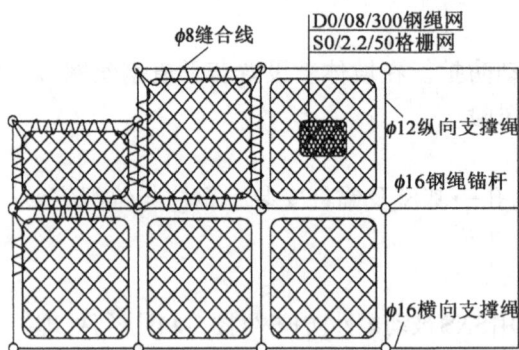

图5-45　SNS主动防护网示意图

图5-46　抗滑桩加固

图5-47　SNS主动防护网加固

5.4.1.4　钢棚洞

(1)适用范围

对于陡峭的高山峡谷及隧道洞门被大量落石掩埋的情况,主动防护经济性较差,且容易对边坡产生扰动。而钢棚洞在施工过程中不宜引发二次灾害,具有施工快、费用低、影响范围小的特点,且后期运营成本低,因此洞门处外接钢棚洞是有效的防护措施之一。

（2）工程案例

某隧道洞顶边坡坡体陡峭、岩体裸露、节理裂隙发育,经常发生严重崩塌落石事件,采用柔性钢棚洞进行防护,如图5-48所示。

图5-48　柔性钢棚洞防护

5.4.1.5　放缓边坡

（1）适用范围

边坡失稳一方面是由自然灾害引起的,另一方面是由边坡坡度太陡引起的。边坡崩塌后会变得平缓,因此将边坡上方剩余不稳定岩体清理,降低边坡坡度,有利于边坡稳定性提升。

（2）工程案例

某公路隧道在强降雨条件下,隧道洞口处发生多次滑坡,采用抗滑桩+放缓边坡的方式进行处理。放缓边坡示意图如图5-49所示。在上述所有恢复措施的基础上,对恢复过程及结果进行监测,以保证及时发现危险并处理。

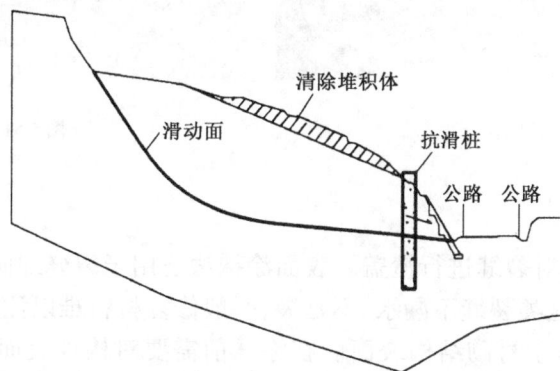

图5-49　放缓边坡示意图

5.4.2　洞身部位应急保通技术

隧道受损均是由于结构受力超过了自身承载能力,表观现象主要是衬砌裂缝、衬砌起层与剥落和衬砌渗漏水等。隧道洞身部位破坏形式总体上分为三类:一是衬砌裂缝产生及发展,二是衬砌渗漏水,三是衬砌背后空洞。因此,不同地质、不同自然灾害和不同隧道的恢复措施根据上述三类破坏形式,结合加固快硬早强注浆材料、早强高耐久性喷射混凝土和片状钢拱架研究基础,根据灾损隧道分级标准,提出相应的快速恢复措施。

5.4.2.1　Ⅰ级——基本完好

隧道结构状态良好,混凝土表面基本完好,无明显裂缝,构件无空鼓,不会危及行车安全。因此,在保证道路顺畅的前提下,对隧道进行监测。

5.4.2.2　Ⅱ级——轻度损伤

1)适用范围

灾后隧道结构轻度损伤主要表现为衬砌无空鼓现象,无明显裂缝,仅产生细小裂缝,且裂缝已停止发展。

2)恢复措施

针对轻度损伤的隧道裂缝采取表面处治法、注胶黏合法(图5-50)和凿槽嵌补法。其中,表面处治法包括表面涂抹法(图5-51)和表面贴补法。

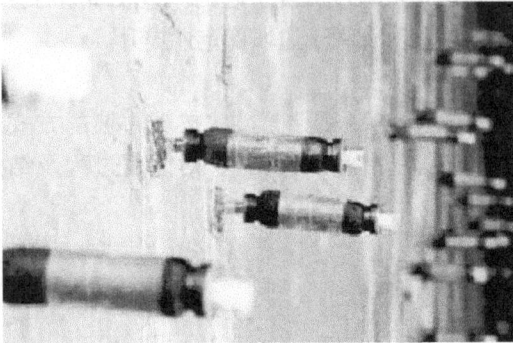

图5-50　注胶黏合法

图5-51　表面涂抹法

(1)表面涂抹法

①适用范围

利用涂抹的形式对裂缝进行覆盖。表面涂抹法适用于裂缝细而浅,且深度尚未抵达钢筋表面的"发丝"裂缝,这类裂缝不漏水、不延展,一般修复材料难以注入。采取表面涂抹法是将环氧类修补材料涂抹于衬砌结构表面。在涂抹前需要对构件表面进行打磨,并进行除尘处理;涂抹时材料涂抹厚度适当即可,过厚容易引起开裂;涂抹后可利用塑料薄膜进行养护,防治涂层被破坏。

②整治步骤

构件表面清理→裂缝处打磨→涂刷环氧类材料→抹平、养护。

（2）表面贴补法

一般适用于表面涂抹法的裂缝也可以使用表面贴补法修复。此外，对于产生蜂窝麻面的构件或尚不明确渗漏水具体位置的漏水裂缝也可以采用此方法。这类裂缝恢复时采用合成膜或其他防水材料直接粘贴于裂缝表面，即可修复。

（3）注胶黏合法

①适用范围

一般对于较小应力导致的混凝土裂缝采用注胶黏合法进行修复。注胶黏合法操作简单、成本低、工期短、性价比较高。修复时一般选择环氧类材料进行注胶黏合，修复后的混凝土抗拉、抗折和抗压试验效果良好。

②整治步骤

构件表面清理→裂缝处打磨→裂缝封闭→钻孔→注胶嘴注胶安装→取芯抽检→裂缝涂装。

（4）凿槽嵌补法

①适用范围

当衬砌裂缝产生的范围较小，裂缝数量较少，无渗漏水且属于表层裂缝时，凿槽嵌补法（图5-52）是一种有效的修补方式。凿槽嵌补法一般采用的材料有聚合物水泥砂浆、聚氨酯类和沥青胶泥类等。

图5-52　凿槽嵌补法

②整治步骤

裂缝凿槽（槽宽2~5cm）→裂缝处打磨并清理→裂缝两侧及底部涂刷底胶→裂缝填充并捣固→防水材料抹平→养护。

对于一般裂缝处有轻微渗漏水，渗漏水范围较小的情况，修复裂缝的涂抹法等也适合渗漏水的恢复。一般采用的材料主要有橡胶水泥、焦油聚氨酯等，此类材料具有良好的不透水性、弹塑性等优点。

5.4.2.3　Ⅲ级——中度损伤

灾后隧道结构中度损伤主要表现为结构构件出现发展缓慢的变形和位移，衬砌裂缝发展,局部衬砌有起层剥落现象,衬砌背后存在空洞,影响结构受力。对于此程度的损伤采用注浆恢复。注浆后为保证外表面平整光滑,对外表面的裂缝可采用表面处治法、注胶黏合法和凿槽嵌补法进行处治。

5.4.2.4 Ⅳ级——严重损伤

灾后隧道结构严重损伤主要表现为结构构件出现变形,衬砌裂缝发展较快且密集,裂缝处涌水冒泥,局部衬砌有压溃变形及掉块现象,衬砌背后存在较大空洞,影响结构受力。

喷射混凝土中掺入钢纤维虽然对混凝土的抗压强度提升有限,但是可以极大地提升混凝土的抗拉和抗弯强度;能够改善喷射混凝土的韧性、抗冲击性、抗渗性、延性、抗碳化性能及早期抗裂性能等;可以显著改善喷射混凝土的脆性,限制裂缝的发展,减少其内部的缺陷,提高混凝土的变形能力,改善普通喷射混凝土的脆性破坏形态。

钢纤维喷射混凝土可以搭配速凝剂一起使用。速凝剂是国内外抢修加固工程中不可缺少的一种外加剂,可以迅速缩短纤维喷射混凝土的凝结时间,降低回弹率,并使其在早期就可以获得极大的强度。速凝剂中的成分与水泥中的矿物成分之间发生反应从而缩短凝结时间,实现3~5min初凝,10min内终凝。

相关早强、耐久性试验研究表明,掺入无碱速凝剂喷射混凝土试件的性能要优于其他硫铝酸盐水泥试件的早期强度和耐久性能。

因此,对Ⅳ级——严重损伤隧道,研究提出C40新型早强纤维喷射混凝土、注浆+C40新型早强纤维喷射混凝土恢复方案。

5.4.2.5 Ⅴ级——极严重损伤

灾后隧道结构极严重损伤主要表现为结构构件脱落、隧道内部塌方。对于此程度的损伤,研究提出钢拱架+C40新型早强纤维喷射混凝土、注浆+钢拱架+C40新型早强纤维喷射混凝土恢复方案。

上述恢复方案中,为实现抢修的高效性,将临时加固措施作为永久性结构对灾损隧道进行加固。

第6章 道路与轨道灾后应急保通技术

道路与轨道作为典型的线性基础设施,在自然灾害或突发事件下,往往发生损毁,继而导致交通中断,损毁路段应急保通是实现物资和人员应急运输的前提。本章针对常见的道路掩埋场景,结合掩埋致因阐述了相应的保通技术;在此基础上,结合道路与轨道的结构损伤特征,通过归纳总结和相关研究提出了相应的应急保通技术与方法。

6.1 掩埋应急保通技术

崩塌落石、滑坡、泥石流是影响规模大、范围广、发生频率高的三种地质灾害,常常导致道路掩埋毁损,严重影响灾后的应急救援及物资输送,亟须提高对道路掩埋阻塞的应急保通能力。

6.1.1 孤石掩埋应急保通技术

清理与破碎是孤石掩埋阻塞路段较为常用的两种应急保通技术。其中,当阻塞物方量巨大且含块石较多时宜采用机械清理,对于必须移走的大石块,可采用两台以上挖掘机协同移除,同时沿崩塌体边缘进行回填,形成半挖半填便道。

当阻塞物为大块孤石,移除困难且不具备避绕条件时,可对其进行破碎处理,常用方法见表6-1。图6-1~图6-3为部分孤石破碎方式图。如不具备破碎条件,可在巨石前后填筑斜坡道路,供抢险设备临时通行。

孤石爆破处理方法及特点 表6-1

爆破处理方法		特点
天然巨石爆破法		适用于未经破碎的天然巨石
大块岩石爆破法	裸露爆破法	不适用于近城镇或建筑区
	炮孔装药法	应用广泛,炮孔深度、位置要根据岩石形状确定
大块孤石控制松动爆破法	静态爆破	药剂采购不便捷,施工时间较长
	机械爆破	孤石抗压强度在30MPa以上时,破碎速度较慢,对小孤石有较好的效果,特大孤石无法处理
	控制松动爆破	爆破实施快速;严格要求一次起爆药量、孔角度及方向,对被保护构建物振动较小

爆破处理方法		特点
非炸药岩石 安全破碎器法		能够快速分离破碎;外形小巧,性价比突出,便于携带,操作简单,快速高效,使用安全,非爆炸原理,无须审批,不污染环境,可用于水下清障作业
静态破碎法		适用于边坡不稳定地段、人口聚居地及其他不适宜采用传统爆破工艺的情况,相比炸药爆破有低压、慢速、无公害、施工简便、安全可靠的特点
机械 破碎法	大型镐头机	设备本身较大,不适用于狭窄场地
	液压劈裂机	无须采取复杂的安全措施;设备本身体积小,重量轻,结构紧凑;在狭窄场地以及水下也可进行作业
单兵火炮打击法		适用于机械难以到达和人工钻孔困难的情况

图6-1　静态破碎

图6-2　非炸药岩石安全破碎

图6-3　液压劈裂破碎

6.1.2　滑坡掩埋应急保通技术

滑坡体导致道路掩埋阻塞,一般遵循"先加固,后清理"的原则抢修。但应急抢修时可在采取一定技术措施防止滑坡体继续坍塌的情况下,先清理再加固。

清理方法主要有人工挖土、机械挖土、定向爆破等,使用条件见表6-2。

滑坡体清理方法及适用条件　　　　　　　　　　　　　表6-2

清理方法	适用条件
人工挖土	滑坡量较小
机械挖土	滑坡量较大
定向爆破	滑坡量十分大,时间紧迫,周围条件合适

对滑坡体的永久加固必须由专业人员设计、专业施工队施工。常用的加固方法有压密注浆、锚杆加固、喷射混凝土、钢筋混凝土格梁、钢丝网、抗滑桩、浆砌块石挡墙等。同时注意排除坡体上部地表水,减轻水对滑坡的影响。

6.1.3　泥石流掩埋应急保通技术

对于泥石流导致的道路掩埋损毁,首先需要开展进场机械道路的修筑,以便后续抢通器械进入灾损现场施工;接着采用丁字堰施工法,降低泥石流流速,开挖渣料淘洗后可铺筑成行进便道路基;最后根据泥石流的特性和现场条件,对河床泥石流进行疏通开挖。泥石流掩埋损毁处治技术及特点见表6-3。

泥石流掩埋损毁处治技术及特点　　　　　　　　　　表6-3

	处治技术	特点
机械进场道路的修筑	路基箱进占法	操作简单,施工高效;但不适合车辆通过,有可能设备和路基箱都被洪水冲走
	混合石渣换填法	不适合应急处理,设备通过性差
丁字堰施工	铅丝笼石渣交替进占法	抗冲刷能力强,施工简便
	块石石渣交替进占法	就地取材,适合应急处理
	淘洗混合石渣换填进占法	就地取材,适合应急处理
河床泥石流疏通开挖	长、短臂反铲交叉开挖法	施工方式灵活,效率较高
	短臂反铲台阶开挖法	开挖深度不受限制,加快加深开挖
	换填开挖法	河床内为泥石流淤积体,承载力极低时宜采用
	左右岸进退开挖法	可减少开挖被水流带走的石渣在泄流渠内的沉积量,防止渠中央出现孤岛

6.2　路基路面抢修加固技术

6.2.1　路基沉陷处治技术

针对灾损路基沉陷,根据具体情况,常采用的应急保通技术有机械回填、路基拓宽和注浆加固三种。

6.2.1.1 机械回填

适用场景:路基已发生沉陷,但沉陷部分整体趋于稳定,短期内具备一定通行能力的路段。

具体技术措施:采用路基土石方机械对沉陷路段进行回填、整平、压实。有条件时装运透水性好的砂石料或级配碎石料进行回填,紧急情况下可采用土壤石块或束柴等进行回填。取料不易时可用挖掘机先将沉陷交接处陡坎挖除,或在陡坎附近做成斜坡面过渡,标准是路面不出现陡坎。

(1)土壤回填法

先将塌陷路段坑底松土夯实,有积水和淤泥时应先清除,然后分层填土夯实。坑内积水不易排除时,应先填入石块,填至高出水面20cm后再填土夯实。若塌陷路段较大,作业时间短,可只填成单行道宽度,或只填塌陷路段坑底一部分,将两端修成10%~15%的纵坡。土壤回填法如图6-4所示。

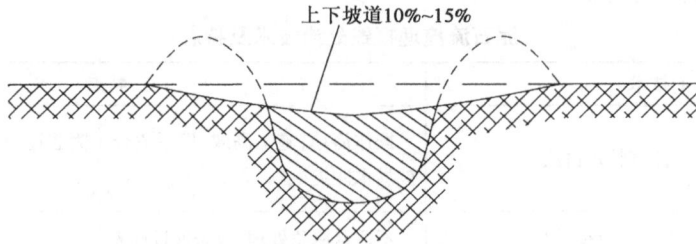

图6-4 土壤回填法

(2)束材填塞法

先平整夯实坑底,再将束材分层密集铺填,铺一层束材填一层土,束材横纵交错,最上层应与路中心线垂直,并在上面填土,使其稍高出原路面,如图6-5所示。

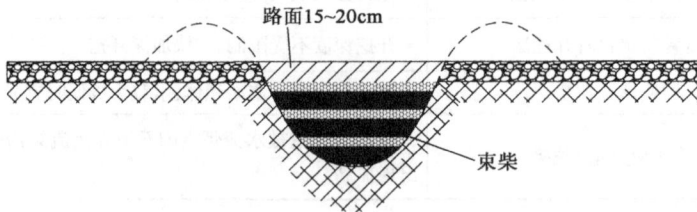

图6-5 束材填塞法

6.2.1.2 路基拓宽

适用场景:半填半挖路基纵向沉陷开裂,沉陷部分稳定性不足路段。

具体技术措施:一般采用路基土石方机械挖除部分上边坡,对路基进行拓宽,如图6-6所示。

图6-6 路基拓宽

当回填后路基承载力不足时,可使用两层木板或钢板夹树干或粗壮树枝,形成简易路面进行减压处理。针对车辆行驶过程中出现的路基较大沉陷情况,可以采用加铺树干等处理方式;同时安装限速警示标识牌,采取交通管制措施。

6.2.1.3 注浆加固

适用场景:沉陷裂缝已贯通形成圆椅状,错台高度大,边坡稳定性不足路段。

具体技术措施:通常采用路基土石方机械挖除沉陷路基错台,并进行整平、压实;临时通车后,再对严重开裂处进行注浆加固,如图6-7所示。

图6-7 注浆加固

路基注浆加固处理参数见表6-4。

注浆加固处理参数 表6-4

布孔形式	孔距 (m)	孔深 (m)	浆液类型	浆液配合比 (质量比)	注浆压力 (MPa)
梅花状	1×1	路基高度×1.5	双浆液	水:水泥:水玻璃=1:1:0.05	≤0.4

6.2.2　路基垮塌处治技术

6.2.2.1　填土法

适用场景:路基垮塌体工程量不大,取土方便,现场人力、机械充足的情况。

具体技术措施:按路基原状恢复,填土分层摊铺、整平、压实,紧急情况下可缩小路基宽度,变陡边坡。

技术要求:

(1)宽度:双车道路基宽度不小于7m,路面宽度6m;单车道路基宽度不小于4.5m,路面宽度3.6m。

(2)边坡坡度:边坡坡度一般采用1:1.5,受水浸淹部分边坡采用1:2.00～1:1.75;路堑边坡根据土壤的性质而定,一般采用1:1.5～1:0.5。

(3)纵坡:一般不大于10%,填土高度较大时,可采用土工格室加固;若车流量大,可进行土路改善或铺设简易路面。

6.2.2.2　泡沫轻质土换填

适用场景:适用于山区陡峭路段垮塌路基修复、地下管线回填、结构减载回填、软基路段回填等,可取代常规复合地基处理方式。

具体技术措施:现浇泡沫轻质土施工技术措施主要流程包括泡沫生成、水泥浆或水泥砂浆制备、泡沫轻质土生成、现场浇筑施工。图6-8～图6-10分别为技术流程、现浇泡沫轻质混凝土情景图示和泡沫轻质土换填。

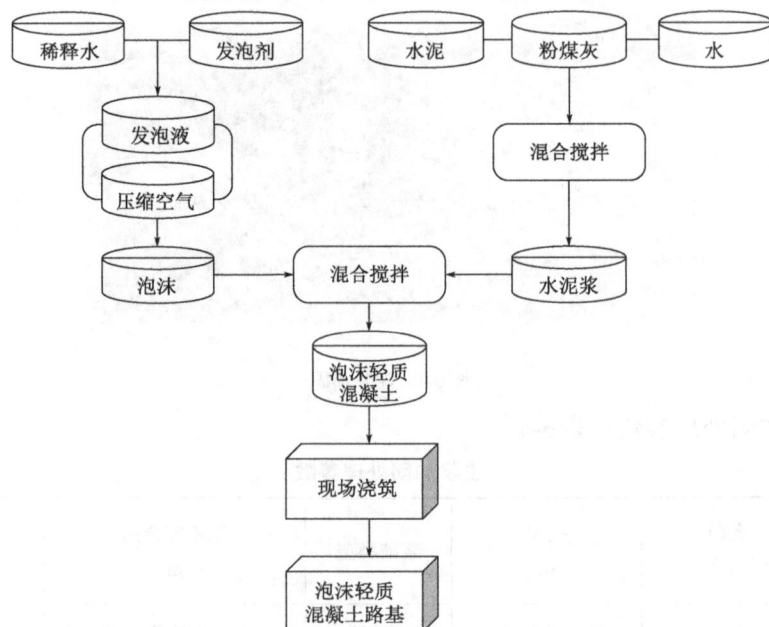

图6-8　技术流程

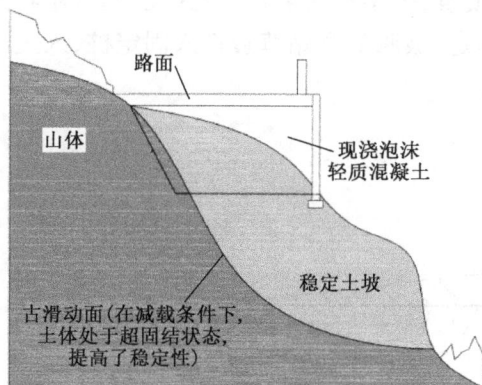

图6-9 现浇泡沫轻质混凝土情景图示

图6-10 泡沫轻质土换填

6.2.2.3 拦边填土

适用场景：路基垮塌工程量大或取土困难等情况。

具体技术措施：使用各种就便材料或备置材料拦边构筑路基边坡，同时在其内填土，缩减路基宽度、加大边坡坡率，以减少回填土石方数量，争取抢通时间。

路堤边坡应急坡度参考值见表6-5，路基宽度参照全部按照填土方案。

路堤边坡应急坡度参考值 表6-5

拦边方式	填土类别		
	一般细粒土 （粉土类、黏土类）	粗粒土 （砾石类、砂类）	最大高度(m)
草袋及片石拦边	1:0.75 ~ 1:0.2	1:1.0 ~ 1:0.3	5
	1:1.0 ~ 1:0.75	1:1.25 ~ 1:1.0	10
石笼拦边	1:0.5 ~ 1:0.3	1:1.0 ~ 1:0.4	5

（1）袋装土（石）拦边

袋装土（石）拦边采用草袋、塑料编织袋或麻袋装土（砂、碎石）达其容量60%左右，分层交错码砌，并逐渐收坡，底宽顶窄，路基面以下3m用单层，超过3m部分用双层，拦边厚度应随填土增高而加厚，如图6-11所示。

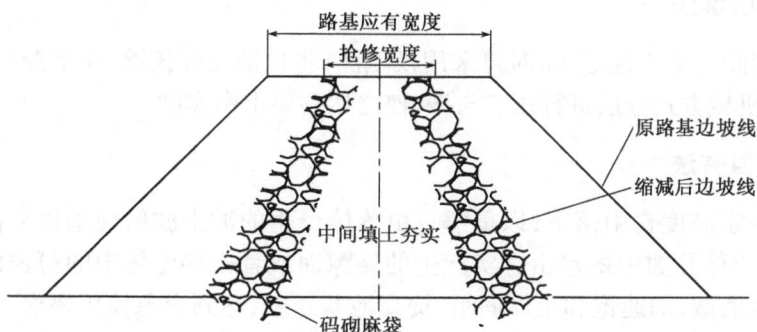

图6-11 草(麻)袋装土拦边

坍塌面积较小时,可以直接用草袋装土(砂)填筑,分层交错堆积,使其成1:1.5左右的侧坡,并用直径5cm、长1m以上的木桩将草袋贯穿固定,坡脚处紧贴草袋打入固定桩,入土深度1m以上,顶端填土15~20cm并夯实,如图6-12所示。

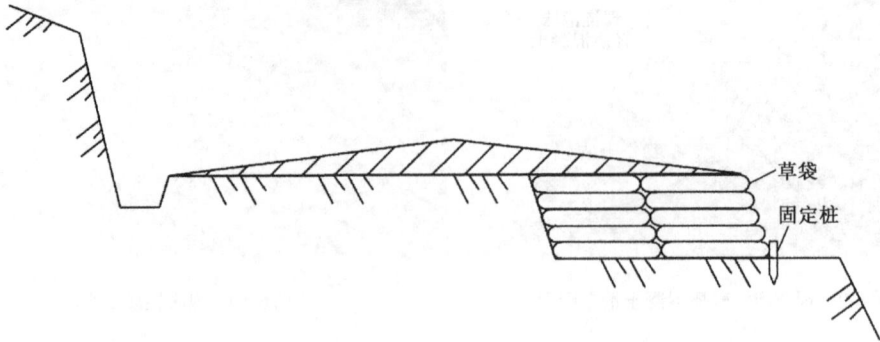

图6-12 草袋装土填筑

(2)片石拦边

片石拦边采用厚度不小于0.15m的片石分层干砌,片石应与地面大致平行,压缝码砌,有丁有顺,边砌边填土夯实,路基面以下2m片石拦边厚0.5m,超过2m部分厚1.0m,如图6-13所示。

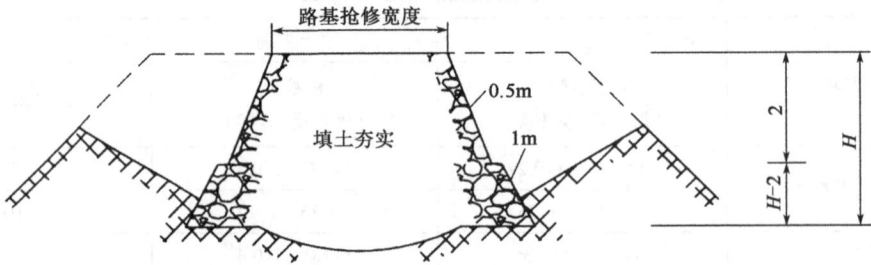

图6-13 片石拦边

6.2.3 路基隆起处治技术

6.2.3.1 换填法

当受损底层距地表不超过3m时可采用换填法,将松散土体挖除,用级配良好的土体分层填筑,以人工或机械方式分层进行压、夯、振,使之达到要求密实度。

6.2.3.2 强夯法

让重锤从一定高度自由落下,以重锤自由落体产生的冲击波给地基以冲击和振动,在强大外力作用下,土体孔隙中的水由夯实产生的裂隙面或者击穿土体中的薄弱面迅速排出,超空隙水压力快速消散,加速饱和土体固结,提高地基强度,达到应急使用要求。图6-14所示为强夯法处理受损路基示意图。

图6-14　强夯法处理受损路基示意图

6.2.4　简易就便路面保通

就便路面器材是指按照实际需求就地取材,能够完成应急保通的材料或器材,主要有束柴路面、圆木路面、可卷圆木路面、木板车辙路面、竹片路面等,具体种类和适用条件见表6-6。

简易就便路面保通器材及适用条件　　　　　　表6-6

类型	器材		适用条件
简易路面	碎石、碎砖瓦、炉渣撒布		土路改善
	束柴路面、圆木路面		用于松软、泥泞及水稻田等不良地段
	可卷圆木路面		用于深度不超过15cm的松软泥泞地
	木板车辙路面		用于深度20cm的松软、潮湿地段或较浅的泥泞地
	泥结碎石路面		改道绕行
	手摆片石路面		抗滑路面
	竹片路面		用于淤泥不超过20cm的水稻田及松软泥泞地,保证少量车辆通过
	简易钢板路面	路面硬化钢板	一侧高大陡峭,道路开挖或爆破拓宽困难;另一侧石质路基,路基稳定性较好
		钢骨架路面	软弱路基和泥泞路段,现场因天气原因短时间内无法对路基进行处治,又需要保证一定的承载和通行能力
	钢板路基箱		铺设于松软、泥泞地面
	复合加强路面		路基特别松软,特别是泥石流浆掩埋道路

6.2.5　制式器材路面保通

制式器材路面是按照专门要求设计制造的,多以成套装备的形式列装部队。这类器材通常由底盘车、承载架、回转支架、拨盘及其支架和铰接的多块路面板组成,利用底盘车的动力带液压泵,通过液压方式驱动拨盘,使拨盘顶点上的拨齿与路面板上设置的拨轴相啮合,在回转支架的导引下,将路面板铺设到指定地点或撤收进承载架,保证各类车辆通过自身难以通行的松软泥泞地段。表6-7为部分制式器材及适用条件。图6-15～图6-17为三种机械化路面作业图示。

部分制式器材及适用条件   表6-7

类型	器材	适用条件
机械化路面	GLM120型机械化路面	软土深0.5m以内,地基允许承载力不小于45kPa;纵坡不大于25%,横坡不大于6%
	GLM121型机械化路面	软土深0.5m以内,地基允许承载力不小于70kPa;纵坡不大于15%,横坡不大于5%
	GLM120A型机械化路面	软土深0.5m以内,地基允许承载力不小于70kPa;纵坡不大于15%,横坡不大于5%
	HZLM100硬质机动路面	江河暗滩、泥泞道路及松软地段,可用作构筑渡场的临时通道;涉水深度不大于0.5m,最大爬坡度60%;地基承载能力不小于0.07MPa
	软路面铺设车	涉水深度不大于0.5m,最大爬坡度60%;地基承载能力不大于0.08MPa

图6-15   GLM121型机械化路面

图6-16   HZLM100硬质机动路面

图6-17　软路面铺设车

6.3　铁路轨道保通技术

当线路基础设施稳定承受轨道自重和行车荷载,同时轨道几何形位满足行车要求时,才能保证线路通行。铁路轨道保通修复技术应集中在基础结构承载能力和保持轨道平顺性两方面。

路基、隧道、桥梁等基础设施服役状态良好,可为轨道提供稳定支承,同时基础结构无明显变形可较好地保持轨道平顺性。因此,基础设施灾后恢复基本承载能力和原位状态是线路保通的前提。在此基础上针对轨道结构,采用合理措施快速恢复轨道几何形位,使其满足行车要求。铁路路基的抢修加固技术与公路路基的抢修加固技术基本相同,在此不再赘述。

6.3.1　路基注浆复位

注浆复位技术通过合理布置注浆抬升孔和注浆孔,在抬升孔中注入临时解黏剂后,临时解除支承层与级配碎石间的约束,通过横向加力顶推,将轨道线形在水平面位置调整到位后,再采用高压注浆设备将具有良好充盈性、快速凝结性及膨胀性的高聚物注浆材料注入支承层下的级配碎石,利用注浆压力及浆体的膨胀力,对上部轨道结构进行快速、可控的抬升,并采用高聚物注浆材料和轻质聚合物生态砂浆对抬升后产生的空隙进行完全填充。路基注浆修复技术可应用于 CRTS Ⅰ 型、CRTS Ⅱ 型、CRTS Ⅲ 型板式无砟轨道,CRTS Ⅰ 型双块式无砟轨道和道岔区长枕埋入式无砟轨道。

路基注浆复位技术可实现横向和垂向的轨道线形调整,注浆材料在基床表层和无砟轨道支承层间凝固,调整轨道几何形位的同时加固了支承层与路基间的联结,增强了轨道抗变形能力。需要注意的是,作业时环境温度会影响注浆材料的膨胀性能,气温较低时需对注浆材料加热;注浆时需在无砟轨道道床上钻孔,会对轨道结构造成一定损伤。

6.3.2 轨道修复

6.3.2.1 有砟轨道修复

(1)结构修复

灾害直接作用或基础灾损变形可能导致有砟轨道部件损伤或失效,如钢轨变形或断裂、轨枕失效、有砟道床局部坍塌等。有砟轨道结构简单,各部件间连接可拆卸,散粒体道床整形修复相对容易,对于伤损严重不能保证安全行车的部件可直接更换。在充分评估灾损对线路的影响程度后,首先应采取快速修复措施加固基础或搭建临时通行装备代替损毁基础,保证轨道结构具有稳定支承,再针对轨道破坏形式确定具体修复方案。

道床是轨道框架的基础,承受轨枕传递的列车荷载并均匀传布于路基面,保证轨道正确位置,轨面下沉时可通过抬升轨排补充道砟或其他填充物使轨面恢复设计高程。当道砟流失较多导致轨枕底部失去支承出现轨枕空吊时,可使用枕木搭建临时支撑结构,保证能承受列车荷载。通过修整道床断面使轨排基本保持平顺性,再通过扣件和垫板精调轨道几何形位。

混凝土轨枕承轨台受损严重不能调整、保持轨排相对位置时需及时更换,钢轨严重变形难以修复或折断时应及时更换。

(2)轨道几何形位快速调整

①起道

对于轨道下沉引起的各类不平顺,为消除有砟轨道水平、高低超限,矫正线路纵断面高程,通过线路起道作业并配合混凝土枕下垫砟和枕上垫板的方法,将线路低洼处起高,减小或消除轨道下沉,找平轨面,同时改善道床弹性,可通过调高扣件共同调整轨道几何形位。垫砟起道前应保证路基稳定、无翻浆、道床稳定局部下沉量较小。

线路状态较好时,可采用重点起道消除线路个别坑洼处,整治高低、水平、三角坑超限消除轨枕吊板,如图6-18所示;线路坑洼变形较多,下沉量较大时进行全面起道,即全面抬升轨道,以消除较多不良线路,如图6-19所示。

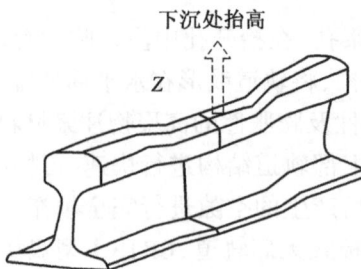

图6-18 重点起道

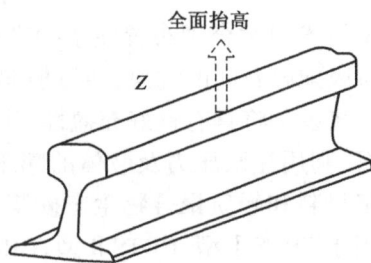

图6-19 全面起道

②拨道

受灾害影响线路,原位状态改变,通过拨道矫正线路平面位置,将轨枕和钢轨一起横向移动至准确位置,方向超限处重点拨道,如图6-20所示。

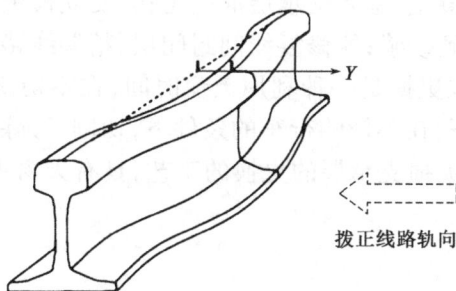

图6-20　拨道示意图

③改道

改正轨距及变化率超限或接近超限处。改道后轨距、轨距变化率不超限,补充和更换灾损部件,改道时造成的方向不良要及时拨好,如图6-21所示。

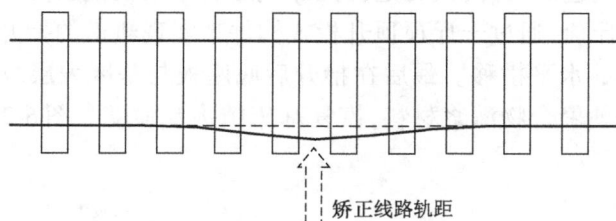

图6-21　改道示意图

6.3.2.2　无砟轨道修复

1)轨道结构修复

由于无砟轨道道床为混凝土结构的整体,线路几何状态的调整完全依赖扣件调整量,同时整体道床出现损伤时更换较为困难。灾害作用或基础伤损变形导致轨道线形在水平面和纵断面上出现偏移,当无砟轨道变形量超出扣件调整量时需采取纠偏措施,快速恢复轨道几何形位。个别情况下无砟轨道变形量较大出现结构层间分离、轨道板裂缝等情况时,需引入快速更换技术,永久性恢复轨道服役状态。

无砟轨道支承层快速更换技术通过将灾损支承层混凝土切割分块,从轨道两侧横向抽出,在不移动无砟轨道上层结构的情况下对灾损支承层混凝土进行置换。基于该理念,研究提出一种无砟轨道支承层快速更换技术:利用绳锯对灾损支承层进行精准切割,并从轨道两侧将其移除,采用自流平、高早强的聚合物混凝土重新浇筑。

无砟轨道支承层原位更换技术的核心是将灾损支承层混凝土分块移出。该技术采用了绳锯切割设备将灾损支承层混凝土切割分块。绳锯切割设备主要由驱动系统、进给系统、张紧装置、紧夹装置、导向装置、切割框架、控制系统和液压动力源系统等组成。由紧夹装置将金刚石链条固定在灾损支承层混凝土待切割位置,通过液压系统使张紧装置工作,使链条保持一定的切割所需张紧力,再由液压发动机驱动带有金刚石锯齿的链条围绕混凝土高速旋转进行切割,通过导向轮改变链条方向,进行任意方位、任意厚度、任意角度的切割。

支承层原位更换流程:①植筋锚固轨道板,切割、凿除及清理封闭层,钻取绳锯施工孔;

②横向、竖向切割支承层混凝土,移除支承层混凝土;③支立模板,浇筑支承层聚合物快硬混凝土,灌注充填层聚合物快硬砂浆;④修复线间封闭层,精调线路钢轨,恢复线路。基于绳锯切割的无砟轨道支承层原位更换是一种利用天窗时间,在不切割钢轨,不对轨道板、钢轨等上部结构造成扰动的情况下,在不影响行车的条件下,切割、移除灾损支承层,并重新浇筑新支承层混凝土,最终完成对灾损支承层的更换的工艺,具有天窗占用少、限速时间短、安全风险小的技术优点。

2)线形恢复

(1)路基段无砟轨道结构

对路基段无砟轨道线形偏移,可采用机械或注浆技术进行复位。

机械复位技术通过在无砟轨道底座板上植筋安装锚固件并连接吊杆,在轨道上方相应位置布置分配梁,在轨道外侧分配梁两端布设千斤顶,将吊杆与分配梁连接固定,通过千斤顶顶升分配梁来实现轨道的抬升;或者是在无砟轨道底座板上植筋安装板式构件,在轨道外侧板式构件下布设千斤顶,通过千斤顶顶升板式构件来实现轨道的抬升。轨道抬升后,再通过千斤顶进行轨道板的水平横移。最后在抬升后底座板与基床表层级配碎石间的空隙内,灌注无收缩自密实快硬聚合物灌浆材料,恢复基床结构及强度。图6-22为无砟轨道机械复位技术示意图。

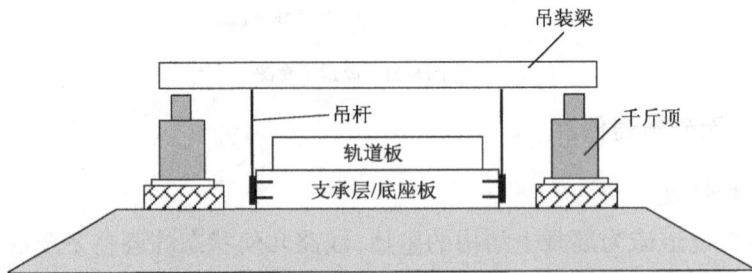

图6-22　无砟轨道机械复位技术示意图

装置通过调节千斤顶升高度实现吊装高度和水平偏移的精确控制,精度和可控性良好;轨道结构起吊后在无砟轨道底面与基床表面间浇筑填充材料从而实现轨道线形调整,同时增强轨道线形抵抗偏移的能力,但加装锚固件需在底座板或支承层两侧打孔,因此对轨道结构有一定损伤,轨道复位拆卸锚固件后需及时修补孔位。

无砟轨道机械复位技术流程:①确定变形位置和需要的调整量。②植筋锚固轨道板,切割封闭层,设置顶推反力墩,对轨道板限位,布设位移监测点位。③安装顶推装置并检查。④解除底座板或支承层底部约束。⑤顶推调整水平位置并实时监测位移量。⑥复测轨道线形并微调。⑦恢复板底约束。⑧填充轨道结构孔隙,恢复线路通行。

轨道结构注浆抬升技术以轨面高程的抬升变化为节点,分为两个关键阶段:

①基床表层填充挤密阶段:利用注浆压力和材料反应前的流动性使材料在沉降地段基床表层空隙中扩散、填充、固化、挤密,形成改性聚酯-级配碎石的固化体。

②轨道板抬升阶段:沉降病害地段基床表层注浆孔附近的空隙被填充满后,持续注入的材料发泡固化,不断挤压已形成的改性聚酯-级配碎石的固化体和周围土体,在材料反应放热

膨胀产生压力和注浆压力的液压传动效应下,对无砟轨道结构进行抬升。

　　无砟轨道注浆复位技术流程:①确定施工位置区段,利用水准仪器测量轨道板沉降初始值,确定调整量,拆除扣件。②根据现场情况确定钻孔间距、深度、角度、插管深度等,保证钻孔至基床表层,安装横向顶推反力装置,解除轨道板约束,布设测点。③对注浆材料进行现场混合反应试验,保证材料性能正常,环境温度偏低时对材料进行预热。⑤插入注浆管,密封固定,从沉降量大的扣件处注入解黏剂解除支承层与级配碎石间的约束。⑥横向加力顶推,实时监测轨道位移,调整至正确水平位置。⑦使用注浆设备进行多点联动注浆抬升,同时对内外股对称分布的注浆孔进行注浆。全过程采用水准仪持续监测,保证多点抬升的同步和精确。⑧无砟轨道路基加固与结构抬升注浆施工完成后进行轨道精调。⑨采用填充材料对底座板伸缩缝、侧缝进行封闭,对局部破损的封闭层进行恢复处理,对砂浆层离缝进行注浆填充。无砟轨道注浆复位技术示意图如图6-23所示。

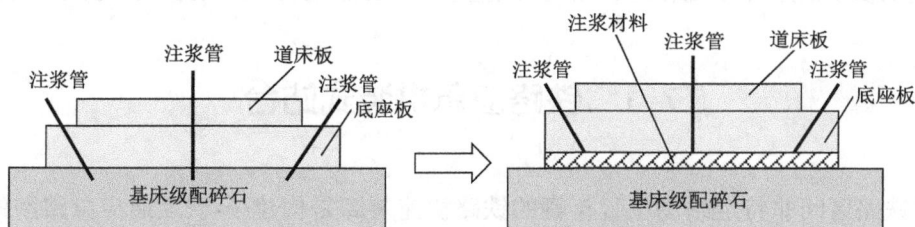

图6-23　无砟轨道注浆复位技术示意图

　　(2)桥上无砟轨道结构

　　与路基段线路不同的是,桥上无砟轨道机械复位技术是对底座板或支承层以上结构即钢轨、扣件、轨道板整体进行调整:解除轨道板与支承层间的约束,并在两结构间填充砂浆,实现桥上无砟轨道的复位。另一种机械复位方式为调整梁体水平或竖向位置实现轨道纠偏。

　　(3)隧道内无砟轨道结构

　　隧道内无砟轨道结构一般不会有较大的结构伤损,当隧道发生错位时,轨道结构会有较大损伤。此时,应结合限界进行损伤处治,同时调整轨道线形保通。

　　(4)轨道几何形位调整

　　无砟轨道几何形位调整一般通过扣件系统进行,方法较为简单,这里不再赘述。

第7章 公-铁互通应急保障装备

应急路网决策是制约救援能力的关键,灾害发生后,救援通道的快速形成对应急路网的构建尤为重要。当前,尽管铁路站点均建有公路接驳通道,但公路路网和铁路路网整体上还是自成体系,尤其是灾后公路中断,依托铁路站点无法实现公-铁互通。实现铁路区间与公路网络应急互通,保障被困人员、救灾物资的快速输送,是提高灾后陆路交通应急能力的关键。

区别于永久性的交通网建设,公-铁互通应急路网构建应以快速响应、应急保通为目标。为此,本研究研发了铁路拼装式站台和"桥上桥"应急保障装备,综合既有装备实现公-铁快速互通。

7.1 铁路应急拼装式站台

实现铁路区间非特定站场位置车辆的铁路快速装卸是构建公-铁互通应急路网的首要环节。为此,本研究研发了一种铁路应急拼装式站台装备,该站台装备可在无固定站台、站台不足或站台遭遇灾害损坏时,快速架设临时直顶端或斜顶端站台,保障救援车辆铁路快速装卸载,实现公-铁互联互通。

7.1.1 系统组成

新型铁路应急拼装式站台主要由站台板、支腿总成、搭板、础板总成等部分组成,如图7-1所示。新型铁路应急拼装式站台可以连续架设三跨,其一端通过础板总成放在道床或地面上,另一端通过搭板放在铁路平车上,作为斜顶端或直顶端站台使用。全套应急拼装器材通过专用集装架可进行一体化集装。

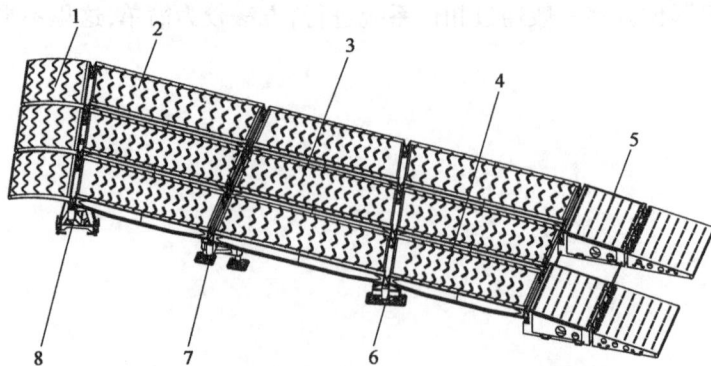

图7-1 新型铁路应急拼装式站台架设状态(直顶端)

1-搭板;2-1号站台板;3-2号站台板;4-3号站台板;5-础板总成;6-3号支腿总成;7-2号支腿总成;8-1号支腿总成

7.1.1.1　站台板

站台板是拼装式站台的上部承载构件,用于搭设装、卸载通道,共三种规格,分别编号为1号、2号、3号站台板。每种规格站台板各有3块,相互之间能够进行互换。三种规格站台板结构形式相同,如图7-2所示。

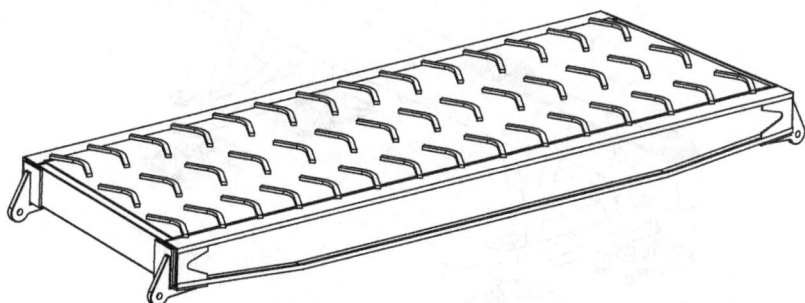

图7-2　站台板结构图示

7.1.1.2　支腿总成

支腿总成是拼装式站台的下部支撑构件,由横梁、立柱、底座和调节机构等组成,设置了三种结构形式的支腿,分别为1号、2号和3号支腿总成,数量各1副。其中,2号和3号支腿总成高度可调,以满足不同地形的架设需要。

1号支腿总成主要用于组合站台架设定位和传递上部荷载。该支腿包括半支腿1、半支腿2、连接插销、夹轨器等部件。半支腿1和半支腿2通过上部插销总成和下部插销总成连接成整体,如图7-3所示。架设时,利用该支腿上的夹轨器和铁轨,可解决站台架设定位问题。此外,搭板和端跨站台板支撑在1号支腿上,并通过1号支腿传递荷载。

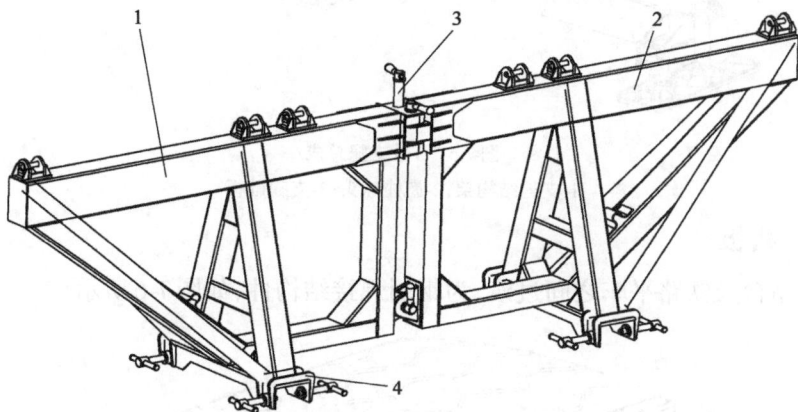

图7-3　1号支腿总成
1-半支腿1;2-半支腿2;3-连接插销;4-夹轨器

2号支腿总成位于站台中部道床上,用于支承站台板并承受所传递的荷载。2号支腿总成由支腿结构架、齿柱球头和支腿础板等组成,如图7-4所示。钢轨外侧地面较低时,可在支腿础板下放置调整块和底座,保证2号支腿总成横梁基本水平。齿柱球头上设置T形螺纹,可用于局部调整支腿高度。

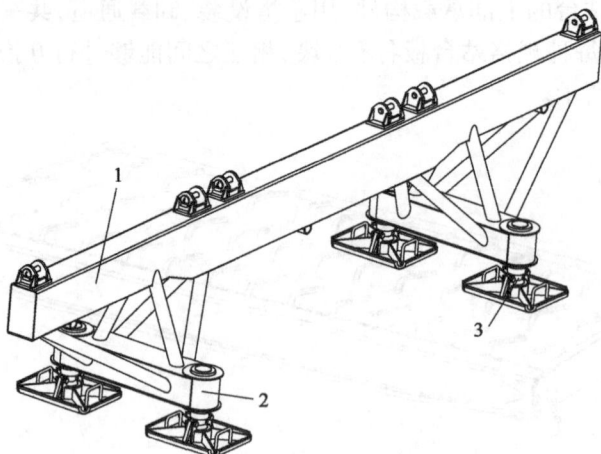

图7-4 2号支腿总成

1-支腿结构架;2-齿柱球头;3-支腿础板

3号支腿总成由支腿结构架、齿柱球头和支腿础板等组成,如图7-5所示。钢轨外侧地面较低时,支腿础板下可放置调整块和底座,保证3号支腿总成横梁基本水平。齿柱球头上设置T形螺纹,可用于局部调整支腿高度。

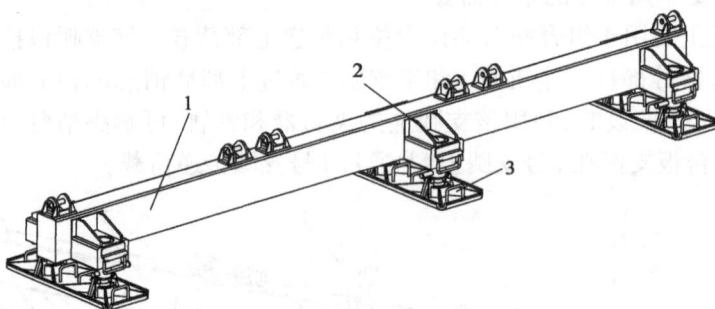

图7-5 3号支腿总成

1-支腿结构架;2-齿柱球头;3-支腿础板

7.1.1.3 搭板

搭板用于站台及铁路平车之间过渡,为钢制焊接结构件,如图7-6所示。

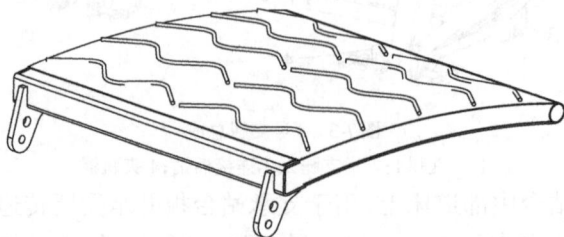

图7-6 搭板

7.1.1.4 础板总成

础板总成用于支承站台板,承受其传递的荷载,以及站台与地面之间的坡度过渡。础板总成由左、右两件对称础板1、础板2、花兰螺杆和插销组成,两侧础板通过花兰螺杆连接,础板1与础板2通过挂钩连接,如图7-7所示。

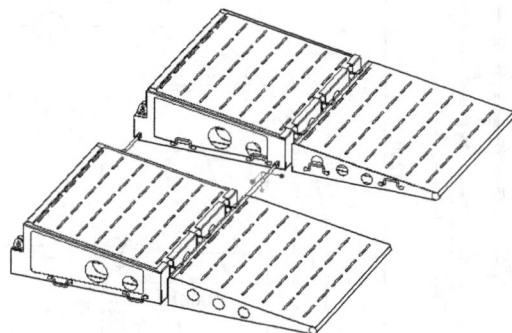

图7-7 础板总成

7.1.1.5 附属器材

拼装式站台采用人工作业进行架设,为辅助完成架设作业,在装备附属器材中设置了撬杠、裂石锤、圆锹等土工作业工具,用于地基处理,活口扳手等工具用于包装作业。除了调整块和底座外,全套辅助器材通过工具箱一体化包装,见表7-1。

附属器材明细   表7-1

序号	名称	数量	单位	备注
1	调整块	4	块	附属器材
2	底座	2	块	附属器材
3	工具箱	1	组	存放地桩、尖锹等工具
4	撬杆	3	件	附属器材,工具箱内
5	十字镐	1	把	附属器材,工具箱内
6	裂石锤	1	把	附属器材,工具箱内
7	圆锹	1	把	附属器材,工具箱内
8	信号旗	2	面	附属器材,工具箱内
9	铁靴	4	双	附属器材,工具箱内
10	地桩	4	件	附属器材,工具箱内
11	活口扳手8寸(200mm)	1	把	附属器材,工具箱内
12	5m卷尺	1	个	附属器材,工具箱内
13	线手套	8	双	附属器材,工具箱内

7.1.1.6 集装托盘

铁路应急拼装式站台设置了专用集装托盘,全套器材可通过集装托盘进行一体化集装。站台板、支腿总成等部件在托盘上摆放好后,先通过栓紧带紧固,再通过网兜固定。一体化集装后外轮廓尺寸约为3840mm×2270mm×1947mm(长×宽×高)。托盘上预留了叉装、吊装位置,全套器材一体化集装后可通过叉车、吊车进行一体化装、卸载(图7-8)。

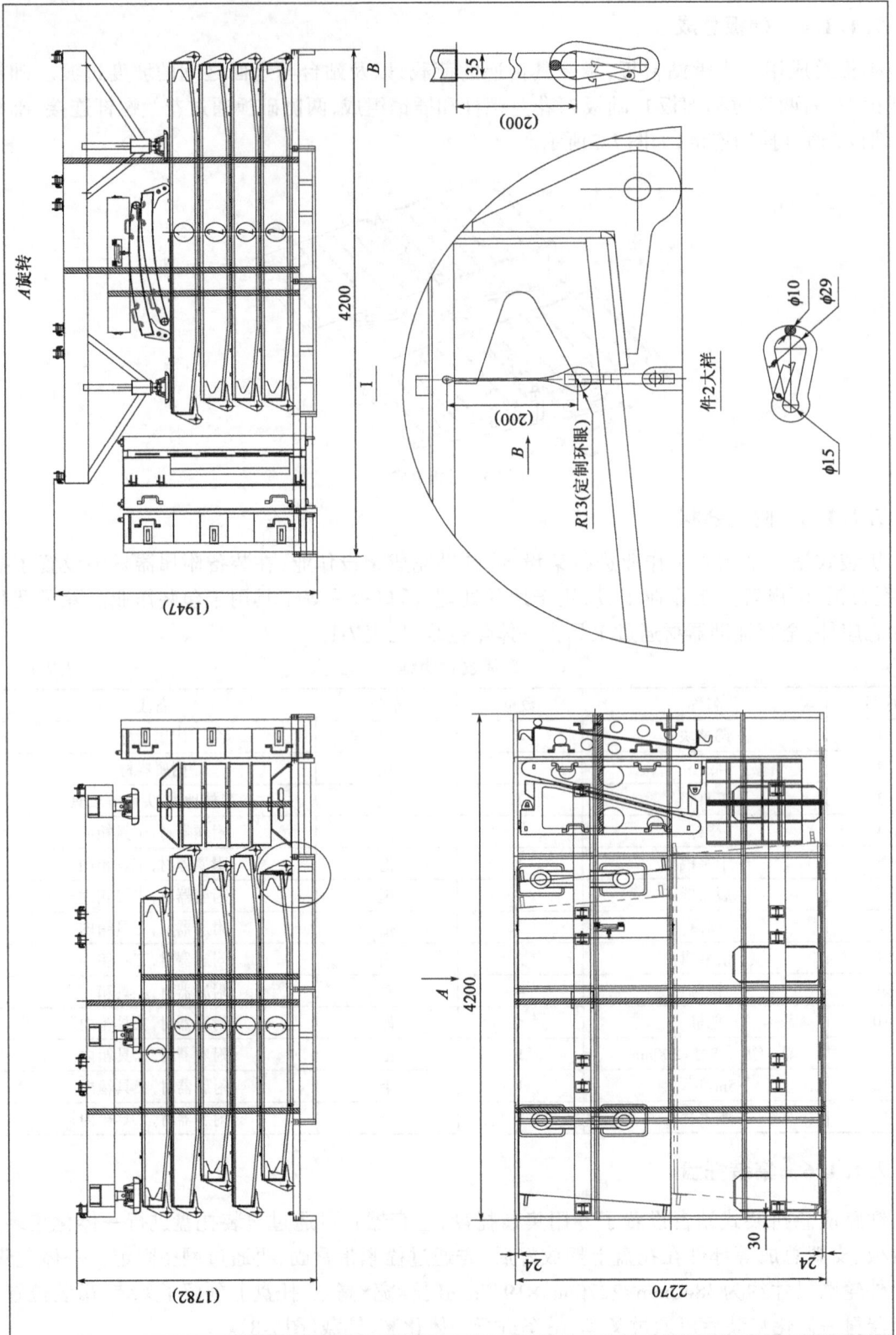

图 7-8　一体化集装图示 (尺寸单位: mm)

7.1.2　主要技术指标对比

铁路应急拼装式站台与轻型组合站台技术指标对比见表7-2。相较于既有轻型组合站台，新型铁路应急拼装式站台提升了通行能力，缩短了架设和撤收时间。

铁路应急拼装式站台与轻型组合站台技术指标对比　　　　　表7-2

序号	项　目	铁路应急拼装式站台	轻型组合站台
1	站台荷载(t)	履带式荷载60,轮式轴荷13	履带式荷载50,轮式轴荷12
2	通行道长度(m)	11.9	10.7
3	通行道宽度(m)	3.5	3.3
4	最小转弯半径(m)	15(内侧)	13(内侧)
5	站台纵坡(°)	不大于12	不大于13
6	架设/撤收时间(min)	不大于10	不大于12
7	站台总质量(t)	不大于3.2	不大于1.5
8	最大单件质量(t)	不大于0.2	不大于0.16
9	作业人数(人)	8	6

7.1.3　架设/撤收作业使用说明

7.1.3.1　作业组织

铁路应急拼装式站台架设/撤收作业由8名经训练的作业人员承担,其中1名作业人员兼任组长并负责指挥架设、撤收作业。站台靠人工进行架设、撤收作业,要求步调一致、齐心协力、听从指挥、统一行动,防止偏载造成人身伤害或器材损坏。站台架设、撤收过程中应避免剧烈碰撞造成器材损坏。

7.1.3.2　架设点选择原则

选择架设地点时,需要考虑作业空间、地基强度、地面坡度等因素。

(1)架设点应满足全套器材装卸载作业空间。站台架设撤收空间以及车辆所能通过的最小转弯半径要求。

(2)架设点地基要求平整坚实,否则需进行适当的处理。

(3)架设点地面纵坡不得大于5°,横向坡度不得大于3°。

7.1.3.3　作业准备

(1)当架设场地不满足"架设点选择原则"时,应清理场地、夯实地基、平整道路。必要时可进行适当的土工作业。

(2)确定定位位置:根据架设站台形式,分别按照按图7-9、图7-10确定架设斜顶端、直顶端站台支腿总成、础板总成的定位位置,并采用记号笔进行标记。

（3）器材卸载：通过叉装或者吊装将全套器材卸载至架设点铁轨旁边，并解除紧定装置。

（4）检查连接：检查1号支腿夹轨器螺杆是否连接在夹轨器上，检查2号、3号支腿的支腿础板是否与齿柱球头连接。

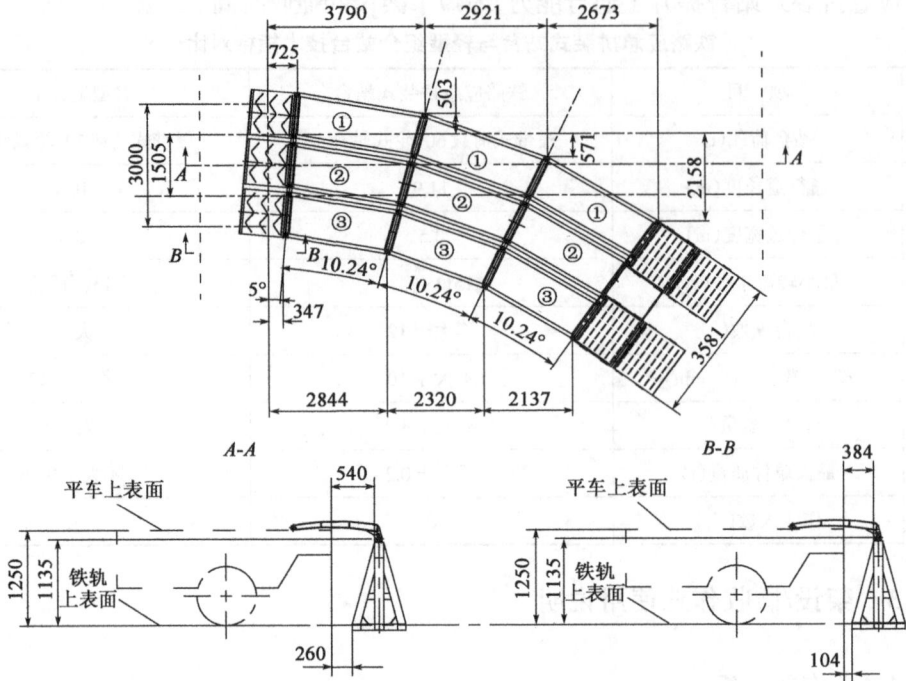

图7-9　斜顶端站台架设定位图（参考图）（尺寸单位：mm）

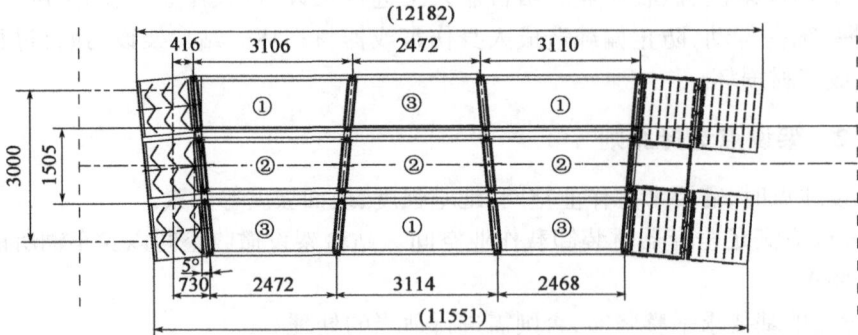

图7-10　直顶端站台架设定位图（参考图）（尺寸单位：mm）

7.1.3.4　架设作业

架设作业从集装状态开始，架设步骤可分为6步，如图7-11所示。具体作业可视现场作业情况同时开展或交叉进行。

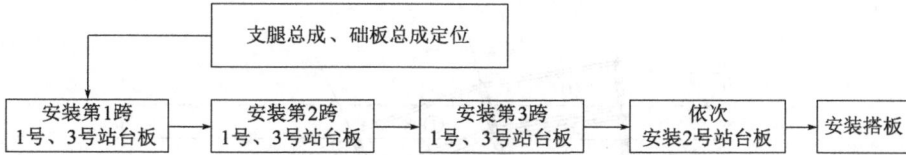

图7-11　架设步骤流程图

（1）支腿总成、础板总成定位。在一体化集装状态下（解除了紧定装置），操作人员将圆管穿过支腿上预留的支耳，从托盘上依次搬运1号、2号、3号支腿总成及础板总成到预定位置，完成支腿总成架设。1号支腿总成在初步定位时，夹轨器螺杆不用全部拧紧，后续2号支腿定位时还需调整。再按照础板总成与3号支腿总成距离尺寸，搬运4块础板到指定位置，并连接花兰螺杆，完成础板总成架设。1号、2号、3号支腿总成及础板总成架设如图7-12所示。

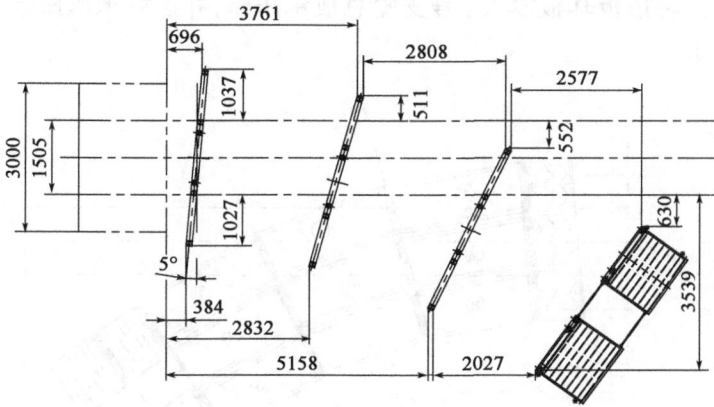

图7-12　1号、2号、3号支腿总成及础板总成架设（尺寸单位：mm）

（2）1号、3号站台板安装。搬运相应构件，依次进行第1～3跨的1号、3号站台板安装，如图7-13所示。

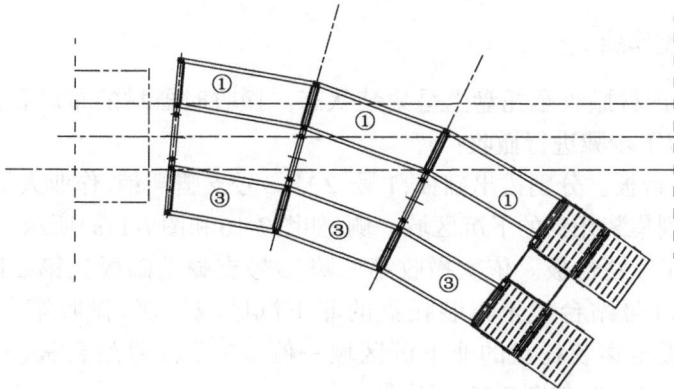

图7-13　第1～3跨1号、3号站台板安装

（3）2号站台板安装。从础板端到平车端依次安装2号站台板，分别将2号站台板耳板放入础板总成、3号支腿总成、2号支腿总成、1号支腿总成承压座，并插好连接插销，如图7-14所示。

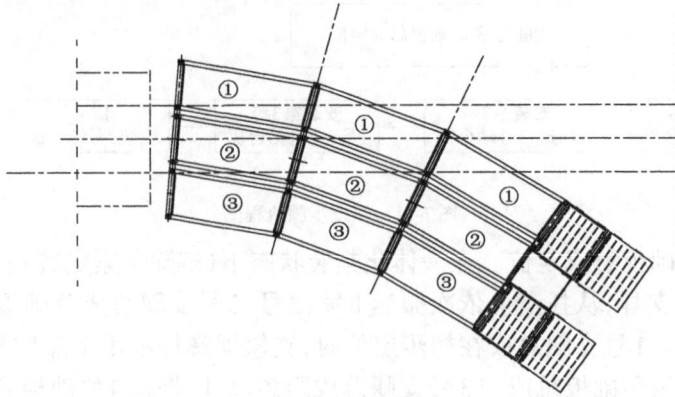

图7-14　2号站台板安装

(4)搭板安装。将搭板耳板放入1号支腿总成承压座,并插好承压座销,紧固1号支腿夹轨器,如图7-15所示。

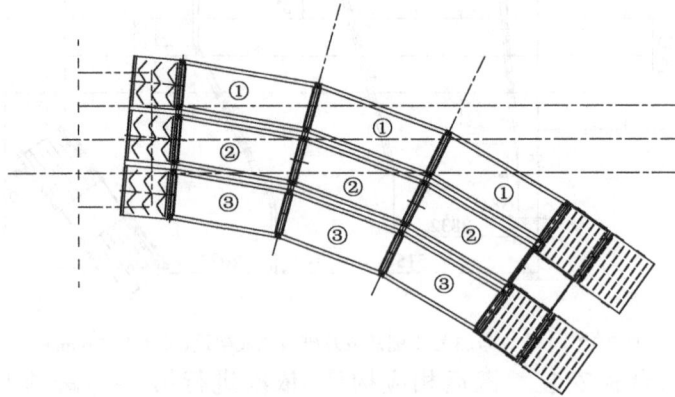

图7-15　搭板安装

7.1.3.5　撤收作业

撤收作业需将器材撤收至托盘上呈集装状态。撤收时器材的布局和摆放顺序影响架设作业时间,需按照以下步骤进行撤收:

(1)撤收2号站台板。分别拔出础板,1号、2号、3号支腿插销,作业人员从平车端开始,依次撤收2号站台板到集装托盘的下沉区域一侧,如图7-16和图7-17a)所示。

(2)撤收3号、1号站台板。依次撤收第三跨(3号支腿至础板)、第二跨(1号支腿至2号支腿)之间的3号、1号站台板至集装托盘的非下沉区域一侧,撤收第一跨(平车至1号支腿)之间3号站台板至集装托盘的非下沉区域一侧。3号、1号站台板(5块)在托盘上的堆放顺序为3—1—3—1—3,如图7-17b)所示。

(3)撤收3号站台板。撤收第一跨(平车至1号支腿)之间余下的1号站台板至集装托盘的下沉区域一侧。下沉区域一侧站台板堆放顺序为2—2—2—1,如图7-17a)所示。

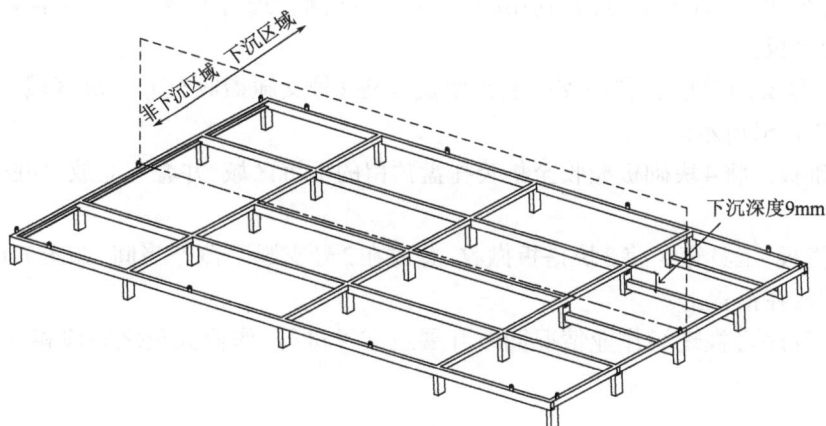

图 7-16 集装托盘

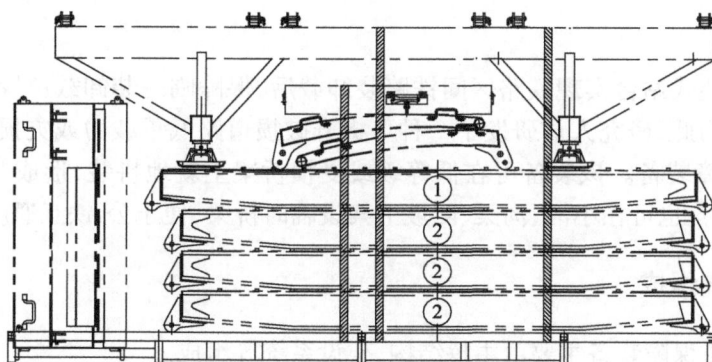

a)站台板堆放示意图1

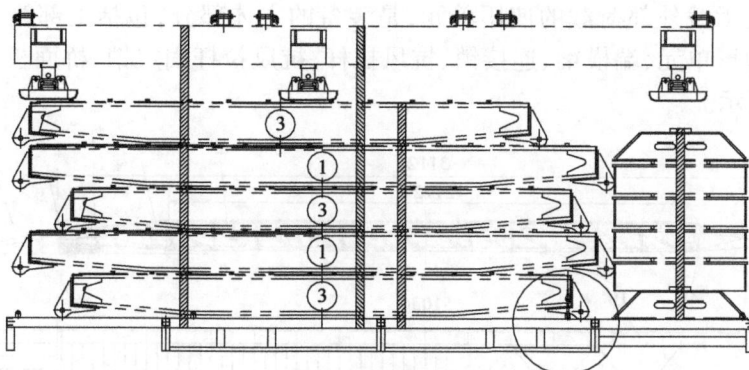

b)站台板堆放示意图2

图 7-17 器材包装

（4）撤收 2 号支腿总成。利用附属器材中的圆管将 2 号支腿撤收至集装托盘的下沉区域一侧的 1 号站台板上，如图 7-17a)所示。

（5）撤收 1 号支腿总成。将 8 件夹轨器螺杆从铁轨上松开，拔出上部、下部插销总成，将 1

号支腿总成拆分成左、右半支腿,并利用附属器材中的圆管进行撤收。左、右半支腿放倒摆放在堆放好的站台板上。

(6)撤收3号支腿总成。利用支腿上预留提环将3号支腿撤收至非下沉区域一侧的1号站台板上,如图7-17b)所示。

(7)撤收础板。将4块础板撤收至集装托盘预留的下沉区域,并叠起立放,如图7-17a)左侧所示。

(8)撤收搭板、工具箱。将3块搭板撤收、叠放在2号支腿下侧空当间,如图7-17a)所示;将工具箱撤收摆放在搭板上。

撤收作业程序可视现场作业情况同时开展或交叉进行,作业人员之间应相互协调配合完成作业。

7.2 "桥上桥"应急保障装备

通过铁路拼装式站台实现铁路区间铁路装卸载后,保障临时装卸载位置的周边道路通行能力同样关键。为此,研究人员研发了一种可提升破损道路低承载力或灾损桥梁通行能力的"桥上桥"应急保障装备。该装备可在低等级或受损桥梁上就地拼装,形成"桥上桥",提高受损桥梁的承载能力;也可在小河、沟渠、陡坡上架设临时桥梁,便于公-铁互通应急路网构建。

7.2.1 系统组成

"桥上桥"应急保障装备主要由主桥结构、架设系统等组成。

7.2.1.1 主桥结构

主桥结构是承载外部荷载的使用单元,是装备的主体部分,包括上部箱梁、下部三角桁架、过渡单元、楔形单元、端横梁、连接销、抗风拉杆、抗风拉杆固定销、桥面板和路缘等部分,具体如图7-18所示。

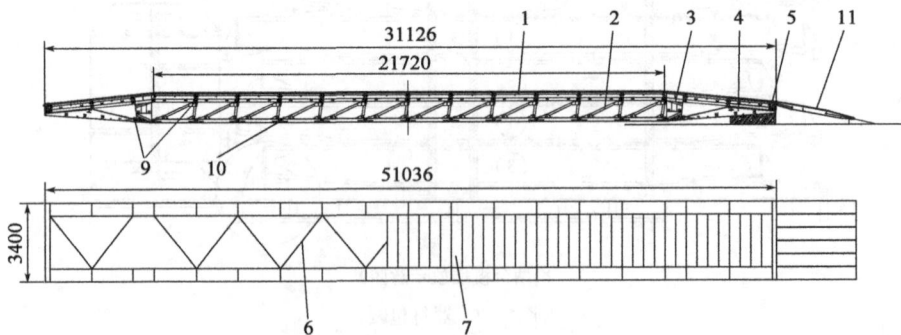

图7-18 主桥结构方案(尺寸单位:mm)

1-上部箱梁;2-下部三角桁架;3-过渡单元;4-楔形单元;5-端横梁;6-抗风拉杆;7-桥面板;8-路缘;9-连接销A;10-连接销B;11-跳板

（1）上部箱梁

上部箱梁是桥梁承重结构的基本构件，为铝合金箱形结构，主要由上型材、下型材、腹杆和多耳接头组焊而成，单件质量为156.8kg。箱梁之间下部通过多耳接头和桁架销连接，横向两个箱梁之间安装桥面板，如图7-19所示。

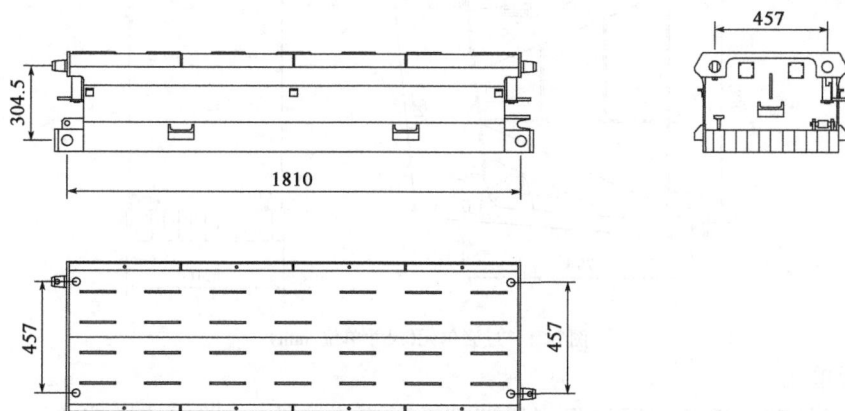

图7-19　上部箱梁(尺寸单位:mm)

（2）下部三角桁架

下部三角桁架是双层桥及双层加强型桥主桁加强构件，上部连接头桁架销，下部连接无头桁架销，单件质量167.4kg，如图7-20所示。

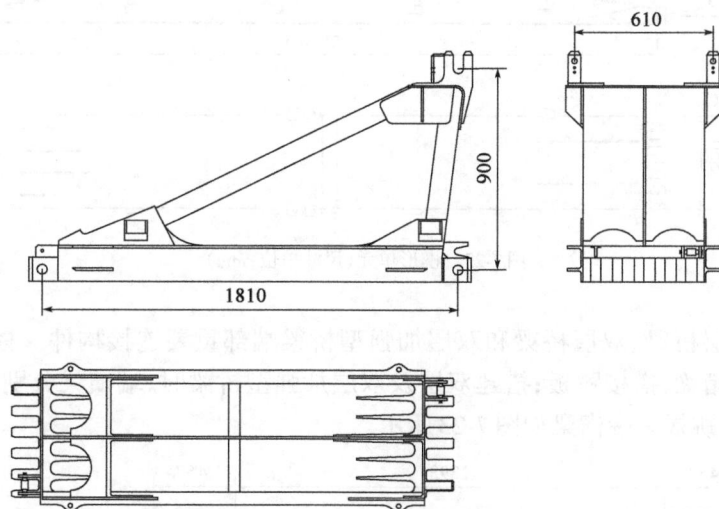

图7-20　下部三角桁架(尺寸单位:mm)

（3）过渡单元

过渡单元是双层桥及双层加强型桥端部重要连接构件，上部连接头桁架销，下部连接无头桁架销，单件质量为190.84kg，如图7-21所示。

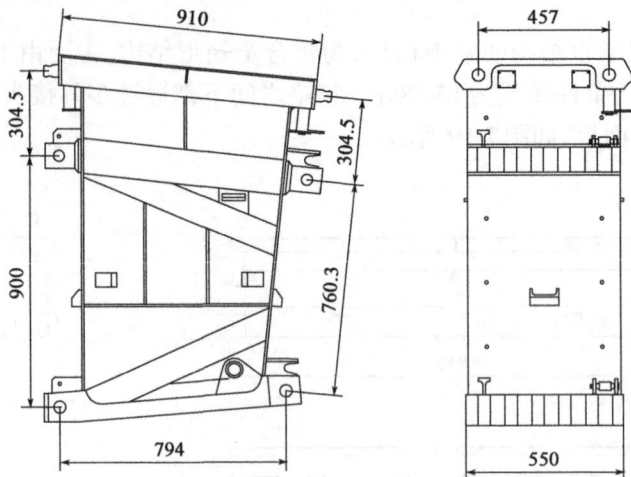

图7-21 过渡单元(尺寸单位:mm)

（4）楔形单元

楔形单元是双层桥及双层加强型桥端部重要连接构件,一端连接过渡单元,一端连接端横梁,单件质量为207.92kg,如图7-22所示。

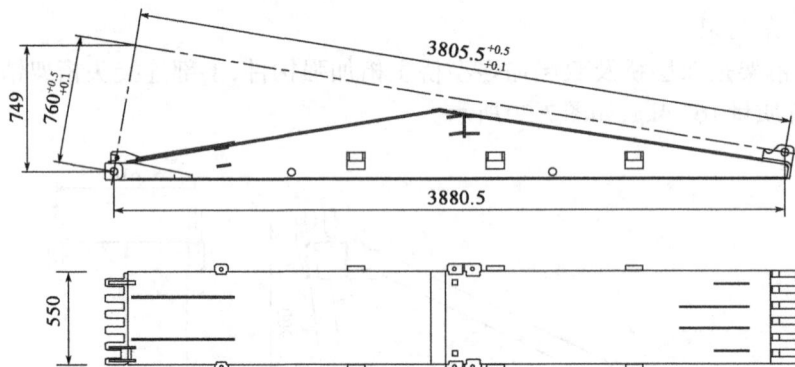

图7-22 楔形单元(尺寸单位:mm)

（5）端横梁

端横梁是单层桥梁、双层桥梁和双层加强型桥梁端部重要连接构件。搭建单层桥梁时,端横梁连接上部箱梁,搭接跳板;搭建双层及双层加强型桥梁时,端横梁分别连接上部箱梁和楔形单元,并搭接跳板。端横梁如图7-23所示。

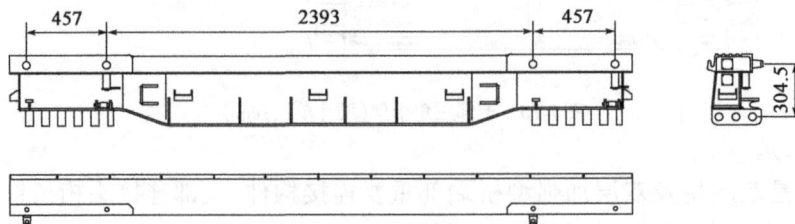

图7-23 端横梁(尺寸单位:mm)

(6)连接销

连接销是连接桁架单元上下弦杆的重要受力部件,分带有凸缘的单头桁架销和无凸缘的无头桁架销两种,如图7-24和图7-25所示。单头桁架销用于上部箱梁和下部三角桁架单元的连接,无头桁架销用于下部三角桁架单元之间的下部连接。

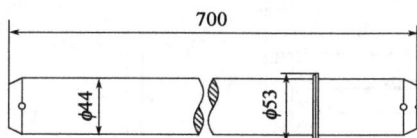

图7-24 有头桁架销尺寸(单位:mm)   图7-25 无头桁架销(单位:mm)

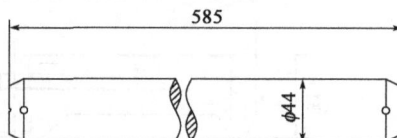

(7)抗风拉杆

抗风拉杆安装在下部三角桁架单元的下部,增强桥梁的横向稳定性,提供抗风能力,单件质量12kg,如图7-26所示。

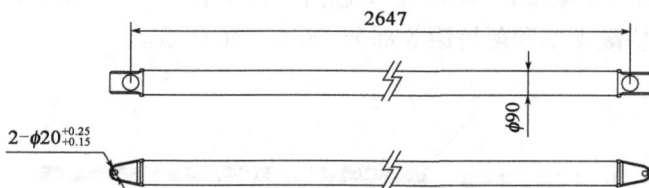

图7-26 抗风拉杆(单位:mm)

(8)抗风拉杆固定销

抗风拉杆固定销用于下部三角桁架单元之间的下部连接。桁架销带有弹簧插销,配套1个弹簧插销,如图7-27所示。

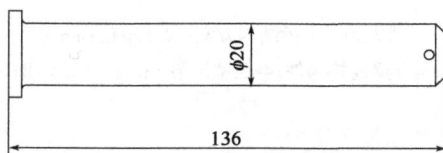

图7-27 抗风拉杆固定销(单位:mm)

(9)桥面板

桥面板安装在上部箱梁之间,在正桥到达对岸后开始安装,供车辆和行人通过,单件质量57kg,如图7-28所示。

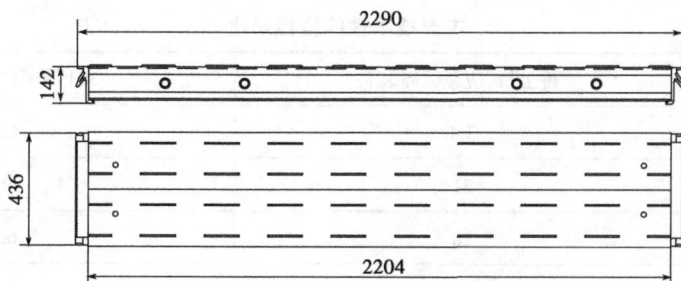

图7-28 桥面板(尺寸单位:mm)

（10）路缘

路缘安装在上部箱梁侧面，为车辆和行人通过提供警示，一定程度上保障通载安全，单件质量13.5kg，如图7-29所示。

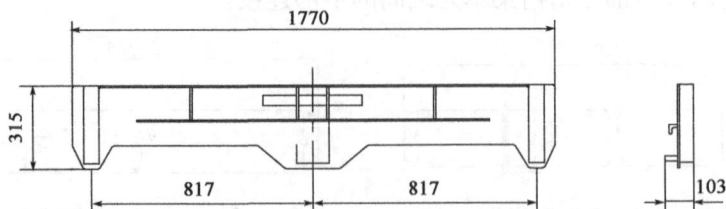

图7-29　路缘（尺寸单位：mm）

7.2.1.2　架设系统

架设系统是辅助主桥架设的单元，主要包括架桥平台、重型导梁、导梁连接构件、轻型导梁A、轻型导梁B、落桥滚支架和落桥滚等部分，如图7-30所示。

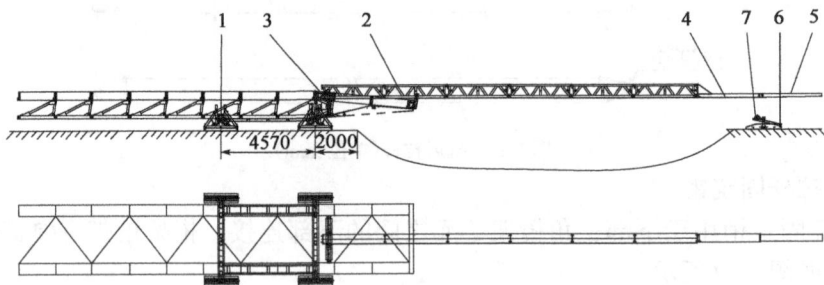

图7-30　主桥结构方案（尺寸单位：mm）

1-架桥平台；2-重型导梁；3-导梁连接构件；4-轻型导梁A；5-轻型导梁B；6-落桥滚支架；7-落桥滚

7.2.2　主要技术指标

当前，除部队专门配"桥上桥"制式装备外，平时多采用"321"装配式公路钢桥等制式器材，根据实际需要进行"桥上桥"结构的拼组，提升既有桥梁承载能力。为此，表7-3给出了"桥上桥"应急保障装备与"321"装配式公路钢桥的技术指标对比。由表7-3可知，"桥上桥"应急保障装备的拼组速度有了极大提升。

主要技术性能指标对比　　　　　　　表7-3

性能参数	"桥上桥"应急保障装备	"321"装配式公路钢桥
桥宽（m）	3.4	4.2
最大桥长（m）	31	60
最大克服障碍（m）	28	60
最大通行荷载	LT-25、LD-25	LD-50

续上表

性能参数	"桥上桥"应急保障装备	"321"装配式公路钢桥
架设方式	人工架设	人工架设
主要材质	铝合金	钢
架设速度	2h	>3天
标准节长(m)	1.83	3
单件质量(kg)	主要构件≤160	主要构件≤270
主要优缺点	单元重量轻、架设速度快、载重量小	载重量大,单元重量重、架设速度慢

7.2.3　架设作业程序

"桥上桥"应急保障装备的架设方法有多种,如悬臂平推架设法、就地拼装法、整体吊装法等。限于篇幅,仅介绍悬臂平推架设法。悬臂平推架设作业程序如下:

(1)确定桥梁位置,画定桥梁中轴线。

(2)在本岸布置架设平台(图7-31)。

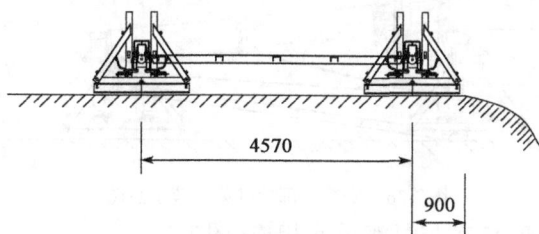

图7-31　布置架设平台示意图(尺寸单位:mm)

(3)在架设平台上放置楔形单元(图7-32)。

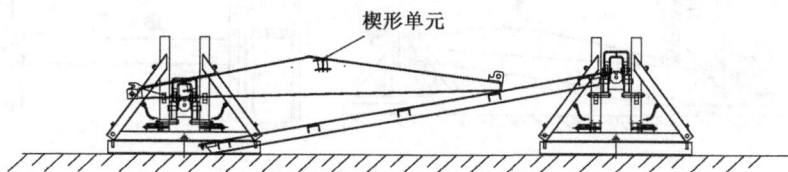

图7-32　放置楔形单元示意图

(4)安装端部横梁(图7-33)。

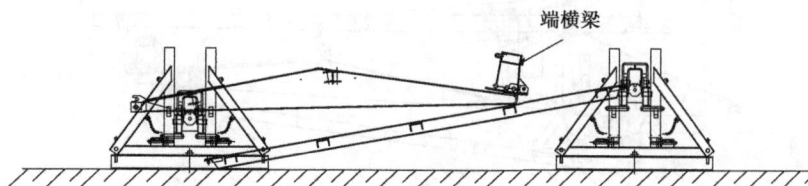

图7-33　安装端部横梁示意图

（5）安装端部第一节上部箱梁（图7-34）。

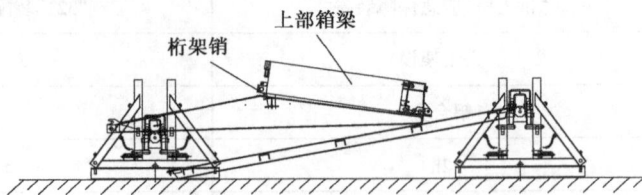

图7-34　安装端部第一节上部箱梁示意图

（6）安装端部第二节上部箱梁和过渡单元（图7-35）。

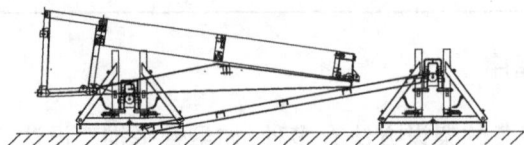

图7-35　安装端部第二节上部箱梁和过渡单元示意图

（7）安装中部标准第一节，人工移动构件，搭上前端滚轮（图7-36）。

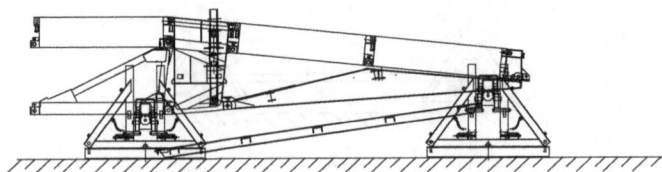

图7-36　安装中部标准第一节示意图

（8）拼装导梁连接门架，使其与过渡单元相连（图7-37）。

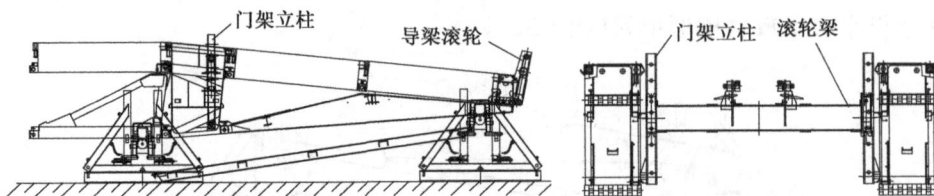

图7-37　拼装导梁连接门架示意图

（9）拼装端导梁（图7-38）。

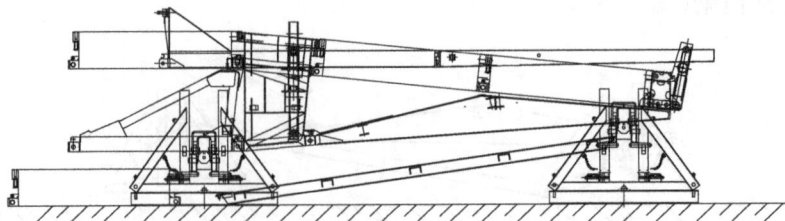

图7-38　拼装端导梁示意图

（10）在端导梁上捆绑落桥支座,然后拼装第一节重型导梁(图7-39)。

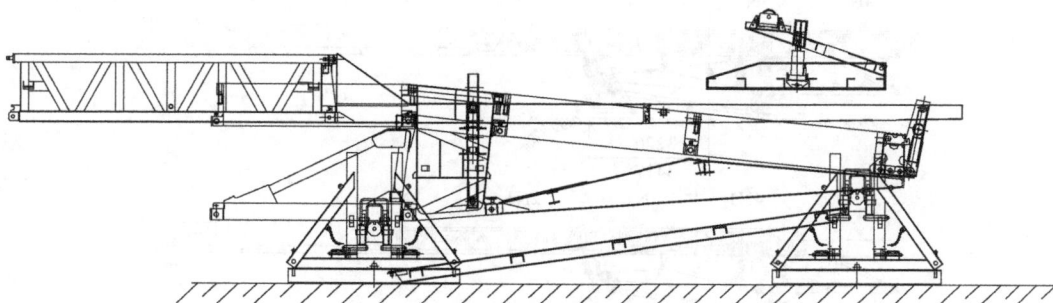

图7-39　拼装第一节重型导梁示意图

（11）导梁前推一节(图7-40)。

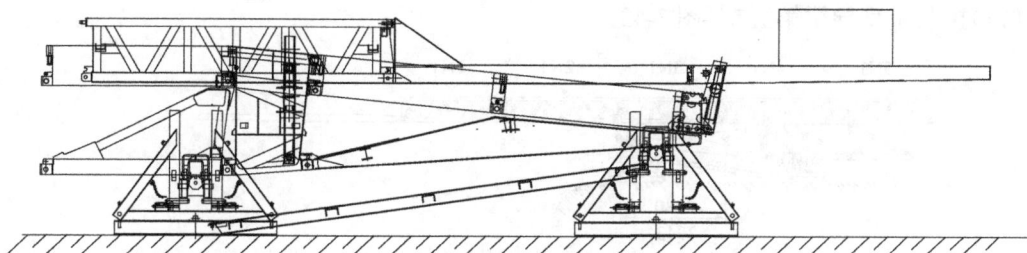

图7-40　导梁前推示意图

（12）依次拼装重型导梁第二节和第三节(图7-41)。

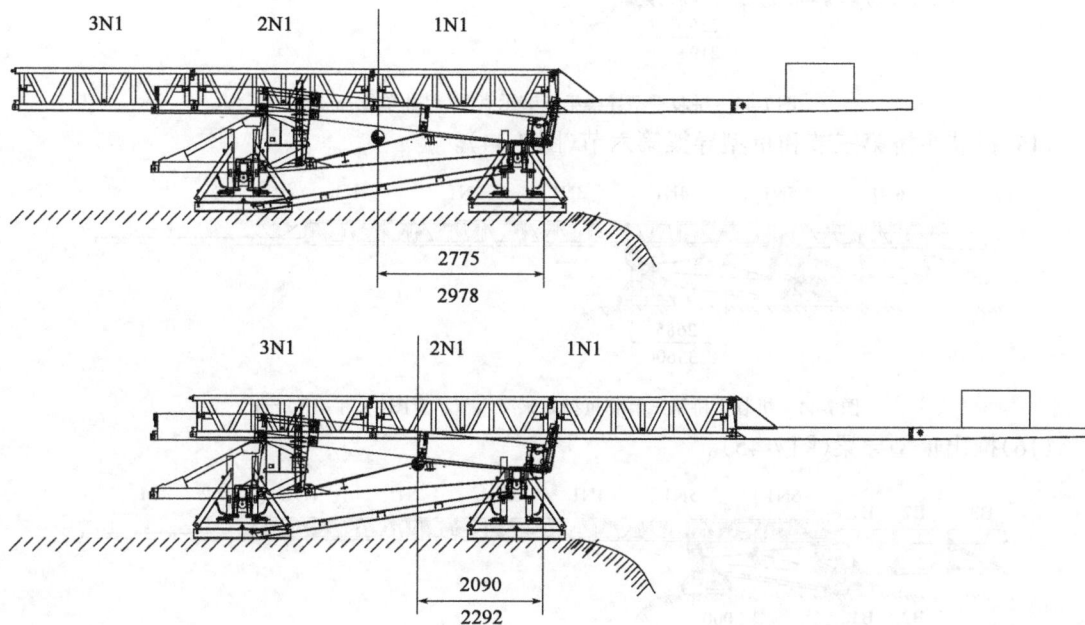

图7-41　拼装重型导梁第二节和第三节示意图(尺寸单位:mm)

（13）拼装主桥第二节和重型导梁第四节（图7-42）。

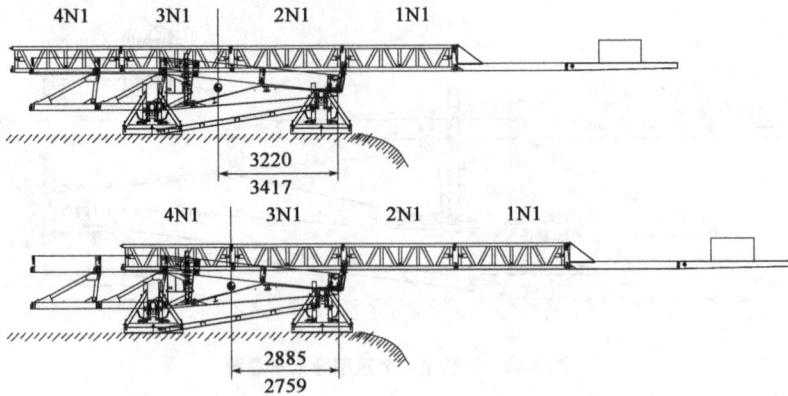

图7-42　拼装主桥第二节和重型导梁第四节示意图（尺寸单位：mm）

（14）拼装重型导梁第五节（图7-43）。

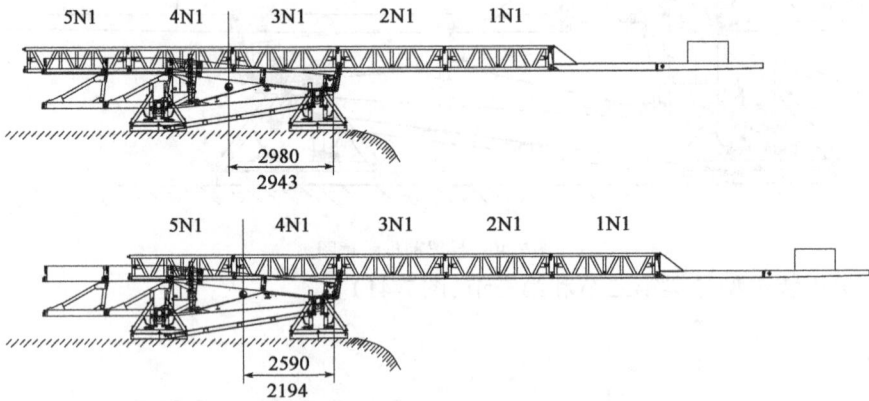

图7-43　拼装重型导梁第五节示意图（尺寸单位：mm）

（15）拼装主桥第三节和重型导梁第六节（图7-44）。

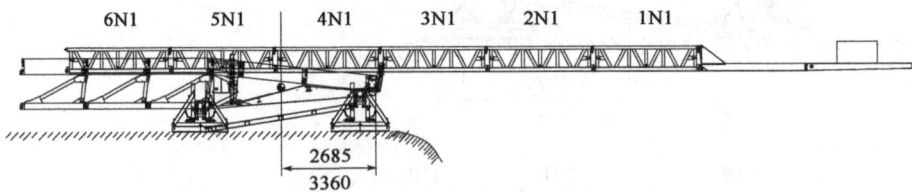

图7-44　拼装主桥第三节和重型导梁第六节示意图（尺寸单位：mm）

（16）推出重型导梁（图7-45）。

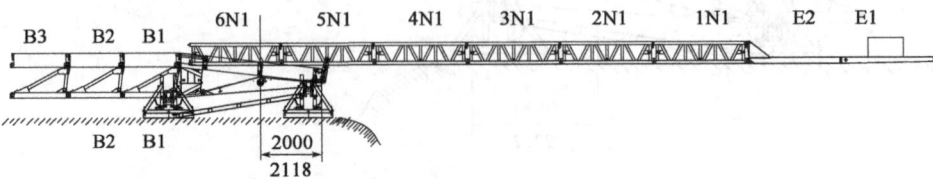

图7-45　推出重型导梁示意图（尺寸单位：mm）

（17）安装第一节桥面板和抗风拉杆，拼装主桥第四至七节（图7-46）。

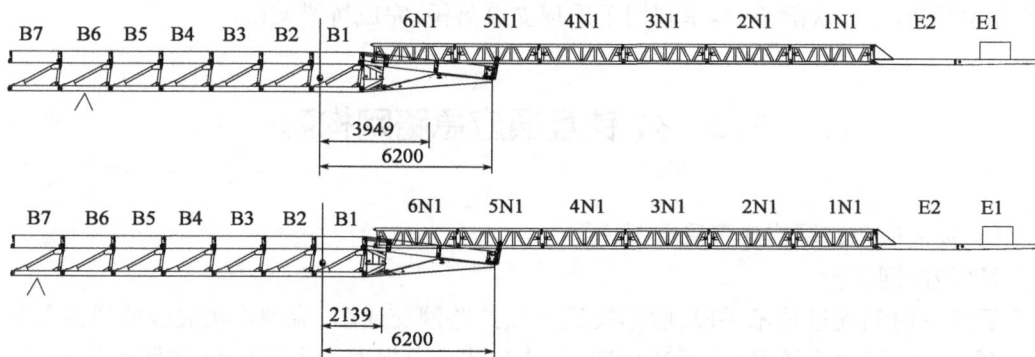

图7-46 安装第一节桥面板和抗风拉杆及拼装主桥第四至七节示意图（尺寸单位：mm）

（18）在第七节主桥安装桥面板，安装第一至七节主桥的抗风拉杆（图7-47）。

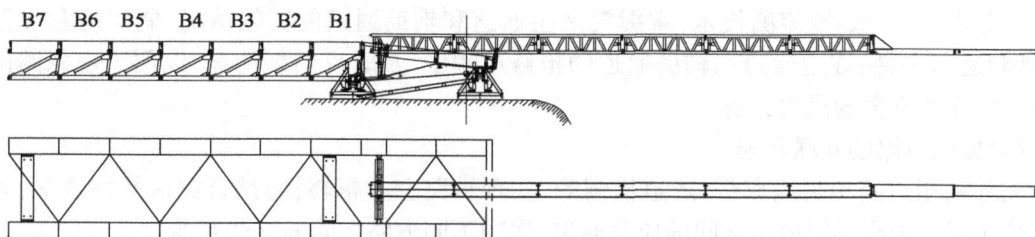

图7-47 安装第一至七节主桥的抗风拉杆示意图

（19）重复上述过程，安装完成全部主桥节，人员通过导梁到达对岸，布置落桥滚（图7-48）。

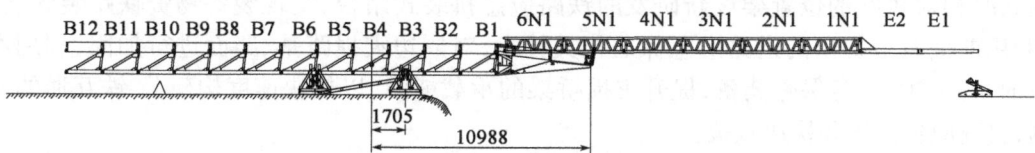

图7-48 安装全部主桥节示意图（尺寸单位：mm）

（20）安装楔形单元、上弦箱梁、端横梁，继续推桥（图7-49）。

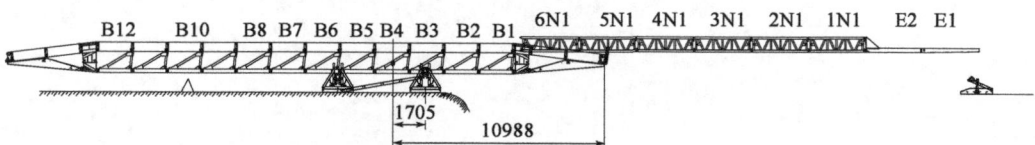

图7-49 安装楔形单元、上弦箱梁、端横梁示意图（尺寸单位：mm）

（21）桥梁推至使本岸端横梁距离平台滚轮中心线至少0.5m（图7-50）。

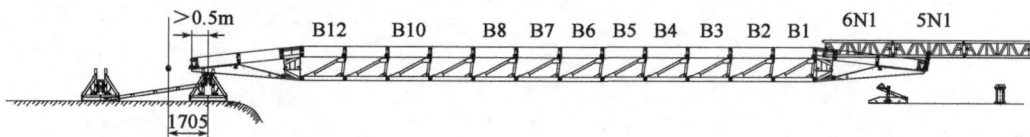

图7-50 桥梁推至岸示意图（尺寸单位：mm）

（22）在导梁前端放置临时支撑（可用重型导梁+方木），将落桥滚移动至距离岸边 2.4m 处，利用落桥滚将对岸一端落桥，本岸利用千斤顶支撑落桥，完成桥梁架设。

7.3　公-铁互通应急路网构建

当前，灾后应急路网构建多采取下述措施。

（1）区域路网分析

灾后第一时间通过技术手段，收集灾后区域的路网交通图，梳理连接灾区的道路等级、长度、抗灾能力等，通过多路径、多通道比选，初步构建应急保通的主通道和辅助通道，形成灾区路网抢修概图，供抢修技术装备、人员物资调度安排。

（2）灾损调查及保通方案制订

充分利用空-天-地侦测技术，掌握灾区主通道和辅助通道的灾损情况，制订应急保通方案，评判通行条件；在主通道和辅助通道的抢修过程中，及时反馈新情况，以便于应急路网和综合应急保通方案的优化完善。

（3）加强道路的互联互通

充分利用道路中央隔离带、隧道横洞等，实现道路左右幅转换；结合灾区具体情况，紧急打通构建同一走廊不同道路之间的应急通道，实现不同道路之间的互联互通。

（4）多种运输方式的互联互通

当公路路网破坏严重时，在应急抢通极其困难的情况下，在铁路区间地形条件以及周边道路状况相对较好的位置架设新研发的铁路应急拼装式站台，实现装备物资铁路装卸载；同时，利用前面章节提出的道路应急保通相关技术，对周边灾损路基、路面进行加固，利用本章介绍的"桥上桥"应急保障装备，提升灾损桥梁的承载能力，以最快速度构建公-铁互通的应急路网，实现应急保通和快速救援。

参 考 文 献

[1] 向波,蒋劲松,李本伟,等.公路应急抢通保通技术手册[M].北京:人民交通出版社股份有限公司,2018.

[2] 向波,何云勇,蒋劲松,等.公路路基灾后抢通及保通技术研究[J].公路,2020,65(3):174-183.

[3] 武警交通指挥部应急救援工程技术研究所.道路交通应急抢险抢通技术指南[M].北京:人民交通出版社股份有限公司,2017.

[4] 陈云鹤,樊军,翟可为,等.公路应急交通保障[M].北京:国防工业出版社,2013.

[5] 张耀辉,陈士通.桥梁抢修工程结构与应用[M].北京:中国铁道出版社,2018.

[6] 苟明康,梁川,张颖.装配式公路钢桥[M].北京:兵器工业出版社,2022.

[7] 陈士通,刘子玉,支墨墨.中国桥墩抢修器材现状及思考[J].铁道技术标准(中英文),2022,4(11):14-19.

[8] 张瞩熹.铁路桥梁抢修器材应急保障能力现状与思考[J].国防交通工程与技术,2020,18(6):30-33

[9] 张孝伦,张瑜洁.汶川地震公路抢修与保畅主要措施[J].武汉工业学院学报,2009,28(1):80-84.

[10] 廖燚.汶川地震公路路基震害调查分析及易损性研究[D].成都:西南交通大学,2012.

[11] 陈远川.山区沿河公路水毁评估与减灾方法研究[D].重庆:重庆交通大学,2012.

[12] 李俊.山区公路水毁路基稳定性分析及防治措施[D].西安:长安大学,2013.

[13] 罗志兵,王球胜,方立虎.综合指数评价在公路工程地质灾害危险性评估中的应用:以大冶市红峰—黄金湖公路为例[J].资源环境与工程,2015,29(6):907-910.

[14] 马保成.沿河公路路基水毁灾害评价及防治措施研究[D].西安:长安大学,2008.

[15] 段满珍,轧红颖,李珊珊,等.震害道路通行能力评估模型[J].重庆交通大学学报(自然科学版),2017,36(5):79-85.

[16] 田四明,王伟,杨昌宇,等.中国铁路隧道40年发展与展望[J].隧道建设(中英文),2021,41(11):1903-1930.

[17] 洪开荣,冯欢欢.中国公路隧道近10年的发展趋势与思考[J].中国公路学报,2020,33(12):62-76.

[18] 田四明,赵勇,石少帅,等.中国铁路隧道建设期典型灾害防控方法现状、问题与对策[J].隧道与地下工程灾害防治,2019,1(2):24-48.

[19] 戴志仁,王泽宇,王俊,等.活动断裂区域隧道工程震后修复关键技术研究[J].铁道

工程学报,2023,40(8):72-79.

[20] ZHANG H J,LIU G N,CHEN W,et al.Failure investigation of the tunnel lining in expansive mudstone-A case study[J].Engineering Failure Analysis,2024,158:108003.

[21] ZHANG X P,JIANG Y J,MAEGAWA.Mountain tunnel under earthquake force:A review of possible causes of damages and restoration methods[J].Journal of Rock Mechanics and Geotechnical Engineering,2020,12(2):414-426.

[22] 郭平业,卜墨华,张鹏,等.高地温隧道灾变机制与灾害防控研究进展[J].岩石力学与工程学报,2023,42(7):1561-1581.

[23] 李术才,刘洪亮,李利平,等.隧道危石识别及防控研究现状与发展趋势[J].中国公路学报,2018,31(10):1-18.

[24] HUANG R,LIU B,SUN J L,et al.Risk assessment approach for tunnel collapse based on improved multi-source evidence information fusion[J].Environmental Earth Sciences,2023,83(1):18.

[25] WU T Y,QIU W L,YAO G W,et al.Vehicle ride comfort analysis on sea-crossing bridges under drift ice load[J].Structures,2023,47:846-861.

[26] XIAO X,PI D P,ZHU Q.A bridge weigh-in-motion algorithm for fast-passing railway freight vehicles considering bridge-vehicle interaction[J].Mechanical Systems and Signal Processing,2022,181:109493.

[27] LIN K,TAN C A,GE C,et al.Erratum:Time-varying transmissibility analysis of vehicle-bridge interaction systems with application to bridge-friendly vehicles[J].International Journal of Structural Stability and Dynamics,2022,22(2):2250022.

[28] JIN S B,TAN C A,LU H C.Vehicle suspension tuning for bridge-friendliness and influence on coupled vehicle-bridge system frequency[J].Engineering Structures,2024,304:117649.

[29] CAMARA A.Vehicle-bridge interaction and driving accident risks under skew winds[J].Journal of Wind Engineering and Industrial Aerodynamics,2021,214:104672.

[30] SHI Z H,UDDIN N.Theoretical vehicle bridge interaction model for bridges with non-simply supported boundary conditions[J].Engineering Structures,2021,232:111839.

[31] LI Z,LI Z D,ZHANG Y S,et al.Theoretical analysis and experimental study of vehicle-bridge coupled vibration for highway bridges[J].Archive of Applied Mechanics,2024,94(1):21-37.

[32] REN J Y,CHEN Y H,SUN Z Q,et al.A vehicle-bridge interaction vibration model considering bridge deck pavement[J].Journal of Low Frequency Noise Vibration and Active Control,2023,42(1):146-172.

[33] 邵越风.大跨钢箱梁悬索桥车致耦合振动及结构状态预警研究[D].南京:东南大学,2022.

［34］ 路华丽.基于GPS-RTK技术和车桥耦合振动分析的桥梁结构动力性能研究［D］.天津：天津大学，2019.

［35］ 贺志勇，兰衍亮，戴少平.震后公路隧道工作状态诊断评估技术［J］.中外公路，2009，29（1）：171-173.

［36］ WANG Z Z，ZHANG Z.Seismic damage classification and risk assessment of mountain tunnels with a validation for the2008 Wenchuan earthquake［J］.Soil Dynamics and Earthquake Engineering，2013，45（1）：45-55.

［37］ 李天斌.汶川特大地震中山岭隧道变形破坏特征及影响因素分析［J］.工程地质学报，2008，16（6）：742-750.

［38］ XU HUA，XU J S，SUN R F，et al.Rapid assessment and classification for seismic damage of mountain tunnel based on concentric circle method［J］.Shock and Vibration，2021.

［39］ DE SILVA D ANDREINI M，BILOTTA A，et al.Structural safety assessment of concrete tunnel lining subjected to fire［J］.Fire Safety Journal，2022，134.

［40］ SHEN J，BAO X H，CHEN X S，et al.Prediction of tunnel earthquake damage based on a combination weighting analysis method［J］.Symmetry，2022，14（9）：1922.

［41］ 罗鑫，夏才初.隧道病害分级的现状及问题［J］.地下空间与工程学报，2006（5）：877-880.

［42］ LIU Q Q，SONG P F，LI L W，et al.The effect of basalt fiber addition on cement concrete：A review focused on basalt fiber shotcrete［J］.Frontiers in Materials，2022，14（9）：165-176.

［43］ GULER S，ÖKER B，AKBULUT Z F.W，et al.Strength and toughness properties of different types of fiber-reinforced wet-mix shotcrete［J］.Structures，2021，31：781-791.

［44］ WON J P，ARK C G，LEE S W，et al.Performance of synthetic microfibers in reinforced concrete for tunnel linings［J］.Magazine of Concrete Research，2009，61（3）：165-179.

［45］ 徐帮树，杨为民，王者超，等.公路隧道型钢喷射混凝土初期支护安全评价研究［J］.岩土力学，2012，33（1）：248-254.

［46］ YUN K K，CHOI S，HA T，KIM S K，et al.Long-term compressive strength development of steel fiber shotcrete from cores based on accelerator types at tunnel Site［J］.Materials，2021，14（3）：580.

［47］ 王华牢，许崇帮，褚方平.新型模糊算子的公路隧道健康状态评价方法研究［J］.地下空间与工程学报，2012，8（S1）：1389-1395.

［48］ 叶卓然，罗靓，潘海燕，等.超高分子量聚乙烯纤维及其复合材料的研究现状与分析［J］.复合材料学报，2022，39（9）：4286-4309.

［49］ CROUCH I G.Body armour-new materials，new systems［J］.Defence Technology，2019，15（3）：241-253.

[50] STANISZEWSKI J M, BOGETTT T A, WU V, et al. Interfibrillar behavior in ultra-high molecular weight polyethylene(uhmwpe) single fibers subjected to tension[J]. International Journal of Solids and Structures,2020,206:354-369.

[51] 中华人民共和国国家质量监督检验检疫总局,中国国家标准化管理委员会.纤维绳索 有关物理和机械性能的测定:GB/T 8834—2016[S].北京:中国标准出版社,2016.

[52] 中华人民共和国国家质量监督检验检疫总局,中国国家标准化管理委员会.超高分子量聚乙烯纤维8股、12股编绳和复编绳索:GB/T 30668—2014[S].北京:中国标准出版社,2014.

[53] 赵曼,陈士通,孙志星,等.新型大跨铁路应急钢桁梁稳定性研究[J].铁道学报,2022,44(1):119-127.

[54] 赵曼,陈士通,孙志星,等.风撑对半穿式应急钢桁梁面外稳定性的影响研究[J].铁道学报.2023,45(3):144-152.

[55] 陈士通,郝伟,刘泽涛,等.工字钢新型快速套接装置的研制[J].国防交通工程与技术,2024,22(3):7-11.

[56] 强士中.桥梁工程[M].重庆:重庆大学出版社,2014.

[57] 中华人民共和国住房和城乡建设部.钢-混凝土组合桥梁设计规范:GB 50917—2013[S].北京:中国建筑工业出版社,2013.

[58] 中华人民共和国住房和城乡建设部.城市桥梁设计规范(2019年版):CJJ 11—2011[S].北京:中国建筑工业出版社,2011.

[59] 陈晨.组合T梁桥桁架式横向连接性能及设计方法研究[D].南京:东南大学,2021.

[60] 刘明浩.钢-混组合简支梁桥桥面连续构造研究[D].哈尔滨:哈尔滨工业大学,2021.

[61] 苗春波.可应急使用的快速装配式钢—砼组合桥梁关键构造研究[D].重庆:重庆交通大学,2014.

[62] 邱盛源.型钢连接件及带腹板双钢板-混凝土组合梁力学性能研究[D].北京:清华大学,2022.

[63] 刘子玉,陈士通,支墨墨,等.可"临-永"转换抢修钢墩应急使用极限承载力[J].吉林大学学报(工学版),2023,53(6):1611.

[64] 杨米加,陈明雄,贺永年.注浆理论的研究现状及发展方向[J].岩石力学,2001,20(6):839-841.

[65] WEI D D,ZHU K P,LI H Z,et al.Fabrication of high-performance acrylate grouting materials from tailor made magnesium acrylate solutions[J].Journal of Applied Polymer Science,2024,141(21):1-15.

[66] 刘杰,李政,黎照,等.新型磁性环氧树脂水泥浆液硬化机制与孔径分析[J].复合材料学报,2023,40(2):1025-1036.

[67] WANG Y L,TANG H Y,SUN G W,et al.Effect of fluorogypsum and KH$_2$PO$_4$ on physical properties and hydration mechanisms of aluminate cement based grouting materials[J].

Construction and Building Materials,2024,417:135-146.

[68] HU Q B,CHEN G Q,SUN X,et al.Effect of grouting on damage and fracture characteristics of fractured rocks under mode I loading[J].Construction and Building Materials,2024,418:135-137.

[69] WANG P S,CAO Z Z,LI Z H,et al.Experimental research on mechanical performance of grouting plugging material with large amount of fly ash[J].Scientific Reports,2024,14(1):6308-6308.

[70] YIN X,WU Z,XU X,et al.Numerical investigation on the grouting penetration process of quick-setting grout in discrete fractured rock mass based on the combined finite-discrete-element method[J].International Journal of Geomechanics,2024,24(3):232-298.

[71] 李召峰,李术才,刘人太,等.富水破碎岩体注浆加固实验与机制研究[J].岩石力学与工程学报,2017,36(1):198-207.

[72] 于锦,马素花,李伟峰,等.硫铝酸盐对硅酸盐水泥水化及性能的影响[J].混凝土,2016(4):86-90.

[73] ALI T,BULLER A S,AHMED Z,et al.Investigation on mechanical and durability properties of concrete mixed with silica fume as cementitious material and coal bottom ash as fine aggregate replacement material[J].Buildings,2022,12(1):44.

[74] 杨力远,田俊涛,杨艺博,等.喷射混凝土液体速凝剂研究现状[J].隧道建设,2017,37(5):543-552.

[75] YUN K K,HOSSAIN M S,KIM S K,et al.Comparison of the performance of the steel fiber shotcrete and cast concrete considering accelerator types and core sizes from a tunnel site[J].KSCE Journal of Civil Engineering,2022,26(5):2328-2341.

[76] 葛兆明,余成行,魏群,等.混凝土外加剂[M].2版.北京:化学工业出版社,2011.

[77] FANG Q,ZHANG D L,ZHOU P,et al.Ground reaction curves for deep circular tunnels considering the effect of ground reinforcement[J].International Journal of Rock Mechanics and Mining Sciences,2013,60:401-412.

[78] 朱正国,崔振伟,陈士通,等.湿态钢纤维泡沫混凝土初期支护减震特性研究[J].铁道工程学报,2023,40(7):57-62.

[79] 赖金星,牛方园,樊浩博,等.浅埋黄土隧道三层支护结构力学特性现场测试[J].岩土力学,2015,36(6):1769-1775,1783.

[80] ZHANG L Y,WEN Y,MA J,et al.Simulation study on surrounding rock deformation of strongly weathered sandstone tunnel supported by pipe shed[J].Journal of Physics:Conference Series,2021,1972(1).

[81] DENG X H,XIA D H,WANG R,et al.Feet-lock bolt application in cracked surrounding rock tunnels[J].Geotechnical and Geological Engineering,2019,37(4):3423-3434.

[82] 王琦,肖宇驰,江贝,等.交通隧道高强约束混凝土拱架性能研究与应用[J].中国公

路学报,2021,34(9):263-272.

［83］赵伟,雷升祥,肖清华,等.基于结构特征曲线的软岩隧道钢拱架力学效应研究［J］.现代隧道技术,2020,57(2):96-103.

［84］宋远,黄明利,李兆平.隧道钢管钢架与传统格栅钢架受力特性对比试验研究［J］.隧道建设(中英文),2020,40(S2):161-173.

［85］陈建勋,胡健,徐晨,等.隧道型钢钢架应力量测方法［J］.长安大学学报(自然科学版),2013,33(4):47-53.

［86］WANG Y Q, XIN Y X, XIE Y L, et al.Investigation of mechanical performance of pre-stressed steel arch in tunnel［J］.Frontiers of Structural and Civil Engineering,2017,11(3):360-367.

［87］杨旸,谭忠盛,薛君,等.公路隧道软弱破碎围岩高强钢筋格栅拱架支护性能研究［J］.中国公路学报,2020,33(2):125-134.